ZIMMERMAN BROS

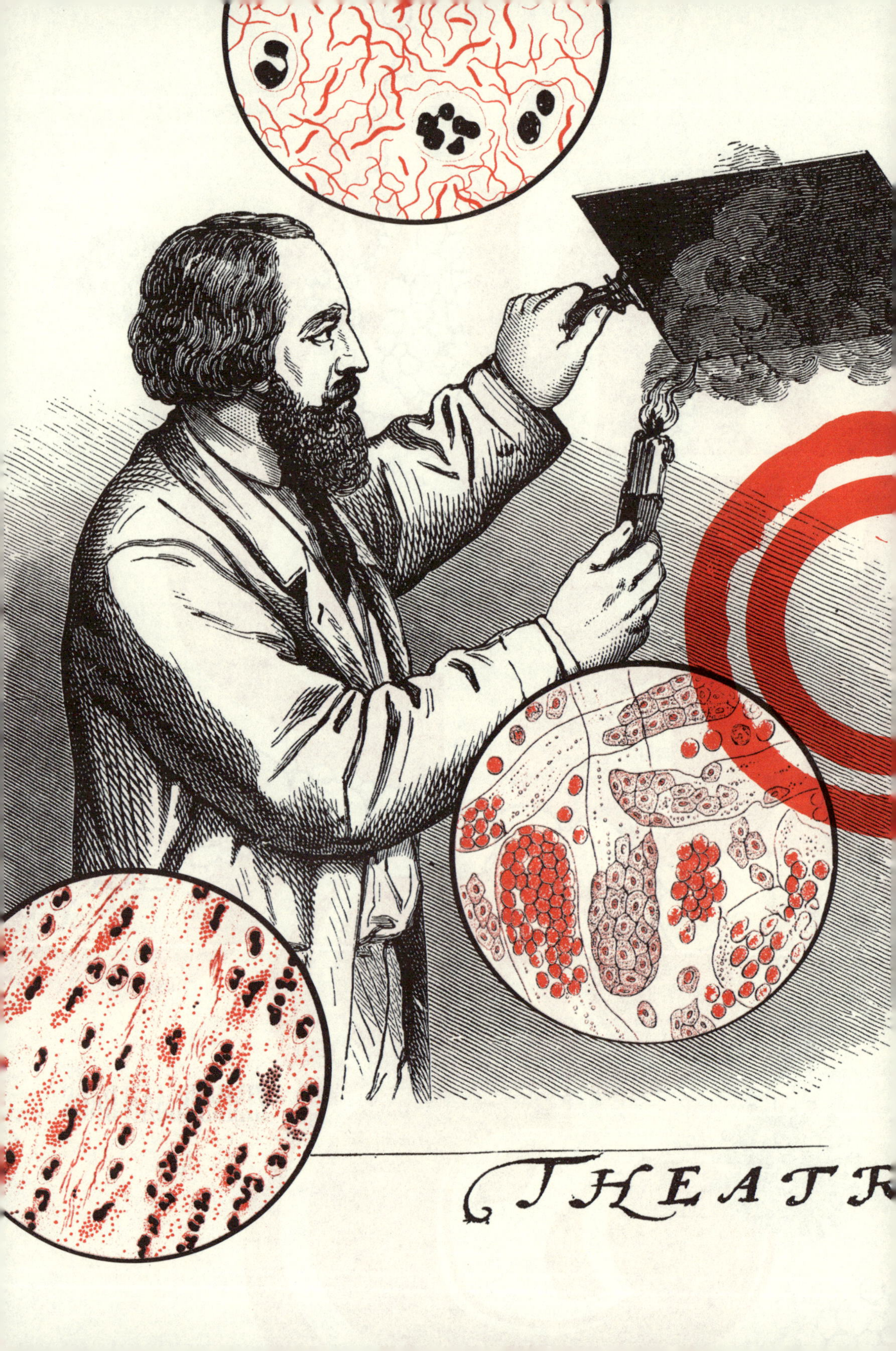
THEATR

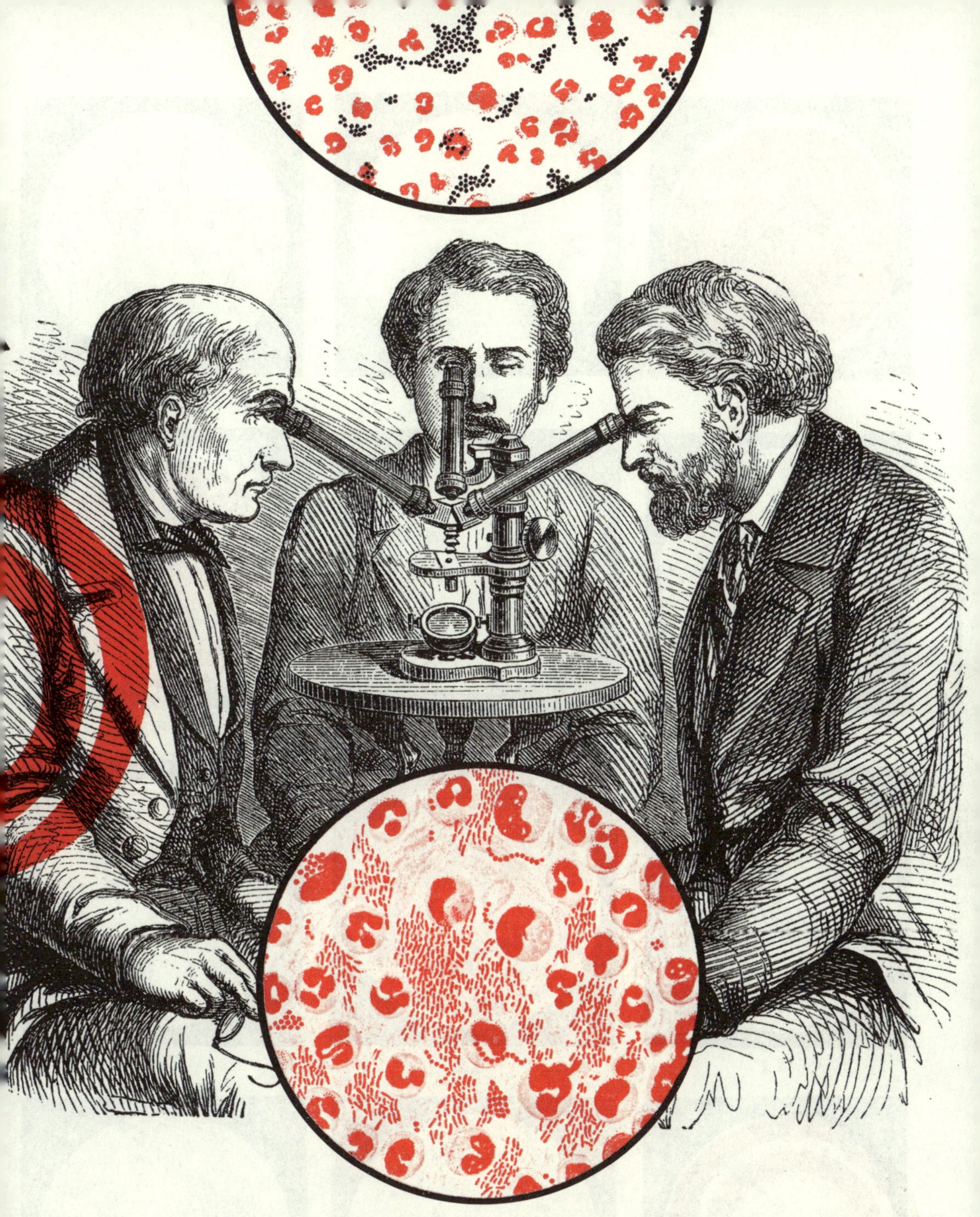

M ANATOMICUM,

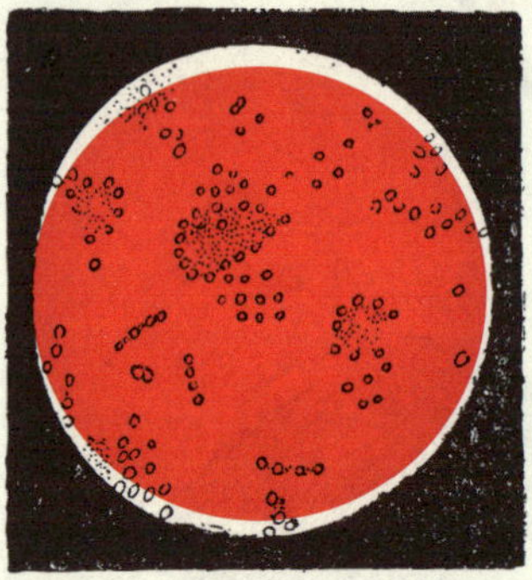

1

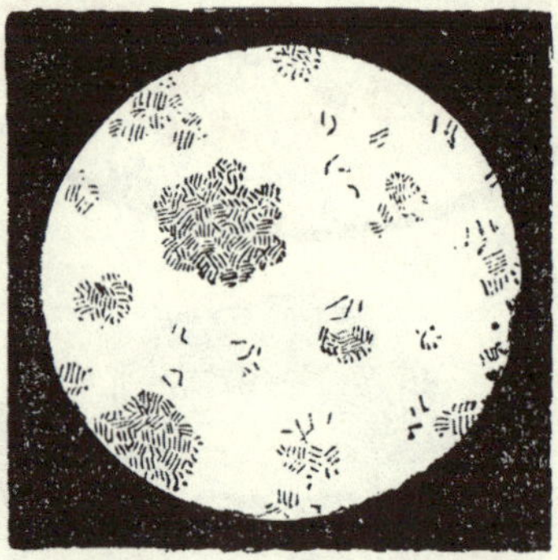

2

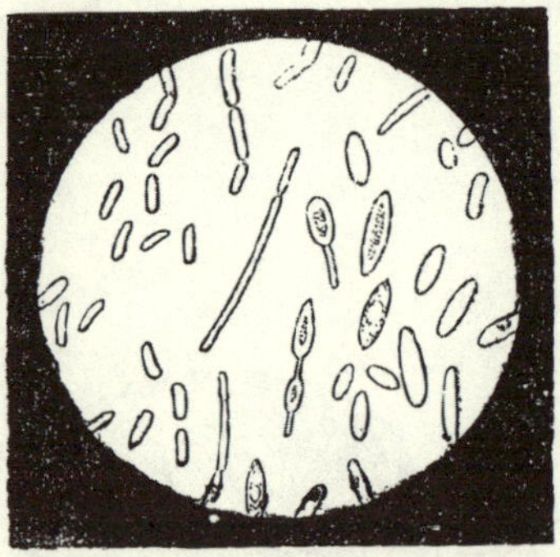

3

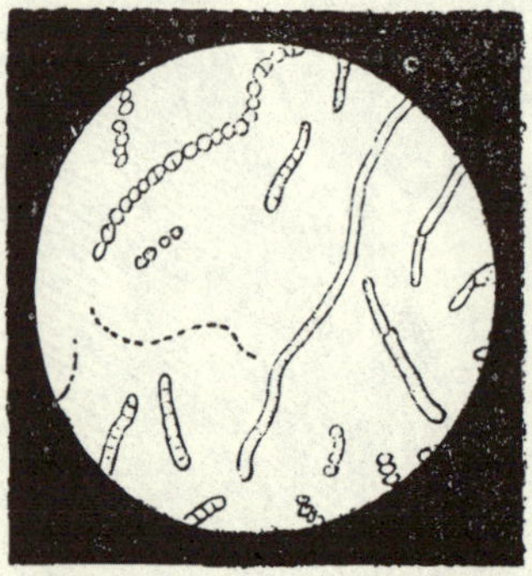

6

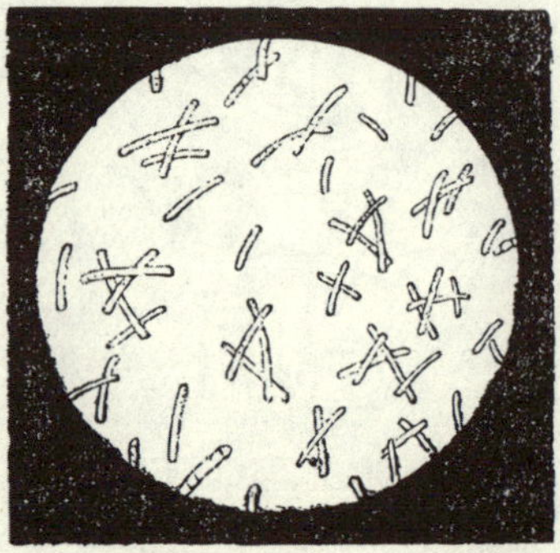

7

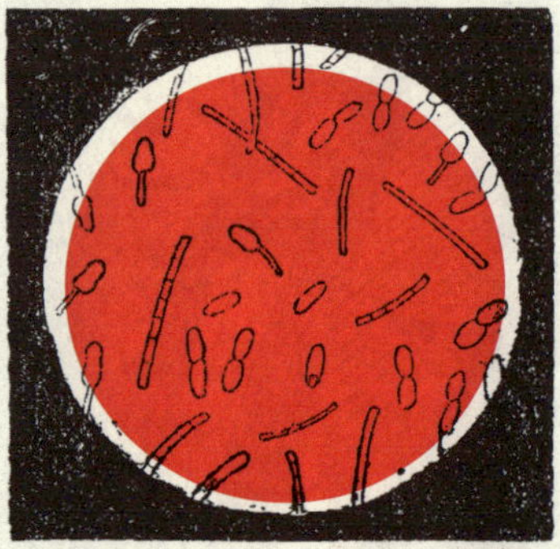

8

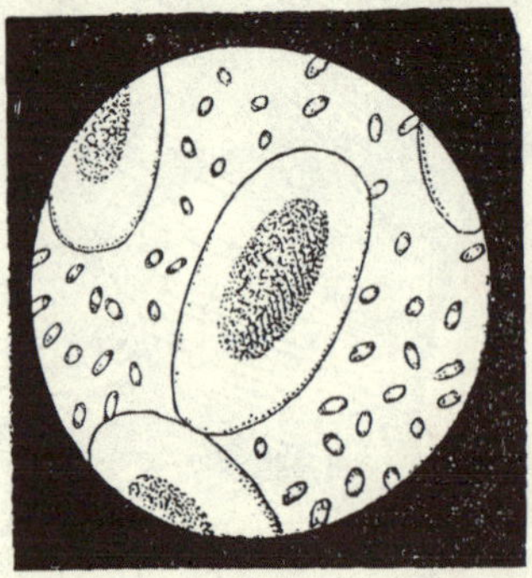

11

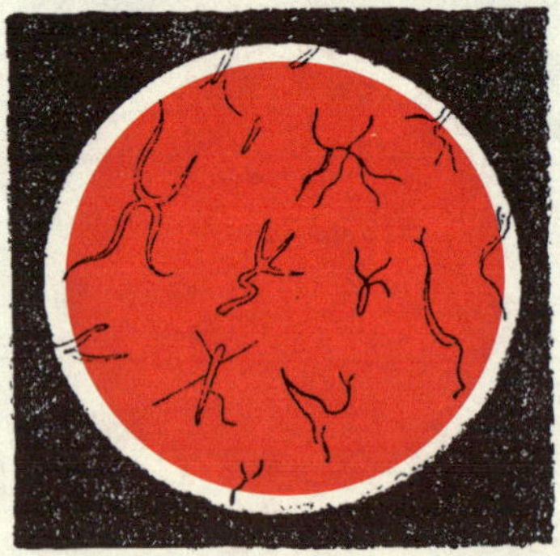

12

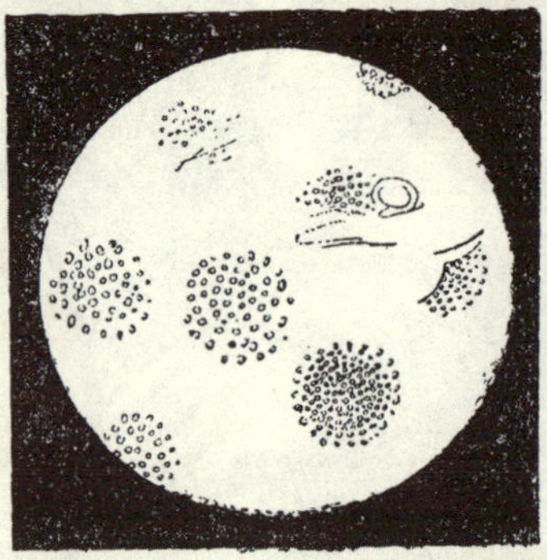

13

16

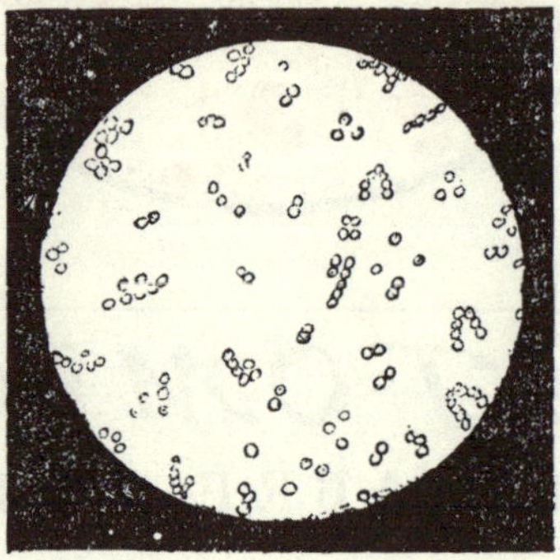

17

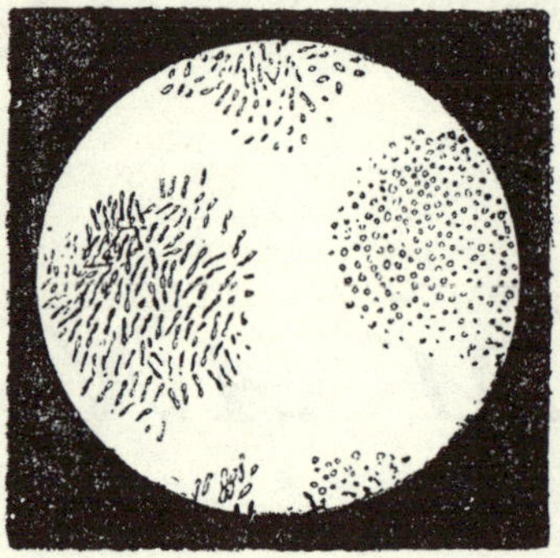

18

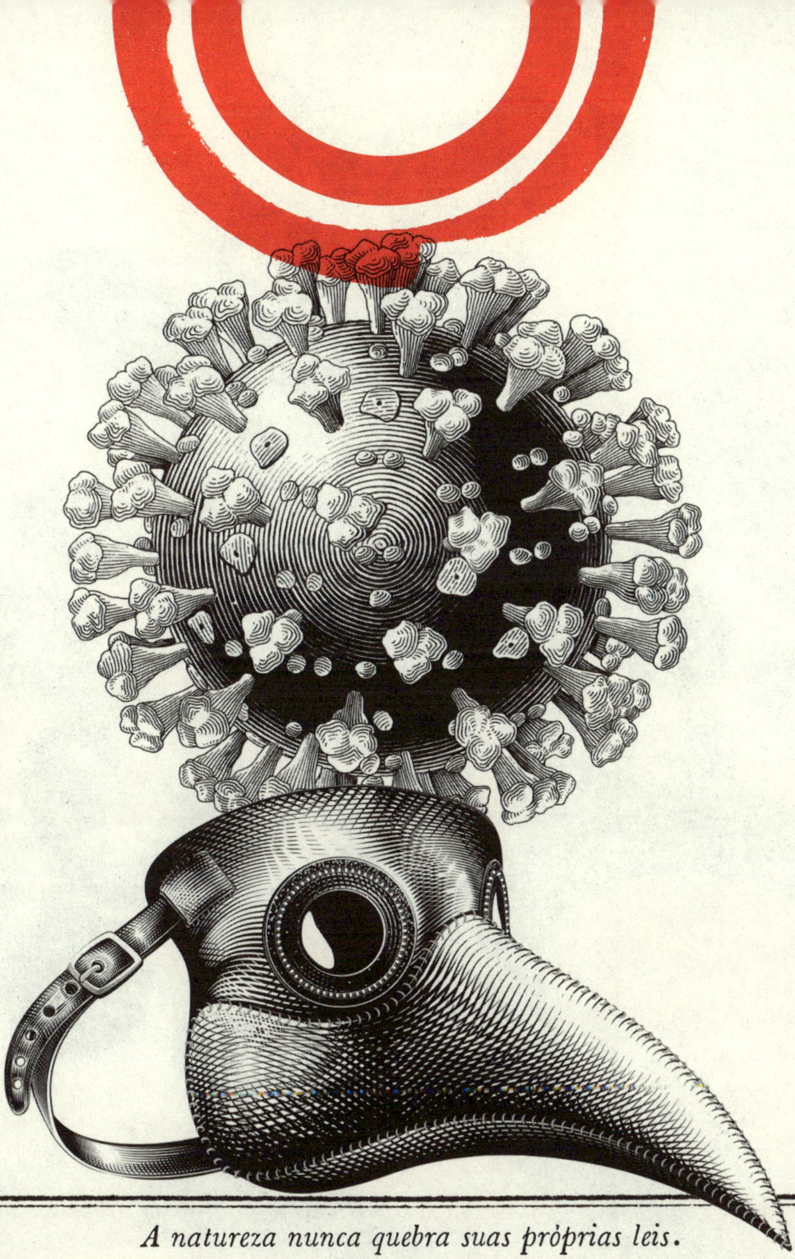

A natureza nunca quebra suas próprias leis.

LEONARDO DA VINCI

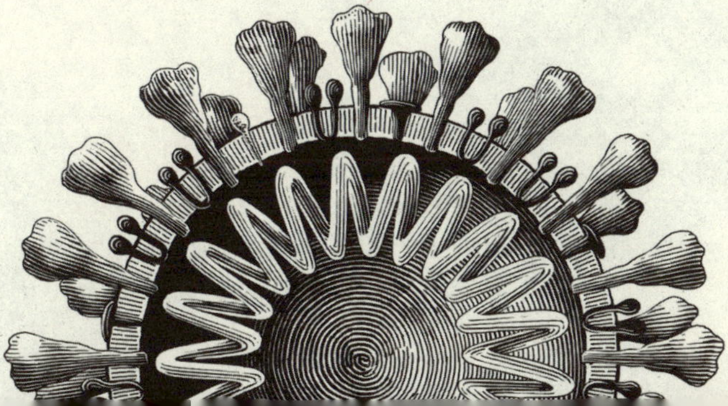

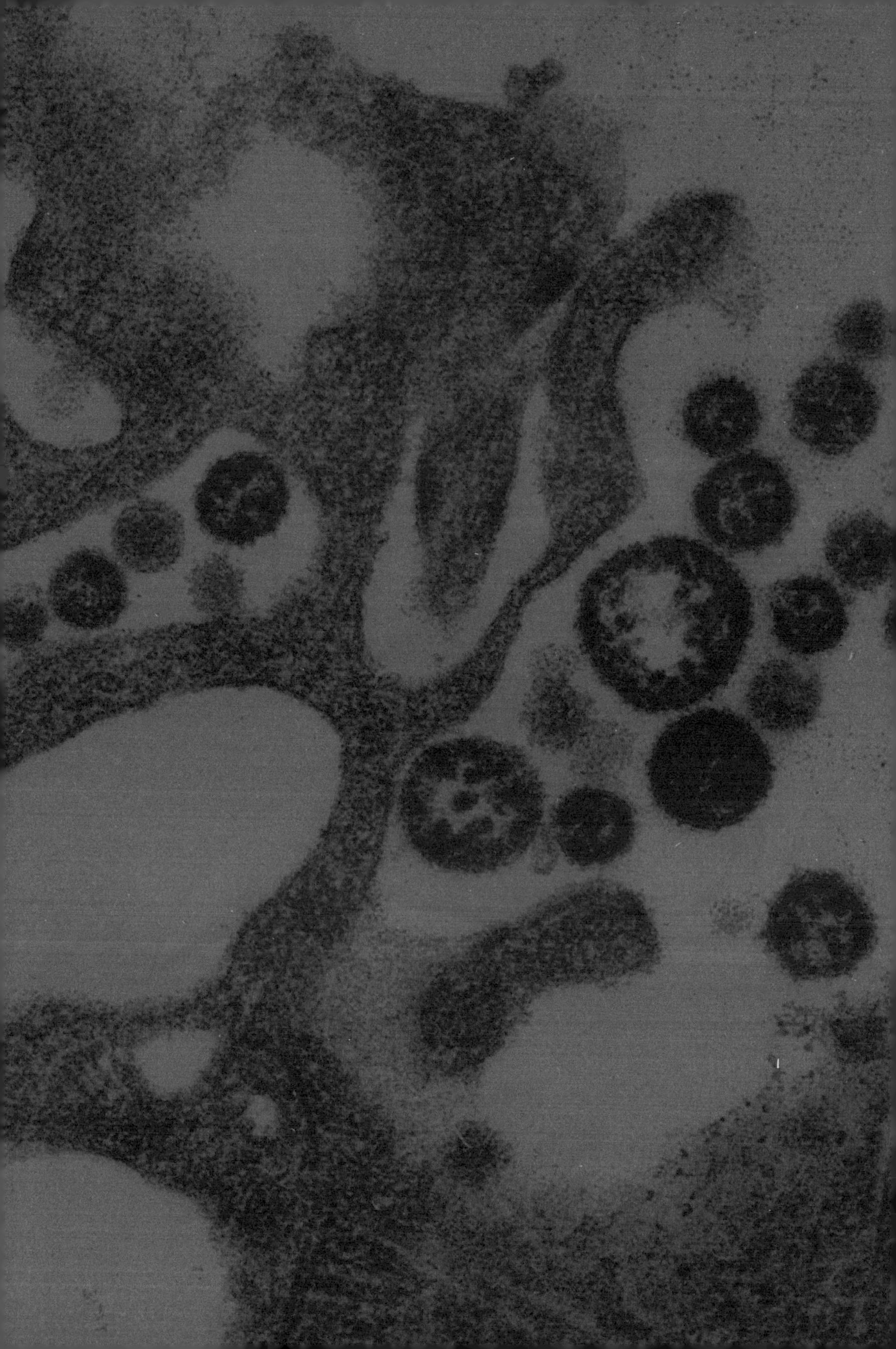

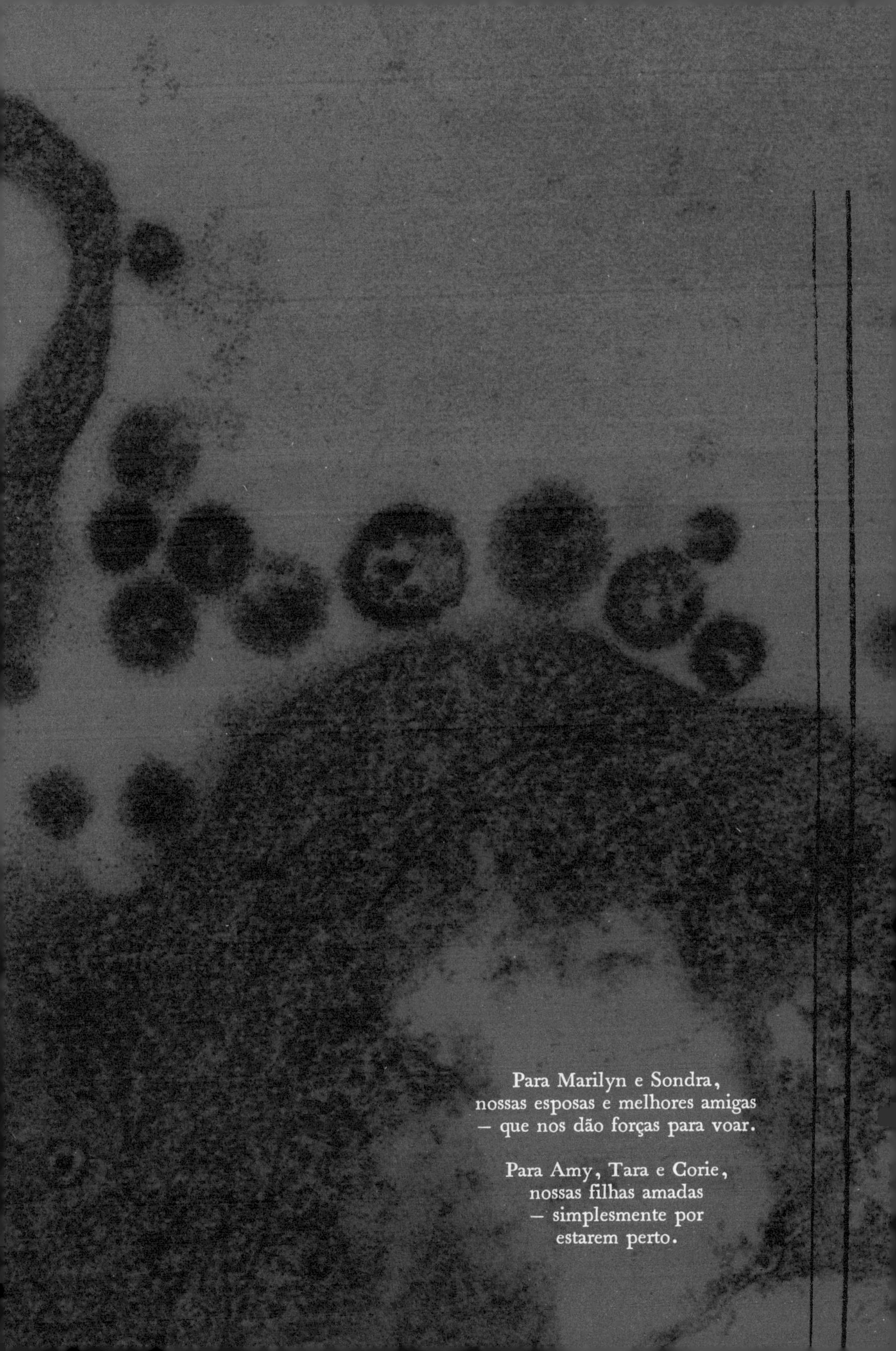

Para Marilyn e Sondra,
nossas esposas e melhores amigas
— que nos dão forças para voar.

Para Amy, Tara e Corie,
nossas filhas amadas
— simplesmente por
estarem perto.

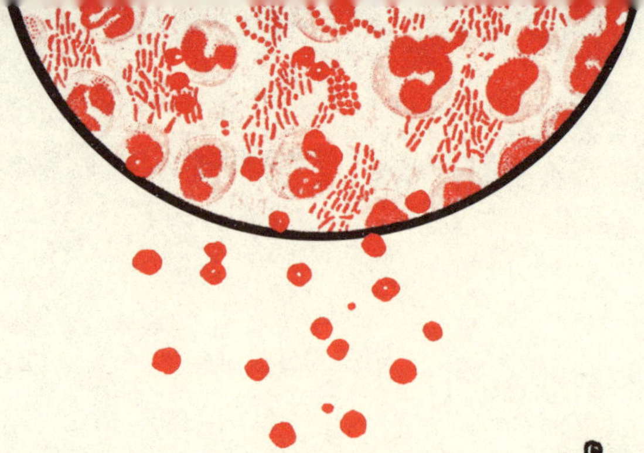

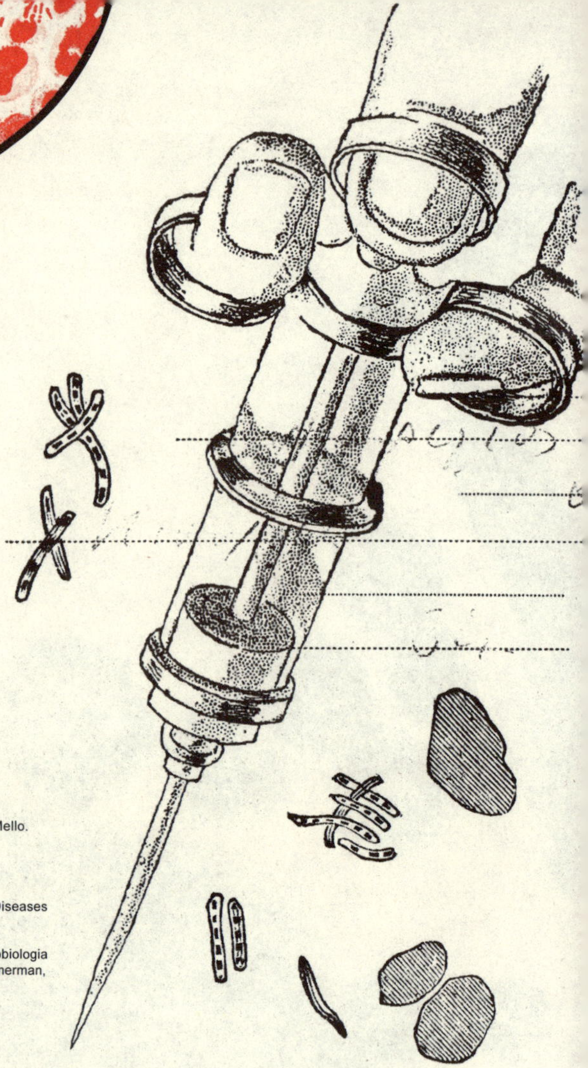

DADOS INTERNACIONAIS DE
CATALOGAÇÃO NA PUBLICAÇÃO (CIP)
Angélica Ilacqua CRB-8/7057

Zimmerman, Barry E.
Medicina macabra 3 / Barry E. Zimmerman,
David J. Zimmerman; tradução de Cláudia Mello.
— Rio de Janeiro : DarkSide Books, 2022.
416 p. : il, color. (vol. 3)

ISBN: 978-65-5598-149-0
Título original: Killer Germs: Microbes and Diseases
That Threaten Humanity

1. Doenças transmissíveis - História 2. Microbiologia
médica 3. Bactérias 4. Vírus I. Título II. Zimmerman,
David J. II. Belhassof, Cláudia Mello

21-0825 CDD 616.909

Índices para catálogo sistemático:
1. Doenças transmissíveis - História

Nos reencontramos com alegria, saúde e abraços fraternos nesta poderosa colheita. A Fazenda Macabra saúda a todos os irmãos e irmãs que atravessaram este período delicado de nossa história, e estão conosco cuidando daqueles que amamos. Que a luz e a paz guiem os corações dos que sofreram perdas irreparáveis, e possamos celebrar a vida que floresce em toda a sua plenitude.

Acervo de Imagens: DarkSide/Macabra, Scientific American, University of Oxford, Creative Commons, Shutterstock, Getty Images, Alamy, US Patent Office, Dreamstime © Andrei Samkov, Rodrigo Larrabure, Artinun Prekmoung, Kenrick Griffith, Wessel Du Plooy, Brad Calkins, Gabriel Robledo, Biohazard. Com imagens de Dr. Frederick A. Murphy, C. S. Goldsmith, P. Rollin, M. Bowen, Cynthia Goldsmith, Luanne Elliott, J.J. Esposito, F.A. Murphy, Dr. Erskine Palmer.

Impressão: Gráfica Geográfica

Fazenda Macabra
Reverendo Menezes
Pastora Moritz
Coveiro Assis
Caseiro Moraes

Leitura Sagrada
Aline TK Miguel
Isadora Torres
Jessica Reinaldo
Tallta Grass

Direção de Arte
Macabra

Coord. de Diagramação
Irmão Chaves

Colaboradores
Cesar Bravo
Tinhoso e Ventura

A toda Família DarkSide

MACABRA™
DARKSIDE

Todos os direitos desta edição reservados à
DarkSide® Entretenimento Ltda. • darksidebooks.com
Macabra™ Filmes Ltda. • macabra.tv

ASSASSINOS INVISÍVEIS:
EPIDEMIAS, GERMES E MICRÓBIOS
NA HISTÓRIA DA MEDICINA

BARRY E. ZIMMERMAN
DAVID J. ZIMMERMAN

ZIMMERMAN BROS

MEDICINA *macabra* 3

MEDICINA MACABRA 3

TRADUÇÃO
CLÁUDIA MELLO
BELHASSOF

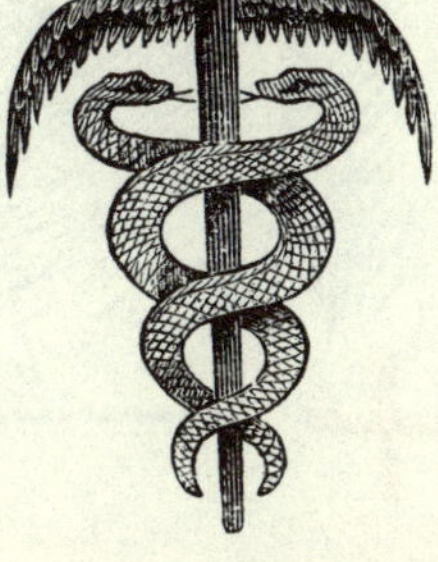

MACABRA™
DARKSIDE

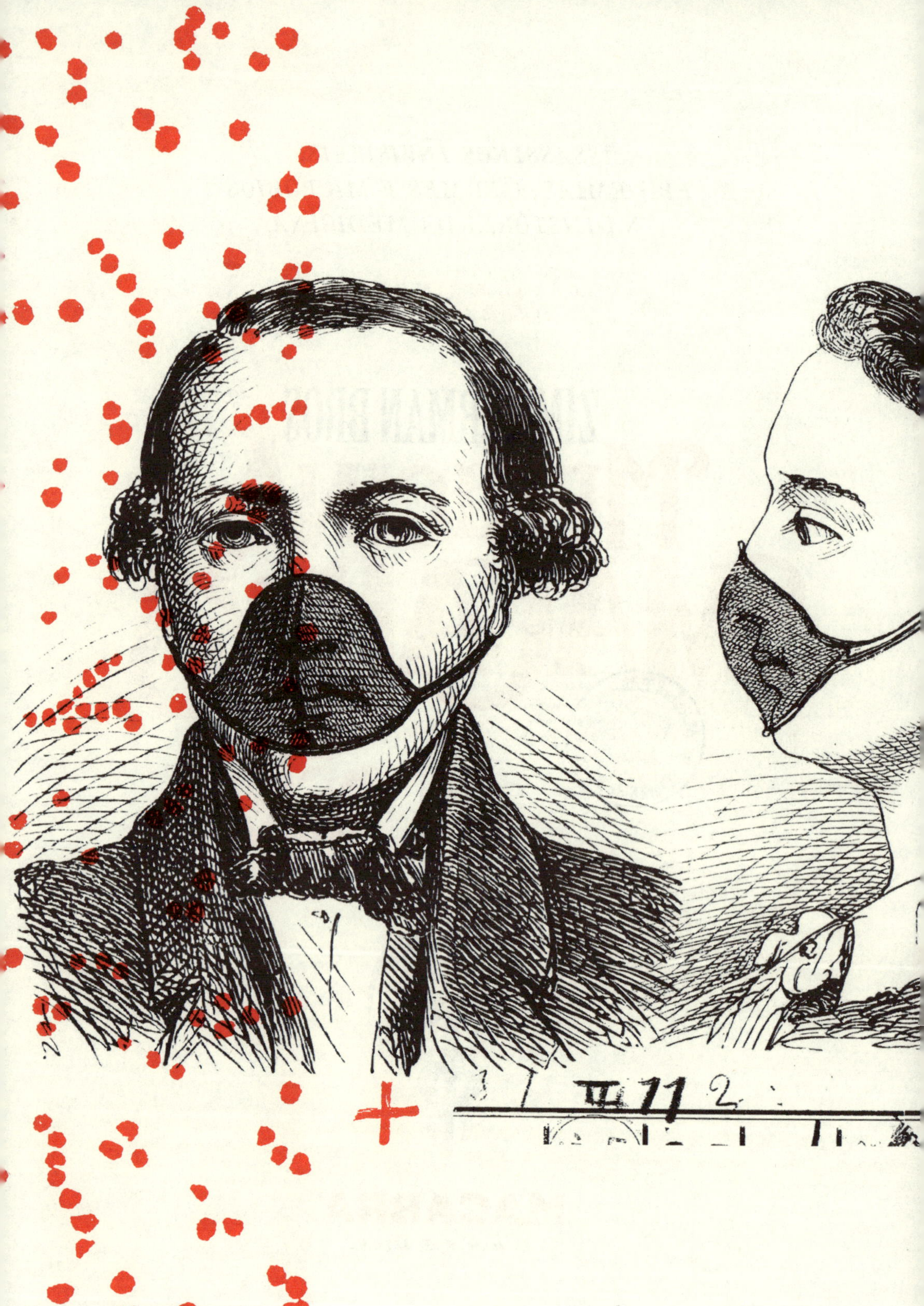

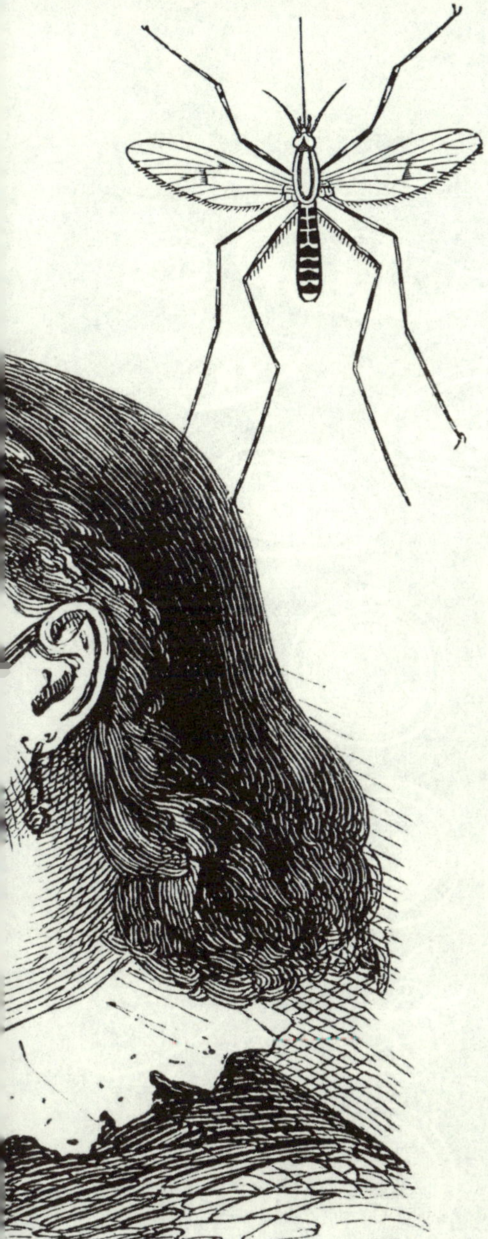

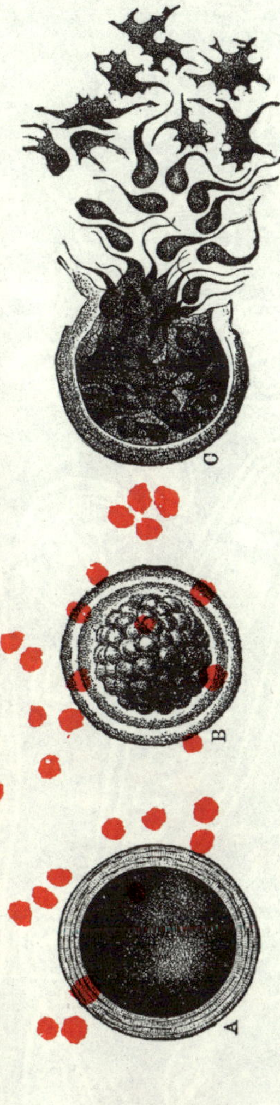

5	6	7	8	9	10
VB	VIB	VIIB	VIIIB	VIIIB	VIIIB
23	24	25	26	27	28

La colonne vertébrale est composée de 24 pièces, qu'on nomme vertèbres, - distinguées en

A. 7 cervicales.
B 12 dorsales.
C 5 Lombaires. -

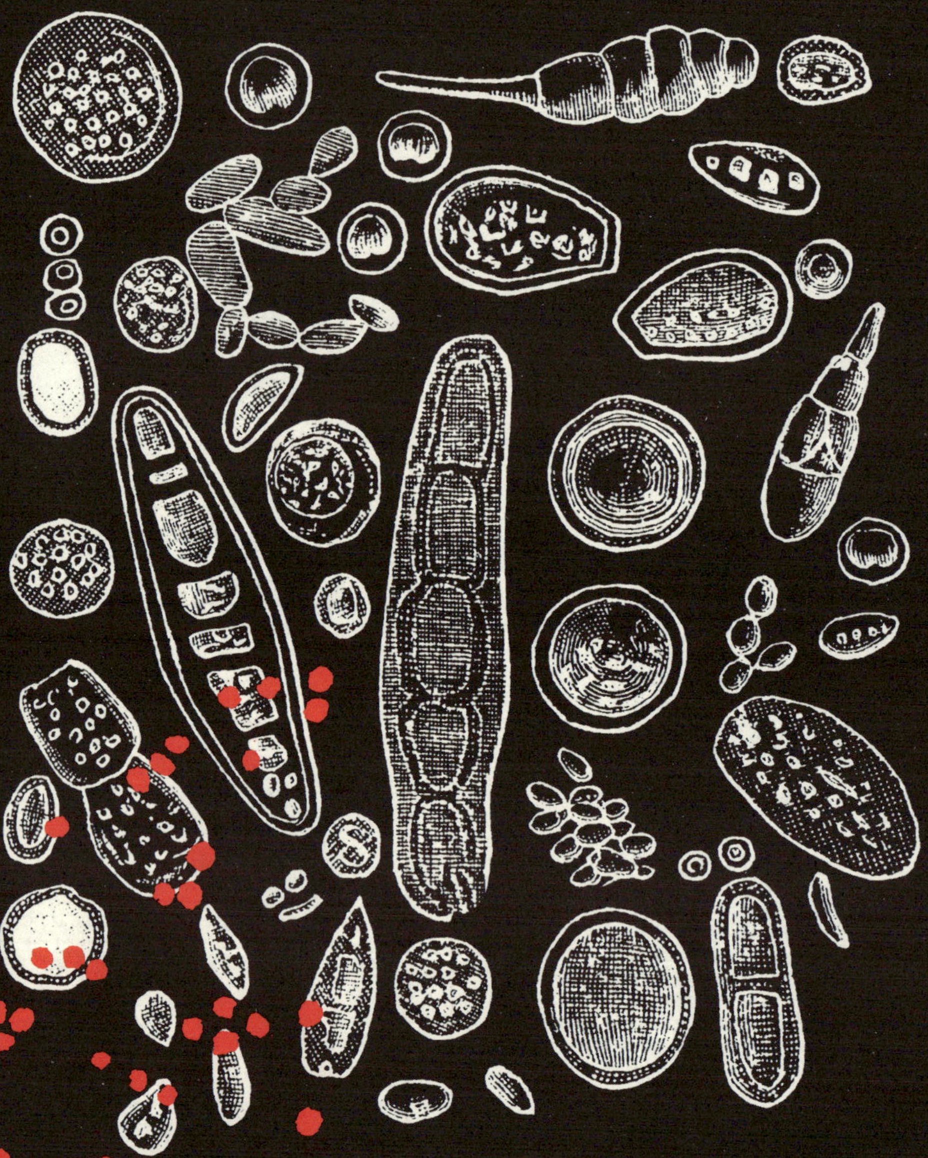

sumário THE

HISTOR

ZIMMERMAN BROS

MEDICINA MACABRA 3

STORY

THE

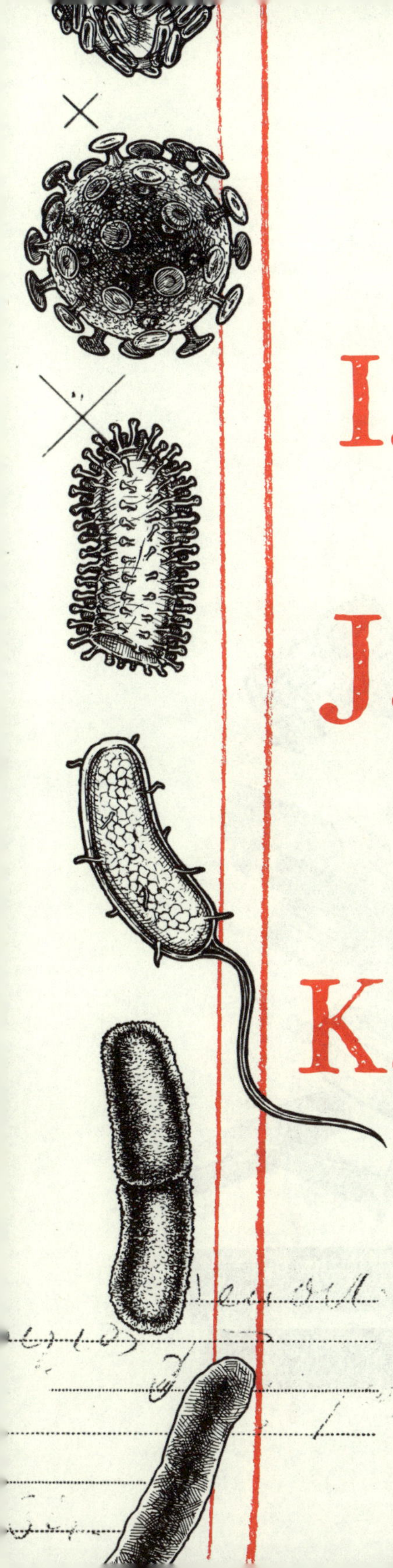

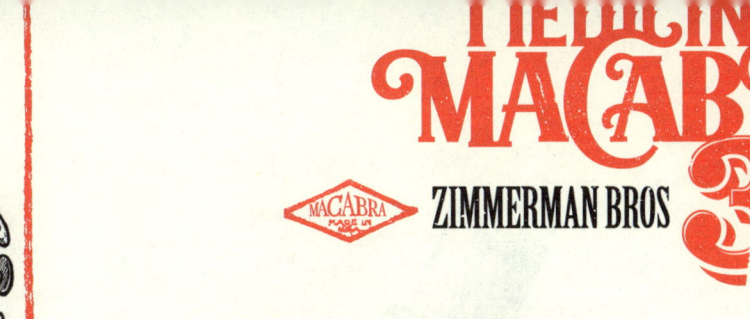

MEDICINA MACABRA 3

ZIMMERMAN BROS

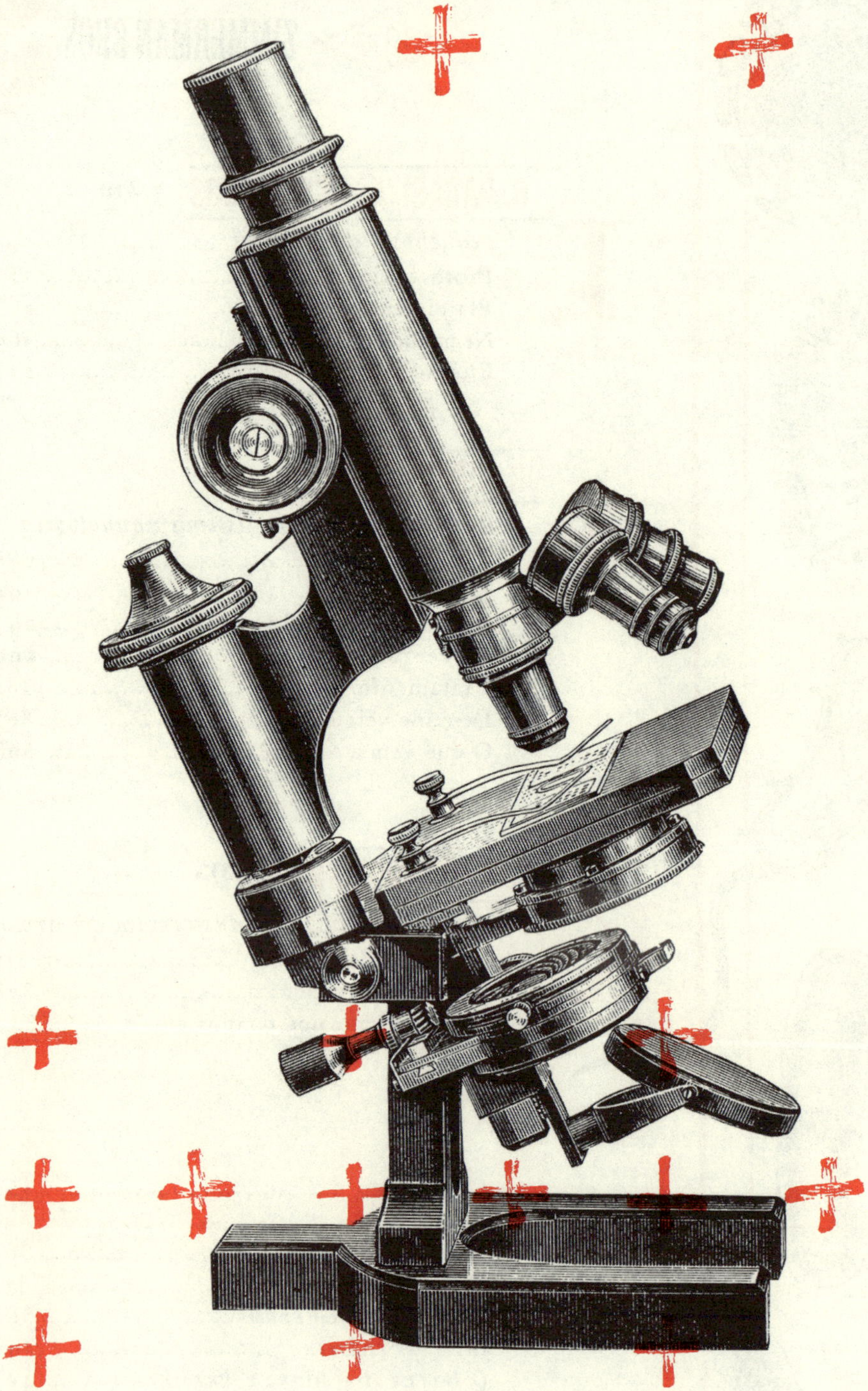

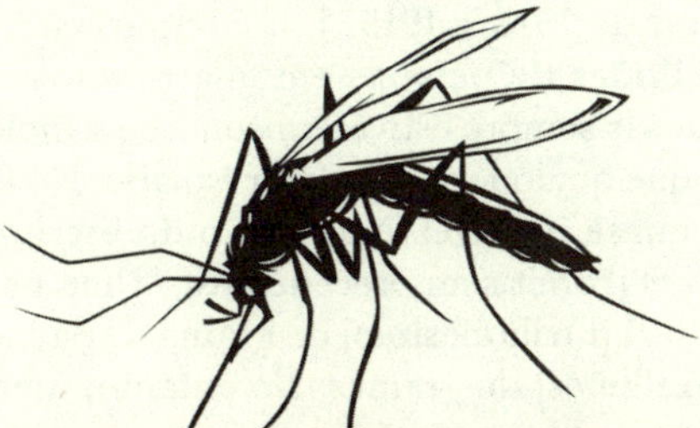

ASSASSINOS INVISÍVEIS

Introdução

A morte e a doença colocam todas
as pessoas no mesmo patamar.

— Mary Shelley, *O Último Homem*

Há evidências de doenças infecciosas no fóssil de uma ave que data de 90 milhões de anos. Um abscesso dentário foi encontrado em um ancestral humano com idade entre 1 e 2 milhões de anos. (A ancestralidade humana data de 3 a 5 milhões de anos.) A tuberculose era muito comum 6 mil anos atrás, durante a nova Idade da Pedra (ou Neolítico), no norte da África e na Europa. Pragas devastadoras datam de vários milhares de anos. Uma praga de varíola em Roma, há quase 2 mil anos, matou milhões de cidadãos romanos ao longo de quinze anos de um reinado de terror. Aqueles que sobreviviam à pestilência muitas vezes ficavam cegos ou terrivelmente desfigurados. O corpo preservado de uma nobre chinesa que morreu há 2.100 anos apresentava cicatrizes de tuberculose e três tipos diferentes de vermes. A conquista do Novo Mundo, que começou com a histórica viagem de Colombo, aconteceu mais por resultado de doenças — varíola em conjunto com sarampo e gripe — do que por meio de espadas e tiros. A derrota de Napoleão na Europa foi provocada mais pelo general Tifo — que, graças à mordida de um piolho, dizimou seus exércitos — do que por qualquer líder militar. O tifo também matou 3 milhões de pessoas durante a Primeira Guerra Mundial. A peste bubônica causou o colapso do Império Romano oriental no século VII. Matou 24 milhões de europeus em seis anos, em meados do século XIV — um terço da população europeia. De acordo com Frederick Cartwright, em *As Doenças e a História*, "A mortalidade foi tão grande que o papa consagrou o rio Ródano, em Avignon, de modo que se pudesse considerar que os cadáveres atirados ao rio tinham recebido um sepultamento cristão".

A gripe suína tirou a vida de pelo menos 20 milhões de pessoas em seis meses, durante o inverno de 1918 e 1919. Em comparação, a Primeira Guerra Mundial matou 15 milhões de pessoas em quatro anos.

As doenças infecciosas sempre estiveram conosco e moldaram a história humana, talvez mais do que qualquer outro fator isolado. No entanto elas são causadas por uma força quase invisível. Na citação do escritor científico Bernard Dixon, em *Power Unseen* [Poder sem precedentes]: "Uma pequena bactéria pesa apenas 0,000000000001 [1 trilionésimo] de grama. Uma baleia-azul pesa cerca de 100.000.000 [100 milhões] de gramas. No entanto, uma bactéria pode matar uma baleia". O agente da intoxicação alimentar por botulismo é muito pequeno para ser visto a olho nu, mas um copo com 340 gramas da toxina que ele produz mataria todos os seres humanos — todos os 7,8 bilhões que vivem na face da Terra. Por menores que sejam os germes, eles governam o mundo.

Os organismos causadores de doenças são um grupo diversificado que se enquadra em cinco categorias distintas. Do mais simples ao mais complexo, existem vírus, bactérias, protozoários, fungos e vermes (veja a tabela a seguir). Ao contrário dos quatro primeiros, os vermes não são muito pequenos; são multicelulares e, no caso das tênias, elas podem ser quase tão compridas quanto uma quadra de tênis.

AGENTE CAUSADOR	DOENÇAS CAUSADAS
VÍRUS	aids, catapora, resfriado comum, dengue, ebola, gripe, hantavírus, hepatite, febre de Lassa, doença de Marburg, sarampo, meningite, mononucleose, caxumba, pneumonia, raiva, rubéola, doença do Nilo Ocidental, febre amarela
BACTÉRIAS	peste bubônica, cólera, difteria, doença do legionário, doença de Lyme, meningite, pneumonia, infecções por estreptococos (escarlatina, febre reumática, doenças causadas por estreptococos invasivos), infecções por estafilococos, tuberculose, febre tifoide, tifo
PROTOZOÁRIOS	doença do sono africana (tripanossomíase), disenteria amebiana, malária
FUNGOS	pé de atleta, candidíase (sapinho), micose
VERMES	anisaquíase, elefantíase, verme-da-guiné, ancilostomíase, oncocercose (cegueira dos rios), esquistossomose, teníase, triquinose

Das cinco categorias, aquelas que representaram e continuam a representar a maior ameaça para os países desenvolvidos são os vírus e as bactérias — as doenças causadas por "germes". Elas foram a causa das grandes pragas e pandemias do mundo. As doenças causadas por protozoários e vermes são um problema específico dos países em desenvolvimento, ainda mais daqueles com climas mais quentes, embora as doenças virais e bacterianas também sejam abundantes nesses locais. Todas as doenças são abundantes onde há pobreza, superpopulação e saneamento e assistência médica inadequados.

Medicina Macabra 3 é um estudo sobre doenças infecciosas e os agentes que as causam. O livro é dividido em onze capítulos que abrangem extensas e diversas áreas. Os capítulos 1 a 3 exploram a história das doenças, começando com o nascimento dos germes e seguindo o desenvolvimento do pensamento humano voltado para a prevenção e a cura de doenças, desde a bruxaria até as drogas milagrosas. Os capítulos 4 e 5 são voltados para as doenças bacterianas. Um capítulo inteiro é dedicado à tuberculose, a maior assassina de todos os tempos entre as doenças infecciosas. Os capítulos 6 a 8 investigam os vírus; eles abordam as doenças hemorrágicas que estão surgindo e são incrivelmente letais, bem como as já estabelecidas, como a gripe, que matou mais pessoas em seis meses do que qualquer outra doença na história da humanidade. O capítulo 9 é dedicado às doenças parasitárias — os protozoários e vermes, que tradicionalmente arrasaram as nações em desenvolvimento e continuam a fazê-lo. O capítulo 10 é sobre a aids, um pesadelo viral que assola todas as nações e ameaça a própria existência da nossa espécie. O capítulo 11 aborda o bioterrorismo, talvez o maior pesadelo de todos, porque o perigo não é tanto uma bactéria ou vírus, mas o espírito humano e sua extrema capacidade de fazer o mal — a desumanidade do homem para com o homem.

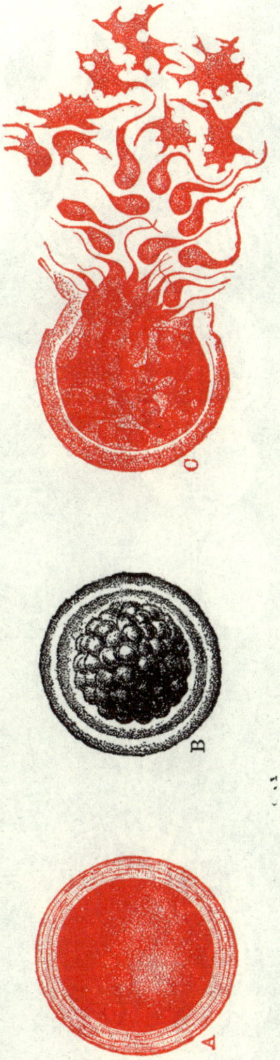

Acima de tudo, este é um livro de descobertas, que mostra o melhor e o pior do espírito humano — e é uma história viva. A cada momento que passa, novas ameaças surgem, novas descobertas são feitas, novas vacinas são testadas e vamos aprendendo a combater todos esses germes assassinos e micróbios canibais que ameaçam a nossa existência. Esta é a história da medicina em constante evolução — da superstição à ciência de ponta.

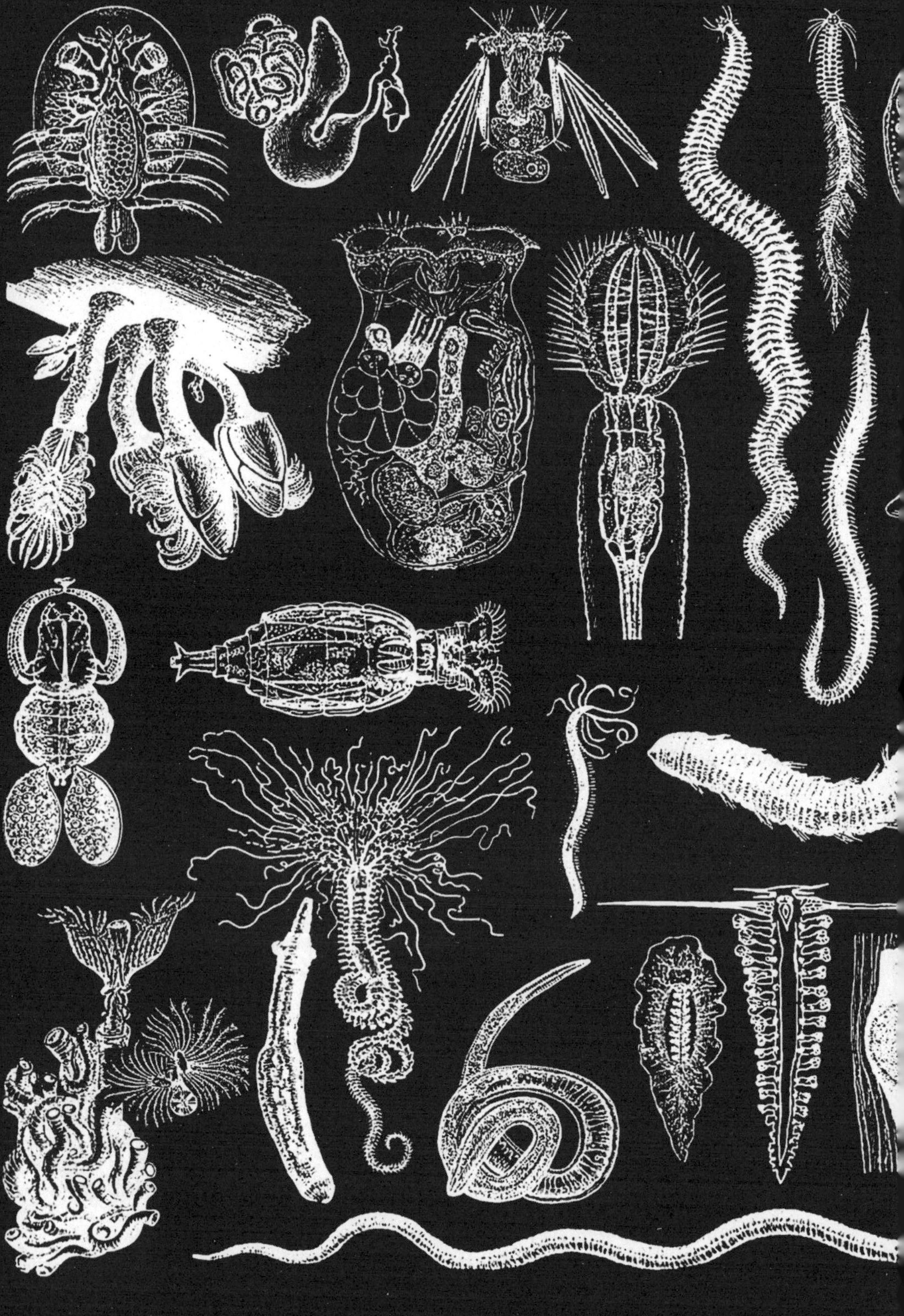

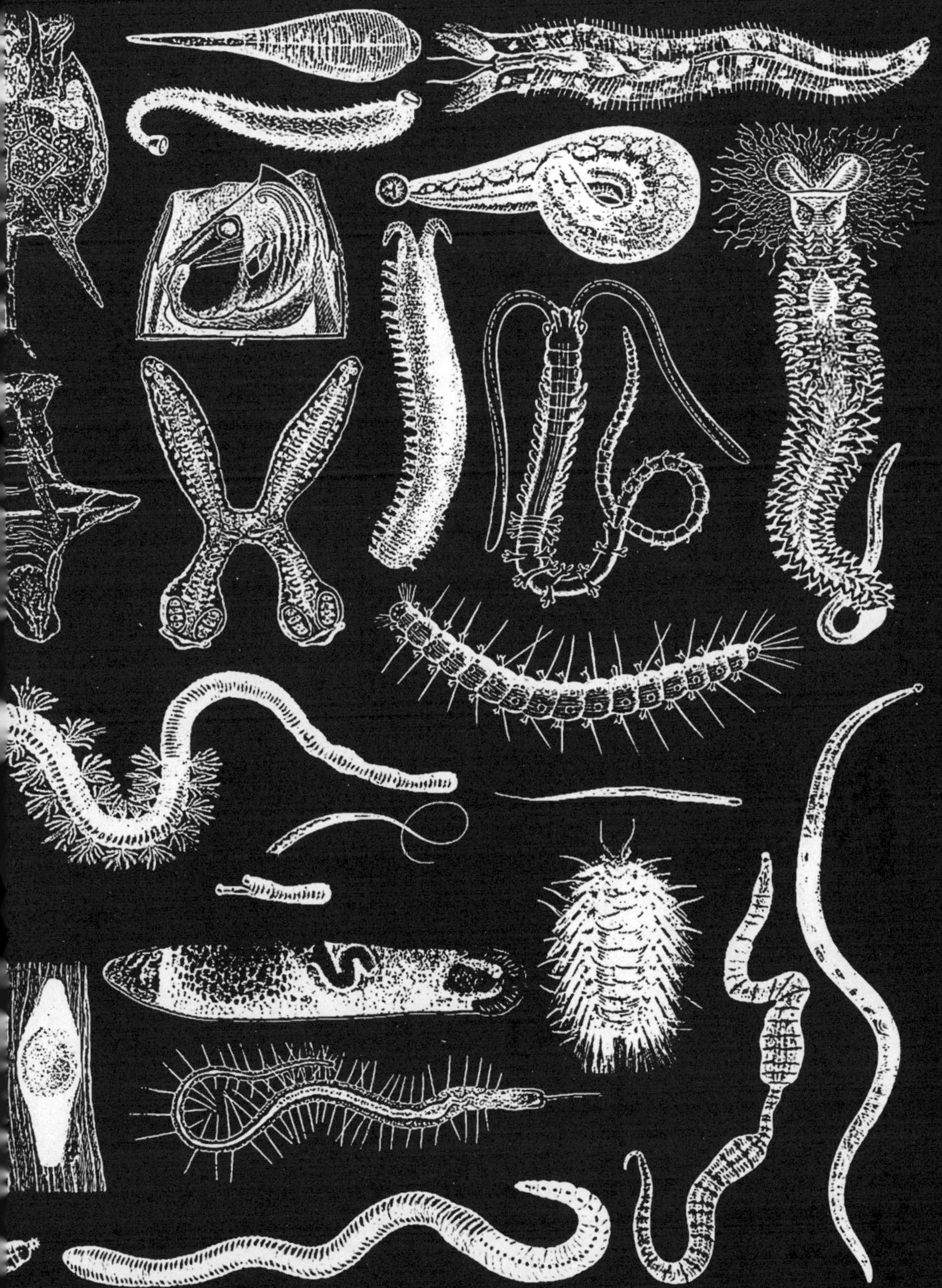

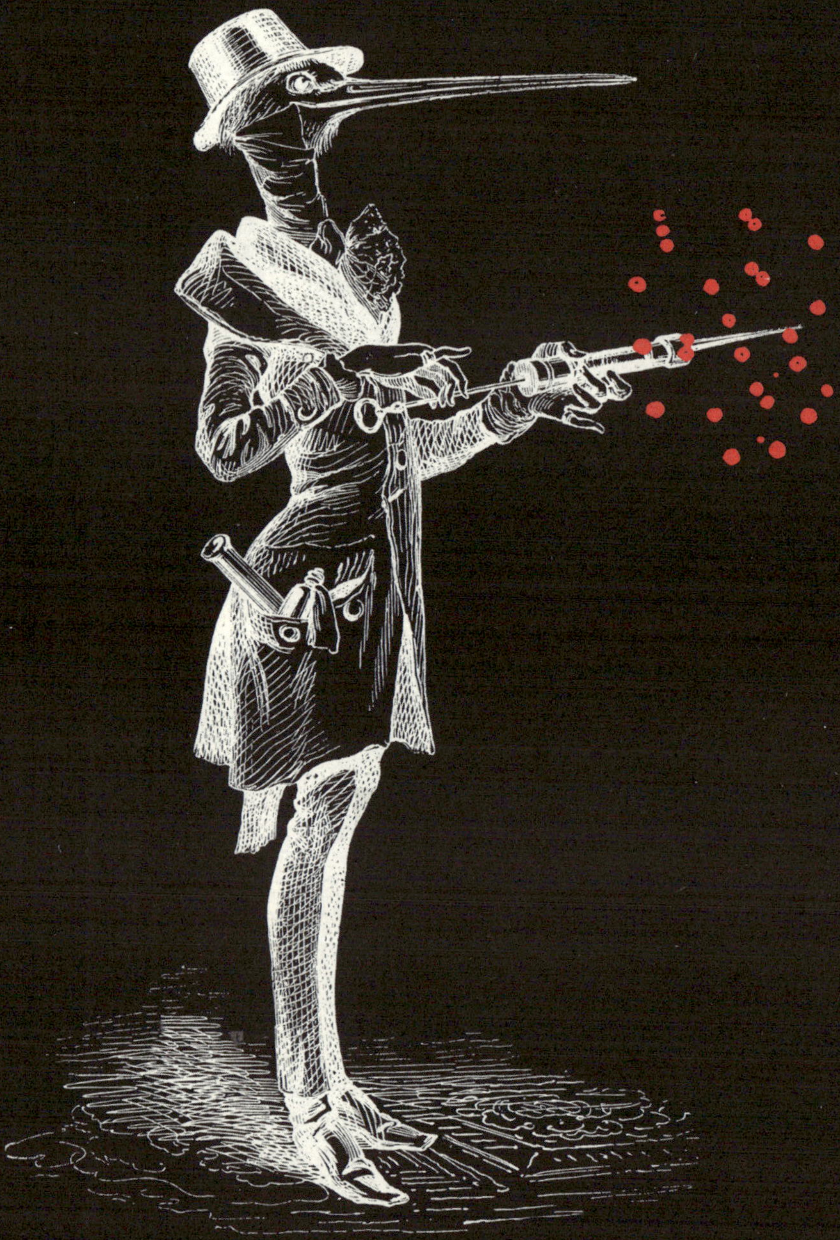

(...) há febres por todas essas terras humanas, sejam velhas ou novas.

Machado de Assis
Dom Casmurro

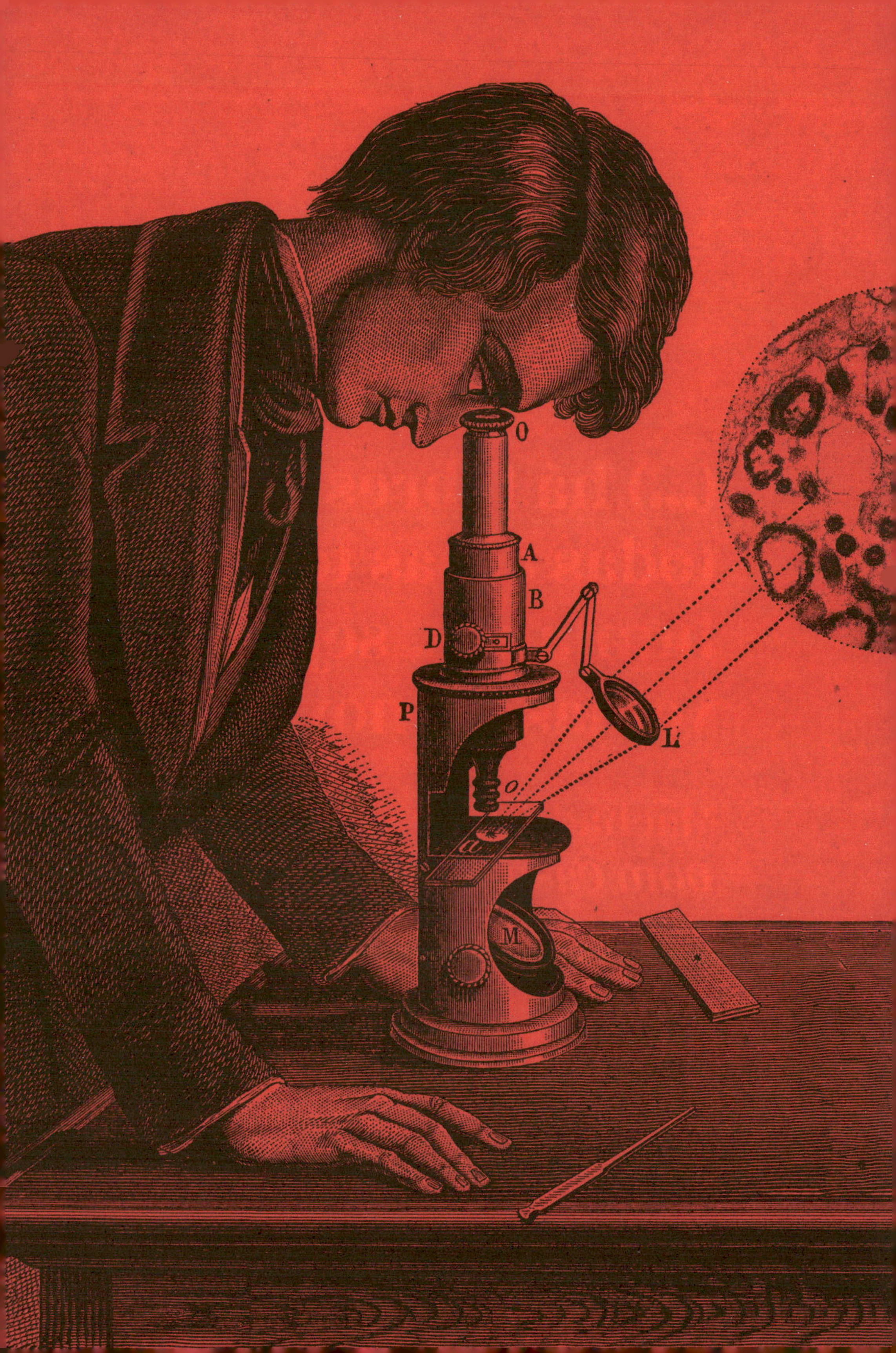
O
A
B
D
P
L
o
M

A

ASSASSINOS INVISIVEIS

um planeta semeado com esporos

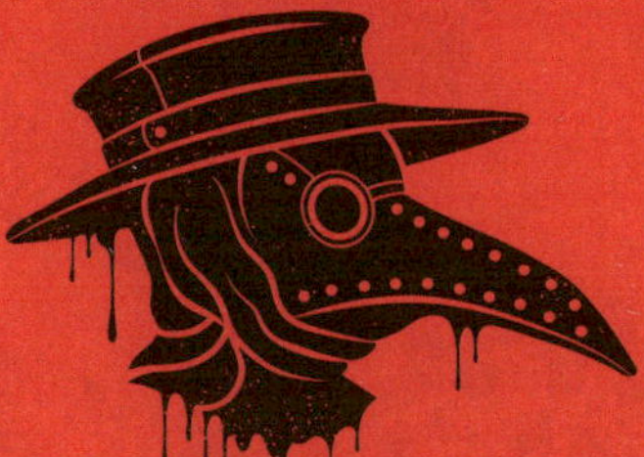

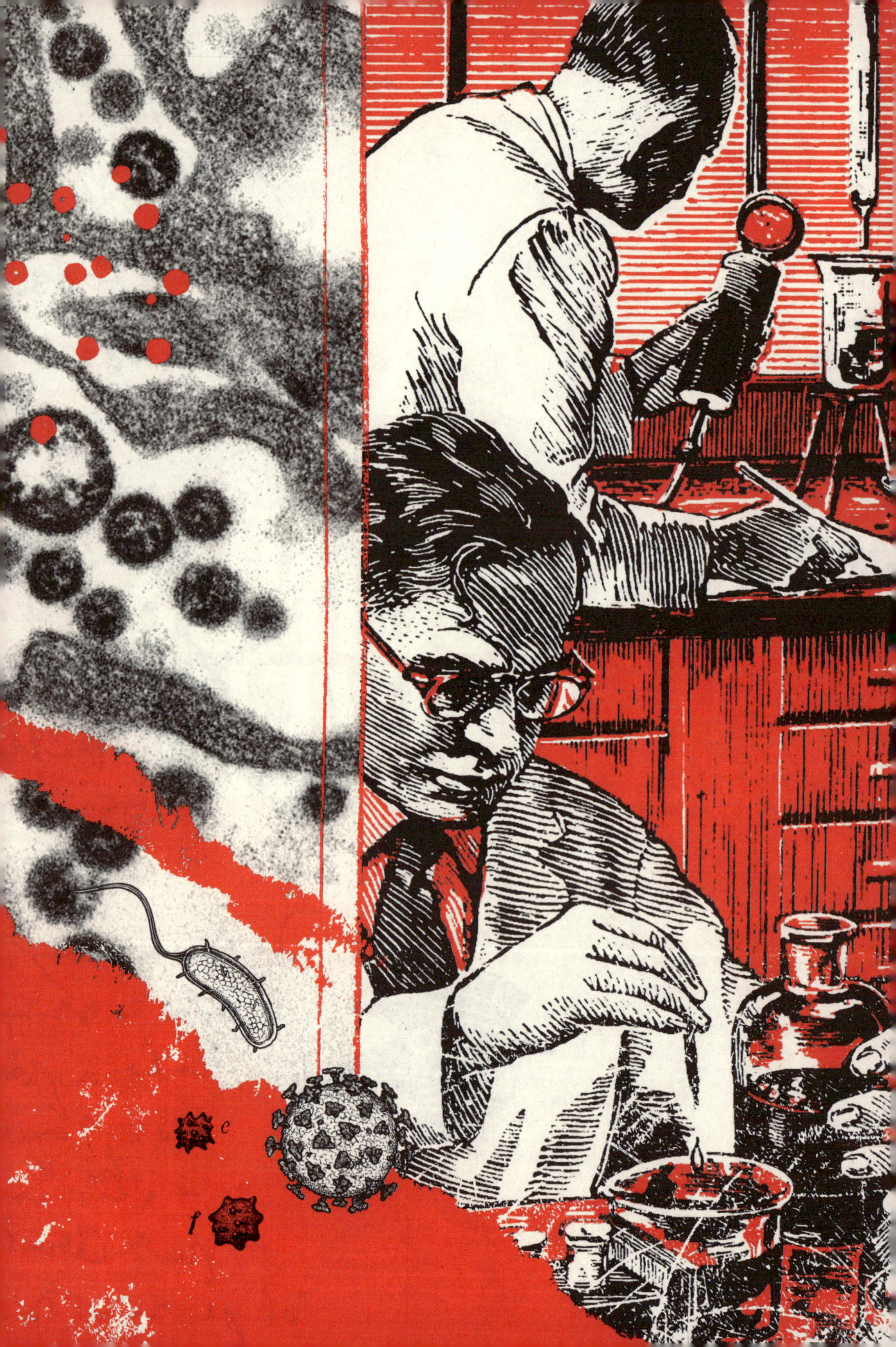
c
f

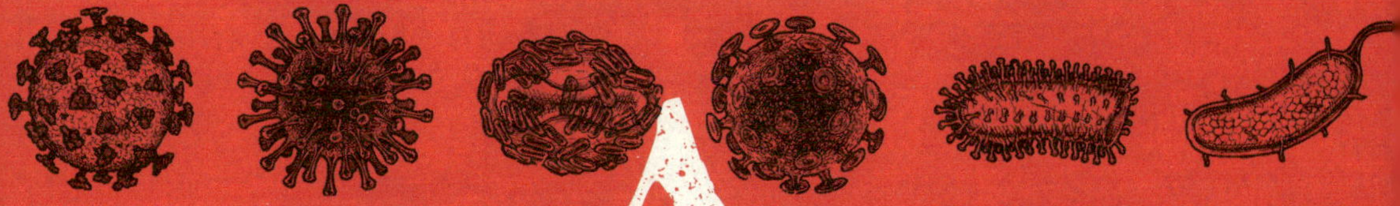

A

ASSASSINOS INVISÍVEIS

um planeta semeado com esporos

As doenças começaram quase no mesmo momento que a vida em si. Para entender sua origem, primeiro devemos entender a origem da vida. Nosso planeta se formou a partir de uma nuvem de poeira e gases em contração há cerca de 4,5 bilhões de anos. Era um mundo hostil, de gases venenosos, vulcões em erupção, raios e radiação abrasadora vinda de uma estrela recém-formada a 93 milhões de milhas (150 milhões de quilômetros) de distância. A rocha que formou sua crosta estava derretida e borbulhava. Na citação de Lynn Margulis e Dorion Sagan em *Microcosmos: Quatro bilhões de anos de evolução microbiana*:

> Durante esses primeiros anos [...] não havia um solo sólido nem oceanos e lagos. [...] O planeta era uma bola de lava derretida, queimando com o calor da decomposição de elementos radioativos em seu núcleo. A água da Terra, disparada pelo vapor de gêiseres vindos do interior do planeta, era tão quente que nunca caía na superfície como chuva, mas permanecia na parte alta da atmosfera, como um vapor incondensável. A atmosfera era densa, com cianeto e formaldeído, que são venenosos. Não havia oxigênio respirável nem organismos capazes de respirá-lo.

Durante esses primeiros anos, não havia seres vivos. Ponto final. No entanto, 1 bilhão de anos depois, a Terra fervilhava com uma forma simples de vida microbiana. Evidências desses organismos foram encontradas na Austrália e na África, em cúpulas de rocha sedimentar chamadas estromatólitos. Acredita-se que esses estromatólitos sejam os restos fossilizados de camadas de bactérias que estavam entre os primeiros seres vivos. Os sedimentos na Groenlândia datam de 3,85 bilhões de anos. Como é que as bactérias se formaram a partir do caldeirão de lava borbulhante que era a jovem Terra?

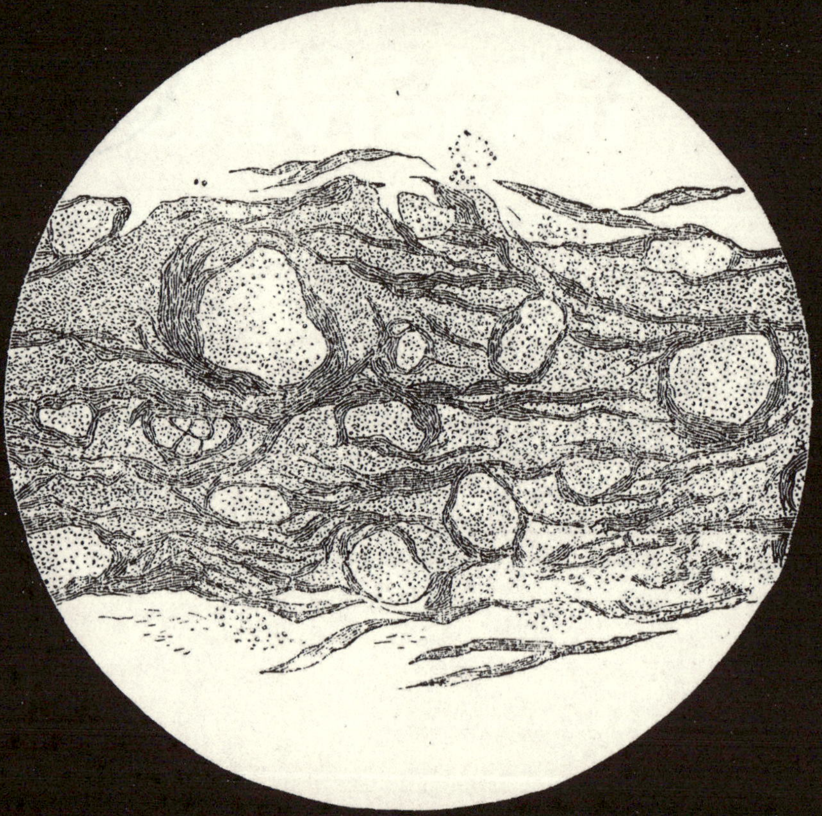

ZIMMERMAN BROS

MEDICINA MACABRA 3

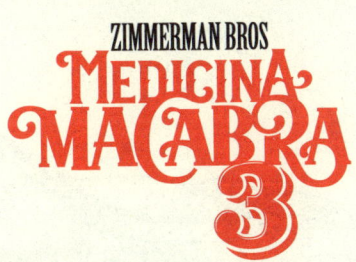

ORIGENS EXTRATERRESTRES

Existem duas possibilidades: (1) a vida surgiu de matéria não viva na Terra depois que esta esfriou e se tornou um lugar mais hospitaleiro (origem terrestre), ou (2) a vida é anterior à Terra, e o planeta foi "semeado" com esporos vindos de algum canto escuro e distante da nossa galáxia (origem extraterrestre).

O consenso entre os cientistas favorece nitidamente uma origem terrestre. A maioria dos astrônomos considera que as condições do espaço profundo são hostis demais para que a vida sobreviva — até mesmo os estágios de esporos altamente duráveis de certos microrganismos. No espaço não há ar nem pressão atmosférica, e a temperatura chega perto do zero absoluto (-460°F ou -273°C). Ao se aproximar de um planeta habitável e semeável como a Terra, a radiação se torna intensa pela proximidade do sol, que fornece ao planeta o calor necessário. Sem uma atmosfera protetora, a radiação mata rapidamente os seres vivos. Na verdade, em 1966, as bactérias mais resistentes foram transportadas a bordo da espaçonave *Gemini IX* para a órbita da Terra. Nenhuma delas sobreviveu sequer a seis horas de exposição direta à radiação ultravioleta do espaço interplanetário.

Além disso, nenhuma semente espacial foi detectada nos quase cinquenta anos que temos viajado pelo cosmos. Nem foram encontradas como parte de um meteorito ou na superfície da Lua ou de Marte — dois lugares onde pousamos e realizamos testes em busca de atividade biológica. Se elas fossem comuns o suficiente para semear nosso planeta no primeiro bilhão de anos de sua criação, deveriam ser comuns o suficiente para serem detectadas em algum local agora. O fato de isso não ter acontecido leva os cientistas a acreditarem que a vida — e os germes — se originou na Terra.

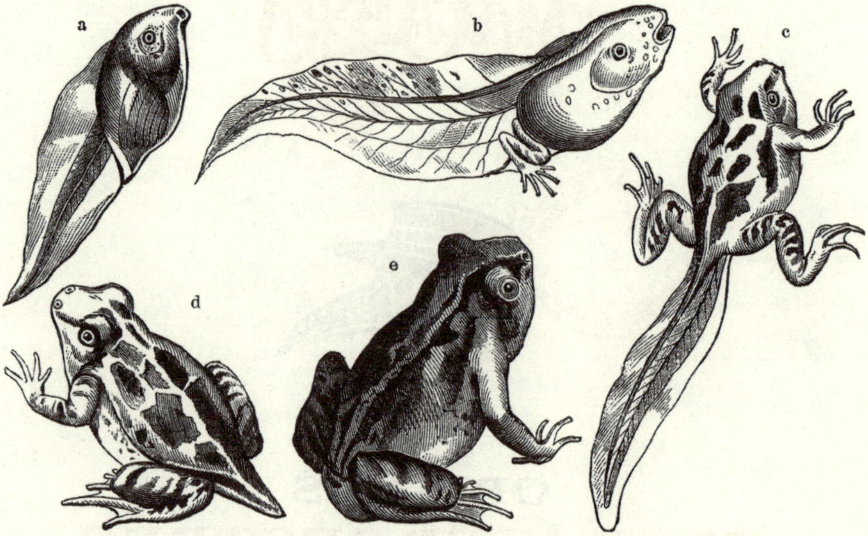

GERAÇÃO ESPONTÂNEA

Há 350 anos, não seria considerado errado acreditar que os vermes — criaturas rastejantes e semelhantes a lesmas — se formavam espontaneamente a partir de carne podre; ou que sapos e cobras surgiam de maneira espontânea da lama no fundo de uma lagoa; ou que trapos velhos e sujos se transformavam em camundongos e ratos; ou que o esperma injetado em pepinos dava origem a pessoas. Ainda em meados do século XIX, as pessoas acreditavam que os microrganismos surgiam espontaneamente de caldos, molhos ou outros alimentos estragados. O conceito de que a vida pode surgir da não vida por meio de uma metamorfose maravilhosa e inexplicável é conhecido como *geração espontânea.*

A geração espontânea explica a origem da vida na Terra com muita facilidade. Ou melhor, ela é a *responsável* pela origem da vida. Não há muita explicação para a geração espontânea. No entanto, se os organismos surgiram espontaneamente, que assim seja; deixe as explicações para filósofos e advogados.

Só que, sob condições científicas controladas, essa teoria não se sustentou. Em 1668, em um conjunto clássico de experimentos, o médico italiano Francesco Redi provou de maneira conclusiva que os vermes não surgiam espontaneamente da carne podre, mas dos ovos invisíveis postos ali por moscas da carne. Os vermes eram um estágio intermediário, semelhante ao da lagarta, no ciclo de vida das moscas.

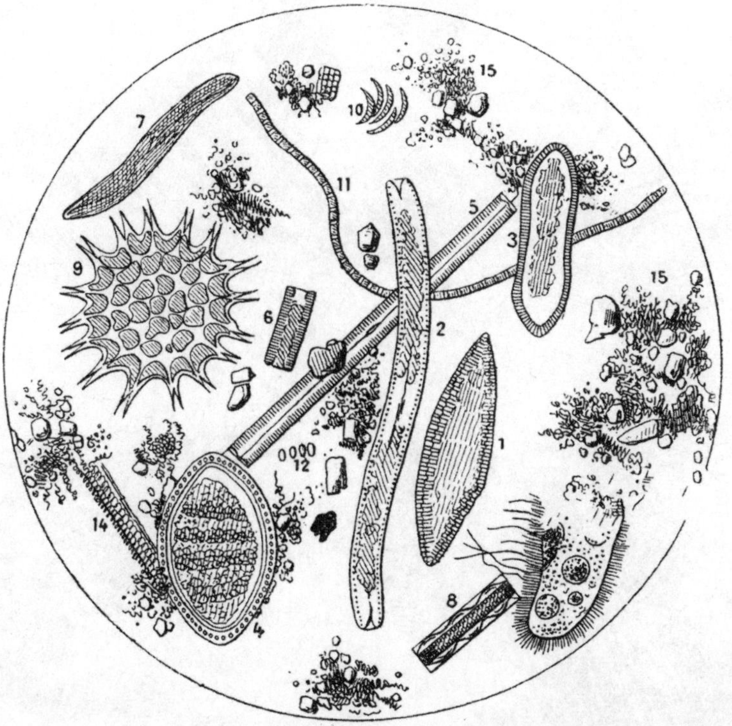

Duzentos anos depois, o grande microbiologista francês Louis Pasteur provou de maneira conclusiva que os microrganismos não surgiam espontaneamente do molho nem de outros alimentos estragados. Seus experimentos foram a sentença de morte da geração espontânea. As coisas vivas têm que vir de outras coisas vivas. Até mesmo os organismos unicelulares mais simples precisam de genitores — ou pelo menos de um genitor.

Isso, no entanto, cria um dilema. Se todas as coisas vivas devem vir de coisas vivas, e não havia coisas vivas na Terra no início, de onde vieram as *primeiras* coisas vivas? Obviamente, elas não podiam ter tido genitores.

Com a mesma obviedade, elas devem ter vindo de coisas não vivas — mas não no sentido insinuado pela geração espontânea. Existe uma grande diferença de conceito. A geração espontânea tem sido comparada à montagem de um Boeing 707 por um furacão que caiu em um ferro-velho. A criação da vida foi um processo gradual, que levou muitos milhões de anos e que exigiu um suprimento constante de alta energia que não está mais disponível e uma composição atmosférica que não existe mais. Embora talvez tenha sido uma questão global, ocorrendo em diferentes partes da Terra primitiva, como em poças de maré rasas ou partes úmidas de barro ou fontes hidrotermais no fundo do mar, não foi algo que aconteceu com facilidade. E, com toda a probabilidade, não houve reprise de tal espetáculo nos últimos bilhões de anos.

EVOLUÇÃO
DA VIDA

O tedioso processo de aumento da complexidade da matéria de inorgânica para orgânica e viva é chamado de *evolução química* ou *prebiótica* — evolução antes da vida. Não é um conceito muito recente. Na década de 1920, A.I. Oparin, na Rússia, e J.B.S. Haldane, na Inglaterra, postularam de forma independente a hipótese da quimiossíntese — segundo a qual as condições na Terra primitiva favoreceram reações químicas que teriam levado à formação de moléculas mais complexas e, por fim, à criação da vida. Essas condições incluíam uma mistura venenosa de gases que não continham oxigênio e uma energia abundante na forma de radiação solar — ultravioleta, em especial —, descargas elétricas e o calor proveniente da contração gravitacional da Terra e da decomposição de elementos radioativos. Essas condições de alta energia não existem mais, extintas há vários bilhões de anos.

Para testar a hipótese da quimiossíntese, os cientistas realizaram experimentos durante as décadas de 1950 e 1960 nos quais recriaram as condições que existiam na Terra primitiva. Eles reproduziram a atmosfera primordial e a carregaram de energia na forma de calor e eletricidade por semanas a fio. Obtiveram mais de cem compostos orgânicos, incluindo aminoácidos e proteínas, açúcares e pequenos pedaços de material genético chamados de ácidos nucleicos — os blocos de construção da vida!

O sucesso desses experimentos deu um grande apoio à hipótese da evolução química. É provável que, em sua história inicial, os lagos e oceanos da Terra tenham se tornado uma rica sopa orgânica. A água é um meio ideal para as moléculas se espalharem e reagirem. Em algum ponto do processo, certas moléculas desenvolveram a capacidade de alinhar aminoácidos e construir proteínas sob medida, e de fazer cópias de si mesmas, de modo que a capacidade de produzir proteínas pudesse ser transmitida. Em outro ponto, essa congregação de supermoléculas se fragmentou em microgotículas, ligadas de alguma forma por uma membrana, com a maquinaria interna capaz de captar, usar energia e se reproduzir. A vida na Terra havia começado.

E as coisas vivas eram bactérias — a mais primitiva de todas as células. Durante os 2 bilhões de anos seguintes, as bactérias seriam os únicos habitantes da Terra, um reino inigualável a qualquer outra coisa viva. Elas têm persistido por 25 vezes mais tempo que os dinossauros e 2 mil vezes mais tempo que os seres humanos. Existem mais bactérias em um punhado de solo ou dentro da sua boca do que o número total de pessoas que já viveram. Um único espirro pode carregar consigo 1 milhão de bactérias. Elas representam 90% do peso das fezes humanas. Seu corpo contém mais células bacterianas do que células humanas — cem vezes mais! E elas são encontradas em todos os lugares da Terra — nos oceanos mais profundos, no topo das montanhas mais altas, até mesmo suspensas em nuvens de grande altitude.

As primeiras células não eram inicialmente parasitárias. Elas viviam livres, se banqueteavam com a abundância de alimento nos mares, uma cortesia da quimiossíntese. Mas sofreram mutações insidiosas e logo aprenderam a invadir células vivas livres e provocar doenças — e assim mudaram para sempre o modo como a vida funcionava. Com o tempo, aquelas que não se tornaram parasitárias evoluíram e se transformaram em todas as outras coisas vivas — até mesmo nos vírus, que são muito mais simples do que as bactérias menos complexas. (As bactérias são as células mais simples, mas os vírus não são células; são apenas uma coleção de moléculas.) De acordo com Rita Coswell, da Universidade de Maryland, existem entre 300 mil e 1 milhão de espécies diferentes de bactérias. A maioria não é patogênica. Mas as poucas que o são, em conjunto com os vírus e os parasitas que elas geraram, provocaram uma miséria indescritível e ditaram o curso dos eventos humanos.

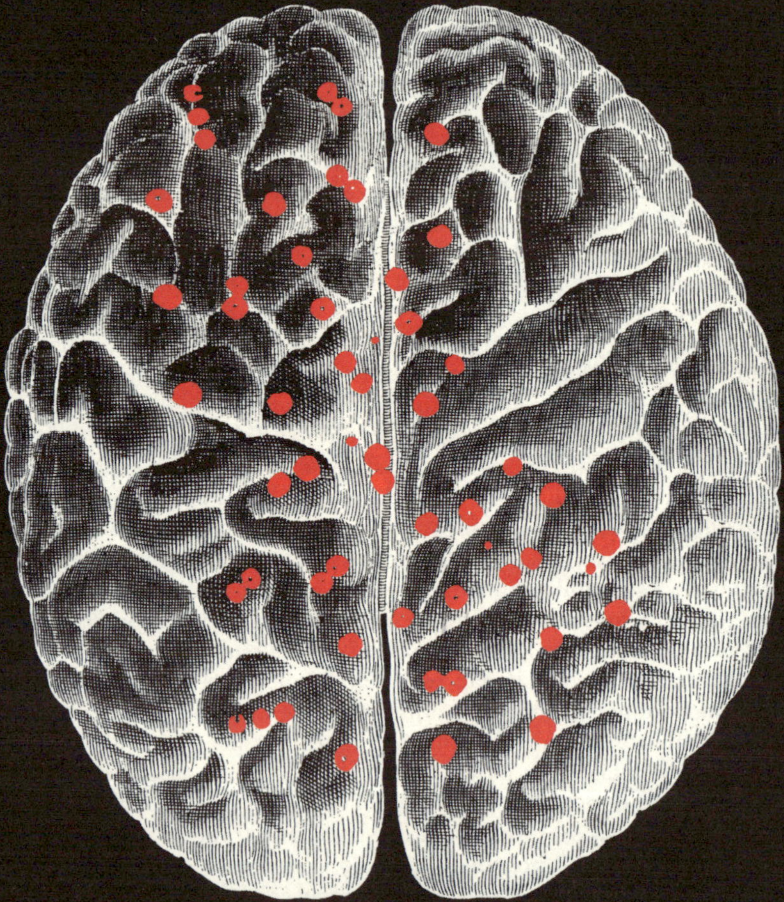

A febre me
queima a fronte
E dos túmulos
a aragem
Roçou-me a
pálida face;
Mas no delírio
e na febre
Sempre teu rosto
contemplo (...).

Casimiro de Abreu
trecho do poema "no leito"

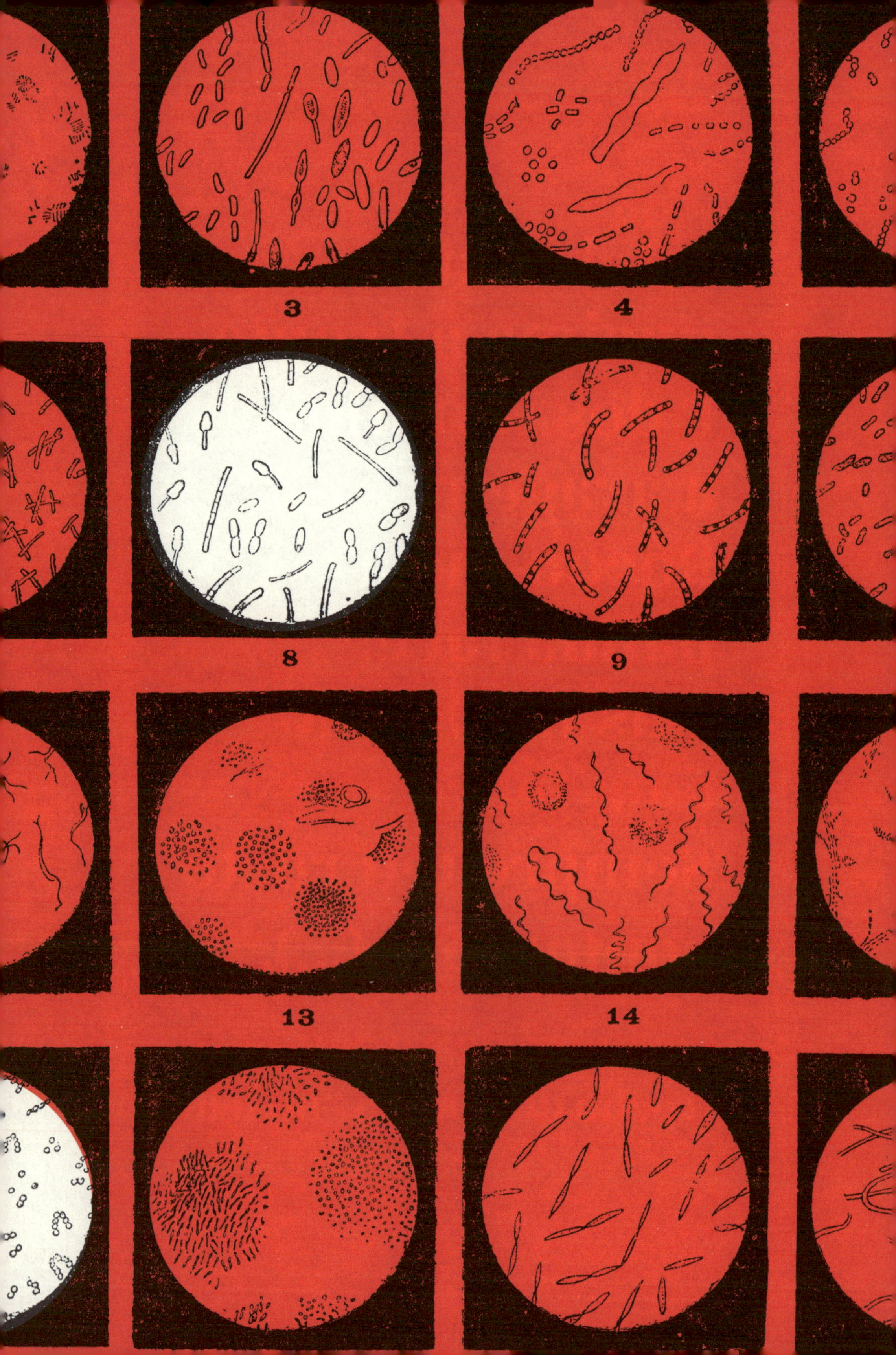
3
4
8
9
13
14

B

DOENÇAS, GERMES E DEVANEIOS

o invisível se torna visível

DOENÇAS, GERMES E DEVANEIOS

o invisivel se torna visivel

BRUXARIA, VINGANÇA E HUMOR

Em 1831, um lobo enlouquecido avançou por uma pequena aldeia no leste da França, com as mandíbulas estalando, as presas à mostra, uma espuma venenosa escorrendo das papadas. O lobo tinha acabado de atacar o ferreiro da aldeia, mutilando-o gravemente. O homem sobreviveu aos ferimentos, que acabaram sendo curados. Alguns meses depois, entretanto, ele morreu de raiva.

Um menino de nove anos foi para casa naquele dia e perguntou ao pai: "O que deixa um lobo ou cachorro maluco? Por que as pessoas morrem quando cães loucos as mordem?". O pai, um curtidor de couro da aldeia, respondeu: "Talvez um demônio tenha tomado o corpo do lobo. Se Deus quiser que você morra, você vai morrer". O menino que fez as perguntas era Louis Pasteur e, ao longo dos cinquenta anos seguintes, respondeu a esses e muitos outros questionamentos.

A ignorância relacionada à causa das doenças prevaleceu durante a maior parte da história humana. As pessoas ficavam doentes porque espíritos malignos entravam em seus corpos. Por meio de encantamentos, danças rituais e do uso de diversas poções e procedimentos misteriosos, curandeiros e feiticeiros procuravam expulsar esses espíritos. Se um paciente cujo corpo tinha sido untado com fezes de animais se recuperasse, o xamã era reverenciado como um grande curandeiro. Se morresse, não era culpa do médico; o paciente estava pagando pelos pecados que cometera. O rei Tutancâmon, que teve morte prematura por tuberculose, com os pulmões consumidos pela doença, supostamente estava pagando pelos pecados do pai. Era um conceito primitivo de doença como

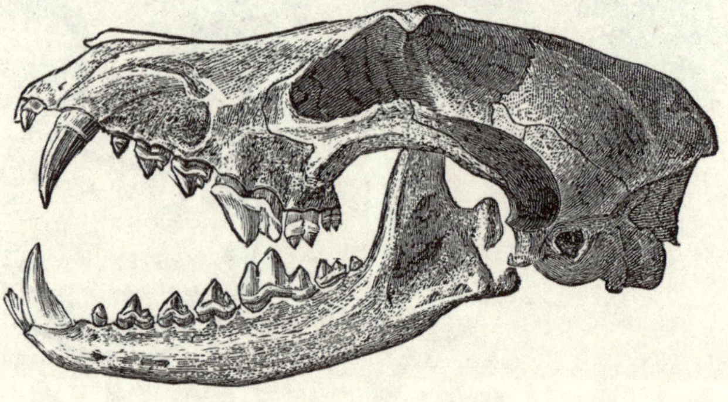

retribuição divina. As pessoas viviam, sofriam e morriam. A humanidade estava quase desamparada diante das grandes pragas que varriam as terras de tempos em tempos, matando ou incapacitando milhões de pessoas.

Apesar de todo esse fracasso, a inventividade humana nunca deixou de lado as medidas preventivas e curativas. Na Rússia, para afastar as pestes, os moradores atrelavam quatro viúvas a um arado e faziam um sulco ao redor da aldeia na calada da noite (três viúvas não eram suficientes). Durante seu reinado de 72 anos, o rei Luís XIV da França suportou mais de 2 mil enemas para combater doenças e promover a boa saúde. (Conhecido como *le Roi Soleil* — o Rei Sol —, ele podia muito bem ter sido chamado de Rei "Lua" ou Enema Público Número Um.) George Washington, com dor de garganta e uma infecção respiratória, recebeu um tratamento médico de "última geração" em 1799. Deram-lhe um composto venenoso de mercúrio tanto por via oral quanto por injeção. Ele foi obrigado a ingerir um sal branco venenoso que o fazia suar e vomitar. Cataplasmas cáusticas foram aplicadas em seu corpo, deixando a pele cheia de pústulas. Obrigaram-no a inalar vapores de vinagre que queimavam seus pulmões e formavam bolhas na garganta, para neutralizar as pústulas da infecção. Como afronta final, mais de 2,4 litros de sangue foram drenados de seu corpo. (Um homem de tamanho médio tem de cinco a seis litros, o mesmo volume de óleo no cárter do seu carro.) Tudo em vão. Ele morreu pouco depois — talvez tanto pela cura quanto pela doença.

A prática de remover sangue do corpo para combater doenças era especialmente popular. Era chamada de sangria e foi realizada até o século XIX. O tratamento se baseava em uma teoria que remonta aos ensinamentos de Hipócrates no século V AC. As pessoas acreditavam que o corpo humano continha quatro fluidos ou humores: sangue, fleuma, bile amarela e bile negra. Hipócrates considerava que a doença era o resultado de um desequilíbrio entre esses fluidos. Às vezes, o corpo conseguia restaurar o equilíbrio sozinho, como evidenciado pela recuperação natural de doenças. Em outras ocasiões, porém, o corpo precisava da ajuda de um médico. Drenar o sangue de um paciente era a abordagem preferida (em geral isso era feito cortando uma veia ou com a aplicação de sanguessugas). Ao repor o sangue perdido, o corpo seria, de alguma forma, estimulado a restaurar o equilíbrio adequado dos fluidos corporais.

Antes de George Washington, o rei Luís XV da França foi o infeliz destinatário de uma sabedoria médica semelhante. Na manhã de 27 de abril de 1774, ele acordou muito doente. O corpo doía, e ele estava com tontura e febre. Em uma semana, feridas horríveis e cheias de pus surgiram em seu rosto e pescoço e logo se espalharam pelo restante do corpo. Encheram sua boca e sua garganta, provocando muita dor. Ele estava sofrendo de uma doença chamada varíola, o terror da Europa e do Novo Mundo. A equipe médica real se reuniu e decidiu que só havia uma coisa a fazer: o monarca francês precisava sangrar. Seu sangue foi drenado até ele perder a consciência (esse era o procedimento operacional padrão); quatro grandes bacias de sangue foram extraídas de seu corpo. Ninguém sabe dizer se a ação apressou ou atrasou sua morte, ocorrida em 10 de maio. Essa era a situação na comunidade médica pouco mais de duzentos anos atrás.

Havia exceções a essa escola de ignorância, mas as percepções daqueles com crenças mais progressistas não levaram a mudanças rápidas. A teoria dos germes não foi criada de uma vez só, como Atena, que nasceu da cabeça de Zeus, já adulta e com uma armadura completa. Na citação de René Dubos, grande microbiologista e descobridor do primeiro antibiótico a ser produzido comercialmente: "A crença de que micróbios podem causar doenças surgiu como um conceito abstrato — um palpite — muito antes que fosse possível expor os fatos com clareza ou testá-los por meio de experimentos. Ao longo de muitos anos, a teoria evoluiu progressivamente de uma vaga consciência para o nível de compreensão exata" (*Pasteur e a Ciência Moderna*).

As raízes desse entendimento datam de milhares de anos atrás. Virgílio e Varro, cidadãos do Império Romano, diziam que algumas doenças eram causadas por sementes invisíveis. Essas sementes voavam pelo ar e eram inspiradas pelo nariz e pela boca, causando infecção e morte. Mil e seiscentos anos depois, um médico italiano, Girolamo Fracastoro, sugeriu que a sífilis era transmitida sexualmente por um *contagium vivum*, um "agente vivo". Ele descreveu os diferentes modos pelos quais esses agentes vivos, e também os de outras doenças, poderiam se espalhar: contato direto com uma pessoa infectada, manuseio de materiais contaminados e respiração de ar infectado. Cerca de duzentos anos depois, em meados do século XVIII, o médico austríaco Marcus von Plenciz teorizou que não apenas as doenças eram causadas por organismos vivos invisíveis, mas que cada doença tinha um culpado específico.

Que insight maravilhoso! Diante da superstição e da ignorância, dos espíritos malignos e da sangria, esses homens se destacaram como velas solitárias na escuridão. O erro trágico foi que eles não ofereceram provas. Eles não sujeitaram seus palpites e teorias à experimentação científica controlada. Não coletaram dados para apoiar essas declarações. Mas grandes cientistas surgiriam para fazer isso, pessoas que estabeleceram, por meio de análises rigorosas, a teoria dos germes das doenças, inaugurando a Idade de Ouro da Microbiologia — um período de cerca de cinquenta anos, de meados do século XIX até a virada do século.

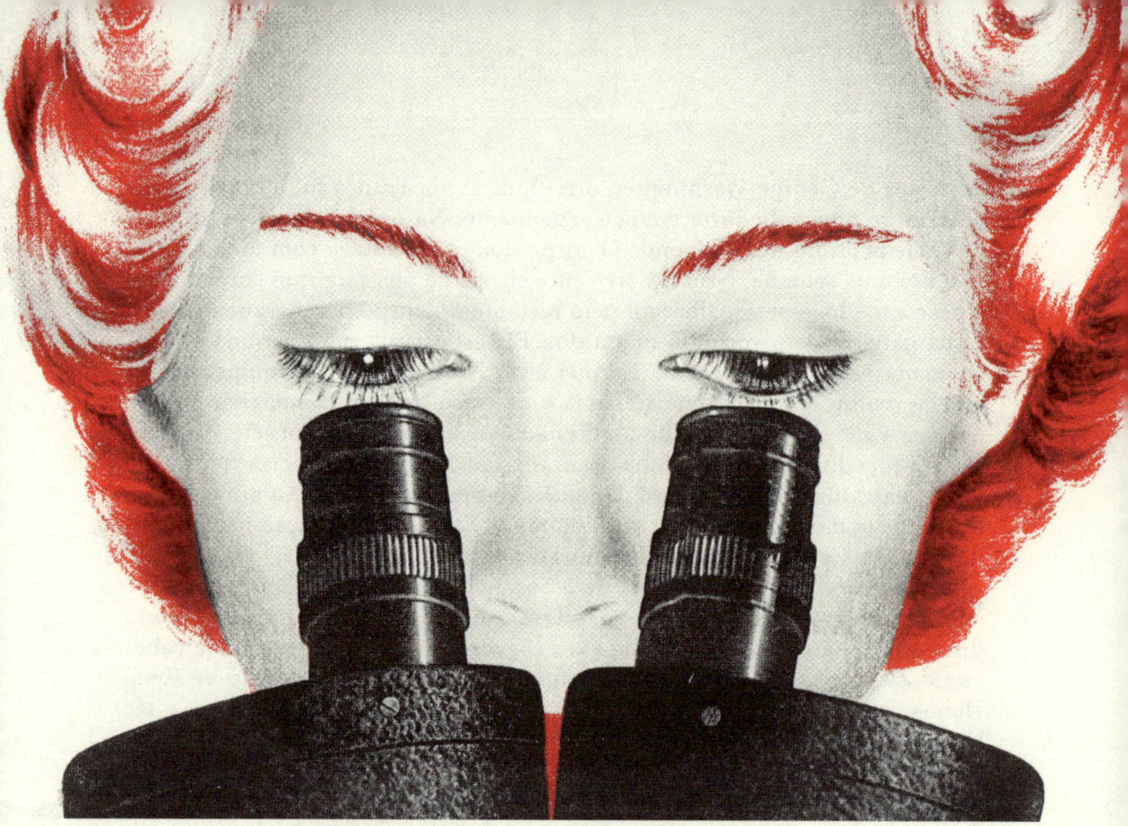

ENXERGANDO O INVISÍVEL

A descoberta dos micróbios e seu papel nas doenças aguardava a invenção do microscópio. Sem a capacidade de ver os micróbios, as teorias mais refinadas sobre eles eram apenas conjecturas. Na citação de Rosalyn Yalow, pesquisadora médica ganhadora do Prêmio Nobel: "Novas verdades se tornam evidentes quando novas ferramentas se tornam disponíveis". O microscópio abriu um mundo de novas verdades. O olho humano não consegue ver objetos cujo diâmetro seja menor que cerca de 1/250 de polegada (100 micrômetros). A maioria dos germes que causam doenças é pelo menos cinquenta vezes menor do que isso.

É difícil atribuir a invenção do microscópio a uma única pessoa. Lentes de aumento de vidro polido já eram feitas na Antiguidade grega e romana. O crédito por juntar lentes para aumentar a ampliação e conseguir poderes "microscópicos" quase sempre é atribuído a dois fabricantes holandeses de óculos: Hans Janssen e seu filho, Zacharias, por volta de 1598. Setenta e cinco anos depois, um comerciante simples, despretensioso e sem educação formal, que vendia produtos têxteis, usou lentes de aumento para descobrir o mundo dos micróbios. Ele era holandês, e seu nome era Antonie van Leeuwenhoek.

Leeuwenhoek poliu 419 lentes individuais, com as quais construiu 247 microscópios simples (que usavam apenas uma lente) com o poder de ampliar até 270 vezes. Ele apontava esses microscópios para tudo aquilo que chamava sua atenção: corpos de diversos insetos; conteúdo estomacal, fezes e sêmen de uma coleção de animais, incluindo seres humanos; poças de água estagnada; comida estragada; placa nos dentes das pessoas e assim por diante. Ele foi a primeira pessoa a ver espermatozoides (os dele), células sanguíneas e um verdadeiro zoológico de protozoários e bactérias (mas não vírus, pois eles eram pequenos demais até para suas lentes mágicas). Alguns dos animálculos de seu zoológico viravam cambalhotas, alguns deslizavam com suavidade pelo ambiente líquido, e outros nem se moviam. Alguns eram redondos, enquanto outros eram compridos e finos ou em forma de saca-rolhas.

Durante meio século, até sua morte, aos 91 anos, Leeuwenhoek observou seu mundo de micróbios, suas "criaturas miseráveis", como os chamava, relatando suas descobertas à Royal Society de Londres, uma organização estabelecida para a disseminação de informações científicas. A Sociedade Americana de Microbiologia traz impressa uma foto de Leeuwenhoek na capa de seu periódico mensal, o *Journal of Bacteriology*, e ele geralmente é considerado o pai da microbiologia.

Depois que Leeuwenhoek morreu, em 1723, o campo da microbiologia e das doenças — da ciência, em geral — entrou em um período de latência que durou quase 150 anos. Houve algumas exceções notáveis, momentos de descobertas e avanços. Um deles dizia respeito à doença que ceifou a vida do pobre rei Luís: a varíola. Era uma doença horrível, que se espalhava muito fácil de pessoa para pessoa, por contato direto ou indireto e pelo ar. Matava até 40% das pessoas que a contraíam, infiltrando-se e destruindo os rins, o coração ou o cérebro. Os que sobreviviam apresentavam com frequência sérios danos renais ou ficavam terrivelmente desfigurados por cicatrizes e marcas profundas — sobretudo no rosto — que permaneciam após a cura das feridas da varíola. Também era uma das principais causas de cegueira.

O explorador genovês Cristóvão Colombo levou a varíola ao Novo Mundo em 1492, e, desde então, a doença matou centenas de milhões de pessoas nas Américas do Sul e do Norte. Hernán Cortés, da Espanha, levava consigo um homem escravizado e infectado quando conquistou o México em 1520 e, dois anos depois, 3,5 milhões de nativos astecas, primitivos (que nunca tinham sido expostos) e vulneráveis, morreram de varíola. No século XVIII, a doença matava 400 mil pessoas na Europa por ano. Abraham Lincoln provavelmente estava infectado com varíola quando fez o Discurso de Gettysburg. Em 1950, a varíola matou mais de 1 milhão de pessoas na Índia. Em 1967, ainda infectava entre 10 e 15 milhões de pessoas em todo o mundo e matava mais de 2 milhões. O periódico *Today's Science on File* (novembro de 1999) cita que "de 1900 a 1980, a varíola matou 500 milhões de pessoas — mais do que todas as guerras do século, a epidemia de gripe de 1918 e a epidemia da aids em conjunto. Só a malária talvez tenha causado mais mortes". No entanto, um método de prevenção da doença é conhecido há mais de duzentos anos.

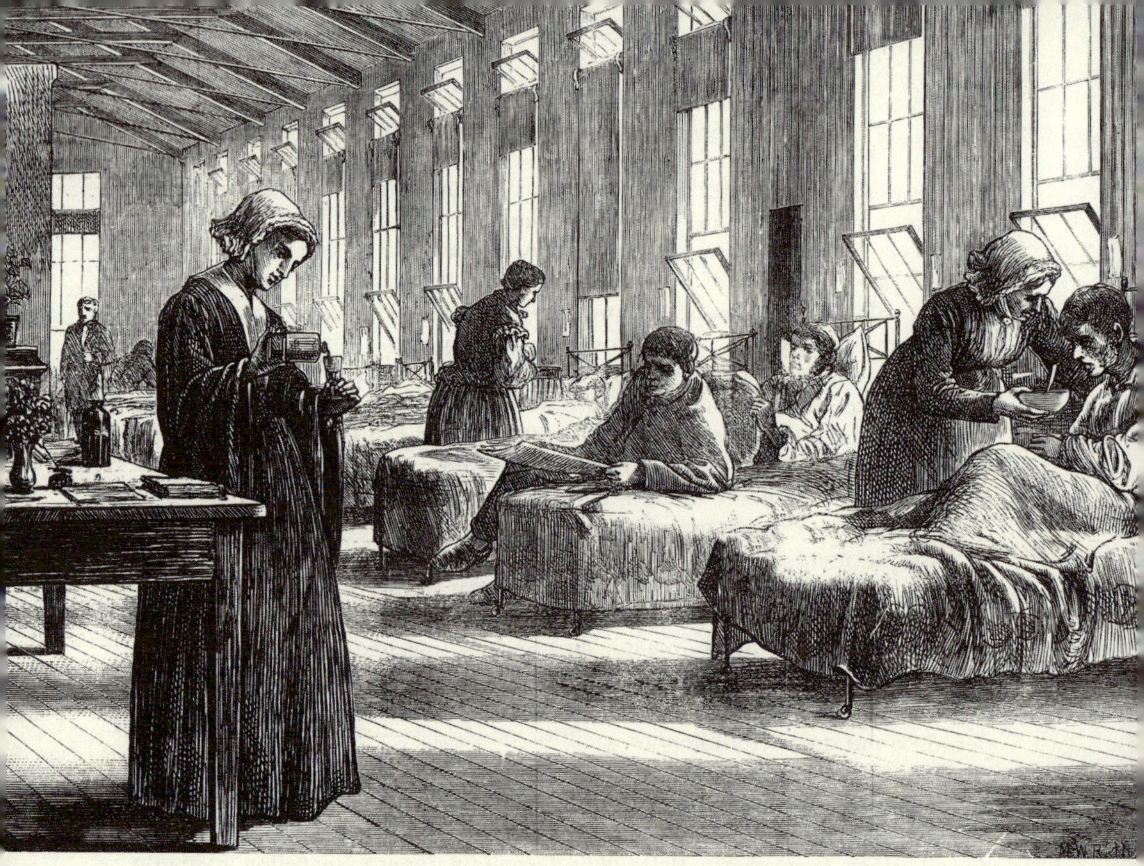

A ORDENHADORA

Um procedimento chamado *variolação* (do latim *variola*), ou inoculação, era praticado havia muitas centenas de anos. Foi desenvolvido a partir do conhecimento de que as pessoas que contraíam varíola e se recuperavam nunca mais a contraíam. Elas se tornavam imunes. Os médicos raciocinaram que, se pudessem infectar intencionalmente seus pacientes com uma forma branda da doença, poderiam, por sua vez, torná-los imunes. Isso era chamado de "semear" ou "comprar" a varíola.

Já no século XI, os médicos chineses semeavam a varíola fazendo um pó com as cascas secas das feridas de vítimas com casos leves da doença, e depois faziam com que os pacientes saudáveis inalassem esse pó com canudos. Em outras sociedades, os médicos faziam pequenas incisões na pele dos pacientes e esfregavam o pó das cascas diretamente na ferida. Esse método de inoculação — chamado de *enxerto* — tornou-se popular na Europa e na Grã-Bretanha nos séculos XVII e XVIII e era praticado tanto pelo campesinato quanto pela realeza. Na verdade, a família de Luís XV se inoculou pouco depois da morte do rei. Do outro lado do Atlântico, entre as colônias britânicas nos Estados Unidos, a inoculação também era bem popular.

Mas o procedimento não era isento de riscos graves. Um germe com ação fraca em um indivíduo não necessariamente terá ação fraca em outro. Quase sempre a inoculação levava à desfiguração, cegueira ou morte, em vez de um caso brando da doença, como se esperava. Embora o risco não desencorajasse a prática, a inoculação claramente não era a resposta para a prevenção da varíola.

A grande descoberta veio quando, um dia, uma ordenhadora estava sendo examinada por um aprendiz de cirurgião chamado Edward Jenner, no condado rural de Gloucestershire, na Inglaterra. Quando o jovem Jenner sugeriu que a mulher estava com varíola, ela respondeu com segurança: "Não posso estar com varíola, porque já tive varíola bovina".

Gloucestershire era uma região leiteira, e uma doença chamada varíola bovina afligia periodicamente o gado que pastava por ali. (Duas outras doenças semelhantes eram a varíola suína e a varíola equina.) Ela causava feridas nos úberes das vacas leiteiras e se espalhava com facilidade por meio do contato com as moças que as ordenhavam. Em seres humanos, era uma doença desconfortável, que causava febre, náuseas e feridas dolorosas nas mãos e nos pulsos. Mas não era uma doença grave. Não cegava, não desfigurava e não matava. Mas dava imunidade contra a varíola. Se a pessoa tivesse contraído varíola bovina, ela não pegava varíola.

Enquanto outros médicos achavam que isso era uma velha lenda infundada, Jenner viu a ligação entre a infecção por varíola bovina e a prevenção da varíola. Em 1789, ele inoculou seu filho de 10 meses de idade, Edward Jr., com pus de uma ferida de varíola suína. Pouco tempo depois, inoculou o menino com pus de varíola. A criança não ficou doente de varíola — ela desenvolveu imunidade. Mas Jenner não divulgou a conquista, e sua importância não foi apreciada pela comunidade médica.* Sete anos depois, entretanto, Jenner realizou um experimento que lhe daria a imortalidade, salvaria incontáveis milhões de vidas e erradicaria uma doença pela primeira e única vez na história da humanidade.

Naquele dia, Jenner extraiu o pus da ferida de varíola bovina de uma ordenhadora chamada Sarah Nelmes e o esfregou em um arranhão na pele do braço de um menino de 8 anos, James Phipps. Sete semanas depois, Jenner inoculou o garoto com pus de varíola. Nada aconteceu. Ele inoculou Phipps com pus da forma mortal de varíola mais de vinte vezes ao longo dos 25 anos seguintes, e todas as vezes... nada aconteceu.

O procedimento de injetar pus de varíola bovina em uma pessoa para induzir a imunidade à varíola foi denominado *vacinação*, em alusão a *vacca*, o termo latino para "vaca". A injeção em si foi chamada de *vacina*.

---

* Curiosamente, Edward Jenner Jr. se tornou uma criança doente, com deficiência intelectual leve, e morreu de tuberculose aos 21 anos. Especula-se que a infecção secundária da vacina contra a varíola pode ter causado esses problemas. [Nota dos Autores]

A resposta à vacinação foi imediata e generalizada. Em 1800, várias centenas de milhares de pessoas tinham sido vacinadas. Foram aprovadas leis de vacinação obrigatória. Em 1801, a vacina contra a varíola foi enviada ao presidente Thomas Jefferson, que vacinou a si mesmo e a própria família, além de alguns vizinhos e indígenas. De acordo com Peter Radetsky, autor de *The Invisible Invaders* [Invasores invisíveis], quando morreu, em 1823, Jenner era o homem mais reverenciado de seu tempo; a casa que ele construiu para o jovem sr. Phipps — de quem cuidou durante 27 anos, até a própria morte — agora abriga o Museu Jenner. Ele tinha apresentado ao mundo o procedimento médico de imunização. Cento e oitenta e um anos depois da vacinação histórica de James Phipps, em outubro de 1977, na Somália, foi relatado o último caso natural de varíola — resultado de um programa intensivo de vacinação de 300 milhões de dólares que durou dez anos, implementado pela Organização Mundial da Saúde (OMS). Depois de 3 mil anos ou mais infectando a humanidade, o mundo não pegaria mais varíola, pois tinha recebido a varíola bovina de Jenner. (Ao contrário da maioria das outras doenças, os seres humanos são o único reservatório natural do vírus da varíola. Isso é importante, pois leva a doença à erradicação.)

O vírus da varíola é muito estável na natureza. Embora a doença tenha sido erradicada e a vacina não faça mais parte do protocolo de imunização, existem cientistas que acham que os arqueólogos ainda deveriam ser imunizados. Por causa da estabilidade do vírus, múmias ou outros corpos preservados de milhares de anos de idade podem conter o vírus da varíola ou fragmentos genéticos viáveis e infecciosos.

Há um subscrito interessante para a saga da varíola. Embora a doença tenha sido erradicada, o germe causador não foi. Todas as amostras do vírus foram transferidas para dois locais — para os Centros de Controle e Prevenção de Doenças (CDC - US Centers for Disease Control and Prevention), em Atlanta, Geórgia, e para o Centro Estatal de Pesquisa de Virologia e Biotecnologia (denominado Vector), em Koltsovo, na Rússia —, onde permanecem em estado congelado. Há um debate acirrado sendo travado sobre o destino desses estoques remanescentes. Alguns acham que o vírus deve ser destruído para que as pessoas não sejam infectadas por acidente ou por meio da ação de grupos terroristas ou de nações em guerra. Outros argumentam que é possível aprender muito com o estudo do vírus, o que pode ajudar os cientistas a compreenderem a natureza da infecção viral e a oferecerem métodos para combater outras doenças. Fala-se até em usar o material da vacina contra a varíola como veículo para uma vacina contra a aids: o material genético de um vírus desativado da aids seria colocado no vírus estável e seguro da vacínia (varíola bovina). Nesse meio-tempo, geneticistas fizeram cópias de partes do vírus da varíola, que, segundo eles, não são patogênicas, mas podem armazenar informações úteis sobre a infecção por varíola. Eles também mapearam todo o genoma de três cepas do vírus para que, no caso de os estoques remanescentes serem destruídos, a informação genética contida neles seja protegida.

A execução do vírus sofreu vários adiamentos até agora. Em 1986, um comitê de especialistas da OMS recomendou de forma unânime a destruição do vírus, definindo 30 de dezembro de 1993 como prazo, que foi adiado para 30 de junho de 1995. O prazo passou sem uma solução final. Em 24 de janeiro de 1996, o conselho administrativo da OMS recomendou a destruição até 30 de junho de 1999. Em 1998, 74 dos 79 países que responderam a uma pesquisa da OMS queriam que o vírus fosse destruído; essa lista incluía os Estados Unidos, mas não a Rússia. Posteriormente, depois de um estudo do governo Clinton sobre as consequências da extinção da varíola, os Estados Unidos mudaram sua posição e agora preferem fazer mais pesquisas. Um dos principais motivos é o medo de que "nações perigosas" e ligadas a grupos terroristas possam ter obtido secretamente estoques do vírus e planejem usá-lo contra os Estados Unidos e seus aliados. Não ter um espécime vivo para estudar e usar na preparação de vacinas colocaria o país em clara desvantagem. (Veja o capítulo 11, "Bioterrorismo", que contém um relato completo da varíola como arma bioterrorista.)

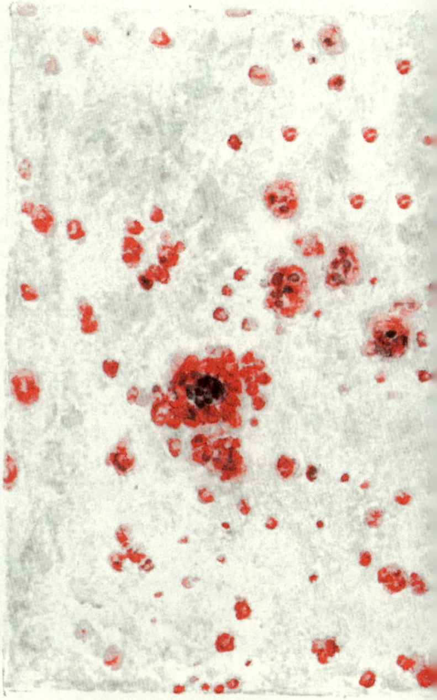

Como agora nenhum dos países que armazenam oficialmente o vírus quer destruí-lo, a OMS adiou algumas vezes a destruição e estabeleceu uma série de normas e recomendações em relação ao tema. Quando, e se, isso finalmente acontecer, será a primeira vez na história que um ser vivo será extinto de maneira proposital, com pleno conhecimento das consequências dessa extinção. O método de extinção seria aquecer o vírus até a morte em uma panela de pressão a 120°C (248°F) durante 45 minutos. Dessa maneira, os germes mortos seriam incinerados.

Um ano antes de Jenner morrer, nasceu um homem que daria início a uma nova era de descobertas na medicina e nas doenças. Era um sujeito atrevido e brigão, com uma arrogância desdenhosa. Era um experimentador impetuoso e que às vezes tirava conclusões precipitadas. Mas era brilhante. Seu nome era Louis Pasteur, o menino de 9 anos que perguntou ao pai por que as pessoas morrem quando cães loucos as mordem. Parte de sua história é uma extensão do trabalho de Jenner e da imunização.

O ACASO FAVORECE A MENTE PREPARADA

O ano era 1880, e Pasteur estava com 58 anos de idade. Ele já era famoso por ter salvado as indústrias do vinho e da seda na França (demonstrando que os micróbios estragavam o vinho e matavam os bichos-da-seda) e por estabelecer uma ligação causal entre micróbios e doenças infecciosas. Ele mancava, de forma bastante visível, por causa da paralisia no lado esquerdo, causada por um derrame vários anos antes. No entanto suas maiores realizações ainda estavam por vir.

Na época, Pasteur trabalhava com um micróbio que matava galinhas e outras aves ao infectá-las com uma doença chamada cólera aviária. (Não é a mesma cólera que aflige os seres humanos e que foi responsável por pragas devastadoras na Índia e em outros países, cuja saúde pública e saneamento são precários.) Ele cultivava os germes em um caldo de galinha e alimentava galinhas desavisadas com pedaços de pão infectado ou injetava os germes nelas. Invariavelmente, em alguns dias as galinhas estavam mortas. As bancadas do laboratório de Pasteur ficaram entulhadas de culturas abandonadas de cólera aviária. Certo dia, em vez de jogar fora esses velhos tubos de sopa de galinha, como era sua prática, ele decidiu injetá-los em um lote de galinhas saudáveis. Para sua surpresa, as galinhas não morreram. Ficaram doentes, as penas ficaram eriçadas, o apetite diminuiu, mas elas se recuperaram. Pasteur não deu atenção especial a isso. Era sabido que, na natureza, os animais às vezes se recuperavam de doenças tipicamente fatais. Por que isso não aconteceria também no laboratório?

Sem pensar muito a respeito, Pasteur fechou o laboratório e saiu para suas férias de verão com a família. Semanas depois, estava de volta ao trabalho, alimentando as galinhas com uma poção mortal de sopa de galinha.

"Traga algumas aves novas e prepare-as", disse ele ao assistente laboratorial.

"Mas só temos algumas galinhas não utilizadas, sr. Pasteur", respondeu o assistente. "Lembre-se de que o senhor usou as últimas antes de partir. Injetou nelas as culturas antigas, e elas adoeceram, mas não morreram."

Na falta de um lote novo, Pasteur decidiu mesmo assim injetar nessas aves "usadas". Ele as inoculou com uma cepa especialmente virulenta da bactéria da cólera aviária. Elas não morreram. Para seu espanto, nem adoeceram. As poucas galinhas novas nas quais ele havia injetado morreram em um ou dois dias. Era realmente intrigante.

Então, no que deve ter sido um clarão ofuscante de compreensão, Pasteur percebeu o que tinha acontecido. Os germes que ele havia inoculado nas galinhas antes de sair de férias ficaram mais fracos depois de envelhecidos. Eles não conseguiam mais matar. Mas *podiam* conferir imunidade. Pasteur tinha criado a segunda vacina do mundo. Foi a primeira vacina produzida com o germe que causava a doença, em vez de um germe diferente, mas intimamente relacionado. A vacina de Pasteur tinha a vantagem distinta da universalidade. Nenhuma outra doença era como a varíola, que já tinha um primo mais fraco pronto no germe da varíola bovina. Mas todos os germes — ou certamente muitos deles — podem ser enfraquecidos ou atenuados por um método ou outro para gerar uma vacina.

A descoberta da vacina contra a cólera aviária por Pasteur foi fortuita, mas o acaso favorece a mente preparada (uma ideia que se repetirá). Era necessário ser genial para transformar um acidente em uma descoberta, ver a ligação entre galinhas que não morreram e criar um amplo método de imunização contra doenças. E Pasteur estava só começando.

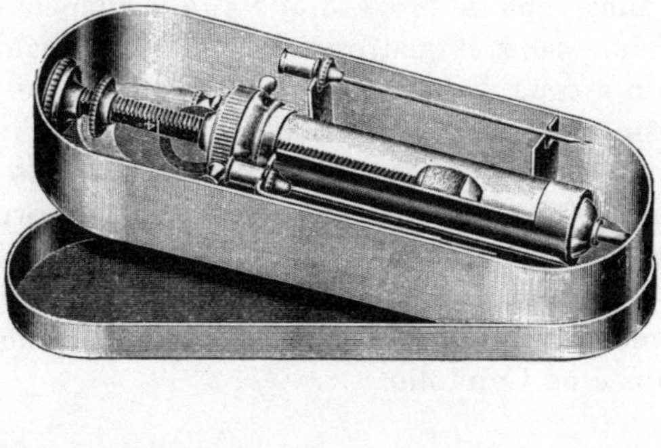

UMA SITUAÇÃO COM OVELHAS

Agora estávamos em 1881. Pasteur tinha voltado seu olhar perspicaz da cólera aviária para uma doença terrível chamada antraz. Era causada por uma bactéria em forma de bastonete (chamada bacilo) e matava ovelhas, outros animais de fazenda e seres humanos. Pasteur trabalhou de forma meticulosa em seu laboratório, enfraquecendo os bacilos do antraz em etapas, de modo que alguns matavam camundongos, mas não porquinhos-da-índia, outros matavam porquinhos-da-índia, mas não coelhos, e outros ainda matavam coelhos, mas não ovelhas. Ao injetar micróbios adequadamente enfraquecidos em ovelhas e no gado, ele lhes conferiu imunidade à doença. Ele relatou seu sucesso à Academia de Ciências de Paris.

Os membros da Academia não ficaram totalmente impressionados. Alguns duvidaram das afirmações de Pasteur. Na verdade, ele foi desafiado a realizar um experimento público no qual demonstraria a eficácia de sua vacina contra o antraz. O evento teve muita divulgação e se tornou uma espécie de circo midiático. Foi o primeiro teste público de uma vacina experimental. Um bando de repórteres estava presente, bem como uma série de VIPs da comunidade científica. O experimento começou em 5 de maio de 1881, em uma fazenda chamada Pouilly-le-Fort. Vinte e quatro ovelhas, uma cabra e seis vacas foram vacinadas com uma cultura enfraquecida do bacilo do antraz. Em 17 de maio, receberam uma dose um pouco mais forte. Em 31 de maio, foi injetada nelas uma cepa de força total e alta virulência do germe. Vinte e quatro ovelhas, uma cabra e quatro vacas que não tinham sido vacinadas também receberam a cepa. Dois dias depois, as ovelhas e a cabra não vacinadas estavam mortas, e as quatro vacas estavam moribundas; os animais vacinados estavam todos saudáveis. Pasteur tinha cumprido o desafio. A vacinação de animais de fazenda contra o antraz logo se tornou uma prática amplamente estabelecida. Em 2001, a vacinação foi oferecida a pessoas que estavam em risco depois de um incidente de bioterrorismo, no qual esporos de antraz foram encontrados em vários centros de distribuição dos correios dos Estados Unidos e no Capitólio.

CACHORROS LOUCOS E OS FRANCESES

Apesar de seus triunfos sobre a cólera aviária e o antraz, o tratamento antirrábico de Pasteur geralmente é considerado seu maior triunfo. Ao contrário das vacinas contra cólera aviária e antraz, que foram projetadas para salvar a vida de aves, ovelhas e cavalos (embora o antraz também infectasse e matasse seres humanos), a vacina contra a raiva foi projetada para salvar a vida das pessoas. Ao contrário de quase todas as outras doenças, a mortalidade da raiva era de 100%, e esse era um jeito muito terrível de morrer. Radetsky, em *The Invisible Invaders*, descreve o progresso da doença:

> Primeiro vem a febre, depois a depressão e, em seguida, a inquietação que se transforma em uma agitação incontrolável. Os músculos da garganta convulsionam, e a saliva espuma e escorre pelo queixo, provocando muita sede. Mas até o menor gole de água pode provocar convulsões e mais sede. Nos estágios posteriores da doença, a simples visão da água pode provocar convulsões e paralisia — daí o nome arcaico da doença: *hidrofobia*, "medo de água".

Foi depois de sua demonstração bem-sucedida da imunização contra o antraz que Pasteur voltou sua atenção para essa temida doença que deixava cães e lobos alucinados. "Sempre fui assombrado pelos gritos das vítimas do lobo louco que andava pela rua de Arbois quando eu era pequeno." Aos 60 anos, ele começou a enfiar a mão na boca espumosa de cães raivosos, cujas mandíbulas eram mantidas abertas por seus zelosos assistentes, para extrair pequenas quantidades de saliva com o intuito de cultivar o micróbio da raiva.

Mas, para surpresa e consternação de Pasteur, o micróbio não podia ser cultivado em meio artificial. Seus caldos de frango e de carne não serviam. Também não era possível enxergar esse micróbio. Pasteur não sabia, mas estava procurando um vírus. Os vírus não podem ser cultivados fora de tecidos vivos e eram pequenos demais para os microscópios de Pasteur.

Sem a habilidade de cultivar o "bicho", seria necessário um suprimento contínuo de animais loucos. Afinal, para fazer uma vacina, Pasteur precisava dos germes. O problema era que cães e lobos loucos — ou raposas e guaxinins, que também eram fontes de raiva — não eram fáceis de encontrar. Por isso, Pasteur decidiu cultivar o germe dentro de animais saudáveis. Quando um cachorro louco era levado ao seu laboratório, ele o colocava em uma gaiola com cães saudáveis e deixava que ele os mordesse. Mas nem sempre funcionava. Se quatro cães fossem mordidos, dois podiam desenvolver raiva, e isso demorava meses para acontecer. Claramente, não era algo aceitável.

Então, certo dia, Pasteur teve uma ideia. Os sintomas gerais da doença sugeriam que ela afetava o sistema nervoso. E se os germes do cérebro moído de um animal que tinha acabado de morrer de raiva pudessem ser injetados diretamente no cérebro de um cão saudável... Mas essa ideia era repugnante demais para ele.

O assistente de Pasteur, Pierre-Paul-Émile Roux (que viria a fazer um trabalho importante com a difteria, doença que matava crianças), não era tão melindroso. Sem contar a Pasteur, ele começou a fazer um furo no crânio de um cachorro e inocular o vírus mortal da raiva diretamente no cérebro do animal (um processo chamado de *trepanação*). Se for feita corretamente, a trepanação não é nada dolorosa para o animal. Roux convenceu Pasteur disso, e o problema de cultivar o vírus da raiva foi resolvido.

Durante anos, Pasteur cultivou o germe em cães que passaram por trepanação e tentou várias maneiras de enfraquecê-lo para ser usado em uma vacina. Teve sucesso ao remover um pouco da medula espinhal de um coelho morto de raiva e secá-la em um frasco à prova de germes por catorze dias. Isso tornou o vírus inofensivo. Pasteur desenvolveu um protocolo para a profilaxia da raiva no qual preparou culturas progressivamente mais fortes do germe, secando-o por períodos diferentes, cada período com um dia a menos. O procedimento envolvia catorze injeções em catorze dias. Funcionou bem em todos os cães do seu laboratório. No fim do período de vacinação, o vírus da raiva em plena força não tinha nenhum efeito sobre os animais.

Apesar desses sucessos, era improvável que Pasteur testasse sua vacina em um indivíduo saudável, embora tivesse recebido muitos pedidos. Os riscos eram muito altos, e a natureza da doença era terrível demais. Em vez disso, ele propôs vacinar todos os cães da França — todos os 2,5 milhões —, ideia que rapidamente se mostrou impraticável.

A questão de como usar a vacina para beneficiar a humanidade continuou sem resposta até 6 de julho de 1885, quando uma mulher assustada irrompeu em seu laboratório com o filho de 9 anos, Joseph Meister. O menino tinha sido mordido de maneira violenta em mais de uma dezena de pontos nas mãos e nas pernas por um cão raivoso, e a morte por raiva era quase certa. Mas a doença agia devagar. Os sintomas geralmente não apareciam antes de um mês ou mais depois da mordida. (O período de incubação em seres humanos varia de uma semana a mais de um ano, com uma média de 35 dias.) Talvez a vacina pudesse ser usada como tratamento, e não como prevenção. A mãe de Joseph Meister implorou a Pasteur que salvasse a vida do filho. E ele assim o fez. Em 7 de julho, sessenta horas depois de o pequeno Joseph ter sido mordido, Pasteur lhe aplicou a primeira injeção, aumentando a força da vacina ao longo de dez dias consecutivos e catorze injeções. O resto é história. Pasteur tinha realizado sua façanha mais emocionante aos 63 anos de idade.

Quinze meses depois de salvar a vida de Joseph Meister, Pasteur tinha vacinado nada menos que 2.490 pessoas, incluindo dezenove camponeses russos que foram mordidos por um lobo louco e que com certeza morreriam sem seu tratamento. Quase todos os camponeses sobreviveram, exceto três. O czar da Rússia, em uma demonstração de gratidão, enviou a Pasteur 100 mil francos para iniciar a construção de um centro de pesquisa em seu nome — o agora mundialmente conhecido Instituto Pasteur, onde, entre outras descobertas, os cientistas relataram pela primeira vez a identificação do vírus da aids. Os métodos gerais de Pasteur para a profilaxia da raiva são usados até os dias atuais. (Hoje, seis injeções são aplicadas ao longo de três meses. O procedimento também é muito menos doloroso do que era originalmente.) No início dos anos 2000, as principais fontes de infecção humana nos Estados Unidos eram os animais selvagens — guaxinins, gambás, raposas e morcegos. A doença é rara em cães graças à ampla vacinação. Os animais domésticos mais comuns que contraem raiva são os gatos.

Embora a raiva seja relativamente rara nos Estados Unidos, ela é endêmica em países em desenvolvimento, como alguns países da Ásia e da África, e mata de 40 mil a 70 mil pessoas a cada ano em todo o mundo. Cerca de 10 milhões de pessoas recebem tratamento pós-exposição por ano, e a vacinação pré-exposição é recomendada para aqueles que vão morar em regiões de alto risco por mais de um mês.

Há um epílogo bem comovente na história da raiva. Em seus últimos anos de vida, Meister se tornou o porteiro do Instituto Pasteur em Paris, que abrigava a cripta funerária de Louis Pasteur. Em 1940, 55 anos depois de sua vida ter sido poupada, invasores nazistas exigiram que ele abrisse a cripta de Pasteur. Em vez de fazer isso, ele cometeu suicídio.

Vacinas contra diversas doenças foram desenvolvidas na esteira das conquistas de Pasteur, usando seus métodos como modelo. Para a difteria e o tétano, foi desenvolvida uma vacina usando não o micróbio enfraquecido que provoca a doença, mas uma forma modificada da toxina nociva que ele produz (chamada de *toxoide*). Para outras doenças, a vacina consistia em micróbios que foram mortos em vez de enfraquecidos — em geral por calor ou por tratamento químico. A vacina contra a poliomielite de Jonas Salk, de 1954, foi um exemplo disso. Ela imunizava contra uma doença viral incapacitante que afetava em específico crianças, incluindo o jovem Franklin D. Roosevelt.

Muitas doenças para as quais foram desenvolvidas vacinas ainda matam milhões de pessoas — especialmente nos países em desenvolvimento — por causa do alto custo, tanto financeiro quanto em mão de obra, da implementação de programas de vacinação.

Desde 2002, a Academia Americana de Pediatria recomenda o seguinte esquema de vacinação infantil — de preferência, com início antes dos dois anos de idade, para proteger as crianças durante seu período de vida mais vulnerável:

- Hepatite B — doença viral transmitida pelo sangue, que infecta o fígado e é associada ao câncer de fígado. Vacina: Hep B.
- Difteria, tétano (mandíbula travada), coqueluche (tosse comprida). Vacina: DTaP.
- Poliomielite (paralisia infantil) — doença viral que afeta o sistema nervoso. Vacina: VIP ou VOP
- Sarampo, caxumba, rubéola (sarampo alemão). Vacina: MMR.
- Varicela (catapora) — aprovada nos Estados Unidos em 1995. Vacina: Varivax.
- Pneumococo — causa pneumonia bacteriana, sinusite, infecções no ouvido e envenenamento sanguíneo grave; aprovada nos Estados Unidos em 2000. Vacina: PCV ou Prevnar.
- *Haemophilus influenzae* tipo B — causa pneumonia bacteriana que geralmente leva à meningite; aprovada nos Estados Unidos em 1989. Vacina: Hib.
- Influenza ("gripe") — para crianças com determinados fatores de risco, como asma, anemia falciforme, HIV, diabetes.

Muitos departamentos de saúde municipais e estaduais exigem um protocolo de imunização que inclua todas ou a maioria dessas doenças para que, assim, a criança possa ser matriculada em escolas públicas ou privadas.

Existe uma controvérsia em relação à vacinação, em especial de crianças. Vários grupos de interesse público fizeram campanha contra seu uso generalizado. A Citizens for Healthcare Freedom cita, por exemplo, que a chance de uma reação adversa grave à vacina DTaP é de uma em 1.750, enquanto a chance de morrer de coqueluche a cada ano é de uma em vários milhões. Eles também apontam (de acordo com várias investigações do Centro Nacional de Informações sobre Vacinas, nos Estados Unidos) que as reações adversas graves à vacinação são drasticamente subnotificadas, e que essas reações podem ser um fator importante para a síndrome da morte súbita infantil (SMSL).

Como contraponto, o Conselho Americano de Ciência e Saúde (ACSH – American Council on Science and Health) divulgou duas publicações, em novembro de 2001, que apresentam fortes evidências de que as vacinas são seguras e eficazes e insistem para que os norte-americanos continuem imunizando seus filhos de acordo com as diretrizes nacionais de saúde. Diz o dr. Gilbert L. Ross, diretor médico do ACSH: "Os benefícios da vacinação infantil são mais evidentes hoje do que em qualquer momento nos últimos cinquenta anos". Por exemplo, durante a década de 1980, o *Haemophilus influenzae* tipo B foi a principal causa de meningite em bebês estadunidenses.

Então, a vacina Hib foi lançada, e a meningite Hib praticamente desapareceu. A vacinação foi e continua sendo a intervenção de saúde pública mais eficaz para proteger as crianças contra as doenças infecciosas e a morte em decorrência dessas doenças.

Na cidade de Nova York, o prefeito Rudolph Giuliani declarou maio de 1995 como o Mês da Imunização, em um esforço para fazer com que todos os pais imunizassem seus filhos. Cerca de sete anos depois, até 70% das crianças de algumas áreas urbanas ainda não estavam imunizadas de forma adequada.

Para simplificar a vacinação, vacinas combinadas estão sendo desenvolvidas. A Hib já está sendo incluída na vacina MMR, e uma vacina combinada contra hepatite A, B e C está em desenvolvimento. Há, no entanto, uma crescente escassez de vacinas infantis, porque as empresas farmacêuticas estão abandonando a produção de vacinas devido a ações judiciais resultantes de reações adversas de pacientes à vacinação e, também, porque fazer vacinas simplesmente não é algo muito lucrativo.

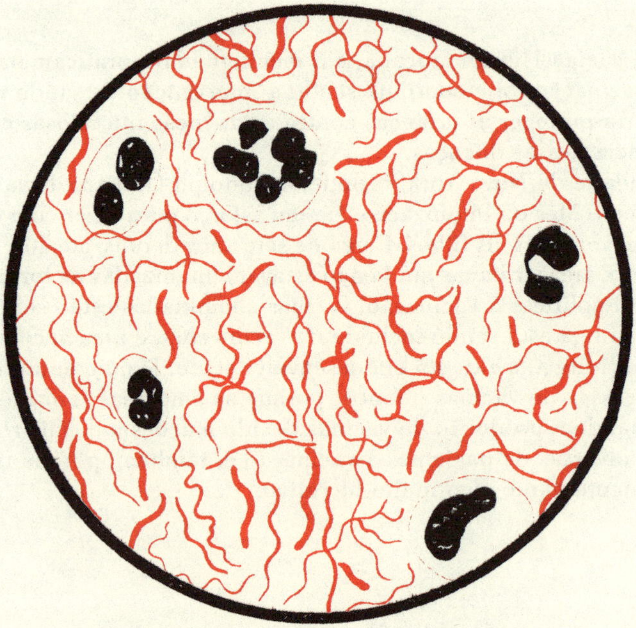

DOUTORES DA MORTE

É difícil avaliar a contribuição de Pasteur para a microbiologia, a medicina e a humanidade.** Antes de seu trabalho com imunização, ele estava ocupado demonstrando a ligação entre germes e doenças. Pasteur mostrou que os bichos-da-seda morrem porque os germes entram neles e se multiplicam. Ele não conseguiu deixar de notar que sempre que uma ovelha ou uma vaca morria de antraz, ou uma ave morria de cólera aviária, havia micróbios curiosos se multiplicando em suas correntes sanguíneas — mas nunca no sangue de animais saudáveis. Ele insinuou que as doenças infecciosas em seres humanos também deviam ser causadas por esses "micróbios malignos". Durante a Guerra Franco-Prussiana (1870-1), Pasteur convenceu os médicos a ferverem seus instrumentos antes de usá-los em soldados feridos e a vaporizarem suas bandagens. Essa prática reduziu muito a presença de micróbios e a incidência de mortes por infecção em ferimentos de batalha e cirurgias em lesões. (Tais infecções eram causadas por vários tipos de bactérias, entre elas os estafilococos, que também causavam furúnculos e abscessos; os estreptococos, que também causavam dor de garganta; e o clostridium, que gangrenava as feridas.)

* Nos últimos anos, surgiu uma dúvida em relação à originalidade da pesquisa de Pasteur. Um estudo de seus cadernos de laboratório, feito por alguns historiadores da ciência, mostrou uma discrepância entre seus dados de pesquisa e os resultados publicados. [Nota dos Autores]

Cirurgia livre de germes

Na Europa, os professores e os alunos das faculdades de medicina estavam começando a ficar entusiasmados e a discutir as ideias de Pasteur a respeito de germes e doenças. Notícias das teorias de Pasteur chegaram à Inglaterra, onde um cirurgião escocês, Joseph Lister, estava praticando seu ofício. Pouco tempo antes, a cirurgia já havia entrado em uma nova era com o desenvolvimento da anestesia. Em 1846, um dentista norte-americano, William Thomas Green Morton, realizou uma cirurgia facial para remover o tumor de um paciente que estava inalando uma mistura de ar e éter. O paciente não sentiu dor alguma durante a operação. Essa foi uma conquista notável, permitindo que os médicos realizassem muitos procedimentos cirúrgicos que antes não podiam ser realizados por causa do choque induzido pela dor.

Infelizmente, o paciente costumava morrer dias ou semanas depois, em decorrência de uma infecção conhecida como *sepse cirúrgica*. Conforme aumentava a quantidade de cirurgias na sala de operação, também aumentavam as mortes na sala de recuperação. A anestesia, na verdade, foi impedida de ter o merecido impacto na prática médica por causa disso. A ameaça de infecção tornava impossível operar dentro da cavidade corporal, exceto nas circunstâncias mais terríveis — um apêndice inflamado, um baço rompido. Em muitos hospitais, oito em cada dez pacientes cirúrgicos morriam de infecções subsequentes. Sir Frederick Treves, um respeitado médico e escritor inglês do fim dos anos 1800, resumiu a atitude do público em relação aos hospitais e à cura a partir de seu ensaio "The Old Receiving Room" [A velha sala de recuperação]:

> Fui instruído pelo meu cirurgião a obter permissão de uma mulher para uma operação na filha. A operação não era de grande magnitude. Discuti o procedimento com a mãe em detalhes e, acredito, de maneira simpática e esperançosa. Depois que terminei meu discurso, perguntei se ela consentiria com a realização da operação. Ela respondeu: "Ah! Tudo bem falar em consentimento, mas quem vai pagar pelo funeral?".

Sir James Simpson, o obstetra escocês que introduziu a anestesia com clorofórmio, disse corretamente, em 1867, em um artigo intitulado "Hospitalism" [Hospitalismo]: "O homem deitado na mesa de operação [...] está exposto a mais chances de morrer do que o soldado inglês no campo de Waterloo". O cirurgião passou a esperar ver pus, inflamação e o fedor nauseante da carne em decomposição nas enfermarias pós-cirúrgicas.

O fato de pessoas morrerem rotineiramente por feridas infectadas era motivo de muito incômodo para Lister. Ele havia lido a respeito do trabalho de Pasteur e, sob sua influência, propôs que os micróbios eram a causa da infecção pós-cirúrgica. Para reduzir a presença desses micróbios, Lister usou uma solução de ácido carbólico (chamada de fenol), conhecida por ter efeitos bactericidas. Era usada, na verdade, para o tratamento de esgoto e dejetos humanos. Lister borrifou o ar das salas de operação com uma fina névoa de fenol. Mergulhou os instrumentos cirúrgicos no fenol e fez os cirurgiões lavarem as mãos com a solução. A morte por cirúrgica diminuiu de forma drástica. Lister tinha iniciado a cirurgia antisséptica. Em sua homenagem, usamos o antisséptico bucal Listerine e chamamos certas bactérias, que possuem forma de bastonete e ocasionalmente são patogênicas, de *Listeria*. Hoje em dia, agentes antissépticos mais eficazes do que o fenol são usados em hospitais, e médicos e enfermeiras usam luvas, máscaras e aventais, e "se higienizam" minuciosamente antes de qualquer procedimento cirúrgico.

Embora as mortes por sepse tenham diminuído muito com os procedimentos antissépticos ("contra germes") e assépticos ("sem germes"), bem como com o advento dos antibióticos, a sepse em enfermarias de hospitais ainda é um problema, em especial nas unidades de terapia intensiva — onde os pacientes têm sistema imunológico não funcional ou minimamente funcional. Só nos hospitais dos Estados Unidos, em um único ano, cerca de vinte pacientes morrem de sepse a cada hora. Devemos nos tornar cada vez mais vigilantes contra as infecções nosocomiais, ou contraídas em hospitais, que afligem 2 milhões de estadunidenses por ano, matando 95 mil, a um custo de quase 500 bilhões de dólares. Dizem que o lugar mais perigoso para uma pessoa doente é um hospital.

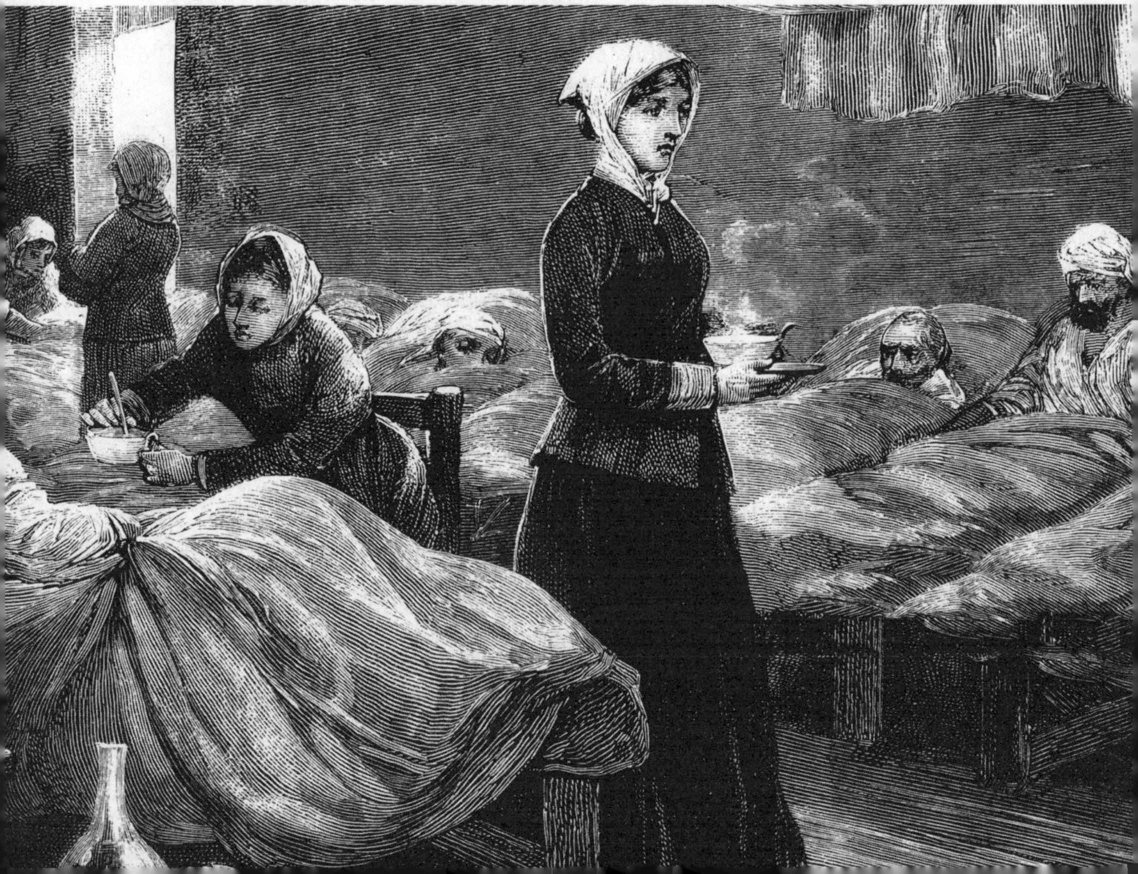

Morte na sala de parto

A influência de Pasteur e sua teoria microbiana das doenças criou um clima favorável para o trabalho de Lister no âmbito da medicina antisséptica. O cenário era bem diferente quando Ignaz Semmelweis praticava medicina em Viena, apenas vinte anos antes.

Semmelweis se formou em medicina na Escola de Medicina da Universidade de Viena, em 1844. Decidiu estudar obstetrícia e foi nomeado assistente de Johann Klein, professor de obstetrícia da universidade. Nessa função, realizou autópsias em mulheres que morreram de febre puerperal — uma infecção muitas vezes fatal do útero que afligia as mulheres depois do parto. Em alguns hospitais, uma em cada quatro mulheres que davam à luz morria de febre puerperal. A maioria dos médicos considerava a febre puerperal uma doença epidêmica causada por um agente específico de origem desconhecida, como a varíola. Outros diziam que era causada pelo "ar ruim", um conceito retrógrado da época da bruxaria e da superstição.

Semmelweis, nesse ínterim, percebeu uma coisa muito intrigante no Hospital Geral de Viena, onde as mulheres rotineiramente davam à luz e morriam. Nas enfermarias em que obstetras e estudantes de medicina faziam os partos, uma média de seiscentas a oitocentas mães morria de febre puerperal todo ano. Nos locais onde um número semelhante de partos era realizado por parteiras, a taxa de mortalidade anual era de sessenta — menos de um décimo! As mães que tinham seus bebês em casa apresentavam uma mortalidade ainda menor, quase zero.

Um trágico acidente deu a Semmelweis a solução para esse enigma. O chefe de patologia forense da Escola de Medicina de Viena foi acidentalmente ferido durante uma autópsia e, em seguida, morreu por uma infecção grave na ferida. Semmelweis percebeu semelhanças notáveis entre o curso da doença do patologista e o da febre puerperal. Foi assim que ele percebeu o que estava acontecendo. A febre puerperal não era causada por uma epidemia misteriosa ou pelo ar miasmático. Era uma ferida infectada no útero, causada pelas mãos contaminadas de médicos que realizavam autópsias e depois faziam partos. Ao deixarem as salas de autópsia — as casas da morte —, eles carregavam consigo "partículas de cadáveres", dos corpos que tinham manuseado, e transferiam essas partículas mortais para os úteros rasgados e suscetíveis a infecções de mulheres no pós-parto. Eles *cheiravam* a casas da morte; carregavam o cheiro dos cadáveres pútridos que tinham dissecado. E levavam a morte para as salas de parto. Ironicamente, era um cheiro do qual eles passavam a se orgulhar — o odor hospitalar do médico consagrado pelo tempo. Quanto mais sujo e encrostado de sangue o jaleco do cirurgião, maior a evidência de sua perícia.

Semmelweis considerou a febre puerperal uma doença transmissível, mas não contagiosa. As partículas de cadáver, como ele as chamava, não eram um tipo específico de germe, mas uma variedade de agentes que podiam infectar uma ferida e levar à sepse generalizada. (Os estafilococos e os estreptococos, como mencionado anteriormente, eram dois agentes causadores comuns, além de outros.) Usando sua autoridade como assistente de Klein, Semmelweis ordenou que todos os obstetras e seus assistentes lavassem bem as mãos em uma solução de água clorada até o cheiro de cadáver sumir. Os resultados foram impressionantes. Nos meses anteriores a essa profilaxia, em 1847, a taxa de mortalidade por febre puerperal nos partos realizados por médicos era de 18,3%. Um ano depois da profilaxia, a taxa de mortalidade despencou para 1,2%. Aparentemente, a febre puerperal não representaria mais uma ameaça séria para as mulheres que davam à luz.

Mas a surpresa é que não foi bem isso o que aconteceu. Parte da culpa deve ser colocada na comunidade médica da Áustria na época. Embora houvesse uma irmandade de médicos jovens e progressistas que eram politicamente ativos e defendiam as ideias de Semmelweis e de outros revolucionários, os "líderes mais antigos" na profissão médica tinham mais influência política. Eram conservadores em seus pontos de vista, demoravam a aceitar mudanças e, mais importante, não admitiam que, pela falta do simples ato de lavar as mãos, inúmeras mulheres tinham sofrido e morrido.

Parte da culpa, porém, também deve ser atribuída ao próprio Semmelweis. Ele não se esforçou para promover suas crenças. Não publicou seus resultados sobre a febre puerperal de forma clara e completa. Era ríspido, arrogante e ofensivo com pessoas que (quase literalmente) tinham o destino dele nas mãos. Em cartas abertas, ele acusou os professores de obstetrícia altamente respeitados de Viena e Würzburg de assassinos de mulheres e crianças. No fim, sua prática de lavar as mãos com antisséptico para prevenir a febre puerperal foi interrompida, e a incidência da doença atingiu níveis recordes.

Semmelweis se tornou descontroladamente psicótico em seus últimos anos — talvez resultado da sífilis ou do Alzheimer — e foi internado em um hospício, onde morreu por causa de uma ferida infectada em 1865, aos 47 anos. Ele morreu de febre puerperal.

A história dos germes e sua importância nas doenças não estaria completa sem discutirmos o trabalho de outro cientista, que compartilha com Pasteur a distinção de ter fundado a microbiologia médica. Era um silencioso caçador de micróbios — tão metódico quanto Pasteur era impulsivo, e tão reservado quanto Pasteur era extravagante — que não gostava muito de Pasteur. Seu nome era Robert Koch.

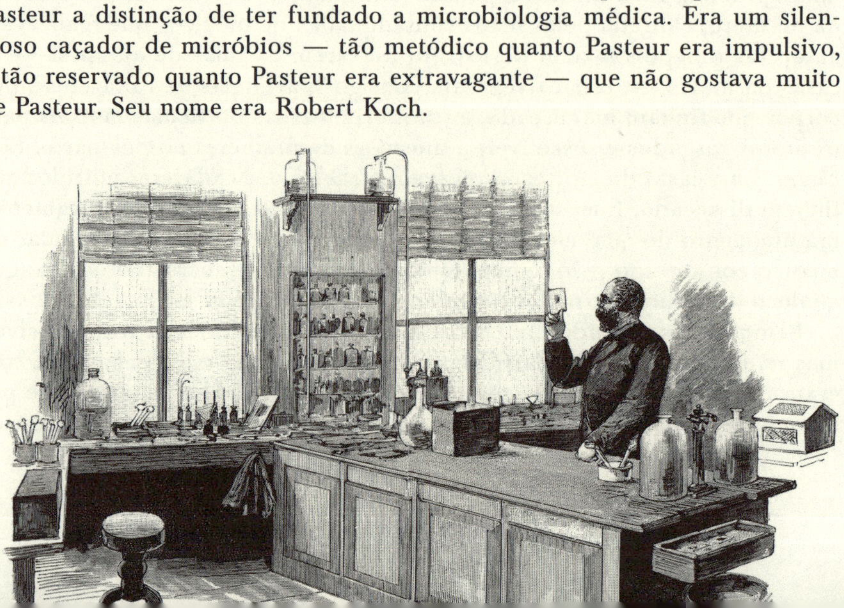

AQUELE ALEMÃOZINHO DESAGRADÁVEL

Koch nasceu em 11 de dezembro de 1843, em uma cidadezinha na Alemanha. Estudou medicina na Universidade de Göttingen e se tornou médico em 1866. Fez residência em um asilo de loucos em Hamburgo e depois foi trabalhar em um consultório particular, ganhando mais de 5 dólares em um dia bom. Mas ele estava inquieto e frustrado. Muitos de seus pacientes morriam, e ele não podia fazer quase nada para ajudá-los.

"Odeio essa farsa que é a minha profissão", reclamava. "As mães vêm até mim chorando — me pedindo para salvar seus bebês —, e o que eu posso fazer? Tatear... apalpar... tranquilizá-las quando não houver esperança. Como posso curar uma doença quando nem sei o que a causa, quando o médico mais sábio da Alemanha não sabe?" (*Microbe Hunters* [Caçadores de micróbios], de Paul de Kruif.)

Então, no seu aniversário de 28 anos, sua esposa, Emmy, comprou um microscópio para ele brincar. Foi um presente verdadeiramente histórico. Assim como Leeuwenhoek tinha feito dois séculos antes, Koch colocava tudo o que encontrava sob as lentes de seu microscópio. Seu foco, entretanto, eram os agentes causadores das doenças. Mais do que qualquer outro cientista, incluindo Pasteur, ele estabeleceu o conceito de que um micróbio específico causa uma doença específica — a teoria de um germe, uma doença. Em 1876, isolou e identificou o bacilo do antraz e demonstrou que ele sozinho causava o escurecimento do sangue de ovelhas, vacas e pessoas que portavam essa doença muitas vezes fatal. Em 1882, isolou e identificou uma bactéria delgada em forma de bastonete e demonstrou que ela sozinha causava a doença que matava mais seres humanos do que qualquer outra: a tuberculose. Em 1883, entrou em uma corrida com Pasteur para isolar e identificar a bactéria que causava a cólera, uma doença diarreica muitas vezes fatal em seres humanos — totalmente diferente da cólera aviária, que discutimos antes — e que ainda mata milhões na Índia e em outros países em desenvolvimento. Robert Koch ganhou a corrida.

Koch era um investigador brilhante e, no laboratório, em meio a seus frascos de cultura, suas tinturas e preparações de lâmina, não havia quem se igualasse a ele. Na citação de Stanley Wedberg (*Introduction to Microbiology* [Introdução à microbiologia]), ex-chefe do Departamento de Bacteriologia da Universidade de Connecticut, Koch "introduziu a ordem no caos laboratorial existente na década de 1860. Entre suas realizações estavam os métodos para colocar micróbios em lâminas de vidro e, em seguida, colori-los com tinturas variadas para torná-los mais visíveis sob as lentes do microscópio". Isso permitiu que os cientistas estudassem e distinguissem melhor os micróbios que eram semelhantes em tamanho e forma. Koch também elaborou receitas para cultivar bactérias que eram especialmente temperamentais em seus hábitos alimentares. Foi o primeiro a fotografar bactérias através das lentes de um microscópio. Mas sua contribuição mais duradoura para os procedimentos de laboratório foi a invenção de um método para cultivar microrganismos em cultura pura. É uma técnica usada em todos os laboratórios de bacteriologia hoje em dia, exatamente como Koch a desenvolveu mais de cem anos atrás. E isso nunca teria acontecido se não fosse por uma batata cozida.

Na microbiologia, é importante conseguir cultivar germes puros, sem que outros tipos de germes cresçam no mesmo recipiente de cultura, misturados aos primeiros. Caso contrário, fica extremamente difícil provar que *esse* germe específico causa *aquela* doença específica. Mas há poucos lugares na natureza onde as bactérias existem como espécies puras e individuais. Exponha um frasco de caldo de carne ao ar durante dez segundos e, em menos de um dia, ele estará repleto dos descendentes de uma dezena de tipos diferentes de bactérias e fungos.

Os bacteriologistas se debruçaram sobre o problema do cultivo puro de organismos. De acordo com Paul de Kruif, em *Microbe Hunters*: "Toda sorte de máquinas estranhas estava sendo inventada para tentar manter separados diferentes tipos de germes. Vários caçadores de micróbios criaram aparelhos tão complicados que, quando terminaram de construí-los, provavelmente já tinham se esquecido do motivo pelo qual os inventaram. Para evitar que germes soltos no ar caíssem em seus frascos, alguns pesquisadores heroicos faziam suas inoculações em uma verdadeira chuva de germicidas venenosos!".

Então, certo dia, sentado a uma mesa de seu laboratório, Koch notou uma fatia de batata cozida. Na superfície plana havia uma curiosa coleção de gotículas coloridas — uma cinza, outra vermelha, e outra amarela: contaminação em tecnicolor.

Assim como aconteceu com a vacina contra cólera aviária de Pasteur, a descoberta foi acidental. E, mais uma vez, o acaso favoreceu a mente preparada. Koch suspendeu o material de cada gotícula em um pouco de água e o examinou no microscópio. O que viu foi uma colônia pura de bactérias em cada gotícula. Ao pousar em um local da batata, uma bactéria proveniente do ar se multiplicou em uma gotícula ou em uma colônia de bilhões de bactérias idênticas. Ela cresceu pura.

A chave não estava na batata em si, mas na superfície sólida — um conceito tão simples que chegava a ser elegante. As culturas de crescimento sempre foram líquidas: caldo de carne ou de frango ou soro sanguíneo. No líquido, os micróbios se misturam. Na superfície sólida, eles ficam em um só lugar; permanecem separados. E isso fez toda a diferença.

A batata foi logo substituída por outro meio sólido mais adequado às papilas gustativas das bactérias. Um substituto inicial foi a gelatina, misturada com uma variedade de guloseimas para induzir o crescimento das bactérias. Mas a gelatina vira líquido quando na temperatura do corpo humano, e a maioria dos micróbios patogênicos para os seres humanos cresce melhor em tal temperatura.

Nesse momento, surge Fanny Eilshemius, técnica de laboratório sob o comando de Koch. Ao fazer suas compotas e geleias em casa, ela usava um composto de algas japonesas como material solidificador. Era chamado de ágar-ágar. Ela sugeriu esse material a Koch, e ele o experimentou. O ágar-ágar provou ser um agente solidificador ideal: não se liquefaz com facilidade, nem com o calor, nem com a ação enzimática dos micróbios. O ágar-ágar (também denominado ágar) ainda hoje é o agente solidificador preferido para procedimentos de cultura pura. Infelizmente, Fanny Eilshemius não recebeu uma parte justa do crédito por sua descoberta.

As contribuições de Koch para a microbiologia e para o avanço da teoria microbiana das doenças são lendárias, competindo com as do próprio grande Pasteur, que se referia a Koch, com uma desaprovação veemente, como “aquele alemãozinho desagradável de Berlim”. Assim como Pasteur, Koch também ganhou uma instituição de pesquisa dedicada a ele, o Instituto Koch de Berlim, um prestigioso centro de estudos microbianos. Ele será lembrado novamente no capítulo 4, “Tuberculose”, que trata da tuberculose, uma doença que marca o auge e o aprofundamento de sua notável carreira.

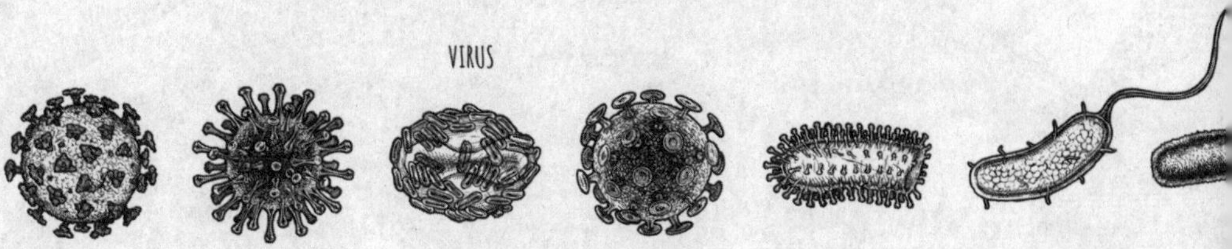

Ontem você veio
pra me levantar
Tão leve quanto
a palha, e frágil
como um pássaro
Hoje eu peso
menos do que uma
sombra na parede
Sou apenas um
suspiro de uma voz
que não se ouve.

Elton John
"The Last Song"

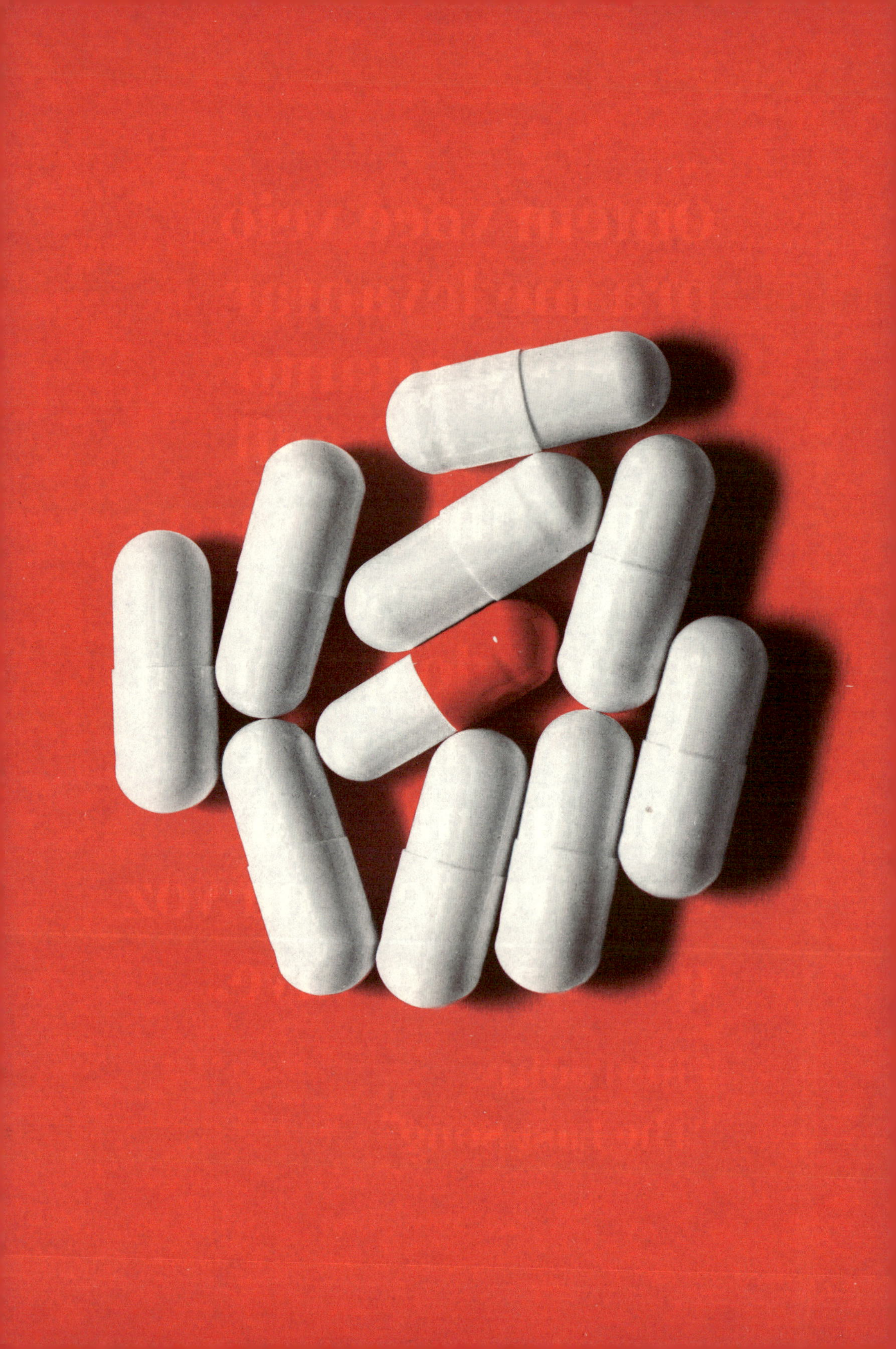

C

BALAS MÁGICAS

a técnica das células coloridas

C

BALAS MÁGICAS

a técnica das células coloridas

No alvorecer do século XX, foram descobertas vacinas contra várias doenças mortais, e a metodologia estava bem estabelecida. Os procedimentos assépticos e antissépticos tinham reduzido muito a incidência da infecção generalizada, ou sepse, em cirurgias, lesões e partos. Mas essas medidas eram preventivas. Os médicos eram quase impotentes quando se tratava de *curar* doenças. Depois que a pessoa era atingida, havia pouco que o médico pudesse fazer além de injetar morfina para a dor e esperar que as defesas naturais da pessoa prevalecessem sobre a doença. No caso de muitos sofredores infelizes, elas não prevaleciam. Mulheres que contraíam febre puerperal ainda morriam disso. As feridas infectadas ainda eram quase sempre fatais. Na verdade, durante a Segunda Guerra Mundial, quatro em cada cinco mortes foram causadas por infecções em ferimentos, e não pelos ferimentos em si. A tuberculose era a principal causa de morte entre as nações desenvolvidas, incluindo os Estados Unidos. Em essência, as doenças infecciosas eram intratáveis. Mas a Era dos Antibióticos estava surgindo, uma era em que os médicos construiriam um arsenal de armas químicas para combater os "micróbios malignos" de Pasteur.

No momento em que este livro foi escrito, cerca de 160 antibióticos diferentes estavam no mercado apenas nos Estados Unidos, com dezenas de outros a caminho. É difícil acompanhar a contagem. Os fazendeiros tratam suas vacas, porcos e galinhas com uma superabundância de antibióticos. Os salmões e as trutas em fazendas de peixes recebem medicamentos na água; abelhas os recebem nas colmeias. Um copo de leite pode conter pequenas quantidades de até oitenta tipos diferentes de antibióticos. Pesticidas antimicrobianos são borrifados em plantações na ordem de 136 toneladas por ano. Depois de ter sofrido com inúmeras pragas ao longo de milênios, abraçamos essas balas mágicas com uma paixão incomum, e esse caso de amor continua.

PRIMEIRA QUIMIOTERAPIA

Paul Ehrlich nasceu em 14 de março de 1854, filho de um empresário alemão de sucesso. Embora não fosse um aluno brilhante na escola, Ehrlich demonstrava interesse e aptidão singulares tanto em química quanto em biologia. Aos 8 anos, pediu ao farmacêutico da cidade que preparasse pastilhas para tosse de acordo com uma receita que ele mesmo tinha criado.

Ehrlich frequentou a escola de medicina em Leipzig, onde se formou em 1878. Sua tese de graduação foi sobre a aplicação de tinturas para a coloração de bactérias, um interesse ao qual ele retornaria anos depois. As tinturas sempre foram um produto valioso na indústria têxtil, mas, no fim dos anos 1800, Robert Koch e outros microbiologistas começaram a usá-las para colorir bactérias também. Em 1882, o uso de tinturas e técnicas de coloração adequadas realmente ajudou Koch na identificação do bacilo causador da tuberculose.

Pouco depois dessa descoberta, Ehrlich começou a trabalhar para Koch. Ele melhorou rapidamente a técnica de coloração do bacilo da tuberculose — que, com pequenas modificações, ainda é usada hoje em dia, mais de 120 anos depois. Em 1886, ele próprio contraiu a temida tuberculose e foi para o Egito, onde esperava que o descanso e o clima favorável o curassem. Felizmente, seu caso foi leve e ele se recuperou.

Ao retornar do Egito, em 1889, Ehrlich se juntou a dois outros bacteriologistas, Emil von Behring, um compatriota, e Shibasaburo Kitasato, do Japão. Ao longo de três anos, eles desenvolveram uma cura para a horrível difteria, que matava crianças. A conquista rendeu a Behring o primeiro Prêmio Nobel de Fisiologia ou Medicina (1901) e a Ehrlich uma cátedra na Universidade de Berlim. (Infelizmente, Behring e Ehrlich romperam relações, furiosos, depois de uma briga.) Vários anos depois, o governo alemão abriu um instituto de pesquisa de sorologia, e Ehrlich foi colocado no comando. O trabalho era uma extensão do que ele havia feito com Behring e Kitasato em relação à difteria, e seus esforços contínuos no campo lhe renderam o Nobel de Fisiologia ou Medicina sete anos depois de Behring.

Como às vezes acontece, o trabalho ganhador do Prêmio Nobel não é a maior conquista na carreira de uma pessoa. Albert Einstein recebeu o Nobel de Física pela explicação de um fenômeno chamado efeito fotoelétrico, mas suas teorias da relatividade eram muito mais impressionantes e abrangentes em escopo, e foram o motivo de sua popularidade sem precedentes. O mesmo aconteceu com Paul Ehrlich. Apesar do sucesso com a difteria e a imunologia sérica, sua grande concepção para a cura de doenças se deu com as tinturas, e foi nessa área que ele ofereceu sua contribuição mais duradoura. Na citação de Isaac Asimov, em sua *Biographical Encyclopedia of Science and Technology* [Enciclopédia Biográfica de Ciência e Tecnologia]:

> Ehrlich argumentou que o valor de uma tintura era que ela coloria algumas células e não outras; ela coloria as bactérias, por exemplo, e fazia com que elas se destacassem contra um fundo incolor. Bem, uma tintura não poderia colorir as bactérias a menos que se combinasse com alguma substância na bactéria e, se o fizesse, normalmente a mataria. Se fosse possível encontrar uma tintura que colorisse as bactérias e não as células comuns, ela poderia se transformar em uma substância química que mataria as bactérias sem prejudicar os seres humanos. Ehrlich teria, com efeito, uma "bala mágica" que poderia ser levada para dentro do corpo, onde procuraria os parasitas com o objetivo de destruí-los.

Ehrlich dedicou a última parte de sua vida a esse conceito de "bala mágica", realizando milhares de experimentos ao longo de mais de uma dezena de anos. Sua paciência e perseverança eram incríveis. Na maioria das vezes, não havia nenhuma bala mágica, mas às vezes seu trabalho dava frutos. Ele descobriu uma tintura, chamada de vermelho de tripano, que curou um camundongo de laboratório infectado com a doença do sono, ou tripanossomíase, muitas vezes fatal. Quando testada em pacientes humanos, no entanto, não funcionou.

Ehrlich pensou muito nisso. Ele acreditava que a ação do vermelho de tripano podia ser atribuída a determinado agrupamento de átomos de nitrogênio na molécula. O arsênio pertence à mesma família química do nitrogênio, mas é nitidamente mais venenoso. Ehrlich decidiu substituir os átomos de nitrogênio no vermelho de tripano por arsênio. Foi um conceito inspirador: manipular a estrutura de uma molécula de pequenas maneiras para alterar suas propriedades químicas e sua ação em sistemas vivos. Nos anos que se seguiram, os químicos dependeram muito dessa abordagem na luta para encontrar novos produtos químicos com o objetivo de combater doenças antigas. Paul Ehrlich foi a origem disso tudo.

Ehrlich certamente tinha seus defeitos. Não era fácil trabalhar para ele. Era argumentador ao extremo e administrava seu laboratório mais como uma ditadura do que como uma democracia. Ele fumava um charuto atrás do outro e bebia cerveja com os melhores funcionários. Mas era um pesquisador talentoso e incansável. Ele manipulou a molécula do vermelho de tripano de inúmeras maneiras, removendo um nitrogênio aqui, adicionando um arsênio ali, substituindo uma cadeia lateral, modificando outra. Em 1907, em sua 606ª manipulação, ele criou o composto químico que ficaria popularmente conhecido como asfernamina ou mesmo como 606. A primeira tentativa de uso do antimicrobiano não funcionou perfeitamente bem contra o inseto que causava a doença do sono, e Ehrlich ignorou o elemento, ganhando seu Nobel nesse meio-tempo.

Dois anos depois, um novo assistente de Ehrlich por acaso testou o "606" no organismo que causa a sífilis — uma bactéria em forma de saca-rolhas chamada de *espiroqueta*. (Os espiroquetas também causam a doença de Lyme, transmitida por carrapatos, que será discutida no capítulo 5, "Novas vizinhas".) O composto foi muito eficaz para matar o microrganismo, e Ehrlich logo se apossou da descoberta. A sífilis era uma doença muito mais temida do que a doença do sono, pois teria infectado muitas pessoas famosas: Luís XIV da França; Pedro, o Grande; Napoleão Bonaparte; George Armstrong Custer; "Wild Bill" Hickok; a esposa de Abraham Lincoln; o pai de Winston Churchill; Al Capone e cerca de meio milhão de estadunidenses hoje em dia. A doença pode danificar órgãos internos, incluindo os sistemas circulatório e nervoso, e pode provocar convulsões, alterações de personalidade, debilidade mental, doenças cardíacas e morte.

Em 1910, depois do teste clínico do 606 — que ele chamou de *salvarsan* —, Ehrlich anunciou sua descoberta para o mundo. Embora o salvarsan fosse um tratamento eficaz para a sífilis, também era venenoso para o corpo humano. A menos que as dosagens fossem seguidas com cuidado, o paciente poderia experimentar uma toxicidade fatal. Como resultado, Ehrlich foi atacado por alguns médicos, que o chamavam de charlatão e assassino. Essas acusações o afetaram profundamente, levando-o ao consumo excessivo de álcool, e contribuíram para a sua morte prematura, em 1915. Mas as acusações eram injustas. O salvarsan curou muito mais vidas do que matou — e, do ponto de vista da perspectiva histórica, Ehrlich é considerado um dos grandes benfeitores da humanidade. O vermelho de tripano e o salvarsan marcam o início do procedimento científico e médico chamado de *quimioterapia*, um termo cunhado por Ehrlich.

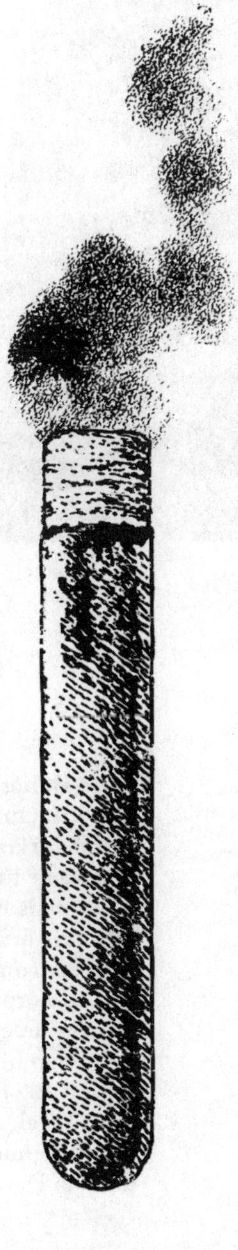

PRIMEIRO ANTIBIÓTICO

René Dubos nasceu em uma pequena vila perto de Paris, em 20 de fevereiro de 1901. Quando criança, teve uma educação formal fraca, muitas vezes em escolas frias e escuras de uma única sala, com professores despreparados. Mas René tinha paixão por ler e aprender e, em grande parte, foi autodidata.

O mais importante, no entanto, é que ele era fascinado por húmus, uma rica mistura de solo e matéria orgânica em decomposição. Dubos se perguntava como os micróbios decompunham a matéria orgânica — em especial os corpos dos insetos e a celulose das folhas e galhos — e formavam o meio de cultivo tão apreciado por fazendeiros do mundo todo. Ele estudou microbiologia do solo na Faculdade Nacional de Agricultura da França.

Em 1924, participou de uma conferência em Roma sobre a ciência do solo. Lá ele conheceu o cientista ucraniano Selman Waksman, que era autoridade mundial em microbiologia do solo. Waksman ficou impressionado com Dubos e lhe ofereceu um emprego em seu laboratório na Faculdade de Agricultura da Universidade Rutgers, em New Brunswick, New Jersey. Dubos aceitou a oferta e, além disso, se matriculou em cursos para obter bacharelado em bacteriologia. O treinamento que recebeu em microbiologia do solo, tanto na faculdade quanto no laboratório de Waksman, mais tarde provou ser inestimável. Quando chegou a hora do doutorado, Dubos decidiu fazer pesquisas a respeito dos microrganismos que decompõem a celulose do solo — tema que era uma de suas paixões mais antigas. Ele conseguiu isolar uma bactéria do solo capaz de dissolver o papel, uma substância à base de celulose.

Depois de terminar sua tese, Dubos se candidatou a uma bolsa do Conselho Nacional de Pesquisa, mas foi recusado por não ser cidadão estadunidense. Na margem da carta de rejeição, entretanto, havia a sugestão de uma gentil secretária que o aconselhava a buscar a ajuda do dr. Alexis Carrel, um colega francês que trabalhava no renomado Instituto Rockefeller, na cidade de Nova York (e também ganhador do prêmio Nobel em 1912). Esse conselho mudou profundamente a vida de Dubos e o curso da história.

Dubos foi ao Instituto Rockefeller para visitar o eminente cirurgião vascular francês. O dr. Carrel foi simpático e compreensivo, mas não tinha nada a oferecer a Dubos. Afinal, ele era cirurgião, não um microbiologista do solo. Durante o almoço, apresentou Dubos a um colega de trabalho do instituto, um bacteriologista canadense chamado Oswald Avery. Dubos discutiu seu trabalho sobre bactérias do solo e decomposição de celulose com ele, que ficou profundamente interessado. Avery estava fazendo pesquisas por conta própria sobre uma bactéria específica que causava pneumonia em seres humanos — *Streptococcus pneumoniae* ou pneumococo. Quando cultivadas em um meio artificial, as colônias de pneumococo assumiam duas formas distintas: de borda lisa (forma S) e de borda áspera (forma R). O pneumococo na forma S era patogênico e causava a pneumonia; o de forma R, não. Em nível microscópico, os pneumococos na forma S eram circundados por uma cápsula de polissacarídeo; o que não acontecia com os de forma R. Era a cápsula que envolvia as bactérias que as tornava patogênicas. Avery argumentou que, se fosse possível encontrar um produto químico que destruísse a cápsula de polissacarídeo, seria possível conseguir um tratamento eficaz para a pneumonia pneumocócica. Ele também sabia que a celulose é um polissacarídeo — não muito diferente da cápsula que envolve a bactéria na forma S. Se Dubos tinha encontrado em seu amado húmus um micróbio que digeria a celulose, será que também não poderia encontrar um que pudesse digerir o polissacarídeo capsular?

Avery concluiu a conversa do almoço oferecendo um emprego a Dubos em seu laboratório. Foi o início de um relacionamento que durou vinte anos e foi extremamente produtivo para os dois lados. A colaboração duradoura de ambos ajudou Avery a fazer uma das descobertas mais significativas em toda a ciência: que o DNA é o material hereditário. Essa descoberta fundou a disciplina da genética moderna.

Trabalhando no laboratório de Avery, Dubos desenvolveu um meio de cultura no qual o polissacarídeo capsular era a única fonte de alimento, e depois inoculou diferentes micróbios do solo e do esgoto (incluindo sua bactéria que digeria papel) nessas culturas. Ele não teve sucesso. Os micróbios não digeriram o polissacarídeo. Depois, Dubos se lembrou dos brejos de cranberry, uma região pantanosa em Nova Jersey, não muito distante da Universidade Rutgers, onde havia trabalhado durante vários anos com o dr. Waksman. Entre os cranberries e as tifas que cresciam lá, acumulava-se um polissacarídeo pegajoso. Às vezes, esse acúmulo diminuía. Alguma coisa nos brejos devia estar decompondo o polissacarídeo.

Dubos escreveu para Waksman pedindo uma amostra do solo dos brejos de cranberry. Assim que a recebeu, ele começou a inocular os tubos de cultura com suspensões de micróbios daquele solo. Pela primeira vez, os microrganismos começaram a crescer, devorando o polissacarídeo capsular como se fosse uma pizza de pepperoni. Alguma coisa estava produzindo uma enzima que digeria a cápsula. Dubos ficou borbulhando de empolgação. Em pouco tempo, ele conseguiu isolar essa "alguma coisa" em cultura pura — uma bactéria até então desconhecida, que ele apelidou adequadamente de Bacilo do Brejo de Cranberry (CBB – Cranberry Bog Bacillus).

Dubos não relatou imediatamente seu trabalho a Avery, que tinha acabado de sair de férias naquele verão. Em vez disso, concentrou seus esforços em isolar o material responsável pela digestão da cápsula de polissacarídeo. Depois de uma ou duas semanas, obteve um extrato bruto da enzima do CBB.

O próximo passo era determinar se a enzima tinha algum efeito clínico na prevenção ou na cura da pneumonia pneumocócica em animais de laboratório. Durante o verão de 1929, Dubos injetou a bactéria mortal em camundongos e, em seguida, o extrato do CBB. Funcionou. Teste após teste, os camundongos que recebiam a injeção de enzima e depois uma dose fatal de pneumococo não apresentavam nenhum sinal da doença.

Dubos decidiu que estava na hora de notificar Avery. O cientista veterano encurtou suas férias de verão e logo voltou para o Instituto Rockefeller. Experimentos adicionais foram realizados, e melhorias foram feitas sob a orientação de Avery. Foram estabelecidas dosagens precisas da enzima e um cronograma para seu uso. E, em 1930, na revista *Science*, eles anunciaram a descoberta para o mundo.

A conquista foi recebida com grande entusiasmo tanto na comunidade leiga quanto na científica. Pela primeira vez na história, o homem tinha descoberto e isolado uma substância produzida em um microrganismo que neutralizaria os efeitos causadores de doenças de um outro microrganismo. Quinze anos depois, Selman Waksman, mentor de Dubos na Rutgers, definiu esses produtos químicos, chamando-os de *antibióticos*.*

Em meio à crescente empolgação e popularidade, Dubos e Avery continuaram seu trabalho com a enzima do CBB, testando-a não apenas em camundongos, mas também em ratos, coelhos e macacos. Os resultados eram invariavelmente positivos. Era hora de testar a enzima em seres humanos. O mundo esperava ansieosamente pelos primeiros testes. Mais adiante, Dubos diria: "Em termos emocionais, aquele foi meu melhor momento na ciência!".

Mas os testes nunca aconteceram, e o melhor momento de Dubos na ciência se tornou sua maior decepção. Em outra parte do mundo, um agente antibacteriano rival tinha acabado de ser descoberto: um agente que tornava a enzima do Bacilo do Brejo de Cranberry clinicamente redundante. A descoberta rival — chamada de Prontosil — provou ser mais segura e mais eficaz do que a enzima do CBB no tratamento de infecções bacterianas específicas.

Dubos teve uma decepção amarga em sua vida profissional pela segunda vez, dez anos depois. Ainda trabalhando no Instituto Rockefeller e pesquisando micróbios do solo, ele descobriu uma nova bactéria, *Bacillus brevis*, produtora de uma substância que matava bactérias Gram-positivas — incluindo pneumococos, estafilococos e estreptococos, que eram fatais. (As bactérias são classificadas como Gram-positivas ou Gram-negativas com base na forma como respondem a determinada técnica de coloração.) Dubos a chamou, apropriadamente, de *gramicidina*. Era um antibiótico incrivelmente eficaz; um micrograma de gramicidina protegia um camundongo de mil vezes a dose fatal de pneumococo. As empresas farmacêuticas ficaram muito interessadas em sua estrutura e farmacologia. Ela foi exaustivamente testada em diferentes animais de laboratório. Infelizmente, acabaram descobrindo que era venenosa para o organismo hospedeiro. Ela destruía os glóbulos vermelhos e provocava problemas renais graves. Embora ainda pudesse ter valor como pomada ou creme tópico, nunca seria usada para curar infecções sistêmicas graves.

Apesar de seus aparentes fracassos, a dedicação e a contribuição de Dubos para a medicina ao longo de sua vida são inegáveis. Ele é o pai dos antibióticos e é considerado um dos gigantes da medicina moderna. Seu trabalho foi a inspiração que levou Waksman a descobrir a estreptomicina, e Florey e Chain a redescobrirem a penicilina

Mas a primeira droga milagrosa a ser usada comercialmente não foi nenhuma dessas.

---

* Hoje, o termo *antibiótico* é usado de forma mais ampla e inclui compostos semissintéticos e totalmente sintéticos, reduzindo a distinção entre antibióticos e quimioterapias. Na verdade, essa redução cria um argumento legítimo. Os antibióticos são considerados úteis contra bactérias, mas não contra vírus. No entanto, se as drogas sintéticas estão sendo chamadas de antibióticos, por que os *antivirais* — que são sintetizados —, como o aciclovir (usado para tratar catapora, cobreiro e herpes-zóster) ou o AZT (usado para tratar a aids), não podem ser chamados de antibióticos? Talvez possam. Ainda assim, existem apenas cerca de meia dúzia de infecções virais tratáveis com esses agentes, e elas não incluem as mais corriqueiras, como o resfriado comum ou a gripe. Neste livro, os antibióticos serão vistos como *antibacterianos*. [Nota dos Autores]

PRIMEIRA DROGA MILAGROSA

Para contar a história do Prontosil, temos que cruzar o Atlântico e voltar no tempo até 1895, onde, na pequena cidade de Lagow, na Alemanha (hoje Polônia), nasceu Gerhard Johannes Domagk. Depois de uma infância bastante tranquila e despreocupada, Domagk se matriculou na Escola de Medicina da Universidade de Kiel. Pouco tempo depois, a Primeira Guerra Mundial estourou na Europa, e Domagk, com seu patriotismo juvenil, se alistou ao lado de vários colegas de turma. Ele foi treinado como médico assistente e, logo após, enviado a hospitais de campanha na frente oriental para cuidar dos soldados feridos. Foi aí que seu idealismo patriótico esmoreceu, e ele se deu conta da brutalidade e da falta de sentido da guerra. Ele também testemunhou os horrores da infecção, que tinham assombrado Pasteur, Lister e Semmelweis. Em algumas enfermarias, os soldados morriam com a mesma frequência pelas infecções nas feridas e pelos ferimentos em si. Isso incluía as infecções generalizadas por estreptococos e estafilococos, que quase sempre eram fatais se entrassem na corrente sanguínea, e a gangrena, que produzia um gás fedorento na carne escura e putrefata, provocando a morte por toxemia se a parte infectada não fosse amputada. As visões que Domagk teve nos hospitais de campanha o atormentaram, assim como o inspiraram, por toda a sua vida.

Depois que a guerra acabou, Domagk voltou para a faculdade de medicina. O dinheiro era escasso, e os tempos eram difíceis na Alemanha do pós-guerra. Domagk tinha pouco para comer ou vestir e muitas vezes passava fome e frio. Mas tinha uma dedicação singular. Certa vez, desmaiou na aula, em decorrência da fome e do excesso de trabalho.

Domagk se formou em medicina no ano de 1921 e trabalhou como médico júnior no Hospital Municipal de Kiel. Dois anos depois, foi transferido para o Instituto de Patologia da Universidade de Greifswald, onde fez pesquisas relevantes sobre o sistema imunológico humano. Ele fez uma descoberta importante: as bactérias danificadas de alguma forma eram destruídas com mais facilidade pelo sistema imunológico do corpo do que as bactérias saudáveis. Foi uma observação fundamental para seu trabalho posterior.

A virada na carreira de Domagk veio em 1927 quando, aos 31 anos, foi convidado a trabalhar para a empresa Bayer, da I.G. Farbenindustrie, a grande empresa alemã de tinturas. O presidente da Bayer, Carl Duisberg, era um defensor ferrenho da quimioterapia, o tratamento médico contra infecções popularizado por Paul Ehrlich. Mas a quimioterapia não era muito respeitada pela comunidade médica. A ideia de tomar arsênico, iodo ou cianeto era, no mínimo, repulsiva. Até o grande Robert Koch desaprovava a quimioterapia como um tratamento viável.

No entanto, a I.G. Farbenindustrie era um grupo de pesquisa química que empregava alguns dos maiores químicos do mundo para descobrir produtos novos e melhores. No fim do século XIX, os químicos da Bayer, sua divisão farmacêutica, descobriram a droga milagrosa para a dor: a aspirina. Em 1916, descobriram o Germanin, o primeiro tratamento da história para a doença do sono. Eles também descobriram um medicamento que substituiu o quinino como tratamento padrão contra a malária.

Esses sucessos convenceram Duisberg de que a quimioterapia era muito promissora. Domagk atraiu sua atenção devido ao trabalho que tinha feito sobre a ação do sistema imunológico humano nas infecções bacterianas.

Na Bayer, Domagk concentrou seus esforços nas doenças causadas pelos estreptococos: a temida febre puerperal; a escarlatina, muitas vezes fatal; a febre reumática, que danificava o coração e os rins; e o envenenamento sanguíneo, que sempre era fatal. (O capítulo 5, "Novas vizinhas", discutirá as infecções por estreptococos e sua ameaça crescente.)

Domagk não teve sucesso imediato. Trabalhando com um químico brilhante, Josef Klarer, ele testou muitas centenas de compostos em busca de propriedades antiestreptocócicas entre 1927 e 1932. Cinco dias antes do Natal de 1932, ele testou um cristal laranja-avermelhado, que antes não tivera êxito em matar estreptococos em um tubo de ensaio, injetando-o em camundongos que haviam recebido uma dose fatal de estreptococos. Seus colegas, que tinham pouca confiança no trabalho de Domagk e menos ainda no conceito de quimioterapia, ficaram surpresos quando todos os camundongos que receberam a injeção sobreviveram — na verdade, nem mesmo apresentaram sinal de doença. Depois de cinco longos anos de fracasso, Domagk também não conseguia acreditar no que via. "Ficamos pasmos [...] como se tivéssemos levado um choque elétrico."

O produto químico recebeu o nome comercial de Prontosil. Era um membro das sulfonamidas, um grupo de compostos que se distingue pela estrutura de anel e pelo átomo de enxofre ligado a esse anel. Para seus colegas, que não entendiam por que ele pensou que uma substância química que não matava o germe em um tubo de ensaio faria isso dentro de um camundongo, Domagk poderia ter explicado que o Prontosil funcionava danificando células bacterianas, que poderiam então ser destruídas com mais facilidade pelo sistema imunológico do corpo. O Prontosil provou ser bastante eficaz no tratamento não apenas de estreptococos, mas de diversas infecções Gram-positivas, incluindo estafilococos e gangrena gasosa, a infecção que assombrava Domagk desde a época passada nos hospitais da frente de batalha durante a Primeira Guerra Mundial. Em 1932, ele salvou a vida de sua filha mais nova, Hildegarde, que tinha contraído uma infecção estreptocócica depois de ter se espetado com uma agulha, e em 1936 salvou a vida de Franklin Delano Roosevelt Jr., filho do presidente dos Estados Unidos. Durante a Segunda Guerra Mundial, salvou a vida de milhares de soldados alemães feridos. Embora ocasionalmente tivesse efeitos colaterais graves, o Prontosil sem dúvida foi a primeira droga milagrosa.

Pouco depois de sua descoberta, dois médicos franceses manipularam a molécula de sulfonamida, alterando-a sutilmente. O que eles criaram foi um composto muito mais simples de montar, ainda mais eficaz e que podia ser preparado de uma forma que viabilizaria sua administração por via oral. Foi chamado de *sulfanilamida*. Nos anos subsequentes, mais de 1.300 derivados da sulfanilamida foram sintetizados para uso como quimioterápicos. Juntos, formam um grupo batizado com o nome da substância e representaram um verdadeiro milagre. Pela primeira vez na história, um comprimido ou uma injeção poderiam ser administrados para combater infecções, aliviar o sofrimento e prevenir a morte.

Pela descoberta do Prontosil, Domagk recebeu o Prêmio Nobel de Fisiologia ou Medicina em 1939. Mas havia um problema. Quatro anos antes, outro alemão, Carl von Ossietzky, tinha recebido o Prêmio Nobel da Paz. Ossietzky era um pacifista que tinha denunciado publicamente as atividades do Terceiro Reich. Foi preso em um campo de concentração, onde morreu de tuberculose em 1938. O incidente todo foi um constrangimento internacional para Hitler e sua máquina de guerra. Diante desse cenário, Domagk foi ordenado a recusar o Prêmio Nobel. Oito anos depois, com o fim da Segunda Guerra Mundial e a morte de Hitler e do Terceiro Reich, Domagk enfim pôde aceitar seu prêmio em Estocolmo, na Suécia.

O Prontosil foi a primeira droga milagrosa a ser comercializada com sucesso, mas não foi a primeira a ser descoberta. Quatro anos antes de o Prontosil entrar em cena, um mofo comum de pão estava matando bactérias em uma placa de Petri, em um laboratório pequeno e desordenado na Inglaterra.

MOFO MILAGROSO

Alexander Fleming nasceu em 6 de agosto de 1881, em Lochfield, na Escócia, em uma família com oito filhos. Aos 13 anos, deixou a Escócia e foi para a Inglaterra com os irmãos em busca de melhores oportunidades educacionais e profissionais. Durante quatro anos, trabalhou como despachante. Uma herança recebida de um tio em 1901 permitiu que Fleming entrasse na faculdade de medicina do Hospital St. Mary, em Londres. Cinco anos depois, ele recebeu seu diploma de médico e ingressou no Departamento de Inoculação desse mesmo hospital (hoje Instituto Wright-Fleming), onde trabalhou até sua morte, em 1955, em decorrência de um ataque cardíaco. No departamento, trabalhava sob a supervisão do brilhante dr. Almroth Wright, que era um adepto convicto da imunoterapia para o tratamento de doenças e não apostava muito em produtos químicos antibacterianos, como o salvarsan — ainda amplamente usado na época para o tratamento da sífilis.

Durante a Primeira Guerra Mundial, Fleming serviu no Corpo Médico do Exército Real, especializando-se no tratamento de feridas com antissépticos. Assim como Domagk, ele ficou horrorizado com a brutalidade da guerra, acompanhada de tanto sofrimento e morte.

Depois da guerra, Fleming se tornou diretor assistente do Departamento de Inoculação no Hospital St. Mary. Ele descobriu nas secreções corporais uma substância que destruía as células bacterianas. Chamou-a de *lisozima*. Infelizmente, só era eficaz contra bactérias não patogênicas. A descoberta, entretanto, estimulou o interesse de Fleming na busca por uma substância que destruísse de maneira seletiva as bactérias patogênicas.

Ele encontrou o que procurava em 1928, embora tenha sido realmente uma descoberta fortuita. Por natureza, Fleming era bem desleixado em seus hábitos de trabalho. Costumava deixar espalhadas culturas bacterianas velhas durante semanas antes de se livrar delas. Em uma ocasião, um contaminante do ar entrou por acaso em uma dessas culturas — uma placa de Petri na qual colônias de estafilococos tinham sido salpicadas. O contaminante cresceu e se transformou em uma bolha verde enrugada e felpuda do tamanho de uma tampa de garrafa. Ao redor dessa bolha não havia estafilococos.

Fleming imediatamente reconheceu os pelos verdes como *Penicillium*, um mofo comumente encontrado em pães e frutas estragados. A área limpa ao redor do mofo o intrigou e, assim como Pasteur e suas aves que tinham se recuperado da cólera aviária, e Koch com sua fatia de batata cozida contaminada, o acidente levou a uma descoberta importante. A área limpa era uma zona de crescimento inibido; o mofo estava secretando uma substância que impedia a multiplicação dos estafilococos. Fleming chamou essa substância de "suco de mofo", rebatizando-a posteriormente de *penicilina*. Ele percebeu imediatamente o potencial de sua descoberta como uma arma contra a infecção bacteriana. Se um germe não conseguisse se multiplicar, não poderia causar doenças.

A penicilina foi considerada eficaz não apenas contra os germes estafilococos, mas também contra um amplo espectro de patógenos, incluindo aqueles que causam infecções por estreptococos, gonorreia, sífilis e gangrena gasosa — inclusive, substituiu o salvarsan no tratamento da sífilis. Mas havia uma desvantagem terrível. O suco de mofo era muito instável, perdia rapidamente sua atividade antibacteriana. Também era bastante difícil de purificar. Fleming não era químico e não tinha capacidade para encontrar a solução desses problemas, sem a qual a penicilina não tinha utilidade prática. Ele recebeu pouco incentivo e apoio do dr. Wright, o que foi uma lástima, pois atrasou a preparação aplicável do que muitos consideram ser a maior contribuição da ciência médica para a humanidade.

Dez anos depois, dois pesquisadores que trabalhavam em Oxford, o patologista australiano Howard Florey e o bioquímico alemão Ernst Chain, enquanto investigavam agentes antimicrobianos, descobriram o artigo de Fleming sobre a penicilina. Usando uma técnica chamada *liofilização*, ou criodessecação (semelhante ao procedimento usado hoje para fabricar café instantâneo), eles isolaram com sucesso a droga na forma pura, que era 1 milhão de vezes mais ativa do que o suco de mofo de Fleming. Eles também conseguiram aumentar sua estabilidade.

Com uma forma purificada e relativamente estável da penicilina, Florey e Chain passaram a testá-la em animais de laboratório. Em 1940, eles publicaram os resultados de seu tratamento bem-sucedido em camundongos brancos infectados. Foram auxiliados por Norman Heatley, amigo e colega de Florey em Oxford.

Florey decidiu testar a penicilina em um voluntário humano no início de 1941. Escolheu Albert Alexander, um policial de 43 anos que tinha sido arranhado perto da boca por um espinho de rosa. De acordo com Edwin

Kiester Jr. em seu artigo "A Curiosity Turned into the First Silver Bullet Against Death" [Uma curiosidade transformada na primeira bala de prata contra a morte], na edição de novembro de 1990 do periódico *Smithsonian*: "A ferida simples tinha desenvolvido infecções estafilocócicas e estreptocócicas. Alexander tinha vários abscessos na cabeça e no rosto; seus pulmões estavam infectados; um olho tinha sido removido. Ele estava com muita dor, e a única esperança era uma morte misericordiosa".

A penicilina foi administrada. Em menos de um dia, a febre de Alexander caiu, e ele começou a melhorar. Mas não havia penicilina suficiente para mais do que alguns dias. Não seria o bastante para curar a infecção generalizada de Alexander, a menos que... Sabia-se que grande parte da penicilina passava inalterada pelo corpo e era rapidamente excretada na urina. Mais da metade de uma dose poderia ser recuperada dessa forma. A cada dia, a urina do policial era coletada e, em seguida, a penicilina era separada e reutilizada. (Isso também foi feito mais tarde, com soldados feridos que receberam penicilina.) Mas a cada separação, parte da penicilina se perdia. Depois de cinco dias, a febre de Alexander tinha desaparecido, seu apetite havia voltado, e a infecção que havia lhe tirado um olho e quase tomou sua vida simplesmente tinha sumido. Só que a penicilina acabou. Como conta Kiester: "Alexander se agarrou corajosamente à vida por mais um mês. Por fim, depois de estar prestes a se recuperar, ele morreu".

Embora o paciente tenha morrido, a operação foi um sucesso absoluto. A equipe sabia que a penicilina poderia ser usada para derrotar a infecção humana — se estivesse disponível em quantidade suficiente. Com esse objetivo, os Estados Unidos, cuja indústria farmacêutica estava em expansão, uniram forças com seu aliado estrangeiro.

O primeiro tratamento verdadeiramente bem-sucedido de um ser humano com penicilina aconteceu na primavera de 1942. Anne Miller era paciente do Hospital New Haven, em Connecticut. Tinha contraído uma infecção estreptocócica do filho, que havia se recuperado recentemente de um episódio de faringite estreptocócica. Sua corrente sanguínea estava transbordando de bactérias, e ela havia desenvolvido uma inflamação nos grandes vasos sanguíneos da pélvis e das coxas. Sua temperatura tinha chegado a quase 42°C; ela estava delirando. Os médicos tinham feito transfusões de sangue, dado medicamentos à base de sulfonamidas e até soro de cascavel, sem nenhum sucesso. Não havia esperança. Anne Miller ia morrer. Ao lado do leito, seu cunhado comentou: "Quando você desviava o olhar [...] por um minuto, não sabia se ela estaria viva quando olhasse de novo".

Então, no sábado, 14 de março, um pequeno frasco marrom chegou da Inglaterra em uma sacola de papel pardo com as instruções "Não deixe cair no chão". O frasco continha cerca de uma colher de chá de penicilina. Por volta das 15h30 daquela tarde, Anne Miller recebeu a primeira injeção da droga. Recebeu injeções subsequentes a cada quatro horas durante a noite — contendo um total de cerca de 35 mil unidades. (Hoje, uma dose de 1 milhão de unidades é comum.) Às 9h do domingo, sua temperatura estava normal pela primeira vez em quatro semanas, e todos os sinais vitais tinham se estabilizado. Na tarde de domingo, ela estava sentada na cama, agindo como se nunca tivesse ficado doente. De acordo com o dr. Thomas Sappington, o médico que cuidava dela: "Em toda a minha experiência, nada se compara a isso. Nada parecido tinha acontecido até então". (Anne Miller morreu em 27 de maio de 1999, em Salisbury, Connecticut, aos 90 anos. A penicilina prolongou sua vida por 57 anos.)

Nesse meio-tempo, a Segunda Guerra Mundial havia começado. A penicilina salvou a vida de muitos milhares de soldados aliados durante a guerra e, também, de milhões de civis nos anos subsequentes. Além disso, ela se revelou notavelmente atóxica para o tecido humano.

Fleming recebeu muitos títulos honorários e prêmios pela descoberta da penicilina. Em 1944, Florey e ele foram nomeados cavaleiros e, em 1945, receberam, junto a Chain, o Prêmio Nobel de Fisiologia ou Medicina. Nos anos seguintes, Fleming se tornou uma celebridade internacional; a estrela de cinema Marlene Dietrich certa vez lhe preparou um jantar em uma festa particular, apenas para poder conhecer o homem que salvou incontáveis vidas nos hospitais de campanha no fronte europeu, onde ela havia entretido os soldados. Em Oxford, Florey e seu grupo continuaram a fazer um trabalho inovador com os antibióticos. Chain, infelizmente, deixou a equipe, amargo e ressentido, acreditando que nunca havia recebido o devido crédito por seu trabalho com a penicilina e que as empresas farmacêuticas norte-americanas o haviam explorado. (O próprio Fleming nunca recebeu royalties pela penicilina, mas as empresas químicas estadunidenses acumularam 100 mil dólares e deram a ele como um presente de gratidão. Ele recusou a oferta pessoal, usando o dinheiro para pesquisas no Hospital St. Mary.)

Hoje, as "penicilinas" representam um grupo diversificado de mais de cinquenta antibióticos quimicamente relacionados, desenvolvidos ao longo dos anos a partir de mais de 10 mil variantes. Um composto químico semelhante e também derivado de um mofo é a cefalosporina, que da mesma forma tem uma ampla família de variantes. A maioria dos antibióticos são penicilinas ou cefalosporinas. Alguns são naturais, enquanto outros são parcial ou totalmente sintéticos. Apesar dessas diferenças, todos têm uma química e uma modalidade comum.

Alexander Fleming continua sendo um dos grandes heróis da medicina moderna. De acordo com André Maurois, biógrafo de Fleming: "Nenhum homem, exceto Einstein em um outro campo, e antes dele Pasteur, teve uma influência mais profunda na história contemporânea da raça humana". No livro *As Dez Maiores Descobertas da Medicina*, os autores Meyer Friedman e Gerald Friedland, bem como um consenso de médicos e clínicos, citam a síntese da penicilina de Fleming e a vacina contra a varíola bovina de Jenner. Fleming também inspirou enormemente um outro herói da medicina moderna, o descobridor da próxima droga milagrosa: a estreptomicina. Ela não veio de um mofo no ar, mas da "boa terra".

MILAGRE
VINDO DO SOLO

Embora muitas pessoas devam ser mencionadas na narrativa da estreptomicina, esta é essencialmente a história de dois cientistas — um deles foi reconhecido por sua contribuição e recebeu o maior prêmio em sua área, e o outro não foi.

O pai da microbiologia do solo

Zolman Abraham Waksman nasceu em 22 de julho de 1888, na Ucrânia russa. Teve uma infância feliz, apesar de ter sido ridicularizado e perseguido por ser judeu na Rússia czarista. Veio de uma família pobre e teve que ganhar dinheiro dando aulas particulares para que pudesse pagar por professores e dar continuidade à própria educação. Acima de tudo, amava a terra; tinha paixão por ela. Em sua autobiografia, *My Life with the Microbes* [Minha vida com os micróbios], ele declara: “O odor do solo preto enchia meus pulmões de tal maneira que nunca fui capaz de esquecer”. O estudo do solo se tornou o trabalho de sua vida.

Em 1910, a mãe de Waksman morreu. Os ventos da guerra sopravam na Europa, e a revolução era iminente no seu país. Ele decidiu trocar a Rússia pelos Estados Unidos, onde o futuro era muito mais promissor.

Waksman desembarcou na Filadélfia em 2 de novembro de 1910, e logo foi morar em uma fazenda em New Jersey com seu primo. Ele se matriculou na Faculdade de Agricultura da Universidade Rutgers, onde estudou microbiologia do solo, e se formou em 1915 como bacharel em ciências. Naquele ano, americanizou seu nome para Selman Waksman e se casou com a irmã de seu melhor amigo. Menos de um ano depois, acrescentou o título de mestre à sua lista de realizações.

Armado com seus diplomas, viajou até o Departamento de Agricultura em Washington, DC, onde trabalhou e estudou durante vários anos e obteve um doutorado em bioquímica. Com 31 anos, ele voltou para a Rutgers, onde deu aulas de microbiologia do solo e fez pesquisas inovadoras que identificaram muitas bactérias e mofos do solo até então desconhecidos. Um organismo específico, que ele chamou de *Actinomyces griseus*, teve muita importância em seu trabalho posterior.

Em 1939, Waksman — então professor titular e autoridade mundial em ciência do solo desde a publicação, em 1927, de seu texto seminal *Principles of Soil Microbiology* [Princípios de microbiologia do solo] — participou do Terceiro Congresso Internacional de Microbiologia na cidade de Nova York. Um dos palestrantes principais era Alexander Fleming. Waksman ficou paralisado com o discurso de Fleming sobre um mofo comum de pão chamado penicilina. Se Fleming tinha conseguido encontrar um micróbio milagroso no ar, ele conseguiria encontrar um no solo. A partir daquele momento, Waksman se dedicou não ao estudo dos micróbios do solo em si, mas à sua importância no desenvolvimento de agentes contra doenças — em especial, aquelas causadas por bactérias Gram-negativas, que eram os patógenos resistentes a todos os antibióticos e quimioterapias desenvolvidos anteriormente: Prontosil, penicilina e as malfadadas gramicidina e a enzima do Bacilo do Brejo de Cranberry. Esses patógenos incluíam *E. coli* (um residente normal do cólon humano), *Salmonella*, *Shigella* e *V. cholerae* (o agente da cólera). Causavam diarreia severa, disenteria, infecções na bexiga e nos rins, abscessos em órgãos do sistema digestivo e peritonite, só para começar. Juntos, matavam milhões de pessoas todo ano.

Enquanto isso, a Rutgers, por meio de sua associação com Waksman, tinha se transformado de uma simples faculdade de agricultura em uma instituição mundialmente famosa, atraindo alguns dos alunos mais talentosos e dedicados e fornecendo a Waksman o pessoal de qualidade de que ele precisava.

Em 1940, o laboratório de Waksman isolou um microrganismo do solo com propriedades distintamente antibacterianas. Era um organismo com o qual ele estava muito familiarizado — os actinomyces semelhantes a fungos, que apareciam como colônias felpudas em meio sólido. Uma cepa específica produzia uma substância antibacteriana poderosa, que ele chamou de *actinomicina*. Com muita expectativa, Waksman testou a substância em um grupo de camundongos de laboratório infectados. Todos morreram no período de 24 a 48 horas — não por causa da infecção bacteriana, mas pela actinomicina. Era tóxica demais para ser útil como antibiótico.

Um ano depois, um assistente de Waksman isolou outro actinomiceto, *Streptomyces lavendulae*, que crescia em belas colônias de lavanda e tinha propriedades antibacterianas mais poderosas do que a actinomicina, em especial contra as bactérias Gram-negativas. O ingrediente ativo foi isolado e denominado *estreptotricina*. Foi testado em camundongos e depois em bovinos com infecções fatais. Os resultados foram impressionantes. A estreptotricina curou todos os animais e não provocou nenhum mal — no início. Infelizmente, revelou uma toxicidade retardada, que envenenou os rins e matou os animais semanas e até meses depois. Por isso, a estreptotricina também não teria uso prático como antibiótico.

Então, em 1943, um jovem foi para a Rutgers em busca de seu doutorado.

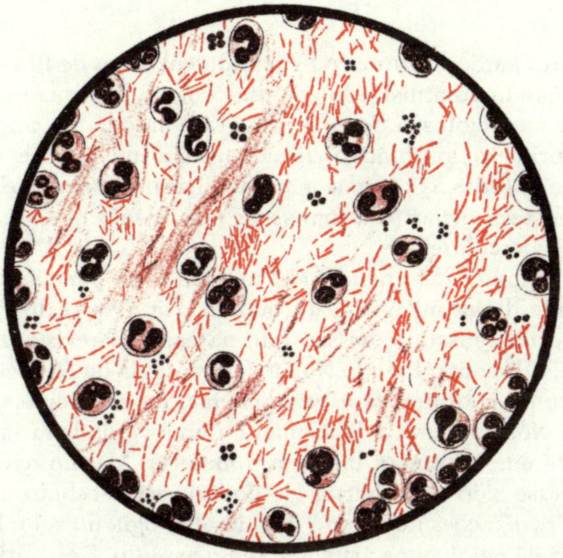

O pai da estreptomicina

Albert Schatz nasceu em 2 de fevereiro de 1920, em Norwich, Connecticut. Seu pai era fazendeiro, e, assim como Waksman, ele nutria um amor pela terra. Graduou-se em química do solo e foi para a Rutgers com o objetivo de obter seu doutorado em microbiologia do solo. Não estava especialmente interessado na investigação de micróbios com propriedades antibacterianas, mas como essa era a paixão de Waksman, Schatz concordou em segui-la. Depois que entrou nas pesquisas, entretanto, ficou obcecado. De acordo com o dr. Frank Ryan em *The Forgotten Plague* [A praga esquecida], Schatz trabalhava no laboratório das cinco da manhã até meia-noite ou mais, e muitas vezes comia e dormia lá. Em uma entrevista com o dr. Ryan, ele disse: "Eu trabalhava de maneira intensa por vários motivos. Em primeiro lugar, fiquei fascinado com o que estava fazendo; o assunto me intrigava infinitamente. Em segundo lugar, percebi como seria importante encontrar antibióticos eficazes para o tratamento de doenças causadas por bactérias Gram-negativas, e sobretudo para a tuberculose", que apresenta uma coloração de Gram variável e não informativa.

Depois de apenas três meses e meio vasculhando milhares de bactérias do solo, Schatz tirou a sorte grande. Era — o que mais poderia ser? — um actinomiceto. No ágar, produzia colônias felpudas de cor cinza. Era o *Actinomyces griseus* (posteriormente renomeado *Streptomyces griseus*), o mesmo organismo que Waksman havia descoberto duas dezenas de anos antes! Suas propriedades antibacterianas eram incríveis. Ele produzia uma substância significativamente mais eficaz do que a estreptotricina na eliminação de bactérias Gram-positivas *e* Gram-negativas. Quando testado em animais, apresentou pouca ou nenhuma toxicidade. (Testes subsequentes mostraram que ele provocava surdez, tontura ou zumbido em cerca de 10% dos receptores humanos quando administrado em altas doses.) Waksman o chamou de *estreptomicina* e anunciou sua descoberta para o mundo em janeiro de 1944. Também foi o primeiro antibiótico eficaz contra a tuberculose, uma doença tão temida que, de todas as pessoas que trabalhavam a serviço de Waksman, apenas Schatz estava disposto a manusear o micróbio que a causava (veja o capítulo 4, "Tuberculose").

A estreptomicina, atrás apenas do Prontosil e da penicilina, se tornou a terceira grande droga milagrosa do mundo. Por essa realização, Selman Waksman foi recompensado com sua foto na capa da revista *Time* de 7 de novembro de 1949 e com o Prêmio Nobel de Fisiologia ou Medicina em 1952. Albert Schatz, o descobridor da estreptomicina, foi esquecido.

Conceder o Nobel apenas a Waksman foi uma verdadeira injustiça. Não havia dúvida de que Waksman também o merecia. Mesmo que a estreptomicina não tivesse sido descoberta, ele poderia ter recebido o Nobel pela vida inteira de realizações no campo da microbiologia do solo. Ele escreveu 28 livros e mais de quinhentos artigos sobre o assunto. Descobriu e nomeou mais de uma dezena de tipos diferentes de bactérias, incluindo o gênero *Streptomyces*, que produz mais da metade dos antibióticos naturais disponíveis no mercado hoje. Também arquitetou o programa na Rutgers que pesquisava sistematicamente o solo em busca de agentes antibacterianos.

Mas a descoberta da estreptomicina foi de Schatz. Os registros listam Waksman e Schatz como codescobridores, o que é justo, mas foi Schatz quem primeiro percebeu suas propriedades antibióticas, quem isolou o organismo que a produzia, quem a extraiu, purificou e concentrou. Era Schatz quem comia e dormia no laboratório, testando inúmeras vezes a droga contra um exército de patógenos. A descoberta foi toda de Schatz.

Não se sabe com clareza por que o comitê do Nobel não incluiu Schatz como codestinatário. Vários anos antes, Schatz havia travado uma dura batalha judicial contra Waksman em relação aos direitos de patente e royalties subsequentes para a fabricação mundial de estreptomicina. O processo foi resolvido fora do tribunal, Schatz recebeu um pagamento inicial de 125 mil dólares e uma parcela dos royalties pela venda do medicamento. Mas, pensando bem, pode ter sido uma vitória pírrica. A comunidade científica ficou chocada até a alma com a audácia que foi um funcionário de laboratório ter movido uma ação judicial contra seu mentor — ainda mais alguém tão respeitado e mundialmente conhecido como o dr. Waksman —, que teve de lidar com o constrangimento público e a angústia. Talvez o comitê não tivesse se esquecido disso. De qualquer forma, Schatz nunca mais trabalhou em um laboratório de pesquisa de alto nível. E não compartilhou de um prêmio que foi concedido pela descoberta de um antibiótico que ele havia encontrado!

Em seu discurso nas cerimônias de premiação em Estocolmo, Waksman nunca mencionou o papel crítico que Albert Schatz desempenhou em toda a história da estreptomicina. Foi um final triste e injusto para o que deveria ter sido uma carreira brilhante e duradoura.

DE VOLTA PARA O FUTURO

A guerra contra as doenças tinha acabado! As drogas antimicrobianas venceram. O Prontosil, a penicilina e a estreptomicina foram seguidos por drogas mais poderosas e com mais capacidade de eliminar os patógenos. Laurie Garrett, em sua obra enciclopédica *A Próxima Peste: Novas Doenças num Mundo em Desequilíbrio*, diz: “Até 1965, mais de 25 mil produtos antibióticos diferentes tinham sido desenvolvidos; médicos e cientistas acharam que as doenças bacterianas e os micróbios responsáveis por elas não eram mais uma grande preocupação ou interesse de pesquisa”.

Vinte e nove anos depois, Rachel Nowak, em um artigo na revista *Science*, escreveu: “O parto é uma aposta com a morte. A cirurgia dentária é potencialmente incapacitante. Até mesmo um furúnculo facial pode terminar em uma viagem para o necrotério”. Alexander Tomasz, microbiologista da Universidade Rockefeller, confessou recentemente que estamos à beira de um pesadelo médico que faria o relógio voltar à época anterior aos antibióticos, quando um corte de papel ou um joelho esfolado poderiam levar a uma infecção fatal. Nos hospitais estadunidenses, as mortes por sepse aumentaram sete vezes nos últimos vinte anos. Já as mortes por doenças infecciosas aumentaram 58% desde 1980. No entanto, hoje em dia existem mais antibióticos no mercado do que nunca. Por que as infecções voltaram a ser intratáveis?

Resistência

A resposta, resumida em uma única palavra, é *resistência*. Os micróbios estão encontrando maneiras de contra-atacar ou neutralizar os efeitos dos antibióticos, tornando-os inúteis. Apesar dos 160 ou mais que estão presentes no mercado atual, esses antibióticos são variações de apenas dezesseis compostos básicos e meia dúzia de modos de ação. Os germes encontraram maneiras de frustrar tais mecanismos, convertendo-se nos sobreviventes finais. Vejamos a penicilina, por exemplo. Ela age a partir da inativação de uma enzima da qual as bactérias precisam para formar a parede celular. Sem paredes celulares, as bactérias não conseguem se multiplicar e causar a infecção. Mas elas desenvolveram resistência à penicilina, quebrando-a antes que pudesse inativar a enzima necessária à formação da parede celular, ou criando uma nova enzima que a penicilina não consegue reconhecer. As bactérias levaram dois anos para desenvolver resistência à penicilina. A droga milagrosa começou a ser amplamente utilizada em 1944, e os primeiros patógenos resistentes foram relatados em 1946. No fim dos anos 1950, a resistência à penicilina já era generalizada. "Hoje em dia", diz Madeline Drexler em *Secret Agents: The Menace of Emerging Infections* [Agentes secretos: a ameaça das infecções iminentes], "quase 100% dos *Staphylococcus aureus* são resistentes à penicilina. E isso é apenas o começo."

Os micróbios também encontraram maneiras de superar os outros antibióticos. Todos os germes têm versões resistentes a medicamentos. A parte assustadora é que alguns deles desenvolveram resistência a todos os antibióticos conhecidos. São intratáveis! Atualmente, esses intratáveis estão restritos a um grupo de bactérias chamadas *enterococos*. Não é um grupo muito comum e infecta de maneira oportunista, sobretudo em hospitais, entre os doentes e os idosos — pessoas com sistema imunológico comprometido. Causa infecções no trato urinário e em feridas e, algumas vezes, envenenamento do sangue e meningite, casos em que mata rapidamente. A dra. Cynthia Gilbert, especialista em doenças infecciosas do Centro Médico para Veteranos de Guerra em Washington, sentiu a frustração de uma dessas infecções intratáveis. Em 1993, ela estava tratando um paciente renal de 57 anos que tinha desenvolvido uma infecção enterocócica no sangue. Durante nove meses, a dra. Gilbert experimentou no paciente todos os antibióticos que existiam, separados e combinados, por via oral e intravenosa. Alguns funcionavam por um tempo, mas depois a infecção voltava de maneira violenta. O paciente acabou morrendo de uma infecção generalizada no sangue e no coração. Hoje, cerca de 20% das infecções enterocócicas são totalmente resistentes a medicamentos e matam milhares de pessoas todos os anos.

Os enterococos intratáveis são muito cruéis, mas não são agentes comuns de infecção fora dos hospitais. Já os pneumococos e os estafilococos são. Só nos Estados Unidos, centenas de milhares de pessoas contraem pneumonia pneumocócica todos os anos. Os dois também causam infecções muito graves em feridas e meningite. Talvez sejam responsáveis por metade dos 24 milhões de casos de dor de ouvido em crianças, de acordo com os pediatras. O *Staphylococcus aureus* é a causa mais comum de infecções na pele, em feridas e no sangue. Infecta 9 milhões de estadunidenses todos os anos, de acordo com o CDC. A penicilina, antes um antibiótico eficaz contra os estafilococos, agora é inútil. Muitas cepas de pneumococos exigem dosagens de penicilina mais de mil vezes maiores do que a original. O mais assustador, entretanto, é o fato de que certas cepas de pneumococos e metade das cepas de *S. aureus* respondem a apenas um antibiótico: a vancomicina. E essa resposta está diminuindo. Em maio de 1996, um bebê japonês desenvolveu uma infecção grave por *S. aureus*. O tratamento com vancomicina não obteve sucesso; a infecção foi finalmente extinta com uma combinação de vancomicina e do medicamento experimental Synercid. Desde então, houve outros casos semelhantes. O que vai acontecer quando a vancomicina e/ou outras drogas deixarem de fazer seu trabalho? Muitas pessoas morrerão. "Você pode morrer por causa de um furúnculo, se não houver um jeito de tratá-lo", diz um bacteriologista.

O futuro carrega um mau pressentimento. Em 1992, um pesquisador britânico demonstrou que a resistência à vancomicina pode ser transferida dos enterococos para os estafilococos. A descoberta foi tão assustadora que o pesquisador destruiu imediatamente todo o seu estoque de estafilococos resistentes à vancomicina. Mas o apavorante potencial de desastre continua. Em hospitais, os enterococos e os estafilococos costumam dividir espaço nos curativos dos ferimentos.

Mas como a resistência é "transferida" de um micróbio para outro?

Sexo. A resistência é um traço genético carregado no material hereditário de um microrganismo específico. A troca ou transferência desse material entre membros de uma população é chamada de *sexo*. O termo tem uma aplicação muito limitada aos seres humanos e à maioria dos outros animais e plantas. É a união de duas células, um espermatozoide e um óvulo, com o objetivo de formar uma nova mistura de material genético, novas combinações de traços e maior variedade entre os organismos da população. Para as bactérias, o sexo é um mecanismo muito mais amplo. Elas são criaturas bastante promíscuas, sempre prontas para trocar material genético com outras células bacterianas. E a troca de genes ocorre por meio de fronteiras taxonômicas muito amplas. As bactérias não são seletivas na escolha de um parceiro sexual.

Os métodos pelos quais elas transferem material genético variam. Fragmentos de seu DNA regular — aquele que constitui seu único cromossomo — podem ser transferidos de uma bactéria para outra. O processo é chamado de *transformação.* Quantidades maiores de DNA podem ser transferidas por uma união mais íntima de duas bactérias, em um processo chamado de *conjugação.* Este método é mais comum do que a transformação e envolve não o DNA cromossômico, mas um pedaço separado e menor de material genético, chamado de *plasmídeo.* Os traços de resistência a medicamentos são carregados com mais frequência em plasmídeos do que no próprio cromossomo. As bactérias causadoras da cólera adquiriram a resistência à tetraciclina de um plasmídeo na *E. coli*, uma residente normal e inofensiva do intestino humano.

Ainda mais espirituosos que os plasmídeos são umas coisas chamadas de "genes saltadores", mais formalmente conhecidos como *transpósons.* São pedaços móveis de DNA que se movimentam com relativa facilidade entre uma população de bactérias, compartilhando traços que provavelmente incluem a resistência.

Os vírus que atacam as bactérias (chamados bacteriófagos) também podem atuar como veículos de transferência de material genético, um processo denominado *transdução.* Para causar seus danos, os vírus precisam entrar nas células bacterianas, conectar seu próprio material genético ao das bactérias, se multiplicar e depois se libertar. Os vírus podem carregar genes resistentes a medicamentos de uma bactéria para outra nesse processo — também por meio de amplas fronteiras taxonômicas.

O resultado é que as bactérias trocam material hereditário entre si de maneira livre e rápida. Acrescente a isso a facilidade com que as pessoas viajam pelo mundo, carregando bactérias que poderiam permanecer localizadas, e temos um caldeirão global para a troca de genes bacterianos — e uma receita para o desastre.

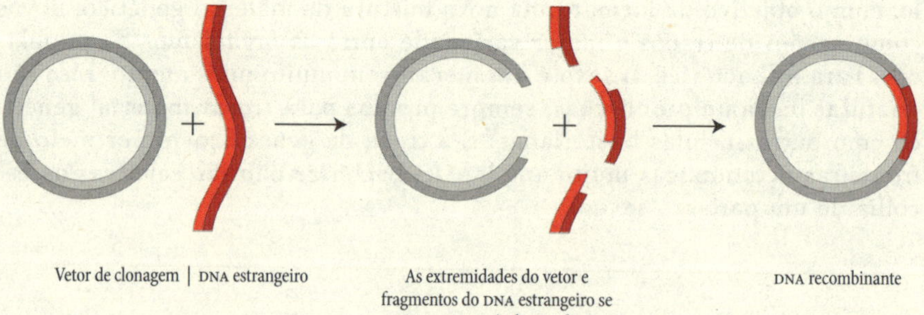

Vetor de clonagem | DNA estrangeiro

As extremidades do vetor e fragmentos do DNA estrangeiro se misturam através de DNA ligase

DNA recombinante

Os biólogos já acreditaram que a resistência a medicamentos era causada principalmente por novas mutações no material genético do micróbio — mudanças estruturais espontâneas ou "erros" que tornavam o micróbio subitamente resistente. Os cientistas da atualidade percebem que, depois de 4 bilhões de anos cometendo erros, a maioria dos genes resistentes a medicamentos está por aí em algum lugar. O problema da resistência a medicamentos não é o surgimento de novos genes em germes antigos, mas a união de genes antigos com novos hospedeiros. Muitas dessas novas equipes estão formando combinações fatais. E o ritmo em que os microrganismos podem "sofrer mutação" é alarmante. David Morens, médico epidemiologista do Instituto Nacional de Alergias e Doenças Infecciosas (NIAID - National Institute of Allergy and Infectious Diseases), que é uma divisão dos Institutos Nacionais da Saúde dos Estados Unidos (NIH - US National Institutes of Health), diz o seguinte: "Quando um enterovírus, como a poliomielite, atravessa o trato gastrointestinal humano, em três dias seu genoma sofre uma mutação de cerca de 2%. Para atingir esse nível de mutação [...] a espécie humana precisou de 8 milhões de anos. Então, quem vai se adaptar a quem?".

A situação é bastante agravada pelo uso excessivo de antibióticos. De todas as prescrições ambulatoriais de antibióticos, 50% a 60% são inadequadas. David Welch, professor assistente de pediatria do Centro de Saúde da Universidade de Oklahoma, disse o seguinte: "Os efeitos dos antibióticos, que antes eram as drogas milagrosas que quase eliminaram assassinos como a tuberculose e a infecção cirúrgica, estão sendo perigosamente corroídos pelo uso indevido e pela prescrição excessiva". É irônico que a solução para o problema das doenças infecciosas tenha se tornado a causa delas.

Sobrevivência do mais apto. "As bactérias desenvolvem resistência aos antibióticos pela mesma razão darwiniana que as gazelas desenvolveram sua velocidade em reação aos leões", diz Sharon Begley no artigo "The End of Antibiotics" [O fim dos antibióticos] (*Newsweek*, 28 de março de 1994). Em uma população de gazelas, os membros mais lentos eram capturados, mortos e comidos com mais facilidade. Os mais velozes sobreviviam em maior número até uma idade em que conseguiam se reproduzir. Por fim, as gazelas de movimento mais lento foram sendo eliminadas da população. Os evolucionistas diriam que houve uma "pressão seletiva" criada pelos leões famintos, levando a uma vantagem reprodutiva para as gazelas velozes. As dinâmicas que levam a essa forma de mudança foram identificadas pela primeira vez por Charles Darwin e são conhecidas como *seleção natural*, ou *sobrevivência do mais apto*.

As bactérias estão sujeitas à mesma dinâmica das gazelas. Todas as coisas vivas estão. Em uma colônia de, digamos, *S. aureus*, a maioria dos membros é sensível à penicilina. Eles morrem. Em 1928, Fleming observou essa sensibilidade em sua placa de Petri. A maioria dos médicos passou por isso ao tratar soldados e civis com penicilina durante e após a Segunda Guerra Mundial. As bactérias eram, em sua maioria, sensíveis à penicilina. Mas entre a população de *S. aureus* em todo o país ou no mundo, havia algumas, embora muito poucas, que carregavam o gene de resistência à penicilina. O uso generalizado desse antibiótico criou uma pressão seletiva, proporcionando uma vantagem reprodutiva para o estafilococo resistente a ele. Com o tempo, uma cepa que antes era muito rara se tornou muito comum, e uma droga que antes era eficaz se tornou inútil. Isso aconteceu com a penicilina em relação ao *S. aureus* em poucos anos. E continua a acontecer com todos os antibióticos em relação a todos os micróbios.

A resposta, claro, não é desistir do uso de drogas, mas apenas não as prescrever em excesso. Quando usados com cautela, os antibióticos matam as bactérias causadoras de doenças e salvam vidas. Sempre existe a ameaça de que a pressão seletiva crie uma cepa resistente a medicamentos, mas essa ameaça aumenta drasticamente com o aumento do uso de antibióticos. O fim justifica os meios apenas quando os antibióticos são usados com sabedoria, o que nem sempre é o caso. Por exemplo:

• Os antibióticos são inúteis contra os vírus. Ainda assim, estima-se que quase metade das pessoas que procuram um médico por causa de uma infecção viral, como um resfriado comum ou uma gripe, recebe uma prescrição de antibiótico. De acordo com o CDC, os médicos nos Estados Unidos assinam 18 milhões de prescrições de antibióticos a cada ano para tratar resfriados comuns.

• Muitos médicos prescrevem antibióticos profilática ou preventivamente, e não como tratamento para infecções documentadas. O uso de antibióticos dessa forma raramente é justificado.

• Muitos médicos prescrevem antibióticos para acalmar o medo e a ansiedade de um paciente em relação a algum sintoma. O uso de antibióticos dessa forma nunca é justificado.

• Em nações em desenvolvimento, como Índia e países da África e da América do Sul, os antibióticos são drasticamente usados em excesso. Muitos são vendidos por farmacêuticos sem receita — e muitas vezes em quantidades pequenas demais para ter valor terapêutico, mas ainda assim capazes de gerar resistência. As cepas de bactérias resistentes a medicamentos que surgem nesses países acabam chegando aos quatro cantos do planeta.

• Os fazendeiros usam medicamentos em excesso nos animais. A maior parte da carne que os estadunidenses comem vem de "fazendas industriais", linhas de montagem projetadas para criar o máximo possível de animais no menor espaço disponível, a fim de maximizar os lucros. Com gado, porcos ou galinhas amontoados por longos períodos, é difícil controlar as doenças. A solução: injetar antibióticos nos animais.

Os fazendeiros dos Estados Unidos talvez sejam os maiores abusadores de medicamentos. Eles administram até trinta vezes mais antibióticos no gado do que uma pessoa comum recebe. Os medicamentos são usados de maneira profilática e até mesmo para promover o crescimento dos animais (os saudáveis engordam mais do que os doentes). Esse abuso provocou o desenvolvimento de cepas perigosas de bactérias resistentes a medicamentos. Por exemplo, os seres humanos agora enfrentam uma cepa tóxica de *E. coli*, que normalmente reside de maneira inofensiva no intestino de seres humanos e animais. Ameaçada pela exposição constante a antibióticos na alimentação de bovinos de corte, a *E. coli* fez uso de um gene resistente a medicamentos obtido originalmente da *Shigella*, uma bactéria desagradável que causa disenteria. Infelizmente, também herdou a maldade desta. O uso excessivo de antibióticos criou uma pressão seletiva para o desenvolvimento da *E. coli* tóxica. Ela foi detectada pela primeira vez em 1982; em 1993, matou três crianças que comeram hambúrgueres em um restaurante da rede Jack-in-the-Box e infectou pelo menos quinhentos clientes do fast-food. Mais recentemente, a *E. coli* matou uma menina que se deliciava com fatias de melancia em um restaurante Sizzler, em Milwaukee. Cientistas estimam que a bactéria atinge cerca de 20 mil pessoas por ano. A resistência aos antibióticos gerada nas fazendas também inclui a *Campylobacter*, uma bactéria que causa febre, diarreia e fezes com sangue, mas não costuma ser fatal, além do infame enterococo, que frequentemente leva à morte. A cada ano, 76 milhões de estadunidenses ficam doentes com o que comem e, desses, 5 mil morrem.

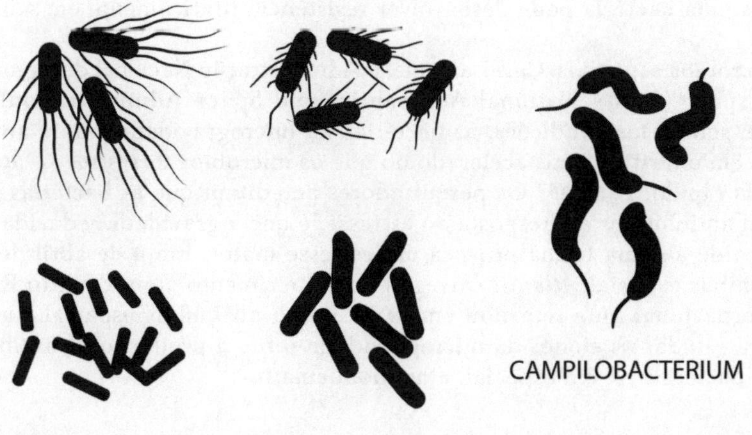

O futuro

O primeiro passo óbvio para conter a maré crescente de resistência a medicamentos é o uso responsável dos antibióticos. É difícil controlar sua distribuição e seu uso em todo o mundo, mas agências como o CDC, o NIH e a OMS devem empenhar mais esforços para monitorar a prescrição de antibióticos e o surgimento de cepas de bactérias resistentes a medicamentos. O CDC — a maior instituição de combate a doenças infecciosas do mundo — está incentivando as autoridades de saúde locais a realizarem pesquisas regulares voltadas para a resistência bacteriana. Por sua vez, a OMS está financiando um banco de dados computadorizado global, que pode ser usado pelos médicos para relatar o surgimento de bactérias resistentes a medicamentos.

Mas a vigilância por si só não é suficiente. O público deve ser educado a respeito dos usos adequado e inadequado de antibióticos, e os médicos que podem prescrever medicamentos devem fazer cursos de atualização sobre os mais recentes desenvolvimentos no campo dos antibióticos. Medicamentos de espectro limitado devem ser usados, quando eficazes, no lugar de medicamentos de amplo espectro. Medicamentos mais leves devem ser usados, quando eficazes, no lugar dos mais potentes. E sempre se deve usar a menor dose eficaz.

Também deve haver um compromisso renovado com a pesquisa de antibióticos. É curioso que a venda de antibióticos para drogarias e hospitais nos Estados Unidos tenha aumentado regularmente, de 3,7 bilhões de dólares em 1988 para 6 bilhões de dólares em 1994, e então para mais de 10 bilhões de dólares na virada do século, mas em contrapartida o financiamento para pesquisas com antibióticos tenha diminuído regularmente. Isso é lamentável, se pensarmos na capacidade de superação das bactérias. De acordo com o dr. David Morens: "Levamos dezessete anos para desenvolver um antibiótico. Mas uma bactéria pode desenvolver resistência praticamente em minutos".

Micróbios espaciais. Curiosamente, a Administração Nacional de Aeronáutica e Espaço (NASA - National Aeronautics and Space Administration) notou que, sob certas condições, as bactérias na microgravidade geram antibióticos em um ritmo mais acelerado do que os micróbios terrestres — até 200% mais rápido. Por quê? Os pesquisadores acreditam que as bactérias produzem antibióticos em resposta ao estresse, e que a gravidade reduzida do espaço de alguma forma provoca um estresse maior. Em 4 de abril de 2002, o ônibus espacial *Atlantis* carregou um experimento até a Estação Espacial Internacional (que retornou em 19 de junho no ônibus espacial *Endeavor*) para estudar os efeitos da microgravidade sobre a produção de antibióticos em bactérias — em especial, a actinomicina D.

Sapos e tubarões. Outras vias de prevenção e tratamento também devem ser exploradas. Uma linha de pesquisa promissora envolve animais muito mais elevados na escala evolutiva do que as bactérias e os fungos, que nos forneceram a maioria de nossos antibióticos. Michael Zasloff, pesquisador e ex-professor de medicina e genética da Universidade da Pensilvânia, descobriu substâncias com propriedades antibióticas poderosas em criaturas tão diversas quanto sapos e tubarões. Nos sapos, é um líquido leitoso que escorre da pele, chamado de *magainina*. Nos tubarões galhudos, a substância é chamada de *esqualamina*. Uma análise mais atenta da natureza pode nos oferecer milhares, ou até milhões, de produtos químicos a serem usados no combate a doenças infecciosas. Lembre-se de que um dos primeiros agentes eficazes contra as doenças infecciosas veio de um micróbio em um pântano no sul de New Jersey.

Fagos. Talvez a linha de pesquisa mais promissora envolva organismos situados um pouco mais *abaixo* na escala evolutiva do que as bactérias e os fungos: os bacteriófagos. Como mencionado anteriormente, eles são vírus que infectam e matam bactérias. Seu valor terapêutico foi reconhecido pela primeira vez em 1917 por um bacteriologista francês, Félix d'Hérelle, que percebeu que agentes que se pensava serem vírus matavam as bactérias da disenteria nas fezes ensanguentadas dos soldados da Segunda Guerra Mundial. A terapia com bacteriófagos foi usada com algum sucesso no início da década de 1900 nos Estados Unidos, mas foi abandonada com o advento dos antibióticos. Cientistas russos têm usado fagos para combater doenças bacterianas há décadas — principalmente contra enterococos e outros patógenos entéricos e cutâneos —, e, com o aparecimento de bactérias resistentes e multirresistentes a medicamentos, essa terapia está voltando em outras partes do mundo. Um pesquisador usou fagos para tratar uma doença relacionada a frutos do mar causada pela bactéria *Vibrio vulnificus*, que, na infecção totalmente desenvolvida, tem uma taxa de mortalidade de 50%. Experimentos em camundongos se mostraram muito eficazes. Michael H. Walter, da Universidade do Norte de Iowa, trabalhou com fagos que infectam o *Bacillus cereus*, um primo do antraz. Ele espera desenvolver fagos que possam ser usados para tratar infecções por antraz, um germe que recentemente ganhou notoriedade como arma de bioterrorismo. (Veja o capítulo 11, "Bioterrorismo", para mais informações sobre o antraz.) Carl Merril, do NIH, e Richard Carlton, da Exponential Biotherapies, Inc., desenvolveram um bacteriófago para combater cepas de enterococos resistentes a antibióticos, o flagelo de hospitais e casas de repouso. Um fago específico protegeu camundongos contra uma cepa resistente à vancomicina. "Na dose certa, conseguimos 100% de sobrevivência", disse Carlton ao periódico *Science News*.

O dr. Vincent Fischetti, que trabalha na Universidade Rockefeller, na cidade de Nova York, conseguiu purificar uma enzima produzida por fagos para matar suas bactérias hospedeiras. De acordo com ele: "Uma dose de apenas 10 ng [0,000000001 grama] de enzima é suficiente para destruir, em segundos, 10 milhões de estreptococos in vitro. Quando pequenas quantidades de enzima foram adicionadas à cavidade oral de camundongos intencionalmente colonizados por estreptococos do grupo A, essa enzima destruiu todo o organismo transportado pelos camundongos. Assim, desenvolvemos um método não antibiótico para controlar as bactérias que normalmente causam infecções".

Uma empresa de biotecnologia de Baltimore, a Intralytix, desenvolveu uma mistura de fagos que matam a salmonela e que podem ser pulverizados como um "desinfetante" em aves nas fábricas de processamento.* A companhia também trabalha em um curativo revestido de fagos, o "PhagoBioderm",† que previne a infecção bacteriana ao ser colocado sobre feridas ou queimaduras. Tenha em mente que a maioria das mortes por causa de queimaduras ocorre em dois dias — devido a infecções bacterianas.

Os fagos têm vantagens sobre os antibióticos. São como bombas inteligentes, específicas para apenas algumas cepas de bactérias; geralmente funcionam em dose única, já que se multiplicam dentro do hospedeiro; e, embora uma bactéria possa se adaptar e desenvolver resistência a um fago, este também pode se adaptar a ela — e, na verdade, ele se adapta melhor.

Bolhas. Além de sapos, tubarões e fagos, existem as microbolhas. Ou, mais corretamente, *nanobolhas*. James Baker, professor de nanotecnologia e medicina na Universidade de Michigan e fundador da NanoBio, uma empresa de biotecnologia situada na cidade de Ann Arbor, produziu uma emulsão de soja em água. Pense em um molho de salada, no qual pequenas bolhas de óleo ficam suspensas no vinagre. Só que as bolhas de Baker são superminúsculas, medem um nanômetro (10^{-9} metros) de diâmetro e são 100 mil vezes mais finas do que um fio de cabelo humano. As bolhas armazenam energia na tensão de sua superfície (quanto menor a bolha, maior a energia) e, quando entram em contato com o componente gorduroso das membranas bacterianas ou das cápsulas virais, as bolhas

---

* O Salmofresh™ é um bacteriófago já disponível para comercialização e está conquistando espaço na indústria alimentícia. Ele usa um complexo de seis bacteriófagos para o controle do patógeno alimentar em carnes, pescados e hortaliças. No entanto, no Brasil, não há a comercialização de fagos — embora os estudos comprovem sua eficácia e credibilidade. [As notas são das editoras, exceto quando sinalizado.]

† Ainda encontra-se em fase de ensaios clínicos. Atualmente, a Intralytix não produz nenhuma preparação comercial baseada em fagos aprovada pelo FDA para aplicações em terapia humana.

se aglutinam e liberam sua energia em nanoexplosões que destroem o microrganismo. Uma espécie de nanotorpedo. É importante ressaltar que as bolhas não prejudicam as células humanas, exceto os glóbulos vermelhos e os espermatozoides, por causa da fragilidade específica dessas células.

Os usos da emulsão de soja são quase ilimitados. É possível pulverizá-la ou misturá-la aos alimentos como conservante; esfregá-la na pele como creme contra acne, pé de atleta ou outras infecções cutâneas; gargarejá-la ou borrifá-la no nariz e na boca para evitar mau hálito, cáries, gripes, resfriados comuns etc. Como os espermatozoides são vulneráveis, a emulsão poderia ser usada como anticoncepcional e, ao mesmo tempo, como profilaxia contra ISTs, como HIV ou herpes. Ela até se mostrou eficaz contra o estágio de esporos bastante robustos e fisicamente resistentes de certas bactérias, como a arma biológica do antraz. Em experimentos controlados com camundongos, a emulsão foi uma proteção contra o antraz cutâneo. Por esse motivo, a Agência de Projetos de Pesquisa Avançada de Defesa dos Estados Unidos (DARPA – Defense Advanced Research Projects Agency) apoia a pesquisa e o desenvolvimento de nanoemulsões.

Os patógenos são um inimigo formidável. São altamente adaptáveis e engenhosos. Eles são os sobreviventes finais. O caminho para derrotá-los será longo e tortuoso, e só será percorrido com abordagens inovadoras e ousadas e um investimento sobre-humano em dinheiro e mão de obra.

ARPA, 1958-1972

DARPA, 1972 - 1993

Falar somente uma
linguagem rouca,
Um português
cansado e
incompreensível,
Vomitar o pulmão
na noite horrível
Em que se deita
sangue pela boca!

Expulsar aos
bocados, a
existência
Numa bacia
autômata de barro
Alucinado, vendo
em cada escarro
O retrato da própria
consciência...

Augusto dos Anjos
trecho de "Os doentes"

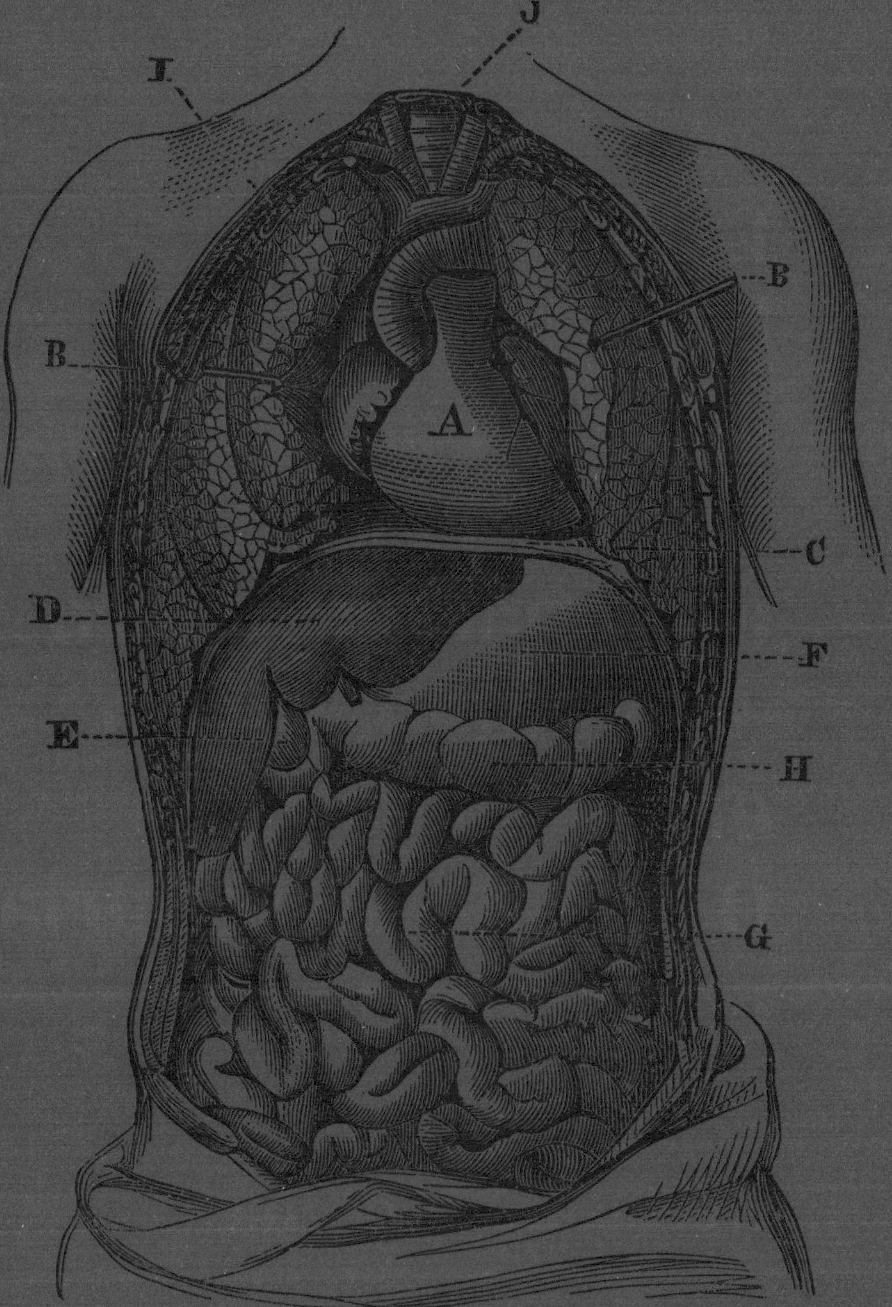

J
I
B
B
A
C
D
F
E
H
G

D

TUBERCULOSE

o poder destruidor de um bacilo

D

TUBERCULOSE

o poder destruidor de um bacilo

A tuberculose (TB) não é uma doença nova; remonta a pelo menos 7 mil anos, aos restos do esqueleto de um homem cuja coluna vertebral foi corroída pela doença. Pode ter sido a primeira peste. A Bíblia a menciona; era a "praga dos faraós". Nos últimos dois séculos, matou cerca de 2 bilhões de pessoas e desfigurou, aleijou e cegou outros inúmeros bilhões. Durante o fim do século XIX, matou mais pessoas nos Estados Unidos do que qualquer outra doença. Ao longo de sua história horripilante, é difícil imaginar o número de pessoas que sofreram e morreram de tuberculose.

Na Índia antiga, nenhum brâmane tinha permissão para se casar com alguém de uma família em que houvesse tuberculose. Na Nova Inglaterra, nos séculos XVIII e XIX, os túmulos de vítimas de tuberculose eram escavados meses ou até anos depois do sepultamento e mutilados na esperança de impedir que os mortos se esgueirassem e sugassem a força vital dos vivos. A tuberculose também já foi chamada de "peste branca" e matava muito mais pessoas do que qualquer outra pestilência. Anualmente, mais de dez milhões de casos são relatados, com cerca de 1,5 milhão de infectados vindo a óbito.*

Ao contrário da crença popular, Colombo não trouxe a tuberculose para o Novo Mundo, como trouxe a varíola, o sarampo, a caxumba, a gripe, a cólera, a malária, a febre tifoide, o tifo, a difteria e a escarlatina. Uma análise dos restos mortais mumificados de uma mulher peruana que viveu quinhentos anos antes de Colombo zarpar revelou a presença de um DNA idêntico ao do germe que causa a tuberculose. De que maneira a doença saiu da Europa e da Ásia e chegou às Américas, e qual é sua origem, ainda permanece um mistério.

* O desafio em fornecer e acessar serviços essenciais de tratamento da tuberculose, durante a pandemia de COVID-19, fez com que menos pessoas fossem diagnosticadas e tratadas. Com isso, de acordo com dados publicados em outubro de 2021, pela primeira vez em mais de uma década as mortes por tuberculose aumentaram de forma expressiva.

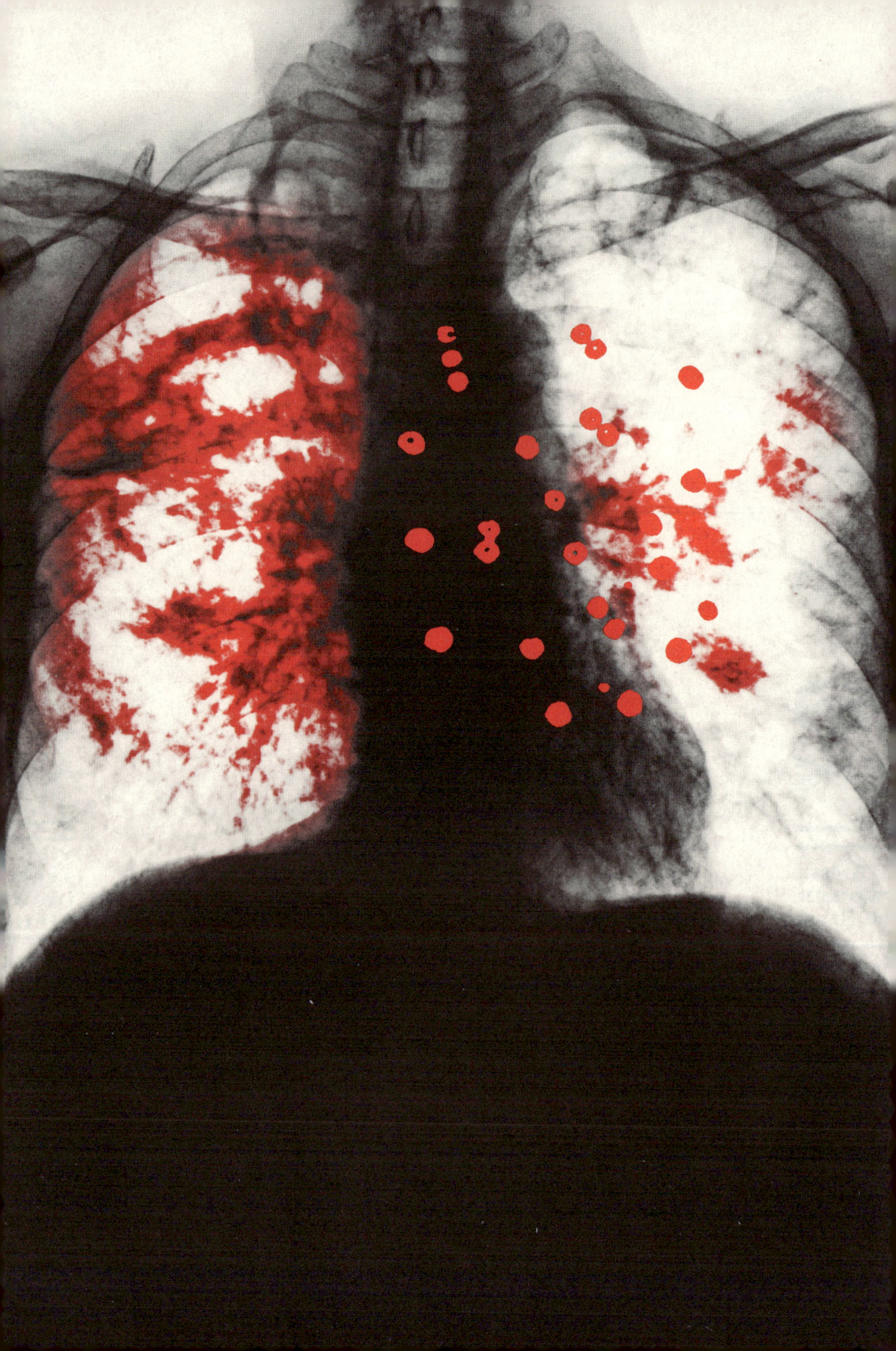

DESTRUIDOR BRUTAL

Embora a tuberculose seja causada por uma única espécie de microrganismo, o curso da infecção varia. (Existem inúmeras outras espécies que podem causar uma doença semelhante, mas a infecção por estas é rara hoje em dia, exceto entre indivíduos soropositivos ou imunocomprometidos.) O bacilo da tuberculose não poupa nenhuma parte do corpo humano e, sem tratamento, é um destruidor brutal. É mais comum que infecte os pulmões, devorando lentamente o tecido, formando abscessos que liberam de forma contínua um pus pegajoso e fétido. A infecção pulmonar pode seguir seu caminho pela parede do corpo até a superfície do tórax, onde formará grandes ulcerações que liberam um pus rico em germes da tuberculose. Com o passar dos anos, os pulmões são destruídos e o paciente definha, tornando-se pálido, fraco e emaciado, tossindo sangue, incapaz de respirar. Um outro nome comum para a doença, consunção, deriva dessa condição trágica. No final das contas, a morte pode chegar pela destruição do pulmão ou pela ruptura de uma artéria pulmonar importante, caso em que a vítima morre rapidamente pela perda sanguínea ou até por afogamento no próprio sangue.

Como resultado da ingestão do próprio escarro contaminado, os germes da tuberculose podem se espalhar para o trato digestivo, onde provocam úlceras dolorosas na garganta, tornando difícil falar ou engolir. A infecção pode descer pelo tubo digestivo, infectando o estômago e os intestinos — onde é potencialmente fatal — e causando vômito e diarreia, ambos com sangue, além de dor aguda. Se cair na corrente sanguínea, condição que é quase sempre fatal e sem tratamento (chamada de tuberculose *miliar*), nenhum órgão ou tecido estará imune. O poeta estadunidense Walt Whitman morreu por complicações da tuberculose miliar. De acordo com o *New York*

Times (28 de março de 1892), além da deterioração de seus pulmões e de outros órgãos, o coração do poeta "estava cercado por um grande número de pequenos abscessos e cerca de dois litros e meio de água".

A tuberculose miliar pode infectar o trato urinário, causando uma inflamação bastante dolorosa. Nos casos de infecção da bexiga, os cirurgiões do início do século XX religavam o tubo que ia dos rins diretamente à superfície do corpo, contornando a bexiga, para aliviar a dor insuportável ao urinar. Se a infecção atingisse os rins, o que muitas vezes acontecia em casos de infecção do trato urinário, a morte geralmente resultava de uma insuficiência renal.

A viagem é curta do trato urinário até o genital. As mulheres são especialmente suscetíveis a esse tipo de infecção. Sem tratamento, a doença infiltra os ovários e as trompas de Falópio, mutilando o tecido em uma massa nojenta de pus, inflamação e cicatrizes, privando sobreviventes da possibilidade de uma gravidez para sempre.

A doença pode causar uma infecção fatal no fígado, no cérebro e nas meninges — membranas que envolvem o cérebro e a medula espinhal. Pode fazer buracos em todos os ossos do corpo, provocando problemas debilitantes nos quadris, cotovelos, ombros e pernas. Pode quebrar a coluna vertebral, levando à aparência corcunda característica de muitos portadores de tuberculose. Pode avermelhar e endurecer a pele ao redor do rosto e da boca, ocasionando um aspecto de lobo chamado de *lupus vulgaris*; ou pode corroer o nariz, as orelhas e os olhos. Em *The Forgotten Plague*, o dr. Frank Ryan descreve a condição de uma dessas vítimas:

> Seu rosto havia sofrido trinta anos de ulceração destrutiva, levando a uma deformidade grotesca. O nariz tinha sido corroído aos poucos, até que não havia nada ali, exceto duas cavernas gibosas. O olho esquerdo foi destruído. Freida agora olhava para o mundo por trás de uma máscara cheia de cicatrizes monstruosas, esburacada por feridas purulentas que fervilhavam de germes da tuberculose. Até mesmo o conforto da cirurgia plástica lhe foi negado, já que todos os enxertos tentados tinham sido infectados e, por fim, foram destruídos por germes invasores.

Esse é o pesadelo da tuberculose.

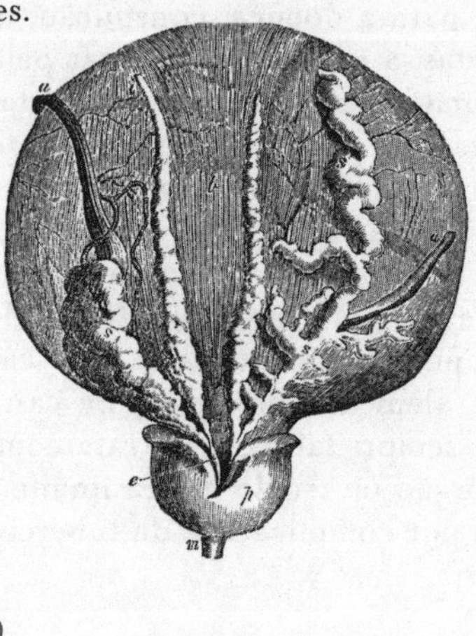

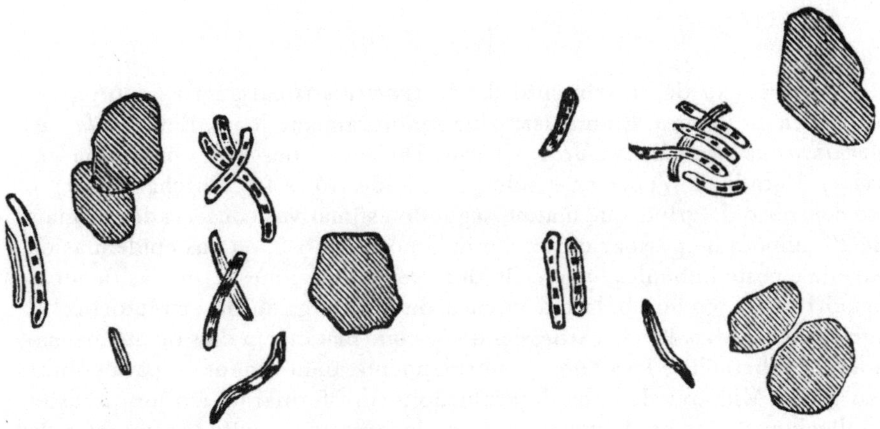

Um assassino natural

A capitã é causada por um micróbio chamado *Mycobacterium tuberculosis*. É uma bactéria bem pequena em forma de bastonete, cujo comprimento mede apenas 1/10.000 de polegada (0,000003 metro) e cuja espessura faz um fio de cabelo humano parecer um tronco de árvore. Ela respira oxigênio e não tem capacidade de nadar. Possui uma parede celular muito cerosa que lhe confere uma propriedade de coloração específica, chamada de álcool-ácido resistência, e que a torna resistente à destruição por secagem e por agentes químicos (a luz solar direta, no entanto, a destrói). Consequentemente, os germes da tuberculose que são expelidos pela tosse podem permanecer vivos e viáveis por semanas ou meses — muito mais tempo do que a maioria das outras bactérias. Por outro lado, a *M. tuberculosis* não forma endósporos, o estágio de repouso extremamente durável de certas bactérias, como a *B. anthracis*, uma das razões pelas quais o antraz é considerado a arma bioterrorista preferencial. Os endósporos podem sobreviver durante anos sem comida ou água.

A *M. tuberculosis* foi identificada pela primeira vez como o agente causador da consunção por Robert Koch, em 1882. Foi uma descoberta importante. Na época, a tuberculose matava um em cada sete seres humanos e era mais temida do que a cólera ou a peste bubônica. Koch anunciou sua descoberta em uma reunião da Sociedade Fisiológica em Berlim, no dia 24 de março. Paul Ehrlich, o descobridor do salvarsan para a sífilis, participou da reunião e mais tarde comentou: "Considero aquela noite a experiência mais importante da minha vida científica".

A identificação da *M. tuberculosis* foi uma grande conquista. Os pesquisadores vinham trabalhando nisso havia quase um século. Seu tamanho pequeno e as características de difícil coloração eram agravados pelo fato de que ela crescia extremamente devagar. Enquanto algumas bactérias, como a *E. coli*, que reside no intestino, podem se multiplicar a cada vinte minutos, a *M. tuberculosis* se multiplica em um intervalo de dezoito a 24 horas. Pode levar até oito semanas para que as colônias secas e de um tom amarelo pálido se tornem visíveis em meio sólido.

A lenta taxa de crescimento da *M. tuberculosis* caracteriza a progressão típica da doença. É uma assassina sedutoramente lenta. Em *A Vida e as Aventuras de Nicholas Nickleby*, Charles Dickens a descreve como uma assassina "gradual, silenciosa e solene", que destrói e faz murchar o corpo. Ao contrário da gripe, que matou, segundo estimativas conservadoras, mais de 20 milhões de pessoas durante o inverno de 1918-9, ou das epidemias de varíola e peste bubônica, cujo ciclo dura semanas ou meses, ou das doenças hemorrágicas, como ebola e a doença de Marburg, ou do estreptococo A, agressivo e devorador de carne, condições que matam em dias ou até mesmo horas, a tuberculose leva anos — normalmente, muitos anos — para cobrar seu preço. Milhares de anos de evolução a transformaram em um parasita inteligente; ela faz um banquete à mesa de jantar por muito tempo antes de matar seu vale-refeição.

Além disso, não é uma assassina tão certeira quanto muitas outras doenças infecciosas. Noventa por cento dos infectados com a cepa mais virulenta do vírus ebola morrem; os doentes sangram até a morte por todos os orifícios do corpo. E praticamente todos que contraem raiva sucumbem a ela. Não é assim com a tuberculose. Cerca de um em cada dez infectados adoece de fato — ou seja, tem *tuberculose ativa*. (Destes, se não houver tratamento, cerca de metade morre em cinco anos.) As nove pessoas infectadas restantes, sobretudo aquelas que não têm um sistema imunológico deprimido, conseguem lutar contra a doença e impedir a infecção. Essas pessoas têm *tuberculose inativa*. O nódulo com paredes é denominado *tubérculo*, por sua semelhança com os tubérculos das plantas, e também denomina a doença. No entanto, os bacilos da tuberculose têm o potencial letal de romper essas paredes e serem reativados, às vezes muitos anos depois — e com uma vingança.

A incidência de tuberculose ativa aumenta drasticamente em tempos de guerra, fome ou depressão socioeconômica. Sua trágica associação com a aids será abordada no fim do capítulo.

Uma destruidora das oportunidades iguais

A *M. tuberculosis* é prima próxima do germe causador da lepra, *M. leprae*, e de vários micróbios não patogênicos que habitam o solo. É mais comumente transmitida de pessoa a pessoa por gotículas de infecção — quando alguém com tuberculose ativa tosse, espirra ou fala e espalha no ar gotículas carregadas de germes da tuberculose. (É importante observar que apenas a pessoa com tuberculose ativa é contagiosa.) A doença não é tão contagiosa quanto o resfriado comum ou a gripe, que também são transmitidos por gotículas de infecção, e geralmente não é transmitida ao tocar em artigos manuseados por pessoas ativamente infectadas.

Mas sua comunicabilidade nunca deve ser subestimada. Na primavera de 1994, quatro passageiros foram infectados por uma mulher com tuberculose ativa durante um voo de oito horas e meia da United Airlines que ia de Chicago para Honolulu. Foi o primeiro caso documentado de transmissão de tuberculose de uma pessoa para outra em uma companhia aérea comercial e serve como um doloroso lembrete de que a tuberculose é, de fato, uma doença contagiosa.

O leite também é fonte de infecção humana, especialmente em crianças, causando tuberculose óssea, intestinal, miliar e nos gânglios linfáticos do pescoço (chamada *escrófula* ou tuberculose linfática), irrompendo na superfície da pele como feridas cheias de pus.* No entanto, com a testagem de vacas em busca de infecções e a prática generalizada de pasteurização do leite, a tuberculose por leite contaminado é rara, sendo responsável por menos de 1% dos casos de tuberculose nos Estados Unidos.

Mais do que qualquer outra doença, a tuberculose alterou drasticamente a estrutura da sociedade. É uma doença que atinge ricos e pobres, privilegiados e destituídos, abastecidos e desprovidos. Ela tem sido o flagelo tanto das nações desenvolvidas quanto dos países em desenvolvimento. Seu reinado de terror ao longo da história, e também a maneira tipicamente prolongada com que reivindica suas vítimas, revestiram a tuberculose com uma espécie de fascínio místico, embora mórbido — inspirando grandes obras da literatura e da música. O romance vencedor do Prêmio Nobel, *A Montanha Mágica*, de Thomas Mann, se passa em um sanatório para tuberculosos nos Alpes suíços. Little Blossom, no livro *David Copperfield,* de Dickens, morre de consunção, assim como Mimi, na ópera *La Bohème,* de Puccini. A ópera *La Traviata,* de Verdi, gira em torno de uma beleza consumptiva, Violetta, personagem baseada em Marguerite Gauthier, heroína de *A Dama das Camélias*, de Alexandre Dumas.

A tuberculose também infectou e tirou a vida de muitas personalidades da vida real. Em especial, causou impacto nas artes, matando um número impressionante de pessoas entre os maiores escritores e compositores do mundo, que estavam no auge de seu gênio criativo. A tabela a seguir apresenta de forma breve algumas famosas — e infames — vítimas de tuberculose (em ordem cronológica, por ano de nascimento).

---

* A tuberculose transmitida pelo leite é, na verdade, causada pela *M. bovis*, parente próximo da *M. tuberculosis*. Acredita-se que a *M. bovis* tenha evoluído primeiro e se tornado um parasita em animais que o inspiravam do ar ou o ingeriam do solo durante o pastoreio. Os seres humanos o contraíam bebendo leite ou comendo carne infectados. A bactéria acabou sofrendo uma mutação e se transformando na *M. tuberculosis*, o patógeno humano mais comum. [Nota dos Autores]

Pessoas famosas que sofriam de tuberculose

NOME	OCUPAÇÃO	NASCIMENTO-MORTE
Rei Tutancâmon* (e muitos outros faraós)	faraó egípcio	c. 1358-1340 AC (estimado)
Cardeal Richelieu*	estadista francês	1585-1642
Jean Molière*	dramaturgo francês	1622-1673
Baruch Spinoza*	filósofo holandês	1632-1677
François Voltaire	escritor/filósofo francês	1694-1778
Johann Goethe	escritor/cientista alemão	1749-1832
Johann Schiller*	escritor/historiador alemão	1759-1805
Sir Walter Scott*	romancista/poeta escocês	1771-1832
Niccolò Paganini	virtuose italiano do violino	1782-1840
Simón Bolívar*	líder revolucionário venezuelano	1783-1830
John Keats*	poeta inglês	1795-1821
Ralph Waldo Emerson	poeta/ensaísta estadunidense	1803-1882
Elizabeth Barrett Browning*	poeta inglesa	1806-1861
Edgar Allan Poe*	escritor/poeta estadunidense	1809-1849
Frédéric Chopin*	compositor/pianista polonês	1810-1849
Emily Brontë*	romancista/poeta inglesa	1818-1848
Walt Whitman*	poeta estadunidense	1819-1892
Fiódor Dostoiévski	romancista russo	1821-1881
Paul Gauguin	pintor francês	1848-1903
Robert Louis Stevenson*	escritor escocês	1850-1894
Anton Tchékhov*	escritor russo	1860-1904
Franz Kafka	romancista tcheco	1883-1924
Eleanor Roosevelt*	humanitária/primeira-dama estadunidense	1884-1962
D.H. Lawrence*	escritor inglês	1885-1930
Eugene O'Neill*	dramaturgo estadunidense	1888-1953
Adolf Hitler	ditador austríaco/alemão	1889-1945
George Orwell*	romancista/ensaísta inglês	1903-1950
Vivien Leigh*	atriz inglesa	1913-1967
Nelson Mandela	líder nacionalista sul-africano	1918-2013

*Morreu de tuberculose

VENCENDO A BATALHA

Há 2.400 anos, o médico grego Hipócrates — que considerava a tuberculose a mais mortal de todas as doenças — tratava os tuberculosos com uma dieta calmante de mel, mingau de cevada e vinho. Culturas posteriores trataram os pacientes tuberculosos de forma menos gentil, vendo a doença como uma forma de possessão demoníaca e recorrendo a medidas mais drásticas para exorcizar os espíritos malignos. De forma extrema, os tratamentos se aproximavam do cômico. Incluíam colocar um peixe morto no peito do paciente ou fazer com que ele sugasse o leite de um seio humano.

Em 1908, foi desenvolvida uma vacina contra a tuberculose.

Um grama de prevenção

A vacina foi desenvolvida por dois cientistas franceses, Albert Calmette e Camille Guérin, usando uma cepa enfraquecida e avirulenta do germe que causa a tuberculose em bovinos, *M. bovis* (veja a nota de rodapé anterior). Conhecida como Bacillus Calmette-Guérin (BCG), é a vacina mais usada no mundo e continua sendo a única disponível atualmente contra a tuberculose, mas ninguém tem certeza se funciona bem — ou mesmo *se* funciona.

Não menos do que dezoito estudos em grande escala e cuidadosamente controlados sobre a imunização com BCG foram realizados nos Estados Unidos e em outros países, incluindo um estudo de quinze anos feito pela OMS. Em alguns testes, a vacina demonstrou proteger 80% dos vacinados, enquanto em outros não ofereceu proteção nenhuma.

Esses resultados amplamente discrepantes são, de fato, desconcertantes e levaram diferentes países a adotarem políticas diversas em relação ao uso da vacina. Ela é usada de maneira mais difundida em países em desenvolvimento, onde a tuberculose é prevalente e o risco de infecção é alto. Também é usada, embora de forma mais seletiva, na Grã-Bretanha, na Europa e na maioria das outras nações desenvolvidas, especialmente entre crianças de famílias cujos membros têm tuberculose ativa e entre médicos, enfermeiros e profissionais de saúde que entram em contato com pessoas que sofrem da doença. Há um país onde ela não é usada nem tem seu uso recomendado: os Estados Unidos.

Existem motivos para isso, além dos relatórios conflitantes a respeito de sua eficácia. Em primeiro lugar, uma pessoa que recebe a vacina BCG terá um resultado positivo no teste cutâneo de tuberculina. Esse teste (discutido posteriormente neste capítulo) é usado por organizações de saúde como uma ferramenta poderosa para detectar a infecção em estágio inicial e para avaliar a propagação da doença. A BCG torna o teste inútil. Em segundo lugar, não pode ser administrada em pessoas soropositivas. Embora o bacilo da BCG seja inofensivo para uma pessoa com o sistema imunológico intacto, pode causar tuberculose em alguém cujo sistema imunológico está comprometido.

Além disso, a vacina BCG — onde demonstrou ser eficaz — pode proteger apenas as pessoas não infectadas, e não aquelas infectadas mas inativas. E ela não as protege da infecção, apenas das complicações mais sérias ou fatais da doença. Autoridades de saúde argumentam que a vacina é mais capaz de reduzir esse risco em crianças do que em adultos. (A BCG agora está sendo aplicada em mais de 80% das crianças do mundo.)

Por último, os epidemiologistas norte-americanos observam que a proteção conferida pela BCG costuma durar pouco e não oferece nenhum argumento convincente de que seu uso tenha algum impacto no controle total da tuberculose em qualquer país.

Mas a doença está aumentando a um ritmo alarmante em todo o mundo. As estatísticas desanimadoras fizeram com que as autoridades de saúde federais nos Estados Unidos repensassem sua posição sobre o uso da BCG. Um sério esforço está sendo feito para determinar se a BCG pode ser mais eficaz do que seus críticos admitem. Enquanto isso, estão sendo feitas pesquisas para descobrir por que algumas cepas do germe da BCG parecem funcionar, enquanto outras não, e para desenvolver uma vacina antituberculose totalmente nova. O microbiologista Marcus Horwitz e seus colegas da Escola de Medicina da UCLA testaram uma vacina composta não do germe completo da tuberculose, mas das principais proteínas que o compõem. É um conceito relativamente recente para a vacinação: alvejar pontos imunologicamente ativos específicos em vez de todo o micróbio — uma bomba biológica inteligente. Horwitz demonstrou que a "vacina de proteína"* é eficaz na imunização de animais de laboratório contra a tuberculose.

Quando as autoridades médicas não conseguem proteger as pessoas de maneira adequada contra doenças, o ideal é tratar a doença com eficácia, limitando sua disseminação e minimizando a dor, o sofrimento, a debilitação e a morte que normalmente causaria. A tuberculose tem uma história curiosa a esse respeito.

* Atualmente, a vacina está em estudos clínicos de fase I para confirmar a melhor forma de administração, qual a dose mais segura e possíveis efeitos colaterais. A expectativa para sua disponibilidade ainda é incerta.

Um pouco de ar puro

Uma abordagem séria para o tratamento da tuberculose começou em meados do século XIX. Um médico inglês, George Bodington, observou que as pessoas que viviam em áreas rurais eram muito menos suscetíveis à tuberculose do que as que viviam nas grandes cidades. Ele atribuiu essa estatística ao fato de o ar do campo ser mais limpo e mais puro do que o da cidade. Um médico alemão, Hermann Brehmer, ouviu falar da teoria do ar puro de Bodington e ficou impressionado. Em 1859, em Görbersdorf, nas montanhas da Silésia, ele construiu um pequeno sanatório para as vítimas de tuberculose. Foi o primeiro desse tipo. Junto da prescrição de ar puro, Brehmer acrescentou descanso, uma rotina de exercícios, uma dieta saudável — e um ou dois coquetéis ocasionais. O conceito de que a consunção poderia ser curada com repouso total ao ar livre se popularizou e, ao longo da última parte do século XIX, surgiram sanatórios por toda a Europa, onde a tuberculose era responsável por uma em cada quatro mortes. Eram, na verdade, spas medicinais para os tuberculosos. A cidade de Davos, nos Alpes suíços, foi reconhecida como um dos melhores locais para inalar "ar puro" e, assim, se tornou a meca dos pacientes com tuberculose. Muitos homens e mulheres proeminentes, incluindo Robert Louis Stevenson e a esposa de Sir Arthur Conan Doyle, foram para os sanatórios de lá.

Nos Estados Unidos, o primeiro sanatório foi inaugurado pelo dr. Edward Livingston Trudeau nas montanhas Adirondack de Nova York. Ficava localizado às margens do idílico Lago das Flores, perto das cadeias de lagos Saranac e St. Regis. O dr. Trudeau, ele próprio vítima da tuberculose, foi para a região do lago Saranac em 1873, preparado para morrer. Surpreendentemente, se recuperou. Atribuindo sua boa sorte aos efeitos salubres do ar puro e fresco de Adirondack, ele fundou um sanatório, que foi aberto ao público em 1884. (Ele também fundou o primeiro centro de pesquisa de tuberculose nos Estados Unidos, em 1894.) Tal como aconteceu com os sanatórios de Davos, o Sanatório de Trudeau atraiu várias pessoas, incluindo, mais uma vez, Robert Louis Stevenson; o arremessador do Hall da Fama do beisebol, "Christy"

Mathewson; e Albert Einstein, que não sofria de tuberculose. Como havia acontecido na Europa, o sucesso do sanatório de Trudeau levou à construção de muitos outros em todos os Estados Unidos. Cada condado em cada estado parecia ter um. Na virada do século, os sanatórios tinham se tornado uma instituição estabelecida tanto na sociedade norte-americana quanto na europeia. Alguns eram particulares e exclusivos, outros eram públicos e modestos. Alguns eram mais tranquilos em seus programas — quase como férias com um selo de aprovação médica —, enquanto outros realizavam uma operação espartana. Em *Saranac: America's Magic Mountain* [Saranac: a montanha mágica dos Estados Unidos], Robert Taylor cita um manual do sanatório de Davos de 1880: "A consunção sempre foi tratada com muito medo, muita tolerância e muita indulgência. Davos exige qualidades opostas ao sentimentalismo resignado. [...] Aqui não há lugar para a resignação fraca e desesperada; aqui ninguém ajuda você a morrer de um jeito covarde. Pelo contrário, você é obrigado a entrar em uma dura luta pela vida".

Da mesma forma, o Sanatório de Trudeau implementou um programa de autoajuda ativo e exigente para os pacientes. Ainda que seus esforços merecessem elogios, será que os sanatórios realmente funcionavam? Será que realmente curavam as pessoas da tuberculose? Será que reduziam a taxa de mortalidade, mitigavam o sofrimento? Todas essas perguntas são respondidas com um "sim" qualificado. Sem dúvida, o ar puro, o descanso, a alimentação saudável e a redução do estresse ajudavam as pessoas com tuberculose a combaterem a infecção. O descanso e a nutrição adequada levavam a uma constituição mais saudável, o que, por sua vez, levava a um sistema imunológico mais saudável. (A saúde debilitada e a má nutrição, na verdade, contribuem para a crescente ameaça da tuberculose hoje em dia.) No Trudeau, 12.500 pacientes foram atendidos ao longo dos seus setenta anos de operação. Quando fechou as portas, em 1954, 5 mil desses pacientes ainda estavam vivos. Isso é muito impressionante, considerando quantos poderiam ter morrido de complicações associadas à velhice, ou outras causas não relacionadas à tuberculose, durante esse período considerável.

Os sanatórios também reduziram a propagação da doença. A maioria dos pacientes permanecia no sanatório por pelo menos um ano, alguns durante a maior parte da vida adulta. Eles serviam como uma quarentena eficaz, afastando aqueles com tuberculose ativa e contagiosa da população em geral.

Hoje em dia, os sanatórios acabaram — viraram notas de rodapé da história da medicina e lembretes pitorescos de uma época passada. Eles fecharam as portas apenas porque ficaram sem clientes. O Trudeau tratou apenas sessenta pacientes no ano de seu encerramento e teve um prejuízo de 90 mil dólares. Nos Estados Unidos, em meados da década de 1950, a tuberculose tirou apenas 6% das vidas que tinha tirado em 1900. O motivo desse declínio drástico? Antibióticos.

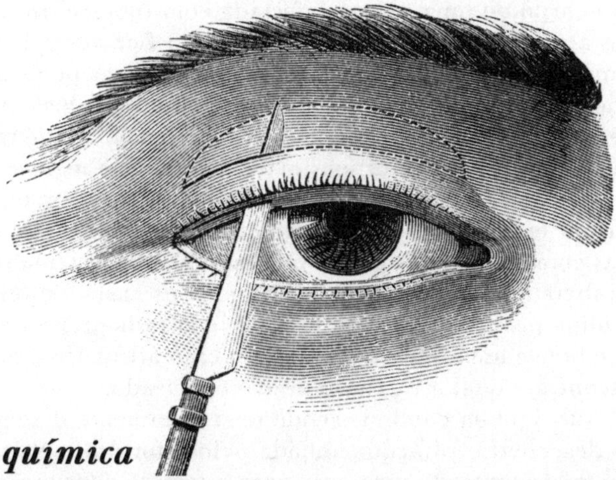

Guerra química

Antes do advento dos antibióticos, as perspectivas para muitos pacientes com tuberculose eram bastante sombrias, apesar dos sanatórios. A cirurgia era uma opção. Um pulmão, um olho e uma grande parte da caixa torácica costumavam ser removidos nos casos em que a infecção era agressiva e a destruição do tecido era extensa. No caso da tuberculose pulmonar, foram criados métodos para descansar o pulmão ou os pulmões infectados, fazendo com que a pessoa tivesse uma redução da capacidade de respirar fundo. Em uma das abordagens, o pneumotórax artificial, uma agulha longa e oca, era inserida entre as costelas, e o ar era bombeado no interior da cavidade torácica para criar pressão do lado de fora do pulmão, mantendo-o parcialmente esvaziado. Em casos extremos, o pulmão podia ser completamente colapsado, proporcionando uma melhor oportunidade de cura. No lugar do ar, objetos como bolas de borracha ou de pingue-pongue às vezes eram colocados dentro da cavidade torácica — que era aberta e fechada cirurgicamente — para criar uma barreira física à respiração. Nos casos mais graves, as costelas eram removidas — até oito ou nove — em uma operação bastante invasiva e desfigurante a fim de manter o pulmão colapsado de forma permanente.

Em outro método, os nervos que conduzem ao diafragma, músculo que controla a respiração, eram esmagados ou cortados para prejudicar sua função e limitar a capacidade respiratória.

Esses procedimentos funcionavam em um grau muito limitado. Se o corpo não combatesse a infecção com sucesso, isolando-a em um tubérculo, o paciente estaria com sérios problemas.

O teste cutâneo da tuberculina, também conhecido como teste de Mantoux, foi de extrema ajuda na detecção precoce da tuberculose na época dos sanatórios, e continua sendo hoje em dia. A tuberculina é um derivado proteico da bactéria da tuberculose e foi descoberta por Robert Koch, em 1890. No teste da tuberculina, uma quantidade muito pequena da proteína é introduzida sob a pele. O corpo de uma pessoa infectada com tuberculose fica sensível à proteína, e a pele ao redor do local da injeção fica vermelha e inchada após um tempo que varia de 48 a 72 horas. Em crianças pequenas, um teste positivo de tuberculina quase sempre significa tuberculose ativa. No entanto, em pessoas mais velhas, pode indicar uma sensibilidade resultante de uma infecção anterior que se tornou inativa. Conforme mencionado antes, uma pessoa que recebeu a vacina contra tuberculose também terá um resultado positivo no teste. Os falsos positivos também podem resultar de reações cruzadas com outras substâncias que estimulam o sistema imunológico ou de uma tuberculina contaminada. Em todos os casos de testes cutâneos de tuberculina positivos, é indicado fazer uma radiografia de tórax para determinar se houve uma infecção real e, em caso afirmativo, saber em que estado se encontra e qual a extensão do dano causado.

Embora a tuberculina continue sendo uma ferramenta diagnóstica inestimável, sua descoberta foi acompanhada pelo infortúnio. Na tuberculina, Koch pensou ter encontrado uma cura para a temida consunção. Foi o que ele anunciou para o mundo. A tuberculina se tornou disponível no mundo inteiro, e doses altas eram usadas pelos médicos para tratar os pacientes tuberculosos. Infelizmente, ela agravava a doença em vez de curá-la. Muitas pessoas morreram como resultado do tratamento de Koch com tuberculina. Sua reputação foi arruinada; foi necessário chamar a polícia para protegê-lo das multidões furiosas. Não se sabe como ele pôde ter cometido um erro tão rude na avaliação da tuberculina, mas as consequências foram um final triste e imerecido para a vida e a carreira de uma das maiores figuras da história da medicina. Koch morreu em 27 de maio de 1910, de ataque cardíaco e coração partido.

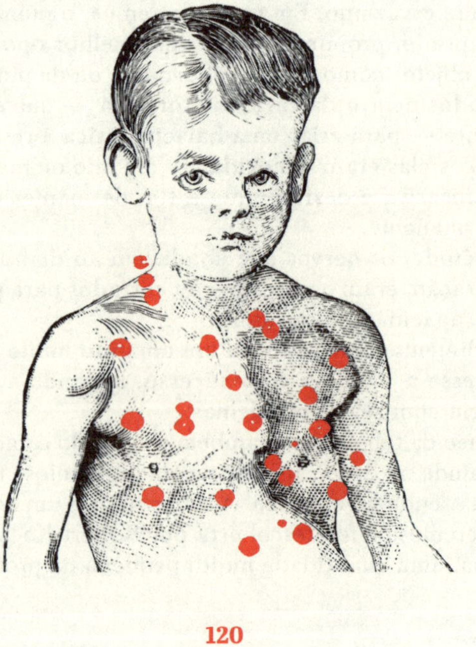

A derrota da tuberculose viria 34 anos depois, não com a tuberculina, mas com os antibióticos. Os mais antigos, a penicilina e o Prontosil, não eram eficazes contra a tuberculose. Mas em meados da década de 1940 três medicamentos com importante atividade antituberculose foram descobertos: estreptomicina, ácido para-aminossalicílico (PAS) e Conteben. Dos três, a estreptomicina foi a que alcançou importância histórica como o primeiro antibiótico a ser usado como tratamento eficaz. O medicamento foi administrado a um ser humano em 20 de novembro de 1944. A paciente era uma mulher de 21 anos, branca, com tuberculose pulmonar avançada. Sua condição estava se deteriorando muito rápido, e não havia esperança de sobrevivência. Durante quatro meses e meio, ela recebeu cinco aplicações de estreptomicina. A tuberculose pulmonar foi interrompida, e a paciente não teve nenhuma recaída subsequente. Ela teve três filhos e viveu feliz para sempre; esse foi um dos milhões de finais milagrosos da história da estreptomicina.

Exatamente ao mesmo tempo em que a estreptomicina fazia suas maravilhas, um outro medicamento, o PAS, também estava vencendo a tuberculose. Ele foi descoberto em 1943 por um brilhante médico escandinavo, Jörgen Lehmann, no Hospital Sahlgren em Göteborg, na Suécia, e era tão eficaz contra a tuberculose quanto a estreptomicina. Além disso, foi usado pela primeira vez para tratar um tuberculoso humano em 30 de outubro de 1944, três semanas antes da estreptomicina. O nome da paciente era Sigrid, e ela estava em um estado de declínio constante. A doença tinha feito um grande buraco em seu pulmão direito; ela estava com febre alta, não tinha apetite, tinha diarreia intensa e dores abdominais, sangue na expectoração e estava perdendo peso de forma rápida. O médico não tinha dúvida de que Sigrid morreria em breve.

Então, o tratamento com PAS foi iniciado. Ela recebeu o medicamento por via oral. Em março de 1945, estava forte o suficiente para se submeter a uma grande operação a fim de reparar o orifício no pulmão. Com o tempo, ela teve uma recuperação completa e milagrosa. Assim como aconteceu com a estreptomicina, o PAS provou ser uma droga milagrosa contra a consunção. Por ser administrado por via oral, era especialmente eficaz contra a tuberculose intestinal.

Ainda assim, nos primeiros anos após sua descoberta, o PAS não tinha a mesma reputação da estreptomicina no cenário mundial. Parte do problema residia no fato de que as pessoas envolvidas na descoberta e nos testes clínicos do PAS — incluindo Lehmann — foram extremamente lentas para publicar os estudos e eram muito cautelosas na avaliação do medicamento. O primeiro artigo descrevendo o notável potencial antituberculose do PAS só apareceu em janeiro de 1946, dois anos depois de ter sido usado nos primeiros experimentos bem-sucedidos com animais. Os relatos sobre a estreptomicina não tiveram esse atraso. Além disso, o PAS era estruturalmente semelhante à aspirina, um medicamento comum, vendido sem receita. E ele sofreu o peso da associação, afinal, como uma aspirina poderia curar a doença mais temida do mundo? Mas curava. E fazia isso antes de todos os outros.

O terceiro desses "outros" era o Conteben. Foi descoberto por Gerhard Domagk como uma extensão de seu trabalho com as sulfonamidas, com o qual ganhou o Prêmio Nobel. O povo da Alemanha — e da Europa, em geral — sofreu muito durante a guerra. As doenças, como sempre acontece em épocas de tribulação humana, tinham cobrado um preço alto — sobretudo a tuberculose. "Nada poderia ser mais urgente na Alemanha hoje do que encontrar uma cura para a tuberculose", escreveu Domagk em seu diário.

Ele voltou a atenção de sua pesquisa para esse fim. Um talentoso químico que trabalhava para ele, Robert Behnisch, mexeu nos compostos de sulfa e criou uma nova família de medicamentos, as *tiossemicarbazonas* (TSCs). Das milhares de TSCs que ele e outros reuniram, uma específica era eficaz contra a tuberculose: o Conteben. Era mais do que eficaz: em testes com animais, curou porquinhos-da-índia infectados com doses fatais das cepas mais virulentas de tuberculose.

Os testes do Conteben em seres humanos começaram em 1946. Inicialmente, houve problemas com as dosagens e surgiram efeitos colaterais em alguns pacientes, mas o lado positivo superou muito o negativo. Entre 1947 e 1949, na Alemanha, 20 mil tuberculosos foram tratados com Conteben, e a maioria dessas vidas foi salva.

A guerra impediu que o Conteben recebesse a exposição internacional que merecia. Curiosamente, foi só em 1949 — quatro anos depois do fim da guerra — que o Conteben chamou a atenção do mundo. No outono daquele ano, dois médicos norte-americanos viajaram à Alemanha para investigar relatos de uma nova substância sintética que estava curando pessoas da consunção. Amostras do medicamento foram levadas para os Estados Unidos, onde testes em larga escala foram realizados. Verificou-se que a droga era menos eficaz do que a estreptomicina contra a tuberculose miliar e a meningite tuberculosa, porém mais eficaz contra a tuberculose da garganta e dos intestinos. As empresas farmacêuticas estadunidenses fabricaram o produto em grande quantidade sem nenhuma compensação para a Bayer, empresa farmacêutica em que o Conteben foi descoberto.

Do ponto de vista médico, o que aconteceu foi notável. Em poucos anos, e em diferentes cantos do mundo, foram encontradas três drogas milagrosas que poderiam curar a doença que era a inimiga pública número um. Com o tempo, outras drogas mais eficazes foram descobertas. Uma delas, a isoniazida ou INH (também descoberta pelo notável Domagk e sua equipe de pesquisa, em 1952), revelou-se dez vezes mais eficaz contra a tuberculose do que qualquer outro medicamento. Era a quarta droga milagrosa contra a doença. Tinha poucos efeitos colaterais e era muito mais simples de montar do que as outras três, reduzindo o custo do tratamento eficaz, na época, de 3.500 dólares por paciente para menos de 100 dólares. Ela substituiu o Conteben e continua sendo um dos agentes mais usados contra a tuberculose. Dois outros medicamentos da linha de frente, a rifampicina e o etambutol, substituíram a estreptomicina e o PAS, respectivamente (embora a estreptomicina ainda seja usada de forma limitada).

De acordo com um "folheto informativo" publicado pelo Instituto Nacional de Alergia e Doenças Infecciosas (NIAID – National Institute of Allergy and Infectious Diseases), o atual tratamento padrão de "curta duração" geralmente combina INH e rifampicina, que são administradas por pelo menos seis meses, e pirazinamida e etambutol (ou estreptomicina), que são usados apenas nos primeiros dois meses de tratamento.

Os medicamentos preferenciais provavelmente continuarão a mudar à medida que as pesquisas revelarem terapias cada vez mais eficazes. Hoje em dia, existe um verdadeiro arsenal de drogas antituberculose no mercado.

Entre 1945 e meados da década de 1980, houve um declínio da tuberculose nos Estados Unidos e em outras nações desenvolvidas. Os sanatórios se tornaram desnecessários e, por isso, desapareceram na década de 1960. Organizações de saúde como a OMS, o NIH, o CDC e a Associação Nacional de Tuberculose dos Estados Unidos previram com segurança a eliminação da tuberculose, com uma campanha mundial de testes de tuberculina, diagnósticos por meio de radiografias e terapia medicamentosa.

Infelizmente, a previsão não foi cumprida. De meados da década de 1980 ao início da década de 1990, a incidência da tuberculose aumentou 12% (e o dobro disso entre as crianças) nos Estados Unidos e muito mais na Europa e nas nações em desenvolvimento. A guerra, a fome, a superpopulação e a falta de saneamento e assistência médica com certeza contribuíram para esse aumento. Mas tais condições sempre existiram em vários níveis. O que aconteceu de novo e inesperado foi, para usar um refrão familiar, a *resistência*.

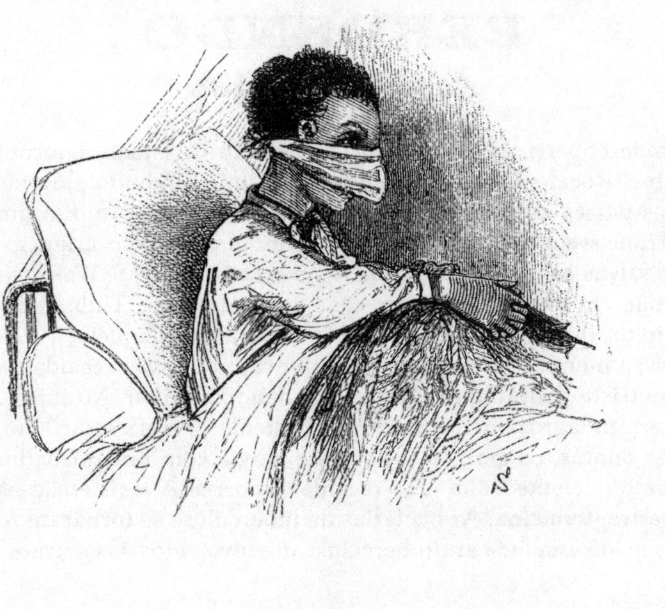

PERDENDO
A GUERRA

Depois da descoberta da estreptomicina, Selman Waksman se tornou uma figura célebre. Recebeu convites de líderes de todo o mundo para visitar seus respectivos países e testemunhar o milagre de sua criação. Em uma dessas visitas à França, em 1947, Waksman foi apresentado a duas crianças cujas vidas foram salvas pela estreptomicina. As duas correram até Waksman e beijaram sua mão em sinal de gratidão, e ele foi às lágrimas. Tinham conseguido o que o diretor do hospital chamou de "recuperação completa" — só que, um ano depois, o menino, Michael, morreu por causa de uma recaída da doença.

Era um triste padrão que estava se tornando familiar. No início, o medicamento era milagrosamente eficaz. O paciente parecia estar curado. Mas, no fim das contas, os germes voltavam a surgir com uma armadura de resistência, e o paciente tinha uma recaída e morria. A resistência não era limitada à estreptomicina. As bactérias da tuberculose se tornaram resistentes a todos os medicamentos antituberculose desenvolvidos. Os germes têm uma capacidade incrível de se adaptar e sobreviver. Em laboratório, foram encontrados germes da tuberculose que não eram apenas resistentes à estreptomicina, mas a usavam como fonte de nutrição, inclusive preferindo-a no lugar de seus alimentos habituais.

Pessoas com tuberculose drogarresistente podem receber mais de uma dezena de medicamentos — geralmente com efeitos colaterais graves — por um período de até 24 meses, na esperança de que a combinação possa deter a infecção. Nos casos mais teimosos, um pulmão pode ser colapsado ou removido, junto das costelas e partes do revestimento da parede torácica. Os nervos que conduzem ao diafragma podem ser esmagados, ou pode ser realizado o bombeamento de ar para a cavidade abdominal a fim de restringir a respiração, ajudando na cura do pulmão doente. Esses são tratamentos que fazem lembrar a época pré-antibióticos, no início do século XX. De acordo com o dr. Michael Iseman, chefe do serviço de tuberculose do Centro Nacional Judaico de Medicina e Pesquisa em Denver, no Colorado, que recebe muitos dos casos mais graves de resistência a medicamentos do país: "Estamos dispostos a apostar em tratamentos muito dolorosos e arriscados porque essa é a última chance deles. Se não conseguirmos controlar a doença, eles morrem de consunção, estrangulando-se lentamente enquanto a tuberculose corrói seus pulmões" (*New York Times*, 12 de outubro de 1992).

O percentual de cura no Centro Nacional Judaico é impressionante: cerca de 90%. Em todo o país, sem o elaborado e caríssimo tratamento oferecido no hospital (que pode custar até 250 mil dólares por paciente), até 50% das pessoas que sofrem de tuberculose resistente a medicamentos têm uma morte miserável.

As estatísticas são alarmantes, e a tuberculose drogarresistente não vai desaparecer. Hoje, nos hospitais dos centros urbanos, um em cada três novos casos de tuberculose é resistente a medicamentos; porém o mais assustador é que um em cada cinco é considerado resistente a múltiplos medicamentos (MDR). De 1993 a 1997, 43 estados do país e o Distrito de Columbia notificaram casos de tuberculose multirresistente.

Um micróbio resistente a medicamentos

Quando a tuberculose ainda era comum nos Estados Unidos, a resistência a medicamentos era extremamente rara. Os antibióticos e os quimioterápicos contra a tuberculose ainda não haviam sido descobertos. Não havia nenhuma vantagem seletiva para as bactérias resistentes a medicamentos. Em geral, as bactérias que não possuem essa resistência são criaturas mais resistentes, exceto pela sensibilidade a medicamentos — e predominam em determinada população. Isso é verdade para a *M. tuberculosis.* Antes de os medicamentos antituberculose entrarem em cena, os germes da tuberculose sensíveis a medicamentos eram a causa predominante da infecção tuberculosa.

Então, a estreptomicina, o PAS e o Conteben foram descobertos, seguidos, alguns anos depois, pela isoniazida. Isso alterou drasticamente as condições de campo. Vejamos de que forma isso aconteceu.

Uma pessoa com uma forma comum de tuberculose não resistente a medicamentos é tratada com estreptomicina. As bactérias que são sensíveis a esse medicamento são eliminadas, e o paciente tem uma recuperação notável. No entanto, pode haver na população alguns micróbios que sofreram mutação há um ano, ou há 1 milhão de anos, e são resistentes à estreptomicina. Eles se multiplicam sem obstáculos e provocam uma recaída da doença seis meses ou um ano depois de o paciente ter sido "curado".

A aplicação de vários medicamentos em combinação provou ser extremamente eficaz contra os germes resistentes da tuberculose no início. Isso ocorria porque esses germes eram resistentes a apenas um medicamento. Em 1948, o Conselho Britânico de Pesquisas Médicas conduziu um estudo no qual a estreptomicina e o PAS eram administrados em conjunto a um grupo de pacientes com tuberculose. Foi a primeira tentativa de terapia combinada. Os resultados foram inequivocamente bem-sucedidos. A redução da infecção no longo prazo excedeu em muito a dos grupos que receberam estreptomicina ou PAS de maneira isolada.

A explicação para o sucesso é simples: os germes resistentes à estreptomicina foram eliminados pelo PAS; aqueles resistentes ao PAS foram nocauteados pela estreptomicina. Um medicamento "protegia" o outro, digamos assim. O problema da resistência a medicamentos deveria estar resolvido. Mas não estava. A tuberculose drogarresistente continua sendo um grande problema hoje em dia.

O motivo é o tratamento medicamentoso incompleto ou incorreto. Considere, por exemplo, um paciente — vamos chamá-lo de John — que está recebendo INH e rifampicina. Cada um deles mata os germes que são resistentes ao outro medicamento. No entanto a INH provoca náuseas ocasionais. A tuberculose de John parece ter sumido; ele já está tomando o remédio há dois meses. Ele *deve* estar curado. Assim, ele decide parar de tomar a INH.

Mas os germes da tuberculose resistentes à rifampicina não foram eliminados de seu corpo. A INH foi interrompida cedo demais. Como resultado, os germes resistentes à rifampicina se multiplicam e provocam uma recaída da tuberculose de John. A INH não está mais lá para nocauteá-los.

O médico de John agora adiciona um terceiro medicamento ao tratamento, digamos, o etambutol. Ele não sabe que John parou de tomar a INH. Os germes que já são resistentes à rifampicina agora estão expostos ao etambutol. A maioria desses germes é eliminada pelo novo medicamento, mas alguns podem ter, por mutação genética, adquirido uma resistência ao etambutol; eles se adaptam e florescem. A exposição ao medicamento proporcionou a vantagem seletiva. O resultado é um micróbio resistente não a um, mas a dois medicamentos.

Um olhar mais atento à dinâmica populacional revela que a grande quantidade de micróbios resistentes à rifampicina gerados pela interrupção prematura da INH criou a situação de resistência dupla a medicamentos. Com uma grande população de germes resistentes à rifampicina, é provável que alguns deles também sejam resistentes ao etambutol. Se o tratamento com INH não fosse interrompido, a quantidade de micróbios resistentes à rifampicina nunca teria aumentado muito. Permanecendo em pequenas quantidades, seria muito improvável que houvesse membros resistentes ao etambutol na população de micróbios (um número estatisticamente insignificante).

O recém-criado germe resistente à rifampicina/etambutol pode se espalhar para outros indivíduos, nos quais, pela repetição do mesmo mecanismo, pode se tornar resistente a um terceiro medicamento, e assim por diante. A terapia medicamentosa incompleta criou uma série de monstros de Frankenstein — micróbios que nunca existiram, com resistência a múltiplos medicamentos. Em casos raros, um germe da tuberculose pode ser resistente a quase todos os medicamentos possíveis de serem administrados. Já a resistência a três ou quatro medicamentos não é incomum. A tuberculose multirresistente é muito mais difícil e mais cara de tratar do que a infecção por tuberculose resistente a um único medicamento ou a tuberculose não resistente, que antes era comum.

Para resolver o problema da tuberculose multirresistente, o tratamento medicamentoso incompleto deve ser debatido. Uma solução que parece estar funcionando é o tratamento diretamente observado (TDO). Nesse procedimento, a equipe médica é enviada ao hospital ou à casa do paciente e, literalmente, o observa engolir o remédio nos momentos em que deve ser tomado e registra o progresso do paciente durante o tratamento — que geralmente é de seis a nove meses. O TDO foi testado pela OMS na cidade de Nova York e em partes da Tanzânia e da China, onde a tuberculose resistente a medicamentos é um problema específico. O experimento foi extremamente bem-sucedido. O percentual de cura chegou a 91% em alguns locais. O TDO foi citado como uma das estratégias mais econômicas já concebidas contra um grande assassino. No fim do ano 2000, 148 dos 210 países estavam implementando a estratégia TDO — houve um aumento de 21 países desde 1999. Quando aplicado na Ásia, na África e na América Latina, o tratamento gerou uma taxa média de cura de 80%.

Na cidade de Nova York, o TDO reduziu a tuberculose em 21% desde 1992. Na verdade, por causa de um esforço de saúde pública focado na prevenção e no tratamento da tuberculose nos Estados Unidos, houve um declínio constante da doença nas últimas duas décadas. Ainda assim, mais de 16 mil casos foram relatados nos Estados Unidos no ano 2000.

A OMS estima que a implementação de um programa mundial de TDO para tuberculose custaria cerca de 360 milhões de dólares por ano. Vale a pena?

Sem dúvida, de acordo com o dr. Iseman e a maioria dos outros especialistas em tuberculose e epidemiologistas. É um bom custo-benefício gastar o que for necessário para evitar que a doença se torne resistente a múltiplos medicamentos. O dr. Iseman vai mais longe ao recomendar a doação de até 20 dólares por dia aos pacientes de tuberculose como incentivo para tomarem seus medicamentos até que estejam curados. O custo de cuidar de pacientes com tuberculose tratada de forma parcial, e que se tornou resistente a múltiplos medicamentos, é absurdamente maior.

Outro problema que piora a resistência a medicamentos é a taxa de crescimento excessivamente lenta do germe. Pode levar até três meses para determinar quais antibióticos são eficazes contra uma cepa específica de tuberculose. Nos últimos anos, entretanto, os cientistas desenvolveram uma técnica usando bioluminescência, que faz com que os germes da tuberculose brilhem e se tornem visíveis em um estágio muito anterior de crescimento. Isso permitiu que os médicos determinassem a sensibilidade a medicamentos nas bactérias em questão de dias.

O lobo e o cordeiro

A *M. tuberculosis* é uma oportunista. Ela explora a fraqueza. Pode permanecer oculta e não detectada em um indivíduo por muitos anos; de repente, quando as defesas da pessoa estiverem baixas, ela ataca. Essas defesas — o sistema imunológico, mais precisamente — podem ser derrubadas de diferentes maneiras: por algumas terapias, como radiação ou quimioterapia; por problemas de saúde, causados por nutrição inadequada, pobreza, falta de moradia e falta de cuidados de saúde adequados; por reinfecção contínua, causada pela permanência institucional e pela superpopulação nesses locais; e por alguma doença. A doença mais assustadora e potencialmente destruidora em relação à tuberculose é mais ou menos nova e, literalmente, destrói o sistema imunológico da pessoa: a aids. Essa doença criou um cenário realmente assustador.

Laurie Garrett, em *A Próxima Peste*, diz: "Em média, as pessoas infectadas tinham 10% de chance de desenvolver a [tuberculose] ativa em algum momento da vida e 1% de chance de contrair uma tuberculose letal". Assim, dos cerca de 2 bilhões de pessoas infectadas com o germe, 200 milhões contrairiam a doença e 20 milhões morreriam por causa dela.

Não foi bem assim. A prevalência da aids modificou esses números. Muitos mais ficarão doentes e muitos mais morrerão. A aids destrói as células do corpo que combatem a infecção da tuberculose e a isolam. Dos 90% das pessoas infectadas que normalmente não desenvolvem tuberculose ativa, a maioria dos que têm aids ou são soropositivos a desenvolve. Além disso, a aids altera a própria natureza do monstro. A *M. tuberculosis* quase sempre é uma assassina lenta, embora metódica. Em pacientes com aids, ela mata com a velocidade de uma infecção bacteriana aguda. Além disso, a aids transformou uma forma de tuberculose normalmente encontrada apenas em aves em uma infecção humana letal — o *complexo Mycobacterium avium*, ou MAC.

Para agravar o problema, estudos mostraram que não apenas a infecção pelo HIV ativa a tuberculose latente, mas a tuberculose ativa o HIV, transformando uma infecção soropositiva não sintomática em uma aids totalmente desenvolvida em poucos meses. Na citação do dr. Frank Ryan: "As pragas gêmeas da aids e da tuberculose se reuniram em uma sinergia de terror nunca vista na história da medicina".

A perspectiva mais sombria reside nas nações em desenvolvimento. Na região da Ásia e Pacífico, estima-se que cerca de 6 milhões de pessoas estejam infectadas. Só na Índia esse número já ultrapassa 2 milhões. Muitas dessas pessoas também estão infectadas com a tuberculose.

A África corre o maior perigo de todos. Atualmente, mais de 200 milhões de africanos, principalmente subsaarianos, estão infectados com a tuberculose inativa. Vinte e cinco milhões são soropositivos. As terríveis estatísticas levaram um especialista da OMS a declarar, de maneira desesperada: "A África está perdida".

Se a África está perdida, todos nós estamos perdidos, pois nenhuma área do mundo é isolada. A propagação de doenças é um fenômeno global. Como raça humana, estamos enfrentando o maior desastre de saúde pública registrado na história.

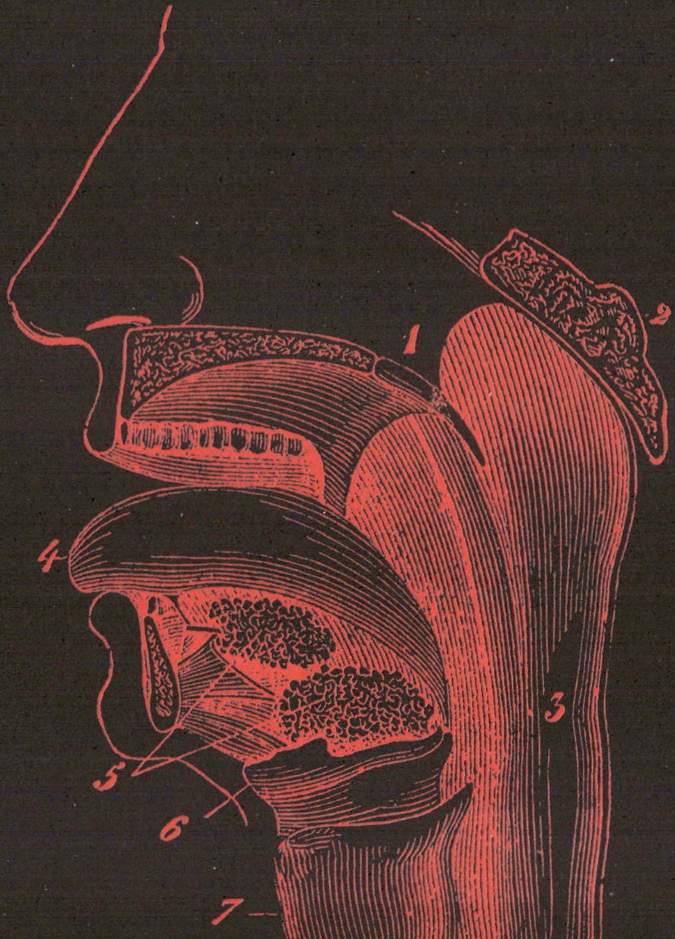
1
2
4
3
5
6
7
8
9
3'

Febre, hemoptise,
dispnéia e suores
noturnos.
A vida inteira
que podia ter sido
e que não foi.
Tosse, tosse, tosse.

Manuel Bandeira
Pneumotórax

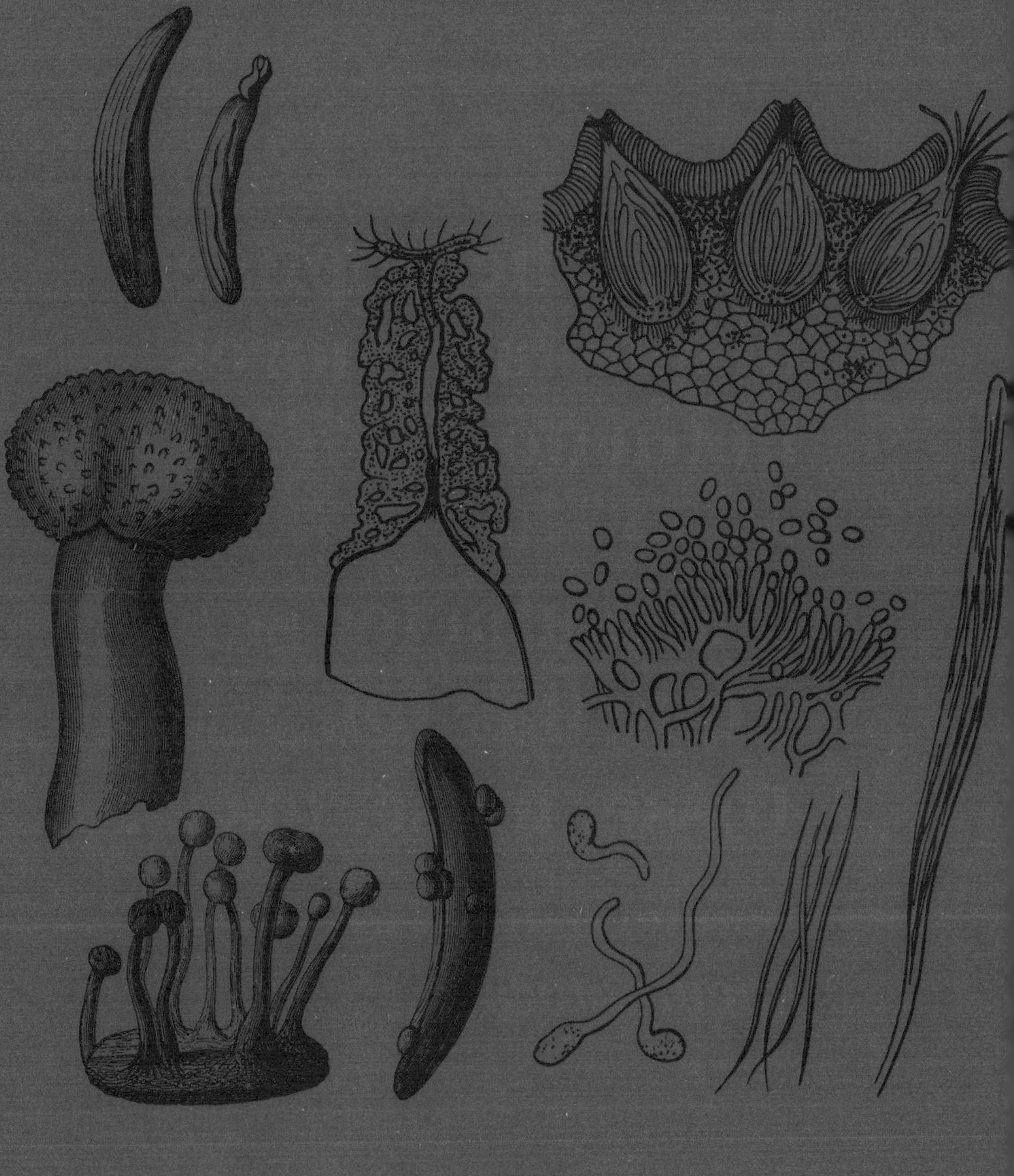

E

NOVAS VIZINHAS

assassinas rápidas e violentas

E

NOVAS VIZINHAS

assassinas rápidas e violentas

Muitas doenças infecciosas são antigas. A tuberculose remonta a sete milênios ou mais, ao início da civilização. Abscessos causados por bactérias e vírus foram encontrados nos primeiros ancestrais humanos, datando de 3 milhões de anos. Foram encontrados em aves, remontando à era dos dinossauros, e nas formas mais antigas e mais simples de vida animal e vegetal, há mais de 2 bilhões de anos. Na verdade, bactérias foram encontradas dentro de outras bactérias, as formas mais antigas de vida, datando de cerca de 4 bilhões de anos. As doenças por infecção — conforme observado no capítulo 1, "A origem dos assassinos invisíveis" —, ao que parece, são quase tão antigas quanto a própria vida.

Mas nem todas as doenças infecciosas são antigas. Os micróbios estão em constante mudança, adaptando-se a novas situações, encontrando novos lugares para morar, novas maneiras de sobreviver. Nesse processo, cepas antes inofensivas podem se tornar mortais, ou cepas mortais podem substituir outros hospedeiros pelos seres humanos. A aids é o exemplo mais notável. Até 1980, ninguém tinha ouvido falar dela. O ebola, uma doença hemorrágica terrível, não era conhecido até 1976. Existem várias dessas doenças, tanto bacterianas quanto virais, que, assim como a aids e o ebola, são fenômenos do século XX. São as nossas novas vizinhas — e algumas estão entre as assassinas mais rápidas e mais violentas que o mundo já conheceu. Este capítulo vai analisar algumas doenças bacterianas que evoluíram ou se tornaram significativas nas últimas décadas e foram manchete nos últimos anos. As doenças virais, como o ebola e a doença de Marburg, serão discutidas no capítulo 7, "Ameaças emergentes" — assim como a doença da vaca louca, que não é viral nem bacteriana, mas causada por um agente novo e assustador que é mais simples do que o mais simples dos vírus e mais durável do que um esporo de antraz. E, ainda, a aids será abordada em um capítulo único.

DOENÇA DE LYME: MORDIDA DE CARRAPATO

Certas doenças são transmitidas para os seres humanos por insetos ou animais semelhantes chamados *artrópodes* — organismos com pernas articuladas e que costumamos esmagar com uma única pisada. Um mosquito transmite a mortal malária; uma mosca transmite a doença do sono; uma pulga transmite a peste bubônica; um piolho transmite tifo; um carrapato transmite a febre maculosa das Montanhas Rochosas. A lista é longa. Mais de duzentas doenças são transmitidas para os seres humanos por artrópodes, carinhosamente conhecidos como "pragas", e provocaram muitas de nossas pandemias mais sérias. Por meio do controle de pragas, da melhoria no saneamento e higiene, e graças aos antibióticos, a maioria das doenças transmitidas por pragas foi controlada nas nações desenvolvidas. Entre as que não foram, está a doença de Lyme. Nos Estados Unidos, foi a primeira epidemia transmitida por pragas da era pós-Segunda Guerra Mundial. Entre 1982 e 2000, mais de 150 mil casos foram notificados ao CDC em todo o país, mas, por causa de diagnósticos errados, acredita-se que o número real de casos seja muito maior. E a cada ano esse número aumenta. O CDC considera a doença de Lyme a mais significativa doença transmitida por carrapatos nos Estados Unidos. Oito em cada 100 mil estanidenses são afetados todo ano. Na Europa, ainda mais pessoas são afetadas.

História

A doença de Lyme apareceu pela primeira vez em Lyme, Connecticut, em outubro de 1975. Várias pessoas foram ao médico se queixando de cansaço, dores nas articulações e uma erupção cutânea incomum no corpo. Além disso, houve diversos relatos de crianças que contraíram artrite reumatoide juvenil (AIJ). O dr. Allen C. Steere, à época reumatologista da Escola de Medicina da Universidade de Yale, foi enviado a Lyme para investigar. Encontrou 39 casos registrados de AIJ. Alguma coisa estava errada. Em uma comunidade do tamanho de Lyme, um único caso de AIJ seria muito, já que não é uma doença transmissível.

O dr. Steere começou a entrevistar as vítimas da doença. Em todos os casos, os primeiros sintomas se desenvolveram durante os meses de verão, quando as pessoas ficavam mais tempo ao ar livre. Lyme também era uma cidade rural, com muitas áreas densamente arborizadas. Ele concluiu que a doença tinha sido transmitida por algum tipo de artrópode — talvez uma pulga, um carrapato, um mosquito ou um piolho. Deu a ela o nome de *doença de Lyme*, ou *artrite de Lyme*, por causa da cidade onde foi observada pela primeira vez.

O dr. Steere analisou o sangue das vítimas da doença na tentativa de identificar o agente causador, que ele suspeitava ser um vírus. Não teve sucesso. No entanto conseguiu identificar o artrópode que era vetor ou portador. O culpado era um carrapato marrom-alaranjado chamado *Ixodes*. Nove pacientes se lembravam de ter sido picados por um carrapato naquele verão. Um deles o retirou da pele e o entregou ao doutor para ser examinado. Cerca de meia dúzia de espécies de *Ixodes* são portadoras da doença de Lyme.

Em 1981, Willy Burgdorfer, autoridade internacional em doenças transmitidas por carrapatos, foi chamado. Ele examinou o conteúdo do trato digestivo de alguns *Ixodes* usando uma técnica chamada microscopia de campo escuro, e descobriu que estavam repletos de um micróbio delgado em forma de saca-rolhas. O agente causador não era um vírus, mas uma bactéria — uma espiroqueta —, o mesmo tipo de organismo que causa a sífilis. A espiroqueta da doença de Lyme era pequena e delicada, difícil de ver e de cultivar. Era membro do gênero *Borrelia*, mas diferente de qualquer *Borrelia* observada anteriormente. Em 1984, em homenagem ao seu descobridor, recebeu o nome de *Borrelia burgdorferi*. Hoje, mais de oitenta cepas diferentes de *B. burgdorferi* já foram identificadas em todo o mundo.

A vida de um carrapato

Ao contrário de pulgas, piolhos, mosquitos, moscas, formigas, abelhas e vespas, os carrapatos não são insetos; são aracnídeos. Em outras palavras, pertencem ao mesmo grupo das aranhas, dos escorpiões e dos ácaros. Quando adultos, os carrapatos têm oito patas, enquanto os insetos têm seis.

Os carrapatos são ectoparasitas; eles vivem não *dentro*, mas *sobre* o hospedeiro, que geralmente é um animal de sangue quente — uma ave ou um mamífero. Eles se alimentam inserindo o aparelho bucal na pele do animal e sugando seu sangue, como um vampiro. Não sabem voar e são péssimos rastejantes. Seu ciclo de vida consiste em três estágios: criança (larva), adolescente (ninfa) e adulto.

No caso dos *Ixodes*, o ciclo leva cerca de dois anos para ser concluído. Em *Lyme Disease and Other Pest-Borne Illnesses* [Doença de Lyme e outras doenças transmitidas por pragas], Sean Mactire o descreve:

> Depois que a fêmea faz uma refeição de sangue, cai no chão e [...] passa a botar ovos. [...] Larvas com três pares de patas eclodem dos ovos. Após um período de descanso, as larvas sobem até a extremidade das folhas de grama ou outras plantas e esperam um hospedeiro do qual se alimentar. [...] Quando conseguem encontrar um hospedeiro adequado [...], elas cravam seu aparelho bucal na pele dele. Permanecem presas ali por três a quatro dias, enquanto fazem sua refeição de sangue, depois caem no chão [onde] evoluem para o próximo estágio [...] o de uma ninfa com oito pernas. A ninfa sobe na grama ou em outras plantas e busca um outro hospedeiro da mesma forma como fizeram as larvas. Ela permanece presa no hospedeiro por cerca de cinco dias e depois cai no chão para evoluir para a fase adulta. O adulto repete o processo, mas apenas as fêmeas sugam o sangue por um período prolongado, que dura de oito a nove dias. Os machos podem grudar de leve no hospedeiro por algumas horas, mas sua principal preocupação é encontrar uma fêmea e acasalar.

O carrapato transmite o germe da doença de Lyme quando está se alimentando. Setenta a 90% das pessoas que contraem a doença de Lyme são mordidas por ninfas, que são muito mais minúsculas do que os adultos. Uma ninfa de *Ixodes* não é maior do que o ponto-final desta frase e pode facilmente passar despercebida enquanto se alimenta de um ser humano. Os adultos, por outro lado, são quase tão grandes quanto uma cabeça de alfinete ou uma semente de gergelim, e são detectados com mais facilidade. A fêmea pode inchar até o tamanho de uma ervilha após se encher de sangue. Os adultos se alimentam no início do inverno, as larvas, na primavera, e as ninfas, no verão. Os hospedeiros preferidos ou de manutenção são os camundongos do campo e os cervos (às vezes, até ursos), motivo pelo qual o *Ixodes* é apelidado *deer tick* (carrapato de cervo). No entanto, quase qualquer animal de sangue quente pode funcionar como hospedeiro incidental. Cerca de cinquenta espécies de aves e trinta espécies de mamíferos foram identificadas como hospedeiras de carrapatos *Ixodes*, incluindo animais domésticos.

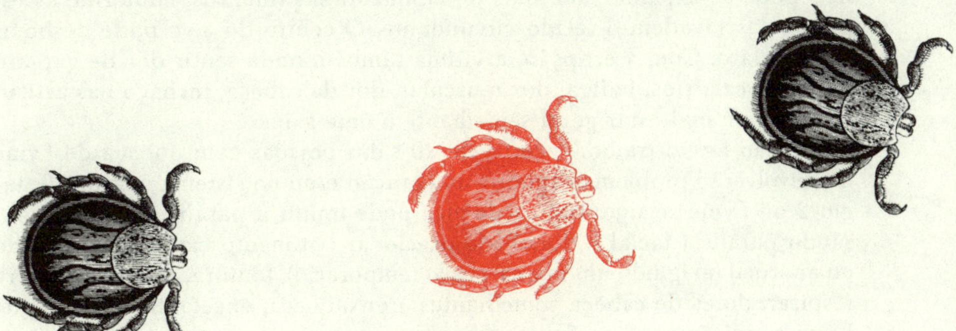

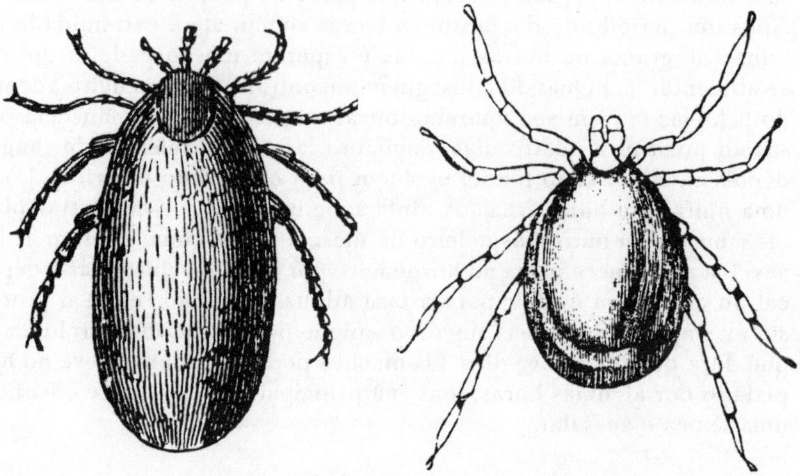

A grande impostora

Uma pessoa contrai a doença de Lyme depois de ser picada por um carrapato infectado. Descobriu-se que outros artrópodes também abrigam a *B. burgdorferi*, mas os carrapatos são o principal vetor. Além disso, a doença não pode ser transmitida diretamente de uma pessoa infectada para outra. A doença de Lyme normalmente tem três estágios: (1) erupção cutânea e sintomas semelhantes aos da gripe, (2) distúrbios cardíacos e do sistema nervoso, (3) artrite.

No estágio 1, ou Lyme primária, a erupção aparece no local da picada em um intervalo de vários dias a um mês após a pessoa ter sido picada. Na maioria das vezes, parece um alvo, com anéis vermelhos concêntricos. Geralmente começa pequeno — cinco a oito centímetros de diâmetro —, mas pode se expandir até mais de cinquenta centímetros, conforme as espiroquetas invadem o tecido circundante. O centro do alvo pode desbotar e ficar claro. Com a erupção, a vítima também pode sentir dor de garganta, febre, calafrios, fadiga, dor muscular, dor de cabeça, inchaço nas articulações e um mal-estar geral semelhante a uma gripe.

Se não forem tratadas, cerca de 20% das pessoas com doença de Lyme desenvolverão problemas agudos no coração e/ou no sistema nervoso (estágio 2 ou Lyme secundária). A doença pode imitar a paralisia de Bell, causando paralisia facial e dor. Pode ocasionar batimento cardíaco acelerado ou anormal (exigindo um marca-passo temporário), tontura, dificuldade para respirar, dores de cabeça semelhantes à enxaqueca, encefalite e meningite. Essas condições podem durar semanas ou meses.

Se a doença continuar sem tratamento, cerca de metade dos pacientes desenvolve artrite, geralmente nos joelhos (estágio 3 ou Lyme terciária). Pode começar meses ou anos após a infecção inicial e permanecer indefinidamente. Nos piores cenários, a doença de Lyme também pode causar danos ao fígado, aos olhos, aos rins, ao baço, aos pulmões, aos ossos e ao cérebro. Acredita-se que a espiroqueta pode se manter dormente nesses tecidos por muitos anos, escapando ao tratamento com antibióticos, e se reativar quando o sistema imunológico estiver mais enfraquecido.

Ou a doença de Lyme pode não apresentar nenhum dos sintomas típicos. O padrão clássico da doença não é observado em muitos pacientes. Um terço das pessoas que sofrem da doença de Lyme nem mesmo percebe uma erupção cutânea, o indicador mais óbvio. A variabilidade dos sintomas torna muito difícil o diagnóstico da doença. Ela pode imitar cerca de oitenta outras doenças e, por esse motivo, tem sido chamada de "a grande impostora". O mais comum é ser confundida com uma gripe.

Um estudo de quatro anos e meio conduzido pelo dr. Steere ressalta a dificuldade de diagnosticar a doença com precisão. Quando trabalhava no Centro Médico da Nova Inglaterra, ele estudou 788 pacientes que foram encaminhados para a clínica de doença de Lyme da instituição. Apenas 180 tinham doença de Lyme ativa. No estudo, 45% dos pacientes *sem* a doença de Lyme tinham amostras de sangue positivas. Os exames de sangue são especialmente imprecisos para o diagnóstico precoce, já que pode levar de quatro a oito semanas para os anticorpos da doença de Lyme aparecerem depois que a pessoa é picada por um carrapato infectado. (Ensaios imunológicos relativamente novos e sensíveis estão sendo desenvolvidos para poder detectar a doença logo no início, mais ou menos de uma a duas semanas depois da picada de um carrapato infectado.)

Tratamento

A doença de Lyme não é uma assassina (embora tenha provocado várias mortes desde sua descoberta). No entanto, pode causar paralisia e danos permanentes aos órgãos se não for tratada. O tratamento quase sempre é bem-sucedido, com uma série de antibióticos de amplo espectro administrados por via oral, incluindo as penicilinas, as tetraciclinas e as cefalosporinas. Se a doença não for tratada até o terceiro estágio, podem ser necessárias a hospitalização e a administração intravenosa de antibióticos. O frequente diagnóstico errôneo de gripe é especialmente lamentável, pois quase sempre atrasa o tratamento. A gripe é causada por um vírus, e as doenças virais não são tratadas com antibióticos. A doença de Lyme representa um custo de mais de 1 bilhão de dólares para a sociedade todos os anos devido a diagnósticos errados, que levam a tratamentos médicos caros e dinheiro perdido.

Prevenção

Existe uma maneira óbvia de prevenir a doença de Lyme: não seja picado por um carrapato infectado. É mais fácil falar do que fazer. Muitas pessoas vivem perto de áreas arborizadas ou gostam de fazer caminhadas, acampar ou participar de outras atividades ao ar livre que as colocam em contato com carrapatos famintos e, portanto, expostas a um alto risco. Entretanto, existem maneiras de minimizar esse risco, muitas das quais são simples e incluem o bom senso. O CDC faz as seguintes recomendações, sobretudo durante a temporada de carrapatos, que se estende de abril a outubro (embora as picadas ocorram durante todo o ano):

Ao caminhar por uma área arborizada ou mesmo em um gramado:

- Use sapatos e meias.
- Use calças compridas apertadas nos tornozelos ou enfiadas em botas ou meias.
- Use roupas de cor clara para poder ver os carrapatos com mais facilidade.
- Use um repelente recomendado para carrapatos (por exemplo, que contenha DEET).

Ao fazer caminhadas ou acampar (além das recomendações anteriores):

- Fique no centro de caminhos ou trilhas, longe da grama e dos arbustos.
- Ao montar acampamento, use um inseticida na área circundante.

Ao praticar jardinagem (além das recomendações anteriores):

- Use luvas e camiseta de mangas compridas.

Perto da sua casa:

- Trate o gramado com um inseticida específico para carrapatos.
- Corte a grama com frequência. Os carrapatos gostam de grama alta (dez centímetros ou mais), já que a grama curta fica muito seca e quente.

Com os animais de estimação:

- Verifique frequentemente se eles têm carrapatos.
- Dê banhos regulares com shampoo contra carrapatos e use repelente e coleiras anticarrapato.

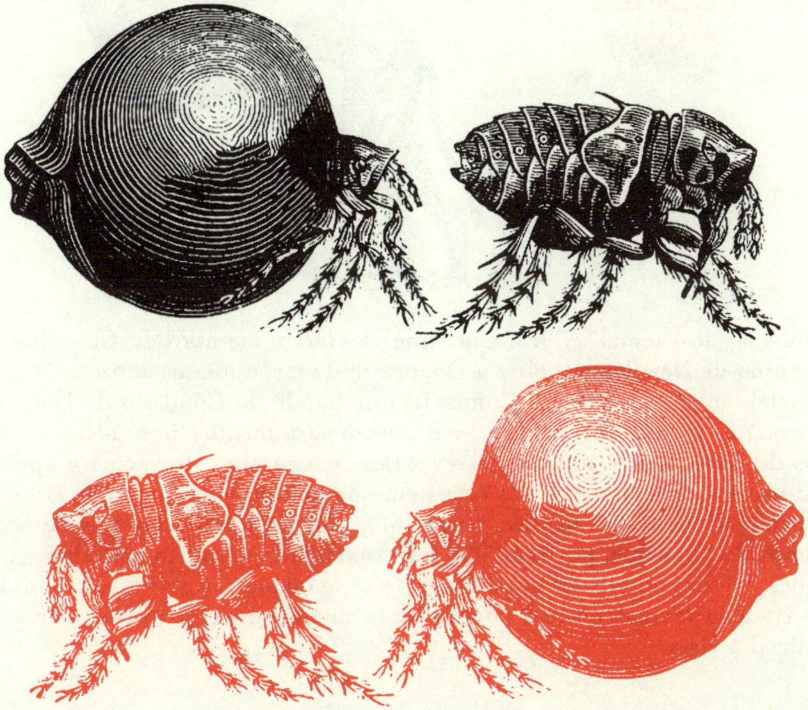

Nas últimas décadas, foi desenvolvida uma vacina contra a doença de Lyme, chamada LYMErix. Foi aprovada para uso nos Estados Unidos pelo FDA em 21 de dezembro de 1998, sendo comercializada pela gigante farmacêutica SmithKline Beecham. Desde seu lançamento, a empresa diz que mais de 1 milhão de doses de LYMErix foram distribuídas para departamentos de saúde, hospitais, médicos e clínicas. Em abril de 2002, entretanto, a farmacêutica interrompeu a distribuição, alegando vendas fracas.

Mas talvez exista um motivo além do fracasso de vendas. A LYMErix teve um histórico de altos e baixos desde sua aprovação. Embora envolvida em um estudo de eficácia para pré-comercialização em grande escala (com 11 mil pessoas), no qual foi considerada segura e teve cerca de 85% de eficácia atestada, há alguma indicação de que seu ingrediente ativo pode desencadear uma doença degenerativa incapacitante e não tratável — artrite autoimune — em cerca de um terço da população. Uma ação judicial coletiva, Karen Cassidy et al. v. SmithKline Beecham alega que a empresa farmacêutica sabia e não alertou os médicos e o público em geral sobre o perigo

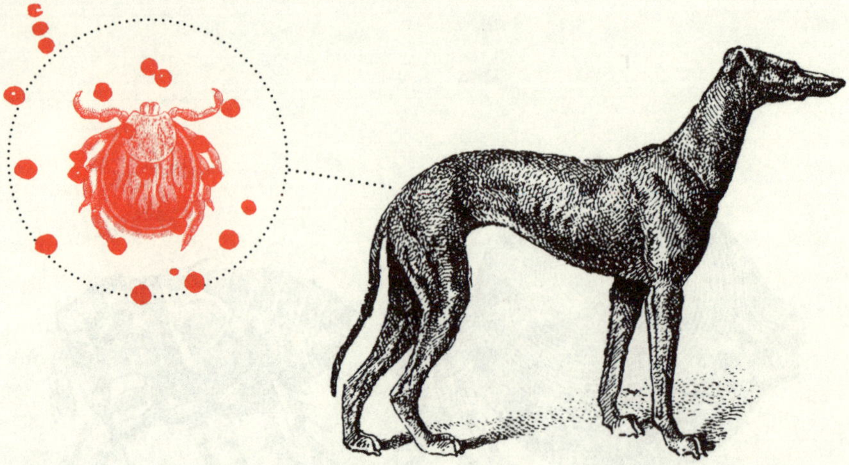

potencial da vacina.* A dra. Christine DeMarco, membro do Conselho do Governo de New Jersey sobre a Doença de Lyme, apoia os autores da ação judicial, enquanto o FDA, o Comissário de Saúde do Condado de Dutchess (Nova York), o dr. Michael Caldwell e os departamentos de saúde dos estados de Nova York e de New Jersey citam a segurança da vacina e apoiam seu uso — especialmente nos casos em que um indivíduo tem alto risco de contrair a doença. A vacina, entretanto, não foi testada em pessoas com menos de 15 anos e, por isso, não é recomendada para uso em crianças ou bebês, mesmo entre seus apoiadores — se, e quando, voltar a ser vendida.†

Há uma vacina contra a doença de Lyme disponível para cães sem ação judicial à vista.

Distribuição

Em 1975, o primeiro caso da doença de Lyme foi descoberto em uma pequena cidade rural em Connecticut. Hoje, infecta pessoas em 48 estados dos Estados Unidos, em dezenove outros países e em todos os continentes, exceto na Antártica. Nos Estados Unidos, a doença é mais prevalente no nordeste, no norte do Meio-Oeste e em condados costeiros da Califórnia, ao norte de São Francisco, onde grandes populações de cervos e de humanos se misturam. (Desde 1989, 75% dos casos foram relatados em apenas quatro estados do nordeste: Nova York, Connecticut, New Jersey e Pensilvânia.) No entanto, com a constatação de que as aves migratórias são hospedeiros aceitáveis para o carrapato do cervo, existe a previsão de que a doença continue a se espalhar para áreas de clima temperado.

* Em 2002, a vacina foi retirada do mercado, ainda que os estudos não demonstrassem diferença na incidência de artrite crônica entre os vacinados e não vacinados. Um ano depois, em 2003, foi emitida sentença que concedeu a aprovação da ação coletiva.

† Uma nova vacina, desenvolvida pela empresa francesa Valneva, se encontra em testes clínicos de fase II, com previsão de disponibilidade para 2025.

Removendo um carrapato

Não tente sufocar o carrapato cobrindo-o com óleo, vaselina, removedor de esmalte, gasolina ou nenhum outro produto químico tóxico. Nunca tente queimá-lo e nunca esprema seu corpo. Esses métodos, em vez de remover o carrapato, fazem com que ele penetre mais profundamente na pele e regurgite as espiroquetas. Em vez disso, segure o carrapato o mais próximo possível da pele usando uma pinça ou uma tenaz e puxe-o para cima em um movimento lento e constante. Remover um carrapato infectado da pele em até 24 horas reduz muito o risco de contrair a doença.

Após a remoção, desinfete e cubra a área picada. Guarde o carrapato para mostrar ao médico. Se você desenvolver qualquer sintoma da doença de Lyme ou de gripe no período de um mês depois da picada, consulte um médico, e, se estiver grávida, faça-o imediatamente. Embora a doença não seja transmitida de pessoa para pessoa, a bactéria pode passar da mãe para o feto por meio da placenta.

Imitando a grande impostora

Na última década, outra doença transmitida por carrapatos surgiu dos arbustos e chegou às manchetes: a erliquiose granulocítica humana (EGH) ou erliquiose humana. Foi reconhecida pela primeira vez no Meio-Oeste dos Estados Unidos em 1993 e, desde então, se espalhou para o nordeste do país. Quase mil casos confirmados e suspeitos foram relatados até o ano 2000, mas os especialistas acreditam que muitos outros não foram relatados ou foram diagnosticados erroneamente como doença de Lyme, cuja bactéria é diferente daquela que causa a EGH.

Os sintomas da EGH são muito semelhantes aos da doença de Lyme, só que não há uma erupção cutânea reveladora. O início da doença é mais rápido, e seus efeitos são mais agudos; e, ao contrário da doença de Lyme, pode ser fatal, com uma taxa de mortalidade de quase 5%. O tratamento com antibióticos, se iniciado dentro de dez a catorze dias após os primeiros sintomas, costuma ser eficaz. Ao contrário da doença de Lyme, que responde a uma variedade de antibióticos, a EGH normalmente é tratada apenas com a tetraciclina e um de seus parentes, a doxiciclina. (A doxiciclina oral geralmente não é prescrita para crianças antes do nascimento de todos os dentes permanentes, uma vez que pode causar manchas definitivas nos dentes que ainda estão se formando.)

Atualmente, não há vacina para a erliquiose, e a prevenção mais eficaz é limitar a exposição aos carrapatos.

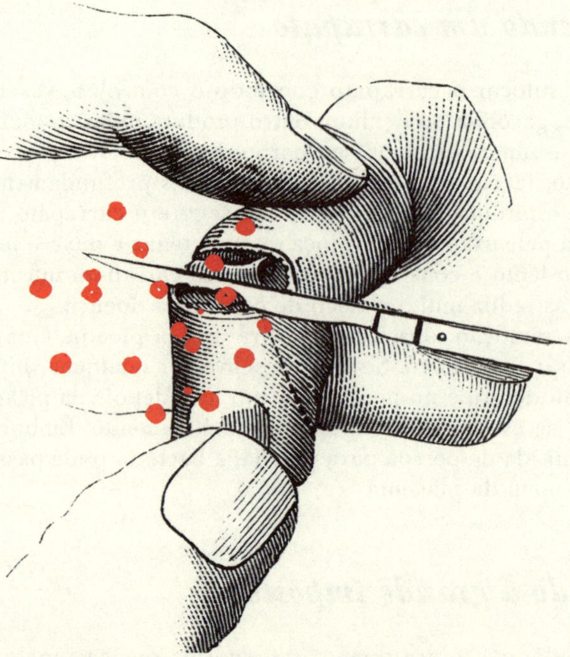

DEVORADORES DE CARNE

Um homem que mora em Toronto corta o dedo enquanto afia as lâminas de um par de patins de gelo. Uma infecção se desenvolve na ferida e, rapidamente, sobe para o braço. O homem se sente mal durante vários dias e vai ao hospital com queixa de febre, vômito e inchaço dos gânglios linfáticos nas axilas. Ele é examinado, recebe medicação e é mandado para casa. Um dia depois, é readmitido no hospital e está à beira da morte. Em menos de 24 horas, a infecção devorou toda a carne e todos os músculos do braço, do ombro e das costas do homem. No dia seguinte, esse homem está morto.

Uma mulher de 71 anos que mora na cidade de Nova York corta a perna enquanto se depila. No dia seguinte, a perna está inchada e, no outro, ela precisa ser hospitalizada. A perna está gangrenada, a carne foi devorada. Precisa ser amputada. A mulher não acorda da cirurgia — morre em quatro dias como resultado de um corte superficial com uma lâmina de barbear.

Essas pessoas não morreram na Idade Média nem no início deste século, antes da era dos antibióticos. Elas morreram em 1995! O que as matou foi o mesmo germe que cerca de 30% da população carrega de forma inofensiva na pele e que, algumas vezes, causa uma leve dor de garganta. Elas morreram de estreptococos.

Cadeias da morte

Os estreptococos são bactérias esféricas Gram-positivas que crescem em cadeias, como um colar de pérolas. À medida que crescem, secretam toxinas e enzimas. Dependendo de como alguns desses produtos químicos danificam os glóbulos vermelhos, os estreptococos são classificados como alfa(α)-hemolíticos, beta(ß)-hemolíticos ou gama(γ)-hemolíticos. A categoria que nos preocupa é a dos ß-hemolíticos.

Os germes estreptocócicos também são diferenciados em grupos de A a O, com base na natureza de certos produtos químicos ligados à sua parede celular. O grupo que nos preocupa é o A. Nosso vilão é, portanto, o estreptococo ß-hemolítico do grupo A ou, de forma abreviada, *estreptococo do grupo A*.

Existem mais de oitenta cepas diferentes de estreptococos do grupo A. Dependendo da cepa e da vulnerabilidade do hospedeiro humano, eles podem causar uma grande variedade de doenças. Na verdade, a bactéria estreptococo A é responsável por mais doenças humanas do que qualquer outra. As mais leves são dores de garganta comuns, erupções cutâneas e lesões cutâneas chamadas de *impetigo*. Problemas mais sérios incluem garganta inflamada, escarlatina, febre reumática e febre puerperal. Antes da era dos antibióticos, a escarlatina e a febre puerperal eram assassinas epidêmicas. Durante a Guerra Civil Americana, as infecções por estreptococos A foram uma das principais causas de morte. E continuam sendo em países onde as condições de vida são precárias e os cuidados de saúde, inadequados. Nos países desenvolvidos, com o uso de antibióticos, eles não representam mais uma ameaça séria.

Todas as infecções estreptocócicas do grupo A são sensíveis a antibióticos. Elas não desenvolveram resistência à penicilina dos velhos tempos, como muitas infecções, e ainda não há indícios de que venham a desenvolver. No entanto, apresentaram resistência ao medicamento mais indicado para pessoas alérgicas à penicilina: a estreptomicina. Uma nova droga, a clindamicina, provou ser surpreendentemente eficaz contra os estreptococos A, ainda mais quando o tratamento é adiado, e ainda não foi registrada nenhuma resistência à droga até agora.

Algumas cepas, no entanto, se tornaram muito agressivas, produzindo toxinas e enzimas poderosas que podem causar a morte antes que os antibióticos tenham a chance de funcionar. Esses tipos extremamente agressivos são conhecidos como IGAS (infecção invasiva por estreptococos do grupo A) e incluem aqueles com apetite pela carne humana.

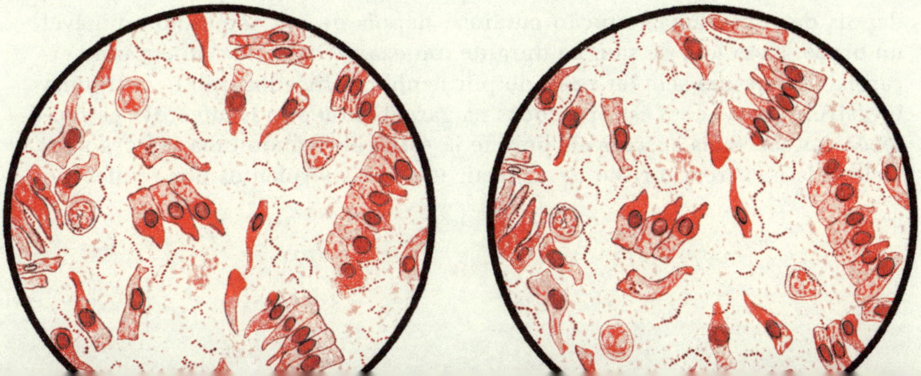

Estatísticas

Os IGAS ganharam destaque no início de 1994, quando quinze pessoas na Grã-Bretanha contraíram a forma devoradora de carne, e onze delas morreram. Os tabloides se aproveitaram disso e publicaram manchetes do tipo "O Micróbio Assassino Comeu Meu Rosto", com fotos de vítimas que poderiam ter saído diretamente de um filme de terror. O mundo entrou em pânico.

A calma e a racionalidade acabaram prevalecendo. A doença não é epidêmica; não ameaça a humanidade. Além do mais, é uma doença que os cientistas já conheciam havia algum tempo. Os IGAS foram descritos pela primeira vez em 1924. A forma devoradora de carne era bem conhecida durante a Segunda Guerra Mundial, mas depois desapareceu até meados da década de 1980. É provável que o germe tenha retornado com uma virulência maior. O dr. P. Patrick Cleary, microbiologista da Universidade de Minnesota, descobriu que algumas bactérias estreptocócicas invasivas adquiriram uma infecção viral por volta de 1987. (Para uma discussão completa sobre esses estranhos "micróbios" chamados de vírus, consulte o capítulo 6.) Ele especula que os vírus lhes deram poderosos genes produtores de toxinas.

De acordo com estudos conduzidos pelo CDC, os estreptococos invasivos infectam de 10 mil a 15 mil pessoas nos Estados Unidos todo ano (os estreptococos comuns infectam milhões). De quinhentos a 1.500 deles são devoradores de carne. O estreptococo devorador de carne mata cerca de 20% das pessoas que contraem a doença, ou de cem a trezentas pessoas todo ano. O estreptococo invasivo, em geral, mata de 2 mil a 3 mil estadunidenses por ano. Não é comum, mas é significativo.

Os IGAS também mataram pessoas em muitos lugares além dos Estados Unidos e da Grã-Bretanha, incluindo o Canadá, nações da Europa e países em desenvolvimento.

Um corte mortal

A doença geralmente é contraída por meio de uma ruptura na pele, que é infectada pelo micróbio estreptocócico invasivo. Um corte na hora de barbear, uma espetadinha com um espinho durante a jardinagem, um corte de papel, uma cutícula solta — isso basta. Na cidade de Nova York, um menino de 8 anos contraiu a infecção por uma ferida de catapora e morreu três dias depois. Pessoas contraem IGAS depois de cesarianas e partos vaginais, depois de coçar uma erupção cutânea, depois de um soquinho amigável no braço, na coleta de sangue durante um exame de rotina ou em uma cirurgia. Ou mesmo sem ter passado por nenhum procedimento nem trauma invasivo. Pessoas com estreptococos na garganta ou outras infecções estreptocócicas são mais suscetíveis porque já estão abrigando uma infecção relacionada e correm o risco de contrair IGAS mais virulentos por reinfecção (por exemplo, ao tossir na mão e tocar em alguma ferida aberta). Sempre existe a possibilidade de abrigar estreptococos agressivos em uma população de estreptococos comuns. Além disso, os idosos são mais propensos a contrair a enfermidade, assim como aqueles que ficaram doentes há pouco tempo ou que estão tomando medicamentos imunossupressores, porque seu sistema imunológico está comprometido.

Depois que a ferida é infectada por IGAS, a doença progride com uma rapidez incrível. A forma devoradora de carne pode destruir o tecido humano em um ritmo de 2,5 centímetros por hora. As vítimas literalmente veem sua carne sendo "devorada". As infecções por estreptococos do grupo A devoradores de carne receberam o nome pomposo de *fasciite necrosante*. Quando o germe tem preferência pelo tecido muscular, a doença é chamada de *miosite necrosante* ("mio" vem do grego *myo*, que significa "músculo"). Na maioria dos casos, o micróbio apenas devora — ou, mais precisamente, dissolve — tudo o que estiver por perto: músculos, carne, órgãos.

O germe nem sempre mata devorando o tecido. Se as toxinas que ele produz entrarem na corrente sanguínea, elas podem matar fazendo com que a vítima entre em choque — uma resposta generalizada que inclui queda drástica na pressão arterial, febre alta e falência dos órgãos. O conjunto complexo de sintomas é conhecido como *síndrome do choque tóxico* ou *SCT*. Em 1990, Jim Henson, criador dos Muppets, morreu de SCT, induzida por toxinas estreptocócicas agressivas do grupo A. A taxa de letalidade da SCT estreptocócica chega a 60%. (Uma condição muito semelhante afligia as mulheres no fim da década de 1970 e início da década de 1980. Nesses casos, entretanto, a causa da SCT não era o estreptococo, mas outro micróbio comum que se tornou fatal, nosso velho inimigo *Staphylococcus aureus* — o troço que causa os furúnculos. Mulheres que usavam tampões de alta absorção contraíam a infecção por via vaginal.)

O problema no tratamento das infecções por IGAS é que elas matam muito rápido. Isso é agravado pelo fato de que elas podem ser erroneamente diagnosticadas com muita facilidade. (Os sintomas de fasciíte necrosante se assemelham aos da gripe, e seus efeitos na carne podem, no início, ser indistinguíveis da celulite aguda.) Os antibióticos são eficazes contra essas infecções, mas podem levar até 48 horas para fazer efeito. A essa altura, pode ser tarde demais; a doença pode matar em poucas horas. Além disso, para serem eficazes, os antibióticos precisam conseguir circular e atingir o tecido doente. Na fasciíte necrosante, o tecido destruído tem pouca ou nenhuma circulação sanguínea, então os antibióticos não conseguem penetrar para combater a infecção. Por fim, a destruição do tecido persiste, as toxinas continuam a ser liberadas, e a vítima morre em decorrência dos danos nos órgãos ou de choque tóxico. Por esse motivo, muitas vezes é necessário remover o tecido doente e morto por meio de uma cirurgia, o que pode envolver a amputação de um membro — depois disso, antibióticos de amplo espectro geralmente são administrados por via intravenosa durante sete dias ou mais.

O tempo é essencial

Pode ser difícil prevenir a infecção por IGAS, que pode acontecer com a mais simples ruptura na pele. Se possível, lave, desinfete e faça um curativo no ferimento o mais rápido possível. O sangramento da ferida também é importante, pois ajuda a evitar que os germes entrem no corpo. É uma lavagem natural. Depois que ocorre a infecção, vigilância e ação rápida são as palavras principais. Se a área ao redor da ferida ficar vermelha ou inchada — e, sobretudo, se aumentar de tamanho — ou se houver febre ou sintomas semelhantes aos da gripe, consulte um médico imediatamente. Não demore. Esperar um dia pode ser tarde demais. Embora seja relativamente rara, a doença pode matar.

Prevenção

O dr. Vincent Fischetti, microbiologista nascido no Brooklyn, vem lutando contra o estreptococo há cerca de quarenta anos. Ele é carinhosamente conhecido como dr. Strep. Vários anos atrás, ele descobriu uma vacina que se mostrou eficaz na prevenção de infecções estreptocócicas em animais de laboratório, o que foi um avanço notável. Em maio de 2002, a vacina estava em fase de testes clínicos em seres humanos; foi testada em mais de cem voluntários e considerada segura. Em 2011, uma de suas abordagens para a vacina mostrou resultados eficazes em camundongos. Apesar disso, nenhuma farmacêutica se interessou em financiar o desenvolvimento da vacina para uso humano. Ela se aproveita do fato de que os estreptococos — na verdade, as bactérias Gram-positivas em geral, que incluem o estafilococo, o pneumococo e o clostrídio — usam as moléculas em sua superfície para invadir tecidos. É seu modo de patogenicidade. O dr. Fischetti desenvolveu uma vacina que interfere na fixação adequada da bactéria ao hospedeiro. Quando colocada na nasofaringe de camundongos, ela permaneceu lá por até doze semanas, produzindo anticorpos. Se for bem-sucedida, o mundo em breve poderá se livrar dos estreptococos devoradores de carne, dos que provocam choque tóxico e da ampla gama de infecções estreptocócicas que continuam a matar dezenas de milhares de pessoas em todo o mundo — muitas delas crianças. Também pode ser uma profilaxia eficaz contra uma ampla gama de outras doenças infecciosas.

DOENÇA DO LEGIONÁRIO: A OPORTUNIDADE BATE À PORTA

Em 21 de julho de 1976, 2.500 delegados do departamento da Pensilvânia da Legião Americana, junto de 2 mil familiares e amigos, se reuniram na Filadélfia para comemorar o ducentésimo aniversário da Declaração de Independência dos Estados Unidos. Eles compareceram a reuniões e banquetes, fecharam negócios e festejaram. Depois de quatro dias, a convenção do bicentenário terminou, e eles se dispersaram para diferentes partes do estado para retomar a vida cotidiana. Em algumas semanas, 34 deles morreram de uma misteriosa forma de pneumonia que ficou conhecida como *doença do legionário.*

A caça a um assassino

Como as vítimas tinham se espalhado por dezenas de cidades e vilarejos em todo o estado da Pensilvânia antes de apresentarem os sintomas da doença, uma conexão entre a convenção e o surto de pneumonia apenas foi estabelecida uma semana depois do fim da convenção. Em 2 de agosto, o departamento estadual de saúde foi notificado, e um alerta foi emitido. O CDC em Atlanta também foi contatado. Doze pessoas já tinham morrido da doença, que normalmente seguia o seguinte curso (alguns destes sintomas podem não ocorrer):

1. Mal-estar geral (sintomas semelhantes aos da gripe): perda de apetite, dores musculares, dor de cabeça, febre baixa
2. Dores no peito e no abdômen, diarreia, náusea
3. Aumento da febre — até 41°C — com calafrios
4. Tosse seca
5. Pneumonia
6. Confusão mental ou delírio

Os rins e o fígado também costumavam sofrer algum dano. Em casos extremos, o paciente tinha que passar por sessões de hemodiálise por causa da insuficiência renal. O período de incubação era de dois a dez dias, e a doença durava de sete a dez dias. No total, 1 em cada 6,5 pacientes morreu (221 pessoas desenvolveram a doença). Curiosamente, os homens eram cerca de três vezes mais suscetíveis do que as mulheres. Fumantes, alcoólatras, idosos e pessoas que estavam doentes, ou de alguma forma imunocomprometidas, também corriam mais risco. Os hospitais se tornaram o local que mais favorecia o contágio da doença.

O Hotel Bellevue-Stratford era o grande suspeito de ser a fonte da infecção durante a convenção da Filadélfia. Todas as pessoas que ficaram doentes tinham se hospedado no hotel, visitado ou passado na rua em frente a ele. Mas as perguntas continuavam: qual era a causa da doença, e como as pessoas a contraíam?

Uma doença infecciosa pode ser contraída de várias maneiras: transmitida de pessoa para pessoa, por meio de uma picada de artrópode ou outro animal, ou ingerida com comida ou água. Pode entrar por uma ruptura na pele ou por meio de um fino revestimento mucoso — como em certas infecções sexualmente transmissíveis. No caso da doença do legionário, a transmissão de pessoa para pessoa foi logo descartada; depois do surto inicial, ela não se espalhou. Picadas de pragas também foram descartadas por não se encaixarem no padrão da doença. A comida e a água servidas no Bellevue-Stratford foram testadas em animais de laboratório; também não provocaram a doença.

O CDC então começou a analisar o tecido pulmonar dos legionários mortos em busca de possíveis patógenos. O departamento de patologia tirou fatias finas do tecido, coloriu com tinturas e as colocou no microscópio. Nenhum micróbio foi encontrado. O departamento de bacteriologia espalhou o tecido pulmonar em placas de cultura com catorze tipos diferentes de meios de crescimento. Nada se desenvolveu ali.

Essas descobertas negativas levaram os pesquisadores a suspeitarem de um vírus. Os vírus são muito pequenos e difíceis de enxergar — é necessário um microscópio eletrônico — e não crescem em placas de cultura; eles precisam de células vivas. Cortes de tecido pulmonar foram então entregues ao departamento de virologia, e pequenos pedaços foram inoculados em ovos com pintinhos vivos. Nada se desenvolveu — exceto os pintinhos.

Cada vez mais desesperados, os pesquisadores do CDC expandiram a busca para áreas improváveis. Eles enviaram amostras de tecido pulmonar ao departamento de rickéttsia. As rickéttsias são como vírus porque exigem hospedeiros vivos e são difíceis de enxergar no microscópio, mas são bactérias. As rickéttsias causam a febre maculosa, o tifo e uma doença chamada *febre Q*.* Mas não causavam a doença do legionário.

---

* Em 1937, o microrganismo havia sido classificado como pertencente ao gênero das rickéttsias, mas em 1948, após identificação molecular, a bactéria foi descrita como pertencente ao gênero Coxiella. Portanto, a febre Q é causada pela bactéria *Coxiella burnetii*.

A essa altura, o foco mudou das causas biológicas para as químicas. Talvez a culpada fosse uma substância tóxica, como mercúrio ou chumbo. Existem cerca de trinta elementos metálicos e 35 mil compostos orgânicos que são tóxicos para sistemas vivos. Os toxicologistas fizeram testes extensos em ambas as frentes, e todos foram negativos.

Depois de meses de trabalho exaustivo e a um custo de cerca de 2 milhões de dólares, os principais investigadores de doenças do mundo não conseguiram descobrir o assassino dos legionários. A decepção deles foi agravada por uma imprensa antipática, que sugeriu um amplo acobertamento ou uma possível sabotagem. O congressista John M. Murphy, de Staten Island, Nova York, foi especialmente crítico, alegando que era incompreensível que em um país "com a tecnologia mais avançada do mundo, estejamos em uma posição de não saber o que aconteceu na Filadélfia". Ele chegou a sugerir que um fanático antimilitar havia, de alguma forma, assassinado os legionários.

O CDC publicou um relatório em meados de dezembro de 1976, no qual resumia a investigação abortada. Entre os que leram o relatório estava o dr. Joseph McDade, o cientista que vários meses antes tinha testado as amostras de tecido pulmonar doente em busca de rickéttsias. Embora não tivesse encontrado nenhuma destas, ele notou algumas bactérias em forma de bastonete em suas lâminas, que na época descartou como insignificantes ou não relacionadas. Ele já não tinha mais tanta certeza.

Ao reexaminar suas lâminas com mais cuidado, encontrou muitos outros micróbios em forma de bastonete. Em seguida, realizou testes sorológicos para confirmar que eles eram, de fato, a causa da doença do legionário. Ele misturou o sangue de pacientes que contraíram a doença e gerou anticorpos contra ela com as culturas das bactérias suspeitas. Esses anticorpos no sangue se ligaram às bactérias em uma resposta imunológica típica. McDade tinha encontrado a arma fumegante — além do projétil no corpo. Na verdade, era um organismo totalmente novo em termos de gênero e também de espécie, o que era raro. Eles chamaram o projétil de *Legionella pneumophila* (em grego, *pneumophila* significa "amante do pulmão"), e a doença do legionário foi oficialmente apelidada de *legionelose*. Era janeiro de 1977.

Estudos subsequentes com a *L. pneumophila* revelaram os motivos pelos quais os caçadores de micróbios do CDC não conseguiram vê-la nem cultivá-la. É um organismo extraordinariamente melindroso. Não é possível colori-lo e deixá-lo visível com tinturas comuns, e ele não cresce em meios comuns. Os investigadores acabaram conseguindo colorir a fera com um corante amarelo desenvolvido há mais de sessenta anos para a espiroqueta que causa a sífilis. Eles conseguiram cultivá-la adicionando uma quantidade absurda de ferro e o aminoácido cisteína ao meio. Por algum motivo, a *L. pneumophila* é viciada nessas substâncias. Além disso, eles descobriram que os camundongos não contraem a doença do legionário, pois têm uma imunidade natural. Já os porquinhos-da-índia não têm tanta sorte. O uso de camundongos como animais de teste com certeza dificultou a investigação.

Fora da névoa

Depois que a *L. pneumophila* foi identificada como sendo o agente causador da doença do legionário, os investigadores voltaram sua atenção para o Hotel Bellevue-Stratford. De onde o germe estava vindo? Não estava na comida nem na água, que já tinham sido testadas. A ficha caiu quando certos funcionários do CDC se lembraram de um surto de uma doença semelhante, embora muito mais branda, ocorrido oito anos antes em Pontiac, no prédio do departamento de saúde do condado de Oakland, Michigan. Noventa e cinco em cada cem pessoas que trabalhavam no prédio contraíram a "febre de Pontiac", que gera sintomas semelhantes aos da gripe, mas não provoca pneumonia. A causa da doença nunca foi determinada, mas um condensador evaporativo que fazia parte do sistema de ar-condicionado do edifício estava envolvido. Os porquinhos-da-índia expostos a uma névoa do condensador desenvolveram a febre de Pontiac. O CDC não conseguiu isolar um organismo nem uma substância química da névoa, mas armazenou o sangue das vítimas humanas.

Oito anos depois, esse sangue foi retirado do armazenamento, descongelado e submetido a testes sorológicos com a *L. pneumophila.* O sangue continha anticorpos contra a doença do legionário, ou seja, a *L. pneumophila* também era a causa da febre de Pontiac. Essa confirmação levou os cães de caça do CDC até o sistema de ar-condicionado do Bellevue-Stratford. Na época, ele foi identificado como a fonte do surto dos legionários na cidade do amor fraternal. Novos dados, no entanto, sugeriram que a água do hotel — que tinha sido originalmente eliminada da lista de suspeitos — era a verdadeira culpada.

Desde então, a *L. pneumophila* foi encontrada em chuveiros, turbinas a vapor, ofurôs, banheiras de hidromassagem, saunas a vapor, fontes, borrifadores de vegetais em supermercados e canos de água simples. Também foi encontrada em ambientes naturais: lagoas, riachos de fluxo lento, fontes termais, lagos estagnados e nas margens ao redor. A bactéria se torna especialmente perigosa quando está no ar e pode ser inspirada. De acordo com o site Legionella.org, "A principal fonte [de infecção] são os sistemas de distribuição de água de grandes edifícios, incluindo hotéis e hospitais. Costumava-se pensar que as torres de resfriamento eram uma fonte importante de *Legionella*, mas novos dados sugerem que é um exagero considerá-las um modo de transmissão. Os aparelhos de ar-condicionado não são uma fonte para a transmissão da doença do legionário".

Para evitar o acúmulo da *L. pneumophila*, todos os dispositivos que retêm água ou a liberam na atmosfera devem ser limpos com regularidade utilizando um desinfetante. A *L. pneumophila* é especialmente resistente ao cloro. As estações de tratamento costumam clorar a água na proporção de 0,2 parte por milhão, mas, para matar a *L. pneumophila*, é necessária uma concentração dez vezes maior. Além disso, o micróbio pode sobreviver em temperaturas de até 54°C. Ele é capaz de viver durante mais de um ano dentro de canos de água em finos biofilmes, e depois emergir totalmente infeccioso quando a torneira é aberta. A água estagnada é um terreno fértil para o organismo.

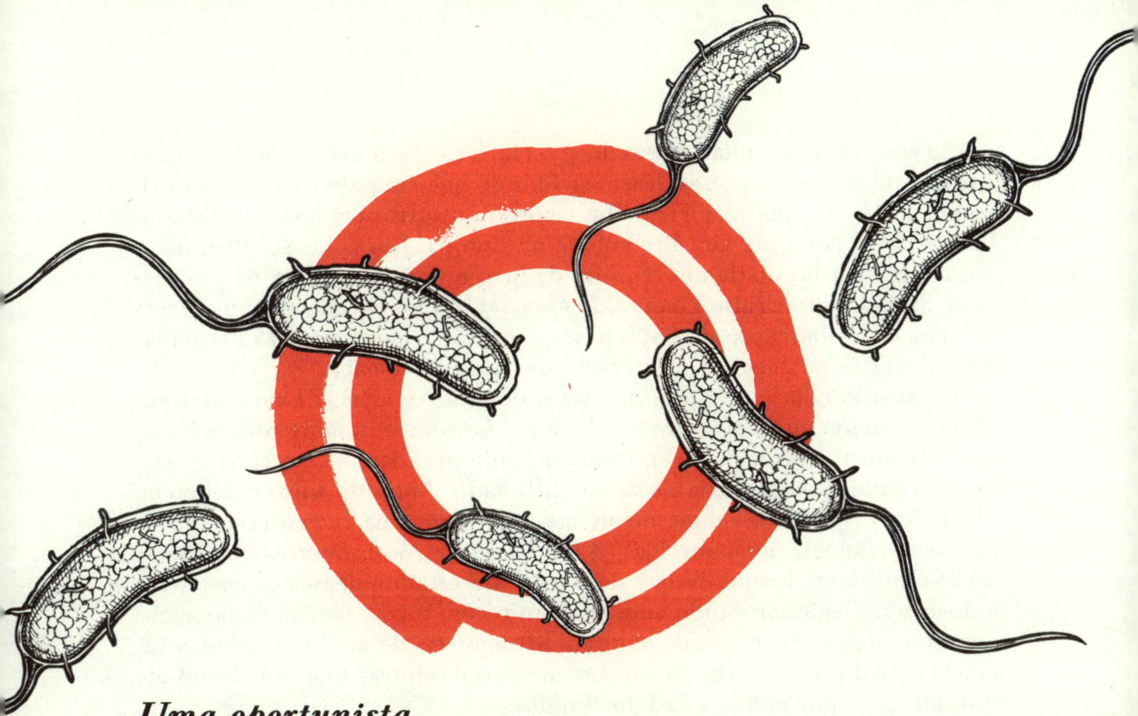

Uma oportunista

É provável que a *Legionella* exista há algum tempo, talvez centenas de anos. No entanto, a doença do legionário parece ter chegado recentemente — uma assassina contemporânea. Os primeiros casos conhecidos ocorreram em 1947, pouco mais de setenta anos atrás. Por que ela não se manifestou muito antes, como aconteceu com a maioria das doenças infecciosas?

Talvez ela tenha se manifestado. É provável que a doença do legionário fosse frequentemente diagnosticada como uma gripe ou uma pneumonia não específica. A dificuldade de ver e cultivar a *Legionella* não ajudou. Apesar desses motivos, a doença parece ter explodido como um fenômeno do século XX. Por quê?

Tecnologia, meu caro Watson. De acordo com Bernard Dixon em *Power Unseen*, a *L. pneumophila* é "uma oportunista por excelência, capaz de viver despercebida em locais como torres de resfriamento, umidificadores [agora tirados da lista] e chuveiros, e provoca uma doença potencialmente fatal quando é liberada no ar como névoa ou aerossol". Coisas que vaporizam água são, em grande parte, produtos da tecnologia moderna — a era da eletrônica. Eles ofereceram à *Legionella* um modo eficaz de entrada no corpo e acrescentaram outro assassino à longa lista de patógenos humanos.*

* De acordo com o site Legionella.org (acessado em 25 de janeiro de 2002): "A teoria mais popular é que o organismo é transformado em aerossol na água e as pessoas inalam as gotículas contendo a *Legionella*. No entanto, novas evidências sugerem que [...] a 'aspiração' é a forma mais comum pela qual as bactérias entram nos pulmões para causar pneumonia. A aspiração é o mesmo que uma asfixia, que leva as secreções da boca a contornarem os reflexos dessa obstrução na respiração e, em vez de irem para o esôfago e o estômago, elas entram por engano nos pulmões". [Nota dos Autores]

Ao contrário de muitas outras doenças infecciosas, a doença do legionário é mais prevalente em países desenvolvidos do que em países em desenvolvimento. Além de Pontiac e Filadélfia, ocorreram surtos em todos os Estados Unidos, bem como na Grã-Bretanha e na Europa. Em julho de 1994, ocorreu um surto a bordo de um cruzeiro de luxo no navio *Horizon*, de propriedade da Celebrity Cruise Lines. A *L. pneumophila* foi encontrada no sistema de água da embarcação de 1.500 passageiros que viajava para as Bermudas e Caribe. Três passageiros morreram por causa da doença.

De acordo com a escritora das áreas de saúde e ciência Laurie Garrett: "O CDC estimou que algo entre 2 mil e 6 mil pessoas vêm morrendo todos os anos da doença do legionário, talvez durante décadas, e com certeza desde o advento da tecnologia do ar-condicionado. Antes do surto drástico na Filadélfia, esses casos simplesmente eram colocados na categoria de 'pneumonia de etiologia desconhecida'"(*A Próxima Peste: Novas Doenças num Mundo em Desequilíbrio*). Estima-se que de 8 a 18 mil estadunidenses desenvolvam a doença do legionário todo ano, de acordo com o CDC. Porém, como acontece com muitas doenças que não são distinguíveis de modo evidente, a incidência real pode ser significativamente maior. Outras fontes estimam até 100 mil casos por ano nos Estados Unidos.

As duas faces da Legionella

É um tanto intrigante que o mesmo organismo seja responsável pela doença do legionário, que é fatal, e pela febre de Pontiac, que é muito mais branda, nunca mata, tem um período de incubação bem menor e não causa pneumonia — o sintoma clássico da doença do legionário. O dano causado pelo micróbio está relacionado às enzimas que ele produz, e hoje existem cerca de 35 espécies de *Legionella* conhecidas como patogênicas, com dezenas de cepas dentro de cada espécie. Talvez algumas delas produzam enzimas consideravelmente mais destrutivas do que outras.

As duas doenças são tratáveis com antibióticos. Em 1977, durante um surto da doença do legionário em Burlington, Vermont, os médicos trataram os casos com uma variedade de antibióticos. A eritromicina, membro de uma classe de medicamentos chamados de *macrolídeos*, foi considerada o antibiótico mais eficaz — muito mais do que a penicilina — no papel de "assassina da Legião". Foi a droga preferencial durante muitos anos. Recentemente, foi substituída por macrolídeos mais eficazes e menos tóxicos (por exemplo, a azitromicina) e por outra classe de antibióticos, as quinolonas (por exemplo, a ciprofloxacina — "Cipro", que ficou famoso contra o antraz — e a levofloxacina). A rifampicina, famosa contra a tuberculose, também tem sido usada como droga secundária em casos persistentes.

A doença do legionário tem uma taxa de mortalidade que costuma variar de 5% a 20%, de acordo com o Centro Canadense de Saúde e Segurança Ocupacional. No entanto essa taxa muda de acordo com a população. Um estudo do CDC sobre casos relatados indicou uma taxa de mortalidade de 40% quando a doença é adquirida durante uma internação hospitalar (casos nosocomiais), em que a resistência do paciente é mais baixa e seu estado geral de saúde é pior.

A saúde geral não determina apenas a taxa de mortalidade, mas também o risco de infecção. Pessoas imunocomprometidas ou com problemas de saúde apresentam maior risco. De acordo com o site sobre saúde hcinfo.com: "Os pacientes infectados pelo HIV [...] têm um risco quarenta vezes maior; receptores de órgãos transplantados têm um risco duzentas vezes maior. Fumantes, pessoas com mais de 65 anos e indivíduos que bebem muito têm um risco moderadamente maior". Adicione a essa lista os diabéticos, os asmáticos, os pacientes com câncer — praticamente qualquer pessoa que sofra de uma condição debilitante. E, embora os números possam variar, o conceito se aplica não apenas à doença do legionário, mas às infecções em geral.

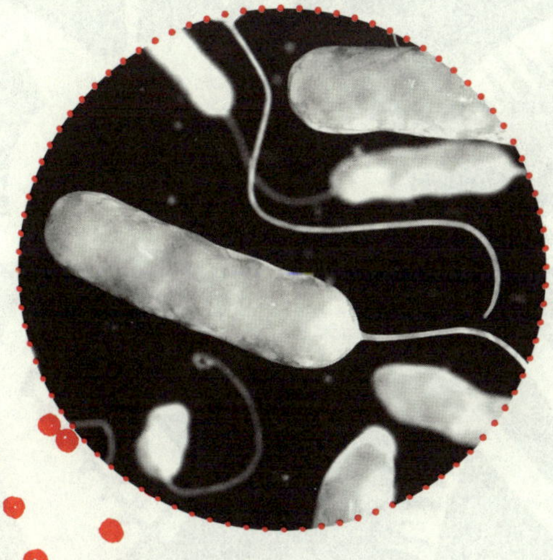

O contágio desprezava todo remédio; a morte rugia em todos os cantos; e se tivesse continuado como então, mais algumas semanas teriam limpado a cidade de tudo, e de todas as coisas que tinham alma.

Daniel Defoe

Um Diário do Ano da Peste

F

OS VÍRUS

o menor de todos os seres vivos

F

OS VÍRUS

o menor de todos os seres vivos

Na Holanda do século XVII, as pessoas pagavam somas fantásticas de dinheiro para decorar seus jardins com tulipas que não fossem de cor sólida, mas riscadas, como se salpicadas de tinta de maneira aleatória. Era um fenômeno conhecido como *mosaico* em tulipas e virou moda. A causa dessa beleza natural? Um vírus.

Na República Democrática do Congo (à época chamado Zaire), um homem sente um latejar atrás dos globos oculares. Isso aconteceu no dia 8 de janeiro de 1980. Vários dias depois, seus olhos ficam vermelhos. Em uma semana, ele começa a sangrar em profusão por todos os orifícios do corpo. O sangue lhe escorre da boca, do nariz, do ânus, dos olhos, dos ouvidos. Até os mamilos sangram. Além do sangramento, as paredes dos intestinos e do esôfago se soltam. O homem está literalmente se liquefazendo por causa de uma doença hemorrágica incurável chamada *ebola*. A causa? Um vírus.

Em 18 de abril de 1993, Ron Crystal, então especialista em pulmão nos Institutos Nacionais da Saúde em Bethesda, Maryland, introduziu um tubo flexível chamado *broncoscópio* na garganta de um paciente com fibrose cística. A fibrose cística (FC) é uma doença genética devastadora que faz com que os pulmões e os órgãos digestivos fiquem obstruídos por um muco espesso e pegajoso, um terreno fértil para bactérias. A maioria dos pacientes com FC morre de doença pulmonar ou de insuficiência cardíaca por volta dos trinta anos de idade. O broncoscópio gotejou um líquido nos pulmões do homem, um fluido que continha milhões de cópias de um gene normal para corrigir as células defeituosas dos pulmões. A tecnologia, chamada de *terapia gênica*, é de ponta. O que vai levar esses genes que salvam vidas até as células pulmonares? Um vírus.

Uma única gota de sangue pode conter 6 bilhões de vírus, um número pouco menor do que a população humana da Terra. Por ser o menor ser vivo de todos, foi só em 1939, com a invenção do poderoso microscópio eletrônico, que o primeiro vírus realmente foi visto. Desde então, aprendemos muito sobre o que são esses seres e o que eles fazem.

ZIMMERMAN BROS

MEDICINA MACABRA 3

DESCOBERTA DOS VÍRUS

Embora provavelmente existam desde o início da vida neste planeta, os vírus só foram descobertos há pouco mais de cem anos. Em 1892, o botânico russo Dmitri Ivanóvski estava investigando a doença do mosaico do tabaco, que causava manchas e bolhas nas folhas da planta. Era um acometimento que ameaçava a indústria do tabaco na Rússia e na Europa. Ivanovsky passou a seiva de plantas infectadas por um filtro de porcelana que se acreditava capturar todos os tipos de microrganismos, incluindo bactérias, os menores patógenos conhecidos. O filtro tinha sido inventado por Charles Chamberland, assistente de confiança de Louis Pasteur, e era usado em muitas casas para filtrar e purificar a água potável.

Surpreendentemente, no entanto, a seiva filtrada ainda causava infecções. Era óbvio que o agente infeccioso estava passando pelo filtro. Será que a doença poderia ser causada por um veneno ou toxina produzidos pelas bactérias? Certas enfermidades humanas, como a difteria, eram, na verdade, causadas por potentes toxinas bacterianas que passariam com facilidade pelos filtros de Chamberland. Muitos cientistas acreditavam que era isso o que estava acontecendo. Infelizmente, eles estavam enganados.

Meia dúzia de anos depois, um outro botânico, dessa vez um holandês chamado Martinus Beijerinck, continuou a investigação. Ele tirou a seiva de uma planta infectada, pulverizou-a sobre uma planta saudável, tirou a seiva dessa planta depois que ela adoeceu e, assim, passou a seiva por várias gerações de plantas. Por meio de todas as inoculações sucessivas, as plantas continuaram a desenvolver as manchas características da doença do mosaico do tabaco. A seiva mantinha sua virulência total após passar por várias plantas. Essa propriedade não diluível sugeria uma entidade que estava se reproduzindo dentro da planta. Adeus à ideia das toxinas.

Eram acontecimentos estranhos. Não se tratava de uma bactéria nem de uma toxina. A princípio, Beijerinck chamou o agente infeccioso de *contagium vivum fluidum* — um "fluido vivo contagioso". Depois, cunhou o termo *vírus*, que significa "veneno" ou "lodo venenoso" em latim. Mesmo assim, ninguém sabia de fato com o que estava lidando. De muitas maneiras, tal como o HIV e outros vírus que estão surgindo demonstram de forma tão cruel, continuamos sem saber.

Apesar da falta de conhecimento sobre a natureza dos vírus, logo outras doenças foram descobertas como sendo causadas por esse "germe vivo solúvel". A febre aftosa do gado foi a primeira doença animal que se demonstrou ser transmitida por um agente filtrável menor do que qualquer bactéria conhecida. Em 1900, uma doença humana, a febre amarela, provou ser de origem viral. Hoje conhecemos milhares de vírus diferentes, e eles infectam tudo que está vivo. Mas no início do século XX os cientistas apenas haviam chegado a se perguntar: "Um vírus não poderia ser apenas uma bactéria superminúscula que consegue passar por um filtro?".

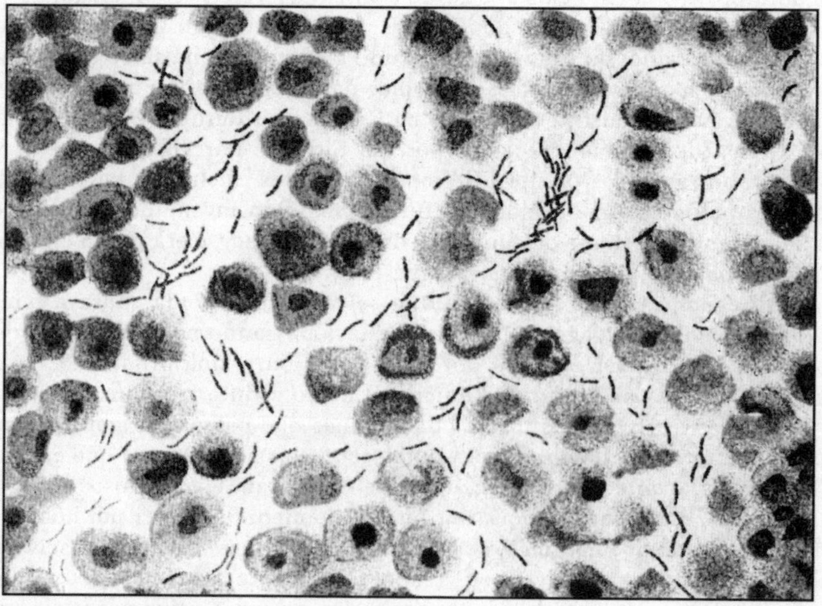

Mycobacterium tuberculosis (1000:1)

COMO FUNCIONAM OS VÍRUS?

Não, os vírus não são bactérias superminúsculas. Os vírus e as bactérias são, na verdade, tão fundamentalmente diferentes que, em muitos aspectos, uma bactéria está mais próxima de um ser humano do que de um vírus. Pelo menos, tanto os seres humanos quanto as bactérias são feitos de células. Todas as coisas vivas são celulares, exceto os vírus. As estruturas dentro de uma célula que são necessárias para realizar as atividades vitais de alimentação, produção de energia, crescimento e resposta às mudanças ambientais estão ausentes em um vírus. Na verdade, um vírus nada mais é do que uma partícula minúscula, sem vida e totalmente inerte — desde que permaneça fora da célula. De maneira trágica, ele é feito para entrar nas células, e então, uma vez dentro delas, tem início o jogo mortal da infecção viral.

Para entender como um vírus age, devemos examinar mais de perto esse parasita intracelular obrigatório. Todos os vírus consistem em duas partes: um núcleo de ácido nucleico e um revestimento de proteína em torno do núcleo. Em alguns casos, há também um envelope de gordura ou lipídio. É função do revestimento proteico e do envelope lipídico (se houver) anexar a partícula viral à membrana celular e — de alguma forma — fazer o vírus entrar na célula. O que não é tarefa fácil. A superfície do revestimento viral deve se encaixar exatamente nos locais "receptores" da membrana celular. Se esse encaixe não for preciso, a fixação e a subsequente penetração na célula não conseguem ocorrer. Mesmo em uma combinação ideal, provavelmente apenas um em cada milhares de encontros entre vírus e células adequadas resultará na ligação adequada dos dois. A exatidão do encaixe necessário para a fixação ou ligação viral explica por que os vírus geralmente são específicos a uma espécie — eles não infectam células de espécies totalmente diferentes. Exceções notáveis são os vírus da raiva e da gripe, que têm uma ampla variedade de hospedeiros.

Além de quase nunca infectarem espécies completamente diferentes, os vírus com muita frequência são específicos para determinados tipos de células dentro de um organismo. O vírus da hepatite B tem como alvo as células do fígado. O HIV atinge determinados pontos de ligação, ou marcadores, em certos glóbulos brancos. Os vírus que causam o resfriado comum se ligam às células que revestem o trato respiratório.

Depois de se ligar à célula, o vírus pode penetrar na membrana e adentrar essa célula de várias maneiras. Pode fazer com que a membrana celular se enrole e prenda uma pequena vesícula com o vírus dentro. Os vírus que possuem envelope lipídico podem fundi-lo com a membrana celular, penetrando-a e permitindo que o restante do vírus entre na célula.

Ao entrar na célula, por qualquer meio, o vírus pode fazer uma dentre várias coisas. O que ele faz determina o curso da doença. Em muitos casos, o vírus começa a se replicar imediatamente. A reprodução e a ampla distribuição, afinal, são a razão de ser dos vírus. Para conseguir isso, eles comandam a máquina da célula, coagindo-a a produzir mais partículas virais. É um incrível ato de pirataria orquestrado e controlado pelo ácido nucleico do vírus.

O ácido nucleico é uma substância notável cuja importância biológica não foi percebida até 1953. Foi naquele ano que James Watson e Francis Crick definiram a estrutura molecular do DNA, um tipo de ácido nucleico. Existe também um outro tipo, chamado de RNA. Se quisermos entender o funcionamento dos vírus, devemos primeiro entender o DNA e o RNA.

O DNA é a substância dos genes — o material genético. Encontrado em todas as células vivas (exceto nos glóbulos vermelhos maduros), é o que torna uma árvore uma árvore, uma bactéria uma bactéria e um ser humano um ser humano. É o que faz com que um ser humano seja diferente do outro. Estruturalmente falando, o DNA pode ser visto como uma microscópica pulseira de berloques muito, muito comprida (com 3 bilhões de berloques, no caso dos seres humanos). De forma mais precisa, são duas pulseiras de berloques alinhadas de modo que os berloques se conectem uns aos outros. Existem quatro tipos diferentes de berloques, chamados de bases nitrogenadas e designados pelas letras A, T, C e G. Essa corrente dupla também apresenta uma torção evidente, dando-lhe a aparência de uma escada de corda torcida (uma dupla-hélice), cujos degraus representam as bases nitrogenadas emparelhadas.

Como um alfabeto de quatro letras, a sequência de degraus ou pares de bases define o que uma célula fará e se tornará. É uma planta baixa da vida, que controla o funcionamento de uma célula ao determinar as proteínas que essa célula produz. Mas o DNA não funciona sozinho. Na verdade, ele não controla diretamente a síntese de proteínas, que ocorre em partículas minúsculas, ou fábricas de proteínas, que flutuam ao redor da célula. O DNA fica profundamente enterrado dentro do núcleo, entrelaçado no tecido dos cromossomos como os segredos de Madame Defarge, de Dickens. Ele é valioso demais para ficar perambulando ao redor da célula. Em vez disso, faz uma fita mensageira de ácido nucleico usando sua sequência de par de bases como modelo. Essa molécula mensageira é o RNA, e ela carrega o código do DNA para as fábricas de proteínas fora do núcleo.

Voltando ao nosso parasita intracelular obrigatório: assim como as células vivas, os vírus contêm ácido nucleico no seu material genético. Um vírus específico pode conter DNA ou RNA, mas não ambos. Ao contrário do DNA da célula, no entanto, o ácido nucleico viral não codifica proteínas celulares, mas as proteínas necessárias para fazer mais vírus. E ele força a célula a fazer exatamente isso — fabricar as proteínas necessárias para o vírus produzir mais de si mesmo. É um controle bem planejado em várias fases, que funciona mais ou menos assim:

1. São produzidas proteínas predominantemente enzimáticas por natureza. Elas estimulam reações que produzem muitos milhares de cópias do ácido nucleico viral.

2. Depois que o ácido nucleico viral é sintetizado, as proteínas do revestimento estrutural são produzidas.

3. O vírus é montado com a forma da proteína de revestimento como uma concha em torno do núcleo do ácido nucleico.

4. Essas novas partículas virais, às vezes — mas nem sempre —, são liberadas e matam a célula durante o processo. Em alguns casos, o vírus agarra um fragmento da membrana celular, que se torna seu envelope lipídico.

O mecanismo exato pelo qual os vírus iniciam sua replicação depende do material genético do vírus. O vírus de DNA, como se espera, tem um modo de ação muito semelhante ao do DNA do hospedeiro. Primeiro, um RNA viral é produzido usando o DNA do vírus como modelo. Em seguida, esse RNA orienta a produção de proteínas virais. O processo pode ser resumido da seguinte forma: DNA viral → RNA viral → proteína viral.

No caso da maioria dos vírus de RNA, a primeira etapa é eliminada, e o ácido nucleico viral apenas segue para a produção das proteínas virais adequadas: RNA viral → proteína viral.

O conceito de que o DNA gera o RNA, que gera a proteína, é tão básico para a biologia que passou a ser conhecido como *dogma central.* O RNA nunca produz o DNA, exceto no caso de um retrovírus. Essa classe de vírus de RNA, que tem o HIV, o vírus da aids, entre seus membros, assustou os biólogos moleculares ao fazer o impensável — trabalhar no sentido inverso. Em vez de produzir proteínas, o RNA do retrovírus primeiro vai no sentido contrário e atua como modelo para a síntese de DNA. O DNA, então, produz outro RNA, que por fim produz as moléculas de proteína:

RNA viral → DNA viral → RNA viral → proteína viral

Isso é realmente estranho, mas, para nosso infortúnio, funciona muito bem para o retrovírus. (Mais sobre isso no capítulo 10, "Aids".)

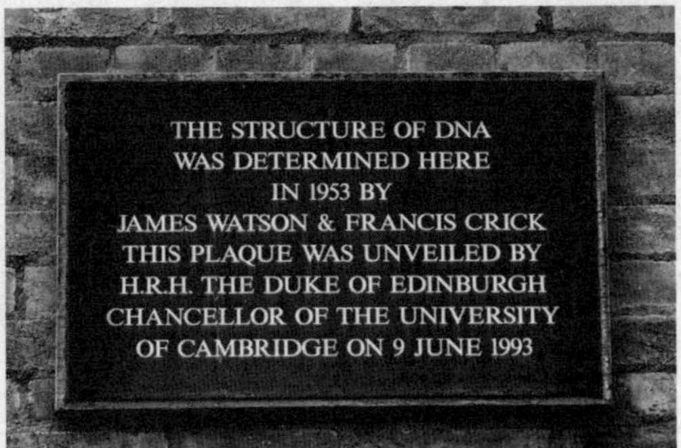

Ruth Colvin Starrett McGuire (1893-1950) foi uma patologista norte-americana especializada em plantas.

INFECÇÕES VIRAIS AGUDAS

Quando um vírus começa a se reproduzir imediata e agressivamente, ocorre uma infecção aguda. Essa é a interação entre vírus e hospedeiro em sua forma mais simples, e é uma rota comum para muitos vírus. O sarampo, a caxumba, a meningite, a gripe e o resfriado comum são doenças nas quais a infecção é aguda e o conflito é intenso entre o vírus e o sistema imunológico. Quando a infecção viral é aguda, ocorre uma colisão frontal entre o vírus e as defesas do corpo. A recuperação da doença significa a eliminação completa do vírus. Uma resposta imune agressiva é o que torna possível a vacinação contra muitas doenças agudas. Uma vacina contém um germe que foi morto ou enfraquecido pelo calor ou por produtos químicos. Sua semelhança com o vírus ou com a bactéria real induz o sistema imunológico a uma resposta vigorosa que pode durar a vida toda.

A infecção aguda, entretanto, nem sempre é a maneira pela qual um vírus interage com seu hospedeiro. Na verdade, estamos descobrindo que ela não é a regra. E por que deveria ser? Quanto mais agressivamente um vírus se reproduz dentro das células hospedeiras e se espalha para novas células, mais rapidamente ele mata seu hospedeiro. Do ponto de vista do vírus, isso não é bom, pois ele não consegue viver sem um hospedeiro. Seria preferível, para um vírus, viver dentro de um organismo e causar pouco ou nenhum dano a ele.

Parece que é isso que os vírus mais antigos e bem estabelecidos tendem a fazer. Ao longo do tempo e de muitas gerações, eles se adaptam aos hospedeiros, tornando-se menos virulentos e permitindo a sobrevivência de seus vales-refeição. Até o resfriado comum era um assassino mortal 5 mil anos atrás, pouco depois de chegar ao cenário humano. São os novos vírus que provocam estragos na população — e esses vírus mal-adaptados podem causar um belo estrago. Como já mencionado, os vírus trazidos para o Novo Mundo por Colombo e Cortés permitiram que seus exércitos conquistassem os ameríndios. Os nativos norte-americanos podem ter travado uma batalha com sucesso contra as espadas dos conquistadores, mas não eram páreo para os micróbios da varíola. Na Cidade do México, entre 1520 e 1522, 3 milhões a 4 milhões de astecas sucumbiram às novas doenças dos invasores espanhóis. A varíola, o sarampo e a gripe praticamente eliminaram os ameríndios, com taxas de mortalidade que chegavam a 95% em algumas cidades.

Hoje vemos a mesma coisa acontecendo quando novos vírus surgem das florestas tropicais e invadem populações primitivas (que nunca foram expostas). O ebola é um exemplo clássico e assustador. Quando surgiu pela primeira vez, em 1976, na República Democrática do Congo, varreu cinquenta aldeias, matando da maneira mais horrível mais de 90% das pessoas que infectou.

Felizmente, o ebola não se tornou uma pandemia. Talvez porque a infecção fosse bastante aguda e muitas vezes matava as vítimas em uma semana. A morte tão rápida não permitiu que os hospedeiros espalhassem os micróbios fatais. Sem células vivas disponíveis, os frágeis vírus ebola definharam e morreram.

Em certo sentido, o vírus ebola causou sua própria morte. Um curso de ação preferível para os vírus é aquele em que não se envolvem em um combate acirrado com os hospedeiros, mas sim em uma guerrilha. Esse comportamento de bater e se esconder perpetua o vírus com sucesso durante muitos anos dentro das células hospedeiras e leva ao que chamamos de *infecções persistentes.*

INFECÇÕES VIRAIS PERSISTENTES

Pessoas que sofrem de herpes simples 1 e herpes simples 2 sabem bem o que são infecções virais persistentes. A palavra *herpes* vem do verbo grego que significa "rastejar" e descreve de forma bem apropriada as lesões que se espalham e que caracterizam essas doenças relacionadas.

O herpes simples 1 ataca as células da pele e da membrana mucosa da boca e dos lábios, produzindo o herpes labial comum. O vírus simples 2 infecta células semelhantes da genitália, resultando em bolhas. Quando essas feridas e bolhas aparecem, os vírus estão se multiplicando ativamente e se espalhando para as células vizinhas. Em certo momento, os anticorpos estancam a tendência e neutralizam os micróbios invasores. Forma-se uma casca com crosta, e a batalha está ganha — mas não a guerra. O inimigo não foi completamente destruído. Algumas partículas virais conseguem recuar para aglomerados de células nervosas no rosto e no pescoço, chamadas de *gânglios.* Ali, elas se escondem com segurança dentro das células, muito além do alcance do sistema imunológico, até que algum estímulo externo ou enfraquecimento da imunidade reative a infecção.

O ocultamento de um vírus dentro das células do corpo, totalmente não detectado, é chamado de *latência* — um truque que os vírus do herpes dominam. Quando um vírus está latente, ele fica completamente adormecido. Os genes virais estão presentes nas células hospedeiras, mas não se expressam. Nenhuma proteína viral e nenhuma partícula viral é produzida.

Os vírus latentes podem permanecer nesse estado adormecido por muitos anos, sem causar nenhum sintoma no hospedeiro. O varicela-zóster, outro vírus da família do herpes, apresenta essa latência de longo prazo. Em crianças pequenas, produz erupções na pele e febre por causa da catapora. O sistema imunológico, acionado imediatamente, ataca com força o vírus e elimina

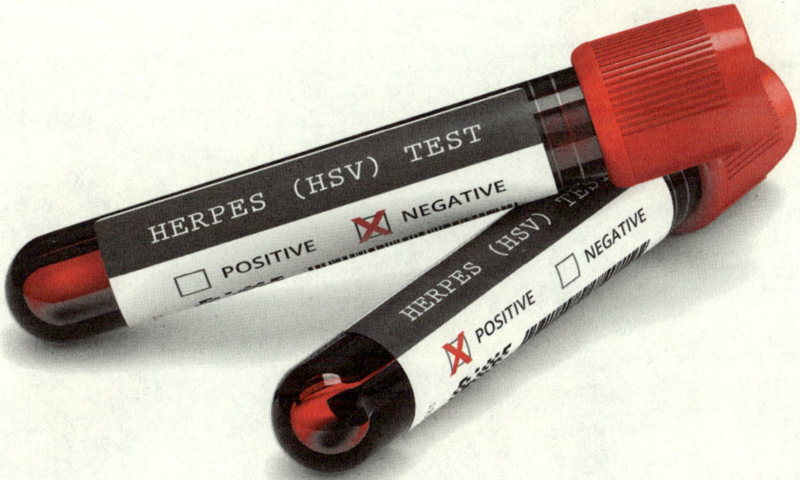

a infecção. Mas o varicela-zóster é um vírus do herpes. Algumas de suas partículas virais escapam da destruição e recuam para os gânglios vertebrais. Ali o vírus fica escondido, geralmente permanece dormente e nunca é reativado. Às vezes, porém, por motivos que não compreendemos de verdade, o vírus ressurge e começa a se replicar nas células nervosas da coluna vertebral. Isso tende a ocorrer em pessoas mais velhas e produz a dolorosa erupção cutânea da doença chamada de *cobreiro.*

Com a descoberta da latência, os cientistas chegaram a uma conclusão inquietante: todo ser humano tem vírus escondidos em pelo menos algumas das células do seu corpo — vírus que podem causar doenças a qualquer momento. Essa questão foi ilustrada de forma mais trágica no caso bastante divulgado de David, uma criança que nasceu com uma rara doença genética. (Ele foi tema de um filme feito para a TV em 1976, *O Rapaz da Bolha de Plástico.*) David não tinha um sistema imunológico funcional e precisava viver em um ambiente livre de germes para evitar infecções fatais. No início dos anos 1980, ele recebeu um transplante de medula óssea da irmã na tentativa de estabelecer um sistema imunológico. Sem o conhecimento dos médicos, no entanto, o vírus Epstein-Barr estava escondido dentro das células da medula óssea da irmã. Hoje em dia sabemos que 90% de todas as pessoas no mundo são portadoras desse vírus, que, quando ativo, é responsável por uma doença não muito séria chamada mononucleose (a "doença do beijo").

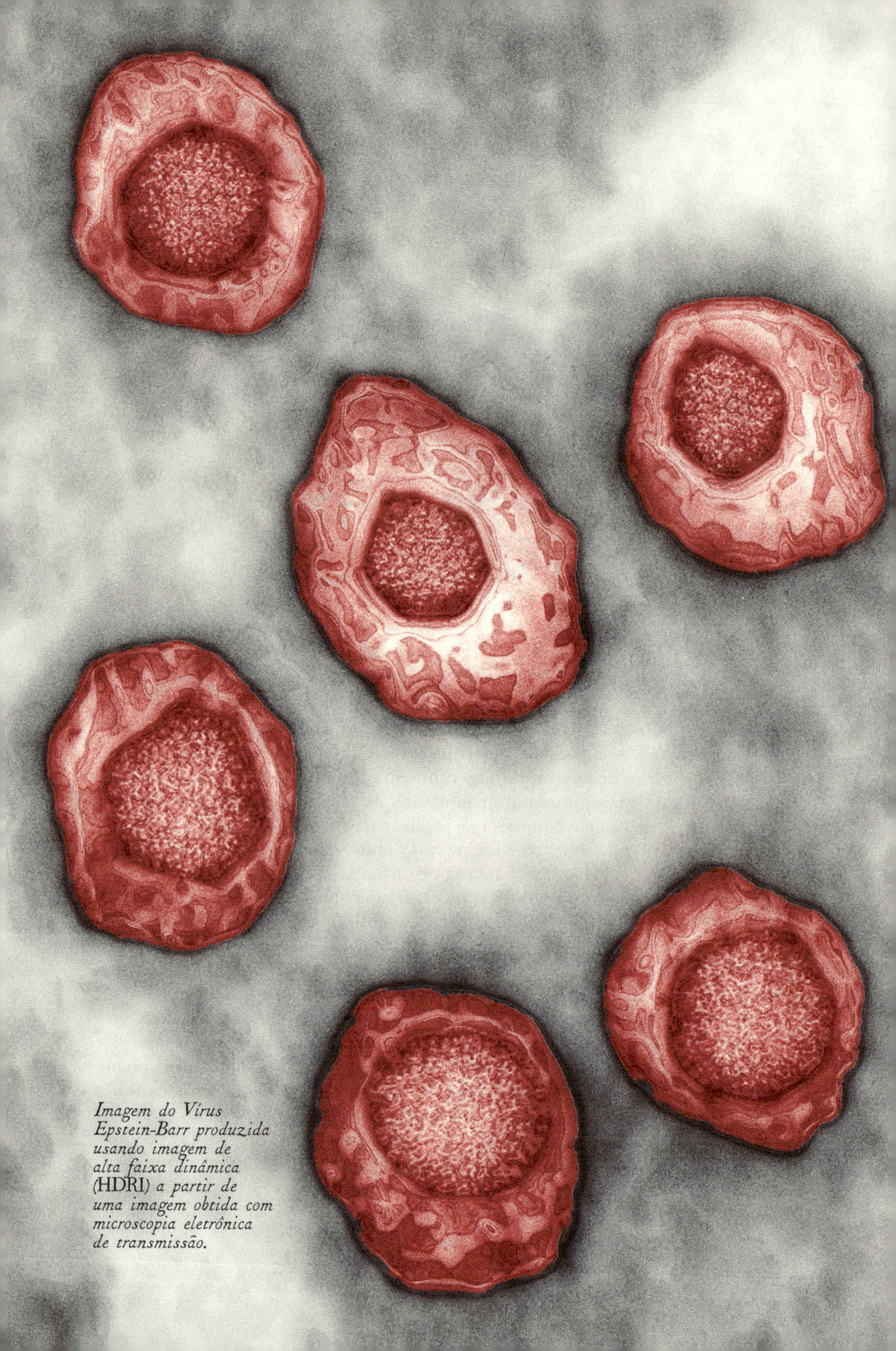

Imagem do Vírus Epstein-Barr produzida usando imagem de alta faixa dinâmica (HDRI) a partir de uma imagem obtida com microscopia eletrônica de transmissão.

No corpo indefeso de David, porém, o vírus Epstein-Barr se espalhou alucinadamente, devastando-o com câncer: o intestino, o fígado e o cérebro ficaram crivados de tumores. O menino morreu em quatro meses.

Sim, os vírus causam câncer. É uma das consequências mais horríveis de algumas infecções virais persistentes. Os pesquisadores hoje acreditam que 20% de todos os cânceres são de origem viral. A maioria dos cânceres de fígado resulta da infecção pelo vírus da hepatite B. Várias leucemias são iniciadas por vírus semelhantes ao HIV. Praticamente todos os cânceres cervicais estão associados a outro tipo de vírus — o papilomavírus humano.

Todos esses vírus cancerígenos têm uma coisa em comum. Quando infectam uma célula humana, carregam consigo novos genes que, de alguma forma, alteram o DNA da célula hospedeira. Em alguns casos, o próprio vírus introduz um gene causador do câncer, denominado *oncogene*, no DNA do hospedeiro. Outros vírus incorporam seu DNA ao do hospedeiro em um local onde os oncogenes da célula hospedeira são ativados. Seja qual for o método, o resultado é essencialmente o mesmo: divisão celular descontrolada — câncer.

Na década de 1970, foi aplicada em galinhas uma vacina que deveria protegê-las de um câncer fatal chamado doença de Marek. Era uma doença aviária que, só nos Estados Unidos, custava aos criadores de aves até 200 milhões de dólares por ano em receitas perdidas. De forma curiosa e inesperada, as galinhas que foram inoculadas não apenas receberam proteção contra a doença de Marek, mas também ficaram maiores, mais fortes e mais saudáveis, além de botarem mais ovos do que as galinhas não vacinadas. Por quê? A sugestão era que o vírus de Marek estava fazendo muito mais do que causar câncer. As galinhas consideradas saudáveis estavam, na verdade, cronicamente infectadas com o vírus. A infecção, embora subclínica e não diagnosticada, estava apresentando um efeito sutil na saúde das galinhas.

Era uma hipótese muito intrigante, de fato, e que levantou o espectro de possíveis infecções virais crônicas de baixo nível em seres humanos. Poderíamos estar sofrendo de males causados por nossos próprios vírus não diagnosticados, mas, ainda assim, debilitantes? Muitos virologistas hoje em dia acreditam que sim. Eles acham que as doenças virais conhecidas que afligem a humanidade — e existem muitas — são apenas a ponta do iceberg. Em seu livro *Plague Time* [Época da praga], Paul W. Ewald, à época na Universidade Amherst, apresenta a teoria de que doenças cardíacas, distúrbios mentais, diabetes e artrite podem, em muitos casos, ser o resultado de infecções bacterianas e virais crônicas. A altura, a inteligência e até a personalidade de uma pessoa podem ser influenciadas por vírus persistentes que nosso sistema imunológico simplesmente não consegue eliminar.

Um pensamento um tanto sombrio. Lamentavelmente, evidências de apoio a essa teoria, embora circunstanciais, foram encontradas na forma de um vírus muito estranho. Ele é chamado de *vírus da doença de Borna* e infecta uma ampla variedade de mamíferos, incluindo macacos e seres humanos.

Depois que se instala no animal, vai direto para o cérebro, especialmente para o sistema límbico, região de origem das emoções. No núcleo dessas células cerebrais, o vírus cria uma infecção persistente de longo prazo, que se reproduz e se espalha sem matar as células.

O resultado da infecção pelo vírus da doença de Borna em mamíferos não humanos é dramático. Eles com frequência desenvolvem agressividade, hiperatividade, depressão, problemas de aprendizagem e comportamento sexual alterado. Os animais apresentam uma vasta gama de comportamentos neuróticos e psicóticos. E um estudo de meados da década de 1990 com esquizofrênicos humanos conduzido por Kathryn Carbone, então da Universidade Johns Hopkins, e Royce W. Waldrip II, da Universidade de Maryland, revelou que 17% deles tinham no sangue anticorpos contra o vírus da doença de Borna, em comparação com 3% em um grupo de controle não esquizofrênico. Pesquisas mais recentes encontraram traços de um retrovírus em 30% dos pacientes que haviam desenvolvido esquizofrenia pouco tempo antes.

Outras descobertas convincentes relacionam um outro vírus — um vírus humano do herpes, conhecido como CMV — à aterosclerose, ou endurecimento das artérias. Em diversos estudos, o vírus apareceu no tecido arterial de pessoas que sofrem dessa doença. Além disso, foi demonstrado que a presença do vírus acelera a aterosclerose em pacientes com transplante de coração.

A presença de anticorpos de um vírus, ou mesmo do próprio vírus, não é um demonstrador inequívoco de uma relação causal entre o micróbio e uma doença específica, uma vez que tanto pessoas saudáveis quanto doentes carregam muitos germes inofensivos. Mas isso gera uma incerteza. E as evidências circunstanciais a respeito de uma ligação entre vírus e doenças crônicas são cada vez mais numerosas. Hipertensão (pressão alta), derrame e doença renal, tão prevalentes entre os afro-americanos dos centros urbanos, podem muito bem ser causados pela infecção por um vírus transmitido por camundongos e ratos. Trata-se do hantavírus, um micróbio especialmente virulento que também provoca febre hemorrágica aguda e fatal e doença pulmonar (veja o capítulo 7, "Ameaças emergentes").

Alguns vírus até usam o truque covarde de virar as defesas do próprio corpo contra si mesmo — uma espécie de fogo amigo. O sistema imunológico, projetado para lutar contra invasores microbianos, em vez disso, monta um ataque contra as próprias células. Mas por que um sistema de defesa, aperfeiçoado ao longo de 2 bilhões de anos de evolução, agiria de maneira tão distorcida? Um exército de células protetoras não deveria ser mais capaz de distinguir amigos de inimigos? Deveria, mas lembre-se de que, ao longo dos milênios, os vírus têm evoluído e se adaptado conosco. Esses mestres microbianos de guerrilha desenvolveram métodos para se infiltrar em nossas linhas de frente e virar nossas próprias armas contra nós.

SISTEMA IMUNOLÓGICO E AUTOIMUNIDADE

O sistema imunológico é uma coleção de tecidos e células que patrulham o corpo em busca de germes invasores. Esses tecidos e células são chefiados por uma variedade incrivelmente diversa de glóbulos brancos. Eles são a essência do sistema. Fluindo pelo sangue e também pelos vasos linfáticos, os glóbulos brancos se acumulam no baço, nas amígdalas, nas adenoides, no apêndice, no intestino delgado e em dezenas de nódulos linfáticos. Ali, ficam à espreita de microrganismos invasores, contra os quais lutam constantemente. Compreender o sistema imunológico é compreender nossos diversos tipos de células brancas do sangue.

Resposta não específica

Todos os glóbulos brancos podem ser amplamente classificados em vários tipos diferentes. Os mais primitivos e menos especializados são os *fagócitos* e as *células exterminadoras naturais* (também chamadas de *natural killers*). Os fagócitos escoam lentamente, como muitas amebas, engolindo as bactérias e os vírus que encontram pelo caminho. Não são específicos em sua ação, comem e digerem qualquer tipo de germe. O *macrófago*, cujo nome significa "grande comedor", é um fagócito comum, e o encontraremos em capítulos posteriores.

Assim como os fagócitos, as células exterminadoras naturais não são específicas na resposta imunológica, mas não atacam os germes que vivem livremente. Seus alvos são células do corpo que se deterioraram — aquelas que abrigam vírus ou que se tornaram cancerosas. Elas também têm um modo de ação diferente dos fagócitos; não matam engolindo, mas abrindo buracos na membrana celular.

Respostas imunológicas não específicas como essas são uma importante linha de defesa. São, na verdade, o único sistema imunológico dos invertebrados — animais simples sem ossos, como insetos, vermes, mariscos e estrelas-do-mar. Infelizmente, os seres humanos precisam de muito mais. E eles têm: uma outra classe de células brancas: os *linfócitos.*

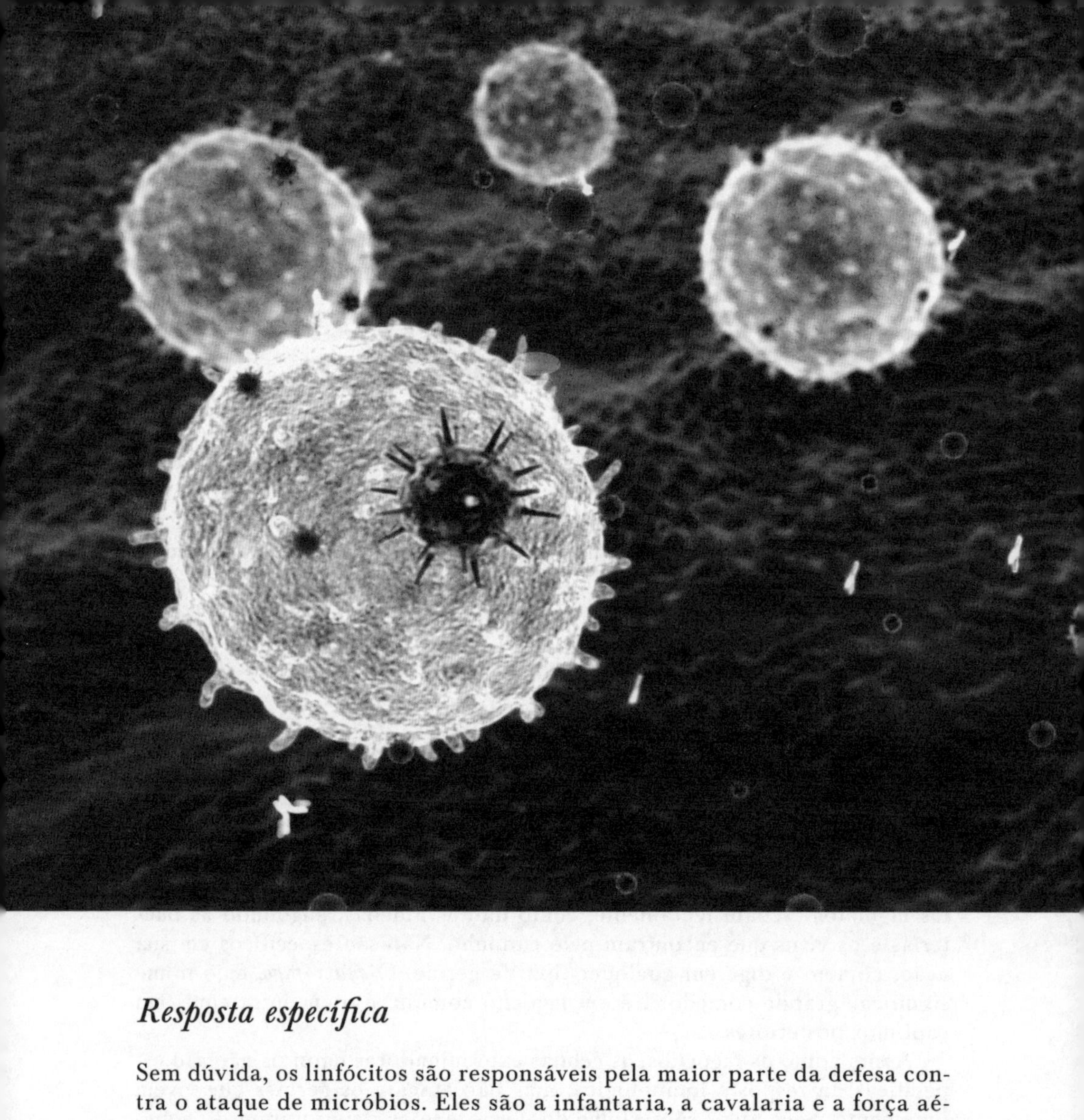

Resposta específica

Sem dúvida, os linfócitos são responsáveis pela maior parte da defesa contra o ataque de micróbios. Eles são a infantaria, a cavalaria e a força aérea, tudo em um. Dois, aliás; embora todos os linfócitos sejam parecidos no microscópio, existem, na verdade, duas populações muito distintas: os linfócitos B (células B) e os linfócitos t (células T).

Células B. As células B maduras bombeiam moléculas de proteínas chamadas de *anticorpos.* É sua única função. Elas fazem isso em resposta a microrganismos, mas somente depois de entrarem em contato com eles. E os anticorpos produzidos são muito específicos. Quando um poliovírus, por exemplo, ativa certas células B, essas células produzem anticorpos que destroem apenas os poliovírus. Os vírus do sarampo ativam células B diferentes, que produzem somente anticorpos contra o sarampo.

Existem cerca de 10 trilhões de células B percorrendo o sangue e o sistema linfático de uma pessoa saudável o tempo todo. Essa população consiste em 100 milhões de células B diferentes, que, coletivamente, reconhecem qualquer tipo de célula ou partícula estranha. O que elas de fato reconhecem são as proteínas de superfície específicas, chamadas de antígenos (geradores de anticorpos). Os anticorpos que as células B produzem em resposta a esse reconhecimento constituem cerca de um quinto das proteínas encontradas no sangue. Essas proteínas são muito eficazes para combater as bactérias. Já os vírus, como residem dentro das células, ficam protegidos do ataque dos anticorpos e devem ser combatidos pelo outro braço do sistema imunológico — as células T.

Células T. Com as células T, a história do ser humano contra o micróbio se torna um pouco mais complexa. Para começar, existem vários tipos de células T, sendo que as mais importantes são as *T auxiliares* (também chamadas de T4) e as *T assassinas* (também chamadas de T8). As células T assassinas e auxiliares não respondem a bactérias, vírus e outros agentes patogênicos que vivem à espreita no nosso corpo. Ao contrário das células B, elas não conseguem reconhecer esses intrusos. O que elas conseguem reconhecer são as células do corpo que foram infectadas por microrganismos. O modo como respondem depende de seu tipo, se são células T assassinas ou T auxiliares.

As assassinas têm esse nome porque matam. São as únicas células T que fazem isso. Seus alvos principais são as células do corpo que abrigam vírus. Como a abelha que se sacrifica pelo bem maior da colmeia, as células infectadas com vírus se oferecem para serem abatidas por células T assassinas. Ao fazerem isso, evitam que haja mais multiplicação viral e expõem os vírus já existentes às células B e seus anticorpos, bem como aos fagócitos.

Às vezes, porém, a cura é pior do que a infecção. Pessoas que têm hepatite B crônica, por exemplo, sofrem danos extensos ao fígado, embora o vírus que causa a doença seja relativamente inofensivo. A destruição das células do fígado não é consequência da atividade viral, mas da ação das células T assassinas. E na síndrome da fadiga crônica, uma doença debilitante que deixa os pesquisadores perplexos, o culpado mais uma vez parece ser um sistema imunológico excessivamente zeloso. A resposta imunológica, provavelmente iniciada pelo herpes-vírus 6 humano, simplesmente não aceita se desligar, acabando por esgotar o corpo.

Apesar da reação exagerada, até esse ponto, o sistema imunológico parece adequado e abrangente. As células B produzem anticorpos que, com a ajuda dos fagócitos, destroem os micróbios livres. As células T assassinas cuidam de todos os germes que possam abrir caminho para as células do corpo. Precisa de mais? A que possível propósito as células T auxiliares poderiam servir? Certamente não a um propósito muito vital, ao que parece. Até seu nome, *auxiliar*, sugere um papel subordinado. Diga isso a um paciente moribundo com aids, pois o HIV destrói principalmente as células T auxiliares.

As células T auxiliares são a cola que mantém todo o sistema imunológico unido. Suas secreções mobilizam todos os outros ramos do sistema, e elas são tudo menos subordinadas. Os fagócitos, as células B e as T assassinas são todos ativados pela interação com as células T auxiliares. E, quando os glóbulos brancos triunfam sobre os saqueadores microbianos e a batalha é ganha, são as T auxiliares que desempenham um papel fundamental para desligar o sistema.

Na verdade, depois que uma infecção cede, o sistema imunológico, que estava engajado em um combate ativo, não é desligado. Ele simplesmente se acalma, em uma vigília silenciosa. Mas determinadas células B e células T, chamadas de *células de memória*, que sobreviveram à batalha, permanecem no nosso corpo. Essas células de memória, ao encontrarem o mesmo germe no futuro, imediatamente inundarão a corrente sanguínea com anticorpos e glóbulos brancos capazes de oprimir os invasores microscópicos. Os agentes patogênicos serão frustrados antes mesmo de se estabelecerem. E é aí que reside o fenômeno da imunidade duradoura depois que alguém se recupera de uma infecção. A vacinação induz essa imunidade ao introduzir germes mortos ou enfraquecidos no corpo. Conferir imunidade por meio das células de memória é uma propriedade fundamental e vital do sistema imunológico.

Esse sistema de defesa é tão bem ajustado que até nos espantamos com a possibilidade de os micróbios desabrigados poderem criar um nicho para si próprios dentro do corpo humano. No entanto, eles fazem isso, e com uma regularidade alarmante. Um método engenhoso que eles utilizam é chamado de *mimetismo molecular*. Se a superfície do vírus for semelhante o suficiente a uma célula nervosa ou muscular, os glóbulos brancos T e B não o reconhecerão como um invasor externo. Disfarçados dessa forma, os micróbios não serão atacados; eles serão tolerados pelo sistema imunológico. Mas são como um lobo em pele de cordeiro.

Além do problema evidente de permitir o livre acesso dos germes às células do corpo, o mimetismo molecular gera outros contratempos. A semelhança dos germes com certas células do corpo, em alguns casos, desencadeia um ataque imunológico a essas células. Como o ataque ocorre nos tecidos "próprios", o distúrbio resultante é chamado de *doença autoimune*. Quando as células do pâncreas produtoras de insulina são alvejadas, o resultado é o diabetes juvenil. Na artrite reumatoide, a cartilagem e os tecidos lubrificantes das articulações é que são devorados pelas células do sistema imunológico. Quem sofre de esclerose múltipla é vítima de outro tipo de ataque autoimune, dessa vez nas células do sistema nervoso central.

ORIGEM DOS VÍRUS

Parece que, de alguma forma, os vírus sempre vão encontrar um meio de obter lucro biológico à nossa custa. Como mostra o registro histórico, eles têm feito isso há milhares de anos. O rosto mumificado marcado de pústulas de Ramsés V é um testemunho silencioso da presença da varíola no Antigo Egito. Os hieróglifos em baixo-relevo também mostram um padre com as pernas atrofiadas, sugerindo poliomielite. E, sem dúvida, a infecção viral é anterior a esse período. É quase certo que os primeiros habitantes das cavernas também travavam combates contra os vírus. As maneiras como esses organismos entram nas células e assumem o controle só podem ocorrer por meio de uma associação muito longa, na qual os vírus se adaptaram — e estão continuamente se adaptando — a seus hospedeiros.

O momento exato em que essa associação começou ainda é uma estimativa. Uma teoria propõe que os vírus, por serem mais simples do que as células, apareceram primeiro. De acordo com essa hipótese, os ácidos nucleicos ficaram mais complexos até se tornarem a matéria-prima das células. Ao longo do caminho, cadeias mais simples de DNA e RNA foram deixadas para trás, para aprenderem os caminhos do parasitismo — e se tornarem a matéria-prima dos vírus.

Embora tenha sido popular em uma época, essa teoria agora é considerada inverossímil. Um cenário mais provável é que os vírus tenham evoluído de pedaços de material genético celular que escaparam de suas células há uma eternidade. Com o tempo, de acordo com a hipótese do "gene que escapou", esses fragmentos de ácido nucleico derivados do hospedeiro desenvolveram a capacidade de ser parasitas intracelulares independentes e autorreplicantes. Eles se tornaram vírus.

Um cientista, o famoso astrônomo britânico Fred Hoyle, chegou a propor que os vírus originalmente caíram, e continuam caindo, do espaço sideral. Não é exatamente um consenso entre os virologistas de hoje. Seja qual for sua origem, depois que se estabeleceram neste planeta, os vírus se tornaram uma força a ser considerada. E, surpreendentemente, não foi como agentes de doenças que eles podem ter manifestado seus efeitos mais profundos. Mas como agentes de mudança evolutiva.

VÍRUS COMO AGENTES DE MUDANÇA GENÉTICA

O primeiro insight de que os vírus podem fazer muito mais do que apenas nos deixar doentes veio de estudos com o vírus do sarcoma de Rous, na década de 1970. Esse vírus causa um câncer mortal em galinhas, inserindo um gene causador de câncer, um oncogene, direto no DNA da célula hospedeira — um processo chamado de *integração.*

Os cientistas ficaram curiosos em relação a esse oncogene e começaram a examiná-lo mais de perto. Para a surpresa deles, o gene era muito comum, encontrado rotineiramente em galinhas saudáveis. Ao que parecia, o vírus do sarcoma estava roubando o gene da célula hospedeira e levando-o para outras células, em outras galinhas. Durante a abdução, a associação próxima com genes virais alterou o gene normal da galinha, transformando-o em um causador de câncer.

Mais estranho ainda, esse gene sequestrado era incrivelmente onipresente, aparecia em uma ampla gama de vertebrados, incluindo peixes, camundongos, vacas e até mesmo seres humanos. Talvez essa onipresença não tenha sido coincidência. Talvez os vírus estivessem disseminando o gene não apenas para outras galinhas, mas por todo o reino animal. Por conclusão lógica, os vírus poderiam ser agentes de dispersão para uma série de genes, o que os colocaria ao lado da reprodução sexuada como uma grande força na criação de variabilidade genética e, em última instância, na evolução das espécies.

Então, em 1977, uma descoberta científica realmente surpreendeu a comunidade genética. Naquele ano, os cientistas encontraram *íntrons* nos genes de galinhas e coelhos. Um íntron é um trecho de DNA insignificante — um DNA que não codifica proteínas e que, até então, não tinha nenhuma função discernível (um quadro que foi evoluindo com o tempo).

Investigações posteriores revelaram a presença de íntrons em muitos outros animais, incluindo seres humanos. Quanto mais evoluído um organismo, mais DNA insignificante ele parece ter — surpreendentemente, mais de 95% do nosso próprio DNA são extensões inúteis de íntrons.

Será que esse DNA pode ser feito de restos de infecções virais antigas, um legado fóssil do nosso passado evolutivo? Será que a maioria do nosso material genético é formada por restos inúteis de germes invisíveis que se infiltraram nos nossos cromossomos ao longo dos séculos? Pode ser. Desde a descoberta deste DNA, estudos de biólogos moleculares demonstraram que certos trechos de DNA humano se parecem muito com os genomas de determinados vírus. E uma parte do DNA viral encontrado em seres humanos é idêntico a partes encontradas nos nossos parentes não humanos mais próximos, os chimpanzés. Os pesquisadores levantam a hipótese de que, há 10 milhões ou 50 milhões de anos, esse vírus penetrou no DNA de um primata que mais tarde evoluiu para os chimpanzés e seres humanos. Pode até mesmo ter sido um vírus que, na época, tenha provocado uma epidemia fatal — uma aids pré-histórica. Agora ele é apenas um excesso de bagagem nas células descendentes daqueles que sobreviveram ao seu terror, uma lembrança silenciosa de uma antiga infecção viral, um convidado que veio jantar e simplesmente não quis ir embora.

ALÉM DO VÍRUS:
O PRÍON

A biologia molecular é muito parecida com o País das Maravilhas de Alice: em alguns momentos é pura *bizarramentice.* A primeira a ser descoberta foi a bactéria, um minúsculo organismo unicelular que crescia dentro de nós e nos deixava doentes. Depois veio o vírus, uma partícula ainda menor que de fato entrava nas nossas células e se tornava parte delas. E, além disso, nos deixava doentes. A coisa mais estranha e notável de todas, entretanto, é uma partícula infecciosa que foi isolada e identificada em 1982. Nem uma célula viva nem mesmo um vírus, a minúscula partícula confundiu os cientistas porque parecia ser proteína pura. Havia uma ausência total de material genético, o que excluiria a capacidade de reprodução, mas, apesar disso, sem dúvida a partícula era infecciosa, já que causava uma série de doenças fatais que verdadeiramente perfuravam o cérebro.

Acontece que essas partículas, que receberam o nome de *príons*, ou "partículas proteicas infecciosas", não se replicam. Porém o que elas fazem é igualmente fatal. Quando os príons entram em contato com certas proteínas normais da célula hospedeira, fazem com que essas proteínas se transformem em uma forma distorcida que se assemelha ao próprio príon. No que parece ser uma espécie de reação em cadeia, essas proteínas recém-deformadas convertem outras proteínas normais ao redor. As enzimas, que geralmente quebram as proteínas do cérebro quando não são mais necessárias, não podem agir sobre essas moléculas anormais. Quando uma quantidade suficiente de proteína normal é alterada, ocorre a doença. Esse negócio de biologia molecular é mesmo fascinante.

Kuru é uma das poucas doenças conhecidas provocadas por príons. Ela afetou nativos de Papua-Nova Guiné, que a contraíam quando os membros da família comiam cérebros de entes queridos que tinham morrido havia pouco tempo. Era uma demonstração de respeito habitual que foi descontinuada desde então.

O príon também causa uma doença neurológica rara chamada doença de Creutzfeldt-Jakob (DCJ). O famoso coreógrafo George Balanchine morreu de DCJ. É entre os animais, porém, que o príon é mais arrasador; no gado, causa o mal neurológico chamado de *doença da vaca louca*. A doença foi descoberta em 1984, quando um veterinário foi chamado a uma fazenda no sul da Inglaterra, onde uma vaca leiteira apresentava um comportamento incomum: pânico, agressividade e andar cambaleante. Em 1985, mais vacas começaram a exibir sinais do mal misterioso. A doença era invariavelmente fatal, e o exame do cérebro das vacas mortas mostrou que estavam crivados de buracos, como um queijo suíço. A *encefalopatia espongiforme bovina* (EEB), o nome correto da doença da vaca louca, tinha feito suas primeiras vítimas. Mas uma epidemia estava se formando na Inglaterra e, de 1992 a 1993, quase mil novos casos apareciam toda semana. Em seguida, a doença começou a diminuir. Em julho de 2000, no entanto, mais de 176 mil vacas sucumbiram à infecção causada por príons na Grã-Bretanha. Casos isolados também apareceram em outros dezoito países europeus, no Canadá e no Japão. A maioria, entretanto — mais de 99% —, estava confinada ao Reino Unido.

Mas de onde veio essa doença, desconhecida até 1984? No fim da década de 1980, epidemiologistas e especialistas em doenças infecciosas começaram a montar o quebra-cabeça da "vaca louca". O gado costuma ser alimentado com partes descartadas de animais — carne e ossos —, que são moídas e adicionadas à ração. Essa refeição oferece uma proteína barata, necessária para a produção adequada de leite. Infelizmente, alguns bovinos tinham sido alimentados com restos de ovelhas infectadas com paraplexia enzoótica dos ovinos (*scrapie*), um distúrbio destruidor de cérebros conhecido desde 1700, que se assemelha à doença da vaca louca e é causado pelo mesmo agente infeccioso. Antes de 1981, as carcaças de ruminantes (vacas, ovelhas, cabras) eram submetidas a altas temperaturas e ao uso de solventes orgânicos para remover a gordura antes de serem processadas na ração. Isso era suficiente para destruir os príons contaminantes. Mas as mudanças no sistema de processamento da gordura, feitas por motivos econômicos, reduziram o calor e eliminaram o solvente orgânico, permitindo que os príons, ainda não descobertos, escapassem da inativação.

Para remediar a situação, a Grã-Bretanha destruiu milhões de animais como medida de precaução e instituiu leis rígidas proibindo o uso de partes do corpo de ruminantes como fonte de proteína na ração do gado. Nos Estados Unidos, não houve casos relatados e, para garantir que o país continuasse livre da EEB, em 1989 foram aprovadas leis que proibiam a importação de ruminantes vivos de países onde se sabia da existência da doença. Em 1997, essas leis passaram a incluir produtos de ruminantes, como carne, miúdos e farinha de carne e ossos, vindos de toda a Europa.

Com um número significativo de bovinos sendo infectados, surgiu a questão da possibilidade de risco à saúde se a carne dessas vacas doentes entrasse no fornecimento de alimentos. Inicialmente, os especialistas acreditaram ser "muito improvável que a EEB tenha alguma implicação na saúde humana" (*Secret Agents: The Menace of Emerging Infections*, de Madeline Drexler). Eles estavam errados. Em 1996, dez casos de uma nova forma da doença de Creutzfeldt-Jakob surgiram no Reino Unido, apresentando mudanças bizarras de comportamento e personalidade, tremores e demência. E apareceu em pacientes surpreendentemente jovens, com idade média de 28 anos. O príon se mostrou capaz de ser transmitido entre espécies, dos ruminantes para os seres humanos. Até hoje não há cura para a doença, que é sempre fatal.

Novos métodos desenvolvidos ao longo dos anos aceleram o diagnóstico da infecção, mas a verificação até então era muito complexa de ser feita. A presença do agente da EEB em um tecido quase sempre é determinada pela injeção em camundongos de material com suspeita de estar infectado e pela observação desses animais. Os estudos de inoculação em camundongos podem levar quase dois anos. Procedimentos especiais de tintura também podem ser usados para detectar proteínas príon anormais nos tecidos, mas esses testes costumam ser imprecisos e inconclusivos.

Felizmente, as poucas doenças conhecidas causadas por príons são bem raras. Até mesmo a variante DCJ, ligada à ingestão de carne de vaca louca, resultou em menos de trezentos casos em todo o mundo desde 1996. E, embora o período de incubação seja longo — dez anos ou mais — e muitos mais casos surjam na próxima década, os vírus e as bactérias ainda são aqueles que representam a maior ameaça para a humanidade — uma ameaça que só agora está sendo percebida em sua totalidade, com o surgimento de novas infecções virais assustadoramente fatais e bactérias cada vez mais resistentes a medicamentos.

TEMPESTADE EM FORMAÇÃO: NOVOS VÍRUS

O século XX testemunhou a erradicação de uma das piores doenças virais que já assolaram a humanidade: a varíola. A poliomielite caminha rumo a um destino semelhante.* Acrescente a isso o sucesso que os antibióticos têm conseguido na frente bacteriana, e não é de admirar que os microbiologistas tenham sido enganados por uma falsa sensação de segurança. Em 1969, o então cirurgião geral dos Estados Unidos, William H. Stewart, declarou que "a guerra contra as doenças infecciosas estava vencida". Estudantes de biologia foram afastados do estudo da patogenicidade porque se acreditava que todo o trabalho importante já havia sido feito.

E então vieram a aids, e o ebola, e a febre de Lassa, e a doença de Marburg, e a dengue, e a febre do Nilo Ocidental. Essas doenças surgiram, em sua maioria, nas selvas úmidas mundo afora. As florestas tropicais exuberantes são repletas de vírus fatais. Além disso, as mudanças no estilo de vida e nas condições ambientais atuam para que eles se espalhem. As viagens aéreas, o desmatamento e o aquecimento global estão forçando alguns vírus, que nunca antes eram encontrados, a cruzar repentinamente o caminho da humanidade. Resultado: o surgimento de novos vírus.

Hoje em dia, cerca de 5 mil frascos contendo vírus exóticos ficam armazenados, liofilizados, na Universidade de Yale. São todos importados das florestas tropicais e estão aguardando o surto de doenças que podem ser atribuídas a eles. Muitos são transportados por insetos e denominados *arbovírus* (transmitidos por artrópodes). Outros, que preocupam ainda mais, ficam no ar e podem simplesmente ser aspirados. Alguns com certeza são capazes de ameaçar a existência da humanidade. Joshua Lederberg, que ganhou o Prêmio Nobel de Fisiologia ou Medicina em 1958 e foi a maior autoridade em vírus emergentes, advertiu em um artigo de dezembro de 1990, na revista *Discover*: "Ainda não compreendemos totalmente que a aids é um fenômeno natural, quase previsível. Ela não será um evento único. Pandemias não são atos de Deus, mas sim inseridas nas relações ecológicas entre os vírus, as espécies animais e a espécie humana. [...] Haverá mais surpresas, porque nossa fértil imaginação nem chega perto de estar à altura de todas as peças que a natureza pode pregar". Ainda de acordo com Lederberg: "A sobrevivência da humanidade não é algo predeterminado. [...] A única grande ameaça à continuação do domínio do ser humano no planeta é o vírus" (*A Dancing Matrix: How Science Confronts Emerging Viruses* [Uma matriz dançante: como a ciência enfrenta os vírus emergentes], de Robin Marantz Henig).

* A poliomielite caminha rumo a um destino semelhante — após a erradicação de duas cepas do vírus em 2015 e em 2019, o próximo passo é erradicar o poliovírus selvagem tipo 1, que ainda circula no Afeganistão e no Paquistão.

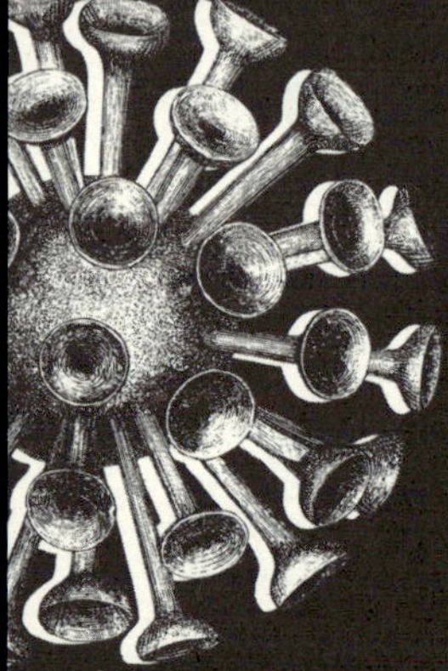

ZIMMERMAN BROS

MEDICINA MACABRA 3

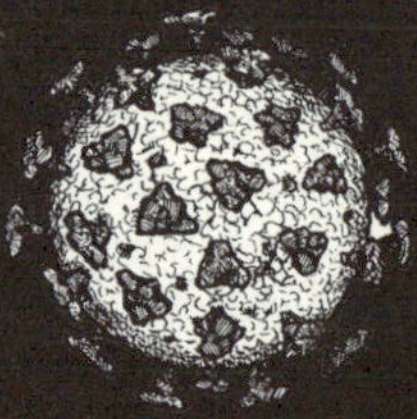

COVID-19
E A PANDEMIA DE DESINFORMAÇÃO

Diferentemente de algum evento histórico, poucas pessoas lembram de quando se deram conta de que o mundo vivia uma pandemia em pleno século XXI. Oficialmente, a Organização Mundial da Saúde (OMS) declarou a pandemia de covid-19 em 11 de março de 2020, mas o alerta já vinha desde janeiro, quando o órgão decretou o surto do novo coronavírus uma Emergência de Saúde Pública de Importância Internacional (ESPII).

Para especialistas em epidemiologia o evento de uma pandemia era inevitável, e mesmo assim não estávamos preparados. Estima-se que existam aproximadamente 1,5 milhão de vírus no reino animal, que em algum momento podem chegar ao ser humano e se tornar letais. Foi o caso do SARS-CoV-2, o sétimo tipo de coronavírus a atingir seres humanos desde que esta família de vírus foi identificada.

O alerta já existia desde o início deste século, com episódios de SARS e MERS, outras doenças respiratórias causadas por coronavírus, mas que não chegaram perto das proporções da covid-19. Mais de um século após um surto global de Influenza, a humanidade já havia avançado em tecnologia e protocolos para evitar que uma nova pandemia se instalasse — ainda assim ela veio e ninguém soube muito bem como lidar com o problema.

As primeiras notícias eram assustadoras, mas pareciam distantes demais para serem levadas a sério. Na China, a região de Wuhan aplicava lockdown rígidos, isolando cidades inteiras. O fornecimento de alguns materiais provenientes daquele país começou a ser afetado, mas ninguém acreditava que se tratava de algo muito mais grave do que a relativamente recente pandemia de H1H1 (gripe suína), ocorrida em 2019.

Quando o SARS-CoV-2 chegou na Europa o alerta do ocidente foi ligado. A Itália vivia um colapso do sistema de saúde e foi obrigada a fazer seu próprio lockdown. Depois Espanha, e a partir daí Estados Unidos, Brasil e boa parte do mundo precisou se fechar dentro de casa para evitar a propagação deste novo vírus que ainda não compreendíamos direito.

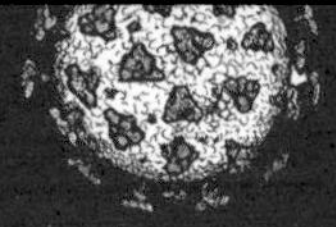

A pandemia fechou empresas, bloqueou fronteiras, ceifou negócios, adiou eventos marcantes nas vidas das pessoas, causou demissões e impôs uma recessão não apenas econômica, mas social, que ainda está se desdobrando em todo o mundo. A tão difundida e odiada expressão "novo normal" ainda permanece um enigma, afinal, ainda estamos tentando compreender este mundo com a existência da covid-19.

Embora diversos países, ricos ou pobres, tenham sofrido o impacto do novo coronavírus, o caso do Brasil merece ser observado à parte. Desde o início as orientações em um país de dimensões continentais eram divergentes. Enquanto estados inteiros cumpriam um rígido lockdown assim que a primeira transmissão comunitária fora confirmada, outros permaneciam abertos como se nada tivesse acontecido, inclusive com as típicas aglomerações de carnaval.

Mesmo quando a dimensão do problema já era da compreensão de todos, a falta de uma orientação centralizada para toda a nação não apenas dificultou, mas quase impediu a contenção dos contágios em território nacional, criando diferentes epicentros de acordo com estados e regiões, em uma tragédia que se desdobrava em lentos e imprevisíveis capítulos.

Assim como tudo o que ocorre no Brasil, a pandemia foi politizada e esbarrou no negacionismo, na corrupção, nas teorias conspiratórias e na má vontade de enfrentar um problema que estava ali, causando mortes e sequelas. Em dois anos de pandemia (até agora) já passamos por quatro ministros da saúde — isso sem contar o período de quatro meses em que o Ministério simplesmente não tinha um titular efetivo.

A crise causada pela pandemia não foi apenas sanitária e institucional, foi de desinformação. Enquanto a ciência ainda buscava compreender o vírus e corria contra o tempo no desenvolvimento de vacinas e possíveis fármacos, choveram "soluções milagrosas" para tratar a doença: remédios para malária, antibióticos, vermicidas, ozonioterapia e até mesmo alvejantes chegaram a figurar entre as possíveis curas ou medidas preventivas contra a doença. Algumas dessas drogas chegaram a figurar no protocolo oficial de tratamento da doença, mesmo sem qualquer comprovação científica de sua eficácia contra a covid-19.

A ironia é que a mesmas pessoas que defendiam remédios aleatórios para tratar a covid-19 alegavam a ausência de comprovação científica para o uso das vacinas que estavam sendo desenvolvidas em tempo recorde — o que foi possível graças à feliz combinação de avanços científicos, boa vontade dos investidores (que tinham pressa em frear a pandemia) e a simplificação de algumas burocracias.

O brasileiro reviveu seu passado de mais de um século com sua relação problemática com vacinas. Entre o final do século XIX e o início do século XX a vacinação contra varíola se tornou compulsória no Brasil. Em um cenário muito semelhante de disputas políticas, fake news, porém sem o acesso a informação da qual dispomos hoje, em 1904 ocorreu a Revolta da Vacina, que resultou em 945 prisões, 110 feridos e 30 mortos.

A diferença entre o Brasil que havia se tornado uma república recentemente e o cenário que vivemos nos anos 2020 não está apenas nos avanços tecnológicos, mas no acesso à informação — o que no fim das contas também tem mostrado seus efeitos colaterais. Nunca se teve tanta possibilidade de acompanhar os avanços científicos e os pesquisadores nunca foram tão transparentes (e cobrados por isso) como agora. Porém, ao mesmo tempo há quem difunda teorias conspiratórias para desmerecer tais conquistas, e das mais absurdas: desde a implantação de microchips de espionagem até mesmo à alteração do DNA de vacinados.

A desconfiança sobre as vacinas não é exclusividade do Brasil, é claro. Em todo o mundo há pessoas que se recusam a ser imunizadas, com alegações que vão desde a defesa de liberdades individuais até a desconfiança dos efeitos de longo prazo do imunizante — ao mesmo tempo em que ignoram as consequências de longo prazo da infecção do próprio coronavírus.

Felizmente o Brasil ainda dispõe de mecanismos que funcionam há décadas na conscientização e na aplicação de imunizantes. Desde a década de 1970 o país conta com o Plano Nacional de Imunização, que atua na educação da população e na distribuição de vacinas. A varíola e a poliomielite, esta última causadora da paralisia infantil, já foram erradicadas no país graças à vacinação. Doenças como tétano, gripe, difteria, coqueluche, hepatite B, catapora, HPV, entre outras, passaram a ser evitadas ou minimizadas graças à imunização.

Embora os desdobramentos da pandemia de covid-19 ainda sejam incertos, graças ao surgimento de variantes, há motivo para certo otimismo no seu prognóstico, com uma aprovação expressiva da vacinação por parte dos brasileiros e com a possível atenuação do vírus.

Ao mesmo tempo em que a humanidade está aprendendo a conviver com o SARS-CoV-2, ele também precisa aprender a conviver conosco, tornando-se menos letal se não quiser ter o mesmo fim de seus primos causadores de SARS e MERS. Enquanto órgãos como a OMS conseguem vislumbrar um possível cessar-fogo contra a covid-19, a batalha contra a pandemia da desinformação parece cada vez mais incerta.

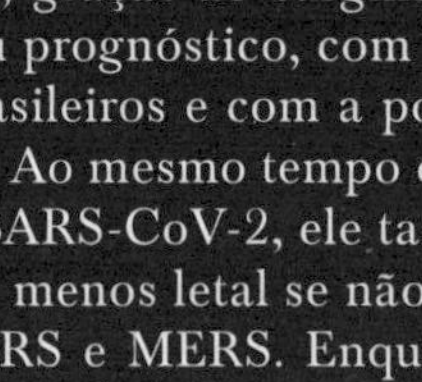

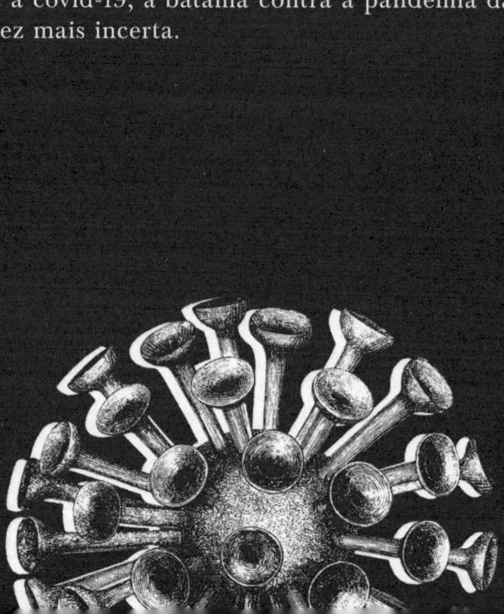

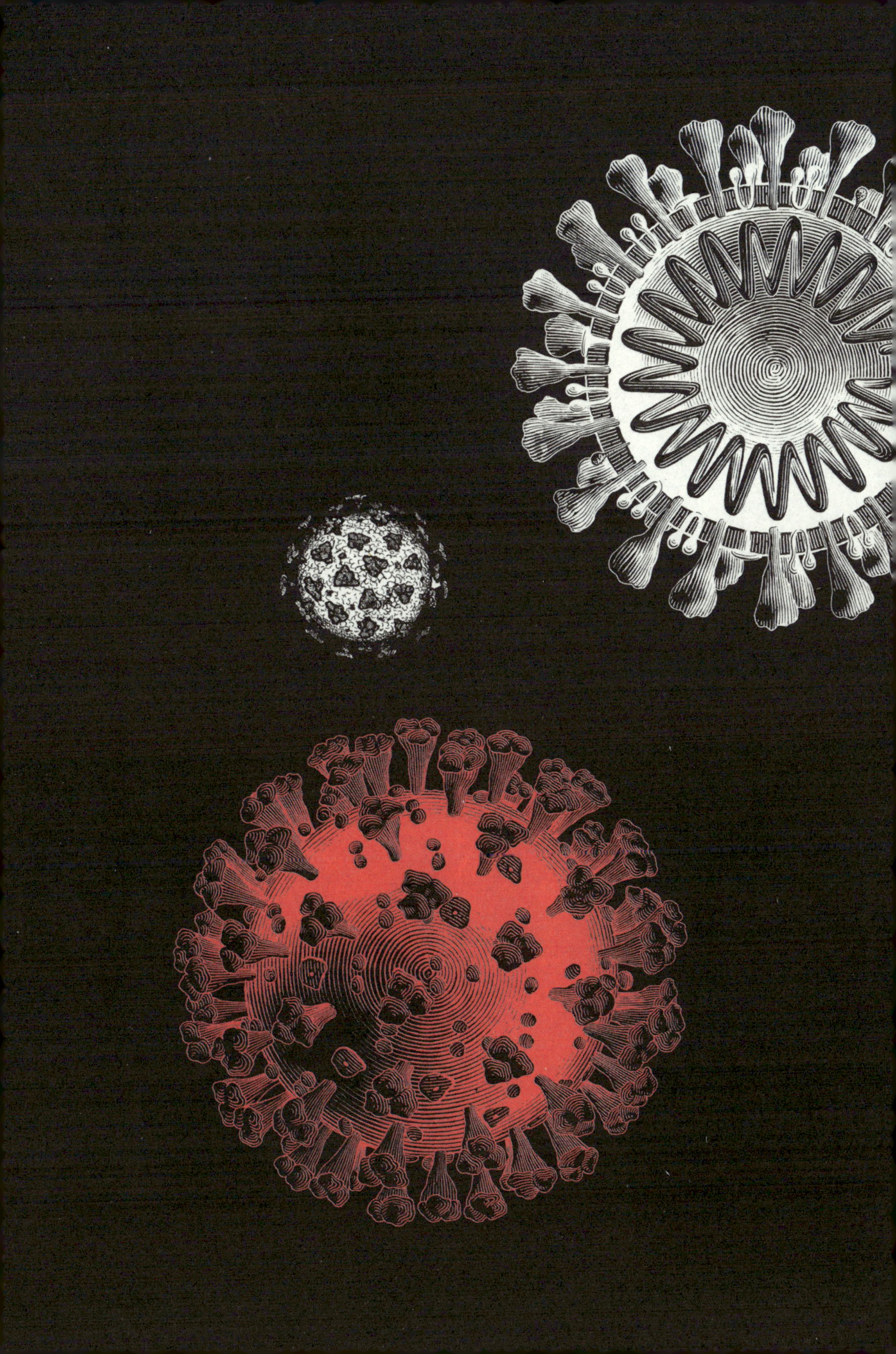

H. P.
Miguel de cerbantes
Saavedra

O começo
da saúde é
conhecer
a doença.

Miguel de
Cervantes

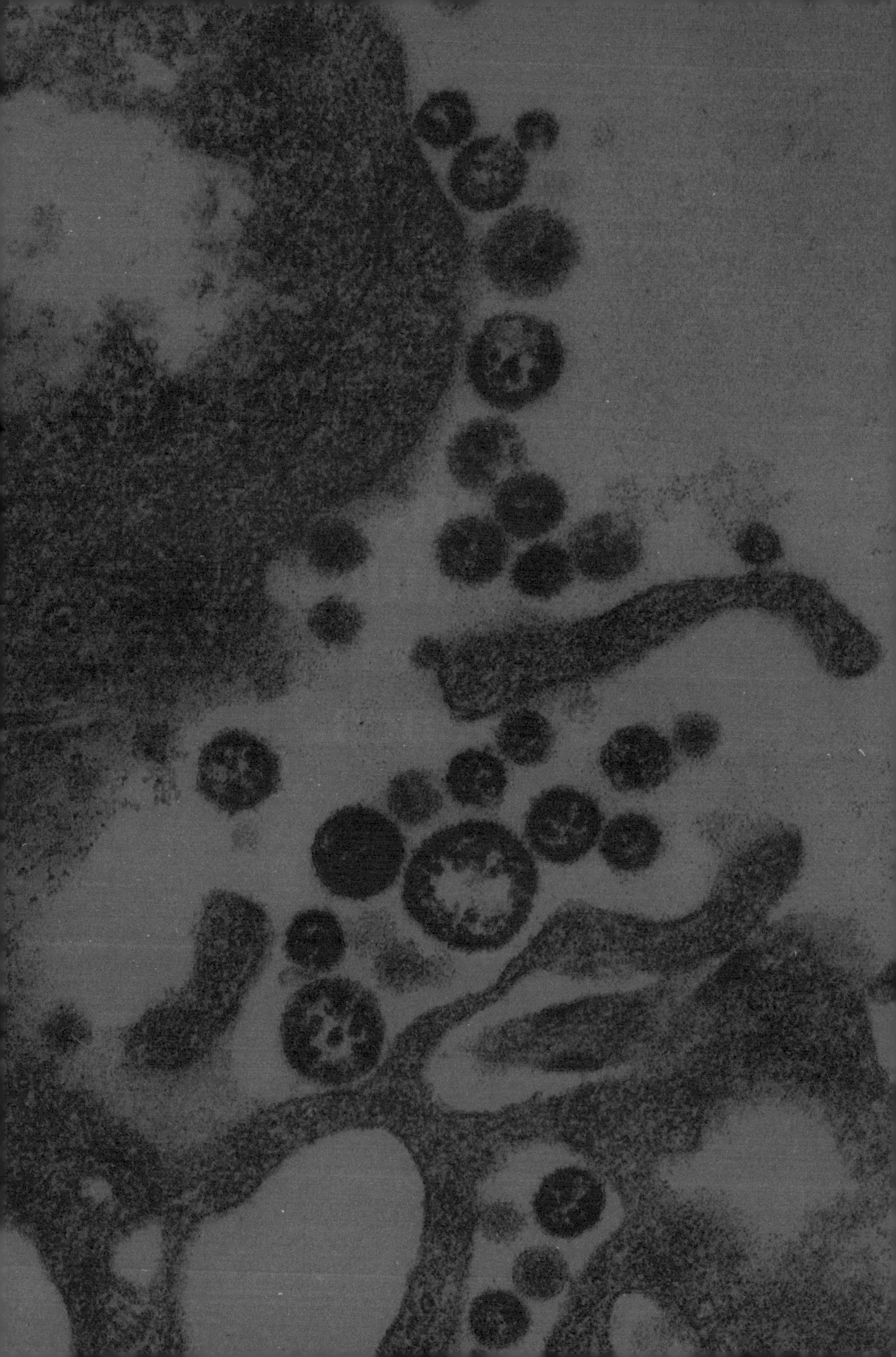

G

AMEAÇAS EMERGENTES

uma sopa viral nas entranhas do hospedeiro

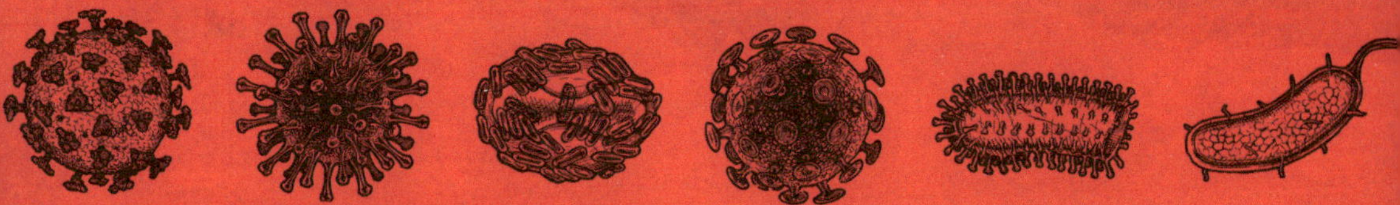

G

AMEAÇAS EMERGENTES

uma sopa viral nas entranhas do hospedeiro

Em 1969, Michael Crichton escreveu um livro assustador chamado *O Enigma de Andrômeda*, no qual narrou eventos que envolviam o surgimento de um vírus tão fatal que poderia eliminar a humanidade. O livro era de ficção científica.

Em 1994, Richard Preston escreveu um livro apavorante chamado *Zona Quente*, no qual abordou o surgimento de vírus tão fatais que poderiam ter eliminado a humanidade. O livro trazia fatos científicos, era um relato sobre dois vírus nomeados a partir dos locais onde foram descobertos: *Marburg* (uma cidade na Alemanha) e *Ebola* (um rio na República Democrática do Congo).

MICHAEL CRICHTON
O Enigma de Andrômeda

RICHARD PRESTON
Zona Quente

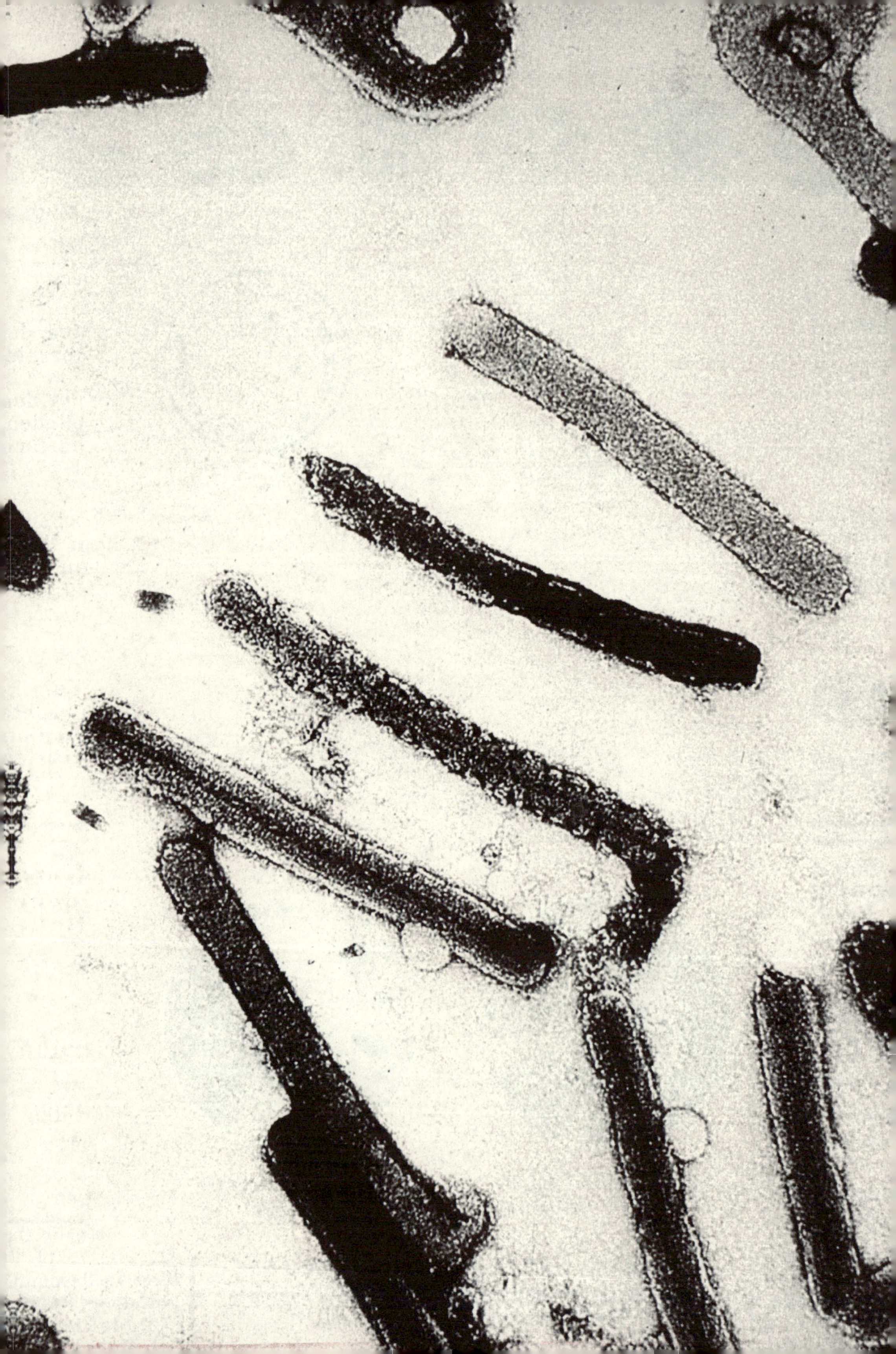

ZIMMERMAN BROS

MEDICINA MACABRA 3

MARBURG

Em um dia quente de agosto, em 1967, três operários da empresa produtora de vacinas Behring Works desenvolveram dores musculares e febre baixa. Possivelmente algum tipo de gripe, os médicos pensaram no início. Com o passar dos dias, no entanto, ficou claro que não era uma gripe. Os trabalhadores passaram a apresentar náusea e vômito, além de diarreia. Ao mesmo tempo, seus olhos ficaram gravemente injetados de sangue, e eles desenvolveram uma erupção cutânea dolorosa — resultado da coagulação do sangue nos milhares de vasos capilares logo abaixo da pele. As gargantas ficaram tão feridas que eles não conseguiam engolir e tinham que ser alimentados por via intravenosa. Mas o vírus estava apenas esquentando os motores. Dez dias depois do início dos sintomas, eles começaram a vomitar e defecar sangue.

Marburg, ebola e várias outras infecções virais arrasadoras são chamadas de *febres hemorrágicas* porque os doentes começam a sangrar em profusão nos estágios posteriores da doença. Com os fatores de coagulação do corpo exauridos, o sangue escorre de todos os orifícios, levando consigo os tecidos danificados. Em uma agonia sanguinolenta, a vítima "desaba e sangra", de acordo com as palavras de médicos familiarizados com a doença. O sangue e os vírus de Marburg jorram em todas as direções; se o vírus atingir outro ser humano, o terrível ciclo de infecção recomeça.

No total, 31 europeus foram infectados com o vírus de Marburg, incluindo seis pessoas em Frankfurt, Alemanha, e um veterinário e sua esposa na Iugoslávia. Sete morreram. Depois, o vírus de Marburg desapareceu de modo tão repentino quanto havia surgido.

Depois do surto, os cientistas trabalharam freneticamente para responder às perguntas mais básicas. Que tipo de vírus era aquele? De onde tinha vindo? Como resposta à segunda questão, logo se descobriu que todas as pessoas inicialmente doentes tiveram contato com macacos ou manusearam tecidos desses animais. E, ainda, eram todos macacos-verdes africanos, importados de Uganda em três remessas separadas. Centros de pesquisa de todo o mundo importam macacos selvagens da África e da Ásia com frequência. Os fabricantes de vacinas contra a poliomielite usam macacos para desenvolver seu produto, já que o poliovírus se desenvolve bem nas células renais desses bichos. Cerca de 10 mil deles chegam aos Estados Unidos todo ano. Obviamente, alguma coisa estava errada com o lote que foi para a Alemanha em 1967.

O que aconteceu foi que quase metade dos macacos enviados de Uganda chegavam mortos. Não era surpreendente que muitos tivessem morrido de hemorragias graves. O que quer que estivesse matando os macacos na selva, com certeza tinha sido importado para a Europa e estava pulando para uma nova espécie: os seres humanos. O vírus estava *emergindo*.

Quando um vírus salta para uma nova espécie animal, em regra, é excepcionalmente fatal. O novo hospedeiro nunca foi exposto ao vírus, e não foi desenvolvido um relacionamento baseado na coevolução. Por esse motivo, os cientistas não acreditavam que o macaco-verde fosse o hospedeiro natural do vírus de Marburg. O microrganismo era ainda mais arrasador para esses primatas do que para os seres humanos, matando com ferocidade quase 100% deles. Era muito provável que houvesse um reservatório de vírus de Marburg escondido em algum outro animal, ainda desconhecido, das florestas tropicais.

Nos anos seguintes, a OMS, os Estados Unidos e a Europa enviaram equipes de cientistas ao Quênia e a Uganda, para vasculhar o interior desses países em busca do tal animal. Eles capturaram e testaram dezenas de milhares de macacos, símios, roedores, mosquitos, carrapatos, morcegos e gatos. Infelizmente, o animal em que o vírus de Marburg residia de forma natural e inofensiva provou ser muito esquivo, e eles não encontraram nenhum reservatório do vírus.

Eletromicrografias de amostras de sangue e tecido das vítimas de Marburg revelaram que, onde quer que estivesse escondido, o vírus era diferente de qualquer outro. Enquanto a maioria dos vírus é esférica ou de formato semelhante, o vírus de Marburg parecia um pequeno pedaço de lã. Quando ele se "amplificava" dentro de uma célula, produzindo milhares de cópias virais, parecia uma tigela de espaguete emaranhado. Portanto o agente da febre hemorrágica de Marburg foi apelidado de *filovírus*, já que *filo* significa "fio" em latim. Nenhum outro vírus se parecia com o de Marburg.

Desde o surto alemão de 1967, o vírus atacou de novo apenas mais duas vezes: em 1976 e em 1990. Ao todo, quatro pessoas foram infectadas, todas europeias, e todas contraíram a doença durante viagens à África. Uma delas morreu. Hoje em dia, o vírus está armazenado em estado liofilizado em apenas alguns laboratórios pelo mundo.

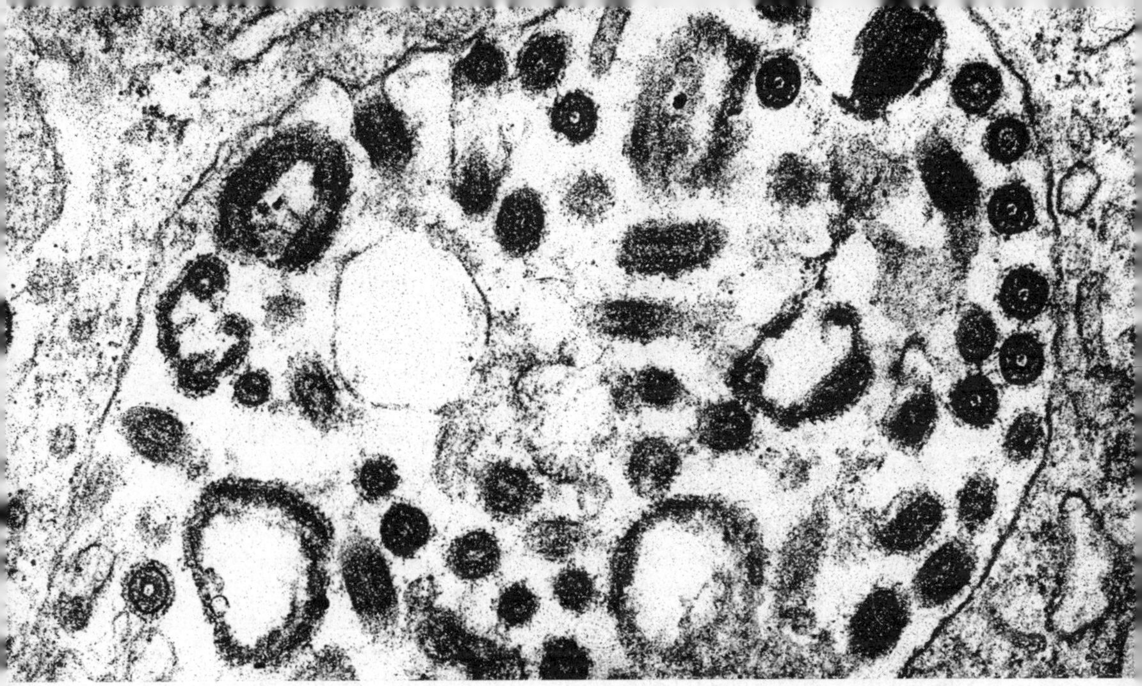

A comunidade científica não está ativamente envolvida no estudo do vírus de Marburg porque ele é muito "quente". Um vírus quente é aquele que se espalha facilmente, mata com rapidez, tem alta taxa de mortalidade e não tem cura nem vacina preventiva. Os vírus mais quentes, grupo dos quais o vírus de Marburg é membro fundador, exigem um manuseio muito especial. Os médicos devem usar "trajes espaciais" pesados, com suprimento de ar independente, para evitar que qualquer parte do corpo entre em contato direto com o patógeno. Luvas de borracha são usadas sob — e às vezes até sobre — o traje, como proteção adicional contra cortes ou perfurações acidentais durante o trabalho com bisturis e agulhas hipodérmicas. Animais e espécimes de tecido costumam ser manuseados em caixas herméticas de vidro e aço, com luvas fixadas permanentemente nelas. O nome da brincadeira é contenção viral.

Para indicar o nível de precaução necessário ao manusear o assassino contagioso, o exército se refere a um vírus quente como um *agente de Nível de Biossegurança 4* (NB-4*)*. Um laboratório de Nível 4 é mantido sob constante pressão negativa, ou seja, a pressão do ar ali é inferior à dos arredores. Isso garante que o fluxo de ar — sempre para dentro da sala — evite o escape de vírus que são transportados por via aérea. O Instituto de Pesquisa Médica de Doenças Infecciosas do Exército dos Estados Unidos (USAMRIID – United States Army Medical Research Institute of Infectious Diseases) opera um laboratório NB-4 em Fort Detrick, nas cercanias de Washington, DC. Um laboratório semelhante existe no CDC em Atlanta, na Geórgia; de fato, foi o surgimento do vírus de Marburg que levou à construção de uma instalação de contenção máxima ali.

Ao sair de um laboratório de Nível 4, os cientistas precisam ser descontaminados. Eles devem ser banhados por luz ultravioleta, uma radiação que retalha o material genético do vírus. Também têm que passar por um banho químico de sete minutos, ao qual nenhum micróbio oportunista consegue sobreviver.

Em comparação com o Marburg, o HIV é apenas um vírus de Nível 2. Não é necessário trajes especiais, alteração na pressão do ar nem procedimentos de descontaminação. O motivo disso é que a doença que ele causa, a aids, embora seja mais letal do que o vírus de Marburg, não é contraída com facilidade. O HIV é um vírus muito frágil e que não se espalha por contato casual. Ele morre segundos após a exposição ao ar e não pode ser transmitido por via aérea. Já o vírus de Marburg pode, acreditam os cientistas.

O vírus de Marburg matou cerca de 25% das pessoas infectadas, o que o torna um vírus extremamente letal. Muitas das piores pragas da humanidade não tinham índices de mortalidade tão altos. Por exemplo, a febre amarela, uma doença viral fatal transmitida pela picada de um mosquito fêmea (os mosquitos machos não picam), geralmente mata apenas uma em cada dez pessoas. No entanto o vírus de Marburg não foi a pior febre hemorrágica que saiu das selvas da África. Nove anos depois do surgimento do vírus de Marburg, um vírus ainda mais mortal se espalhou no Sudão e na República Democrática do Congo. Ficou conhecido como *ebola*.

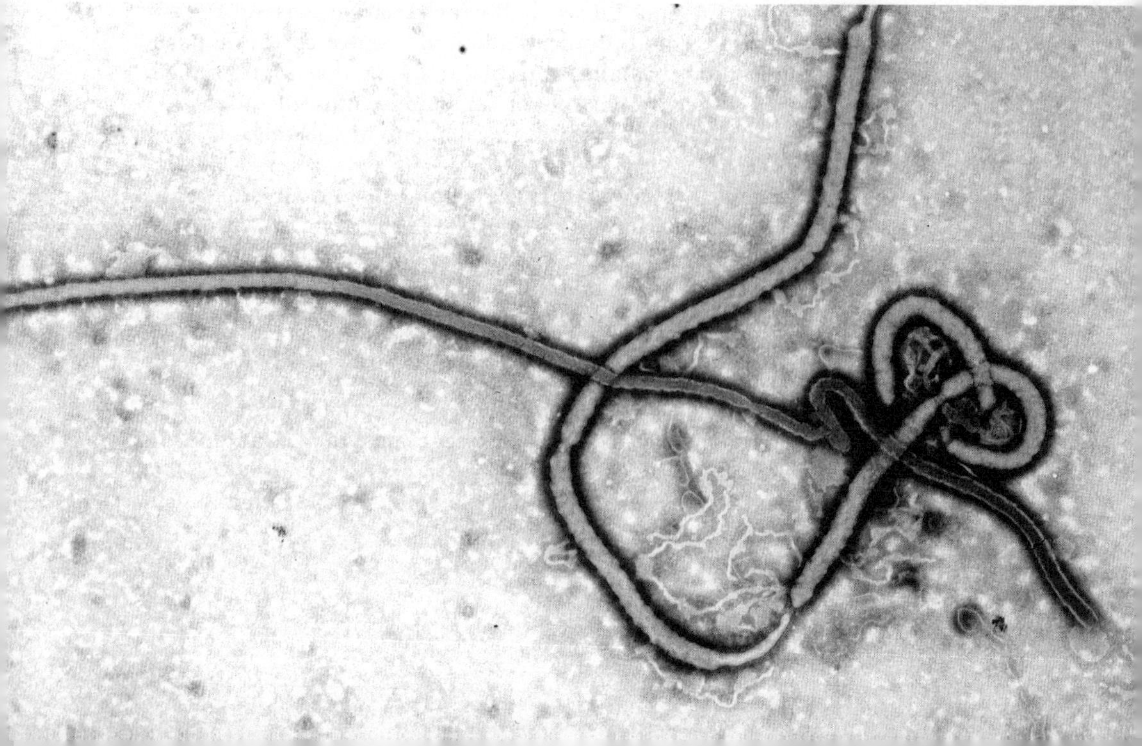

EBOLA

O ebola se apresentou pela primeira vez à humanidade no sul do Sudão em julho de 1976. Um homem calado e humilde chamado sr. Yu. G. ficou doente e teve uma morte agonizante e sangrenta. A partir dele, o vírus se espalhou, infectando amigos, amantes e familiares. Antes de o surto terminar, 284 pessoas tinham sido infectadas e 150 tinham morrido, uma taxa de mortalidade de pouco mais de 50%.

Em setembro daquele ano, o ebola atacou novamente, dessa vez na República Democrática do Congo. O ebola de lá revelou ser uma cepa ligeiramente diferente do ebola do Sudão; foi um superebola que, de maneira chocante, matou 90% de suas vítimas. Durante vários meses, no fim de 1976, ele se espalhou por cinquenta aldeias, matando 325 das 358 pessoas que infectou.

O modo como as matou não foi nada bonito. O vírus ebola pode atacar e se amplificar em praticamente qualquer tecido corporal, exceto nos ossos e talvez nos músculos esqueléticos. Em primeiro lugar surgem fortes dores de cabeça, febre e dores musculares. Depois começa o sangramento. Quando a hemorragia interna ocorre pela primeira vez, os fatores de coagulação do corpo são acionados. Órgãos como o fígado e o baço são transformados em massas endurecidas e dessecadas de sangue coagulado e tecido. Os rins, órgãos filtrantes do corpo, ficam tão obstruídos com o sangue acumulado que param de funcionar. O coração passa a ficar bastante sobrecarregado enquanto tenta bombear esse caos endurecido por milhares de quilômetros de vasos sanguíneos. Quando todo o fator de coagulação disponível se esgota, começa o sangramento descontrolado. O vírus agora está enlouquecido, amplificando-se aos bilhões à medida que destrói o corpo. Os vasos capilares se deterioram, e o sangue flui para os pulmões, estômago e intestino. A pele pode inchar conforme o sangue vaza para o tecido subjacente. As vítimas choram sangue. O ebola está transformando as entranhas do hospedeiro em uma sopa viral. A morte chega rápido, em geral por choque (devido à perda de sangue e à queda da pressão arterial), insuficiência cardíaca ou congestão pulmonar.

Os vírus ebola provaram ser parentes próximos do vírus de Marburg. Eram todos filovírus que, sob o feixe de análise do microscópio eletrônico, pareciam quase idênticos. Todos tinham material genético semelhante — uma única fita de RNA. E, assim como no caso do vírus de Marburg, nenhum hospedeiro natural jamais foi encontrado para nenhuma cepa de ebola. Até hoje não temos ideia de onde esse assassino em série se esconde nas florestas tropicais da África.

Assim como aconteceu com o susto que foi o vírus de Marburg, os surtos de ebola na África terminaram tão rápido quanto começaram. Como um furacão rasgando o campo, destruindo as casas menos capazes de resistir ao seu ataque, o ebola destruiu as pessoas azarentas o suficiente para cruzar seu caminho. E de repente sumiu. A febre hemorrágica, entretanto, reapareceu em maio de 1995, e mais uma vez no ano 2000. Em menos de um mês, antes que aquela violência sangrenta terminasse, 203 congoleses tiveram uma morte horrível no surto de 1995. Quase o mesmo número de ugandeses pereceu na virada do milênio.

Sem dúvida, o ebola não desapareceu.* Mas se é tão letal para os seres humanos, por que o vírus não destruiu milhões, como fizeram as epidemias de varíola, gripe e peste bubônica? Talvez ele fosse mortal demais para seu próprio bem. Como Richard Preston observa em *Zona Quente:* "O ebola faz em dez dias o que a aids leva dez anos para fazer". Em dez anos, o HIV tem muito mais oportunidades de ser transmitido para outros seres humanos do que o ebola em dez dias.

Ainda mais significativo é o fato de que os filovírus aparentemente não são tão contagiosos quanto se temia no início. Embora os vírus de Marburg e ebola possam infectar e matar macacos que os inalam, a transmissão pelo ar não ocorre com facilidade. E a transmissão de um ser humano para outro pelo contato casual é ainda menos provável. Durante os surtos de 1976, a propagação do ebola não se deu por causa de pessoas que se cumprimentavam na rua ou frequentavam os mesmos restaurantes. Ironicamente, os hospitais foram os grandes responsáveis pelas miniepidemias. Muitos hospitais eram pouco mais do que barracos em ruínas administrados por missionários cristãos. Os suprimentos médicos eram quase inexistentes. Quando os pacientes chegavam em busca de medicação antimalárica ou de tratamento para diversas doenças, as mesmas agulhas eram usadas várias vezes, com pouco mais do que um enxágue rápido entre uma injeção e outra. Não é de admirar que os hospitais tenham se tornado campos de extermínio, onde freiras injetavam inadvertidamente vírus letais em pessoas saudáveis.

Em 1989, o ebola chegou aos Estados Unidos e foi parar nas instalações da Hazelton Research Products, em Reston, na Virgínia. Não foi nenhuma surpresa o fato de ter chegado por meio da importação de macacos de pesquisa — quinhentos deles. Os macacos, porém, não vinham da África e não eram macacos-verdes. Essa cepa específica de ebola tinha vindo das Filipinas. Quando os macacos começaram a morrer e um filovírus foi encontrado no sangue deles, os especialistas médicos entraram em pânico. O USAMRIID e o CDC foram acionados. Todos os macacos sobreviventes foram aniquilados, e a instalação de Hazelton foi higienizada com água sanitária e descontaminada com gás formaldeído. Felizmente, o ebola de Reston se mostrou não patogênico para os seres humanos. Ninguém morreu. Ninguém sequer ficou doente. Mas vários trabalhadores tiveram resultado positivo para anticorpos do ebola no sangue; eles tinham sido infectados. Os Estados Unidos se esquivaram de um projétil viral.

* Entre 2013 e 2016, mais de 11 mil pessoas morreram na epidemia de Ebola na África Ocidental. Em 2021, a Guiné declarou um novo surto da doença após registrar pelo menos três mortes e quatro doentes no sudeste do país.

É interessante notar que, durante um dos surtos de ebola na África, o sangue de uma freira sobrevivente da doença foi coletado várias vezes em busca de anticorpos para o vírus. Quando injetado em uma pessoa nos estágios iniciais da febre ebola, às vezes se mostrava benéfico. Algum tempo atrás, pesquisadores usaram essa terapia de anticorpos, produzindo algumas dessas moléculas do sistema imunológico que se ligam especificamente a proteínas na superfície das células infectadas pelo ebola. Quando administrados a camundongos 24 horas antes de receberem o vírus, esses anticorpos conseguiram evitar a infecção. Alguns dos animais ficaram protegidos até mesmo quando o tratamento foi aplicado *depois* da exposição ao ebola. Embora não seja uma vacina, a terapia com anticorpos, se for bem-sucedida em testes com seres humanos, pode oferecer uma profilaxia pós-exposição em curto prazo.*

Os filovírus não são os únicos patógenos que surgem das florestas tropicais. Nem são os únicos vírus de Nível 4 que chegam às manchetes. Existem outros vírus mortais que podem, por sua infecciosidade e seus modos de transmissão, representar ameaças ainda maiores para a humanidade. A febre de Lassa, a dengue e a febre hemorrágica coreana são causadas por vírus quentes que merecem um monitoramento cuidadoso.

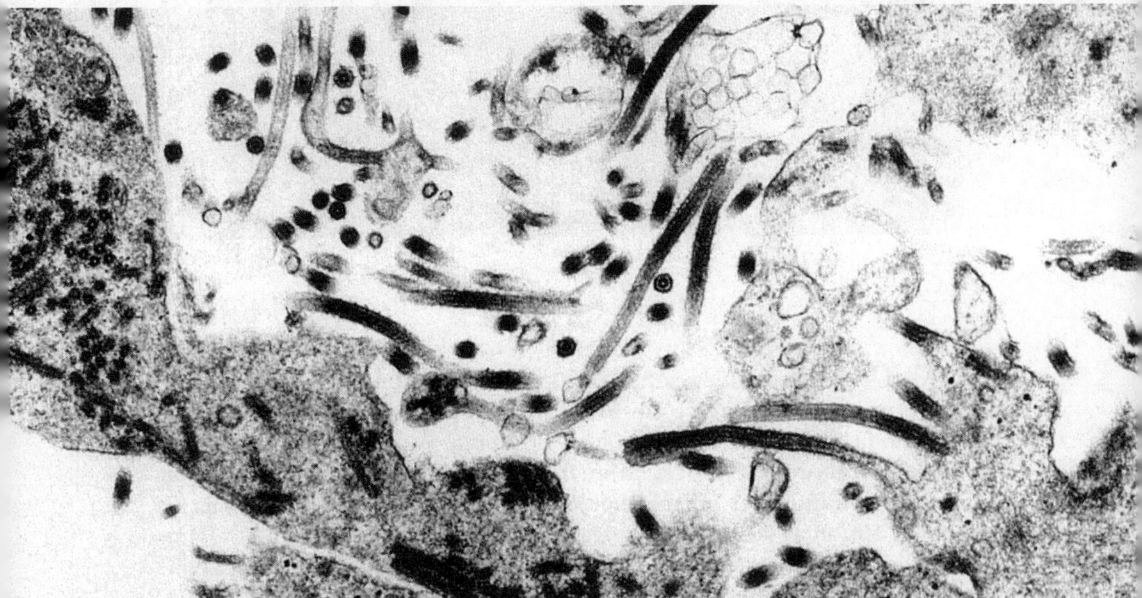

* Após estudos realizados na República Democrática do Congo, em 2018, o tratamento com anticorpos monoclonais foi aprovado pela FDA.

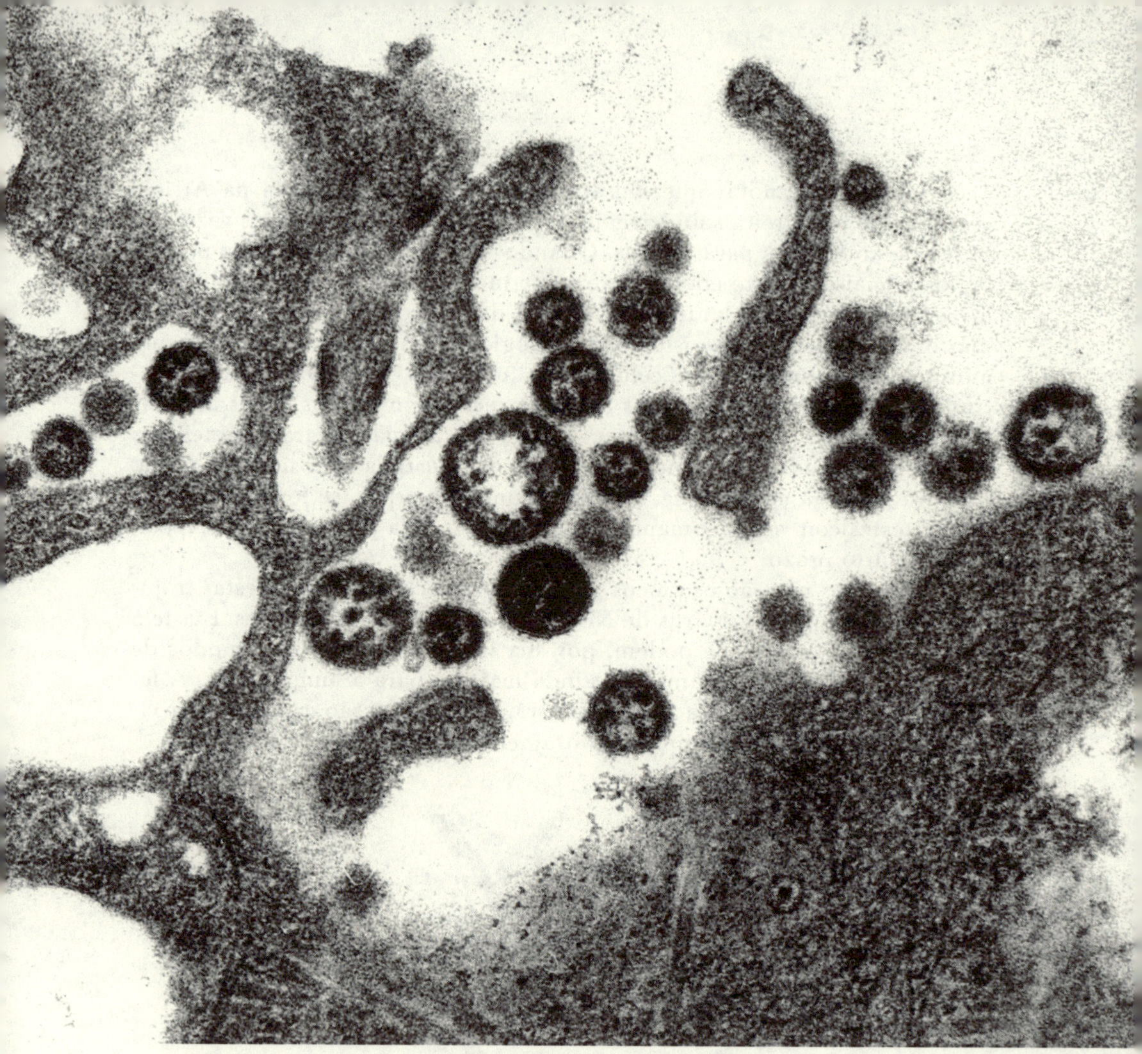

LASSA

A febre de Lassa é uma doença hemorrágica endêmica na África Ocidental, onde é responsável por cerca de 5 mil mortes por ano. É uma assassina brutal à moda do vírus de Marburg ou do ebola. A ciência tomou conhecimento da febre de Lassa pela primeira vez em 1969, quando atacou enfermeiras estadunidenses em um hospital administrado por uma igreja na Nigéria. Os sintomas da doença — febre alta, úlceras na garganta e hemorragia severa — lembravam assustadoramente os do vírus de Marburg, que tinha sido descoberto dois anos antes. Visto no microscópio eletrônico, entretanto, o vírus de Lassa era esférico, totalmente diferente de um filovírus. E, quando o novo patógeno foi misturado a anticorpos do vírus de Marburg, não ocorreu nenhuma reação. O vírus de Lassa estimulava o corpo a produzir anticorpos diferentes dos de Marburg. Eram vírus totalmente diferentes.

O vírus de Lassa não apenas não reagiu com os anticorpos de Marburg, como tampouco reagiu com nenhum anticorpo conhecido. Isso só poderia significar uma coisa: a comunidade médica tinha mais um vírus quente em suas mãos.

Mais uma vez, deram início a uma caça à fonte, ou hospedeiro natural, do vírus. Os pesquisadores intuíram que aquele não era um arbovírus. Para começar, todos os casos pareciam ter ocorrido em ambientes fechados. Por outro lado, a doença atacava principalmente adultos. Como regra, as doenças transmitidas por insetos têm preferência por crianças, porque elas costumam brincar em locais próximos aos criadouros úmidos de mosquitos, ácaros, carrapatos etc.

O palpite se mostrou correto. Mais de 640 animais, sobretudo pequenos mamíferos, como camundongos, ratos e morcegos, foram capturados dentro e ao redor das aldeias afetadas. O sangue deles foi coletado. Pulmões, coração, baço e rins foram removidos cirurgicamente. Todas as amostras foram colocadas em nitrogênio líquido e enviadas ao Departamento de Patógenos Especiais do CDC para serem testadas. Quando os resultados chegaram, um animal teve seu teste positivo para o vírus de Lassa — o *Mastomys natalensis*, um rato marrom comum.

A peste bubônica e o tifo foram assassinos monstruosos, introduzidos furtivamente nas comunidades humanas pelos ratos. Mas essas doenças, na verdade, eram transmitidas para os seres humanos pelas pulgas ou piolhos que viviam nos roedores doentes e os picavam. Era esse o modo de transmissão do vírus de Lassa, ou os próprios ratos mordiam as vítimas humanas? Os doentes com o vírus de Lassa não se lembravam de terem sido mordidos. Mas um rato revoltado fez xixi em um pesquisador que o segurava. Duas semanas depois, o cientista morreu de febre de Lassa.

No fim das contas, a urina dos ratos infectados estava repleta de vírus. E os animais eram onipresentes em oito países da África Ocidental, encontrando nas habitações humanas um ambiente especialmente agradável. Eles urinavam na comida, no chão, na roupa de cama e até nas pessoas enquanto dormiam. Uma fissura minúscula na pele virava um portal para o vírus entrar em um hospedeiro humano.

O vírus de Lassa, assim como o de Marburg e o ebola, fez breves excursões fora de sua terra natal. Em 1989, um homem em Chicago morreu da doença. Tinha contraído durante uma visita à mãe, na África, que também estava morrendo de Lassa. Mas ninguém pegou a doença dele. Ainda assim, mais um caso relacionado ao surgimento de vírus assustou as autoridades.

O surgimento fora da África nunca aconteceu porque o vírus de Lassa não costuma pular de um ser humano para outro. Felizmente, a maioria dos vírus quentes não costuma fazer isso. Mas e se um rato carregando o vírus de Lassa conseguisse entrar em um avião a caminho de Chicago? E se esse roedor conseguisse infectar ratos locais depois de desembarcar nos Estados Unidos? Isso pode ter acontecido — não no caso do vírus de Lassa, mas de um outro vírus quente transmitido por roedores: o hantavírus.

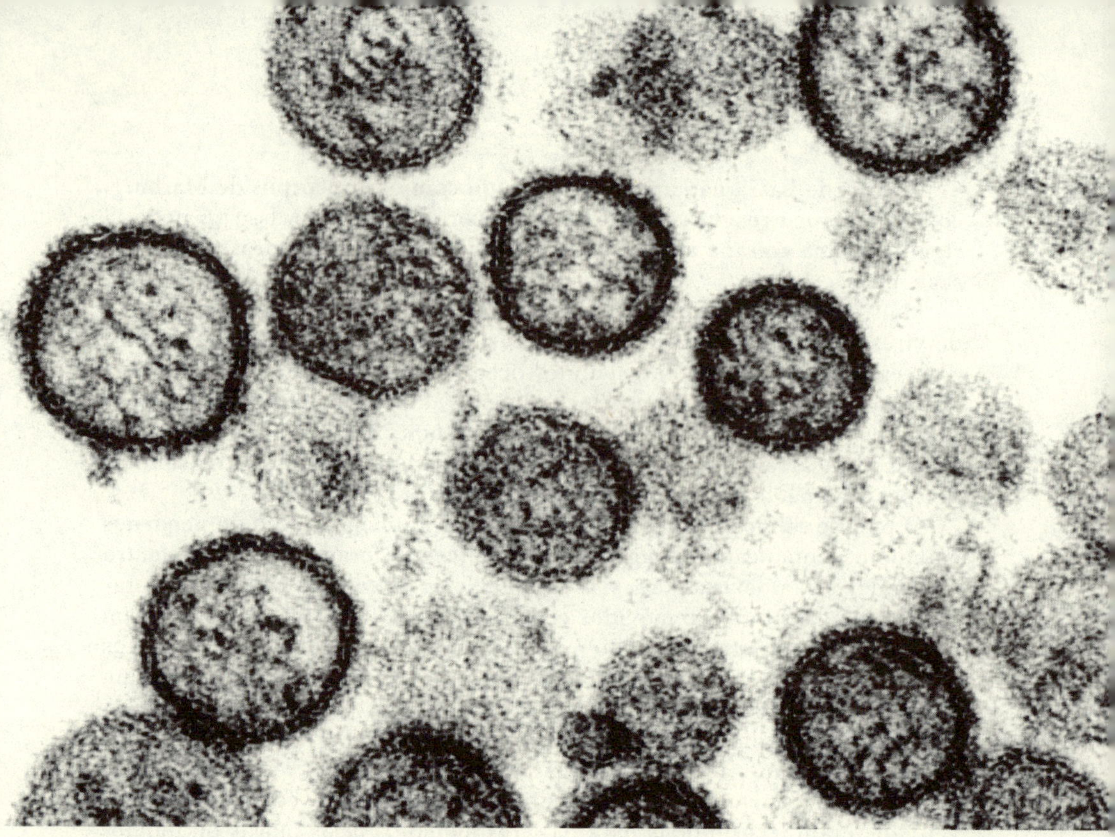

HANTAVÍRUS

Na década de 1950, os Estados Unidos faziam parte de um contingente das Nações Unidas que travava uma guerra na Coreia. As baixas em batalha eram altas. Mas, sem que o exército tivesse conhecimento, cerca de 2 mil homens na guerra se envolveram em outra batalha, contra um vírus estranho e fatal. Várias centenas deles perderam essa batalha. A doença à qual sucumbiram passou a ser chamada de *febre hemorrágica coreana*. Depois da morte dos soldados, foi feito um grande esforço para isolar o micróbio responsável pela doença — depois renomeada como *febre hemorrágica com síndrome renal*. No entanto, a tarefa se mostrou muito difícil, e só em 1976 — vinte e tantos anos depois — o vírus agressivo foi encontrado. Recebeu o nome de *Hantaan*, em homenagem a um rio próximo dali, na Coreia.

O vírus Hantaan (posteriormente abreviado para *hantavírus*) foi descoberto pela primeira vez no tecido pulmonar de seu hospedeiro natural, o rato do campo listrado, no qual não causava nenhuma doença. Mas logo foram encontradas também diferentes cepas em roedores diversos. Em Seul, a capital densamente povoada da Coreia, o vetor era um rato urbano comum. O animal carregava um hantavírus que causava sintomas típicos, embora menos graves, como febre, sangramento interno e insuficiência renal em seres humanos. O envolvimento renal parecia ser uma marca registrada da doença.

A existência de roedores portadores do vírus em Seul era assustadora. No início da década de 1980, a Coreia tinha se tornado uma grande exportadora de mercadorias para os Estados Unidos. E se uma importação coreana não fosse uma peça de roupa, mas um rato clandestino — um rato infectado pelo hantavírus?

Pensando nisso, cientistas do exército e do CDC vasculharam os ancoradouros de cidades portuárias como Baltimore, Filadélfia, New Orleans, Nova York e São Francisco em busca de ratos. Quando esses ratos foram testados, o hantavírus de Seul apareceu em quase todos os lugares. Os cientistas ficaram perplexos. Se o hantavírus era tão prevalente, por que não havia mais pessoas doentes? Na verdade, as pessoas estavam doentes, mas não com uma doença explosiva e de morte rápida. O hantavírus da variedade estadunidense era um assassino mais silencioso, cobrando seu preço enquanto passava despercebido — até o fim da década de 1980, quando estudos realizados na Universidade Johns Hopkins confirmaram a presença do hantavírus em casos de hipertensão e insuficiência renal crônica com uma frequência cinco vezes maior do que na população em geral. Não é uma descoberta insignificante quando se considera que 35 milhões de pessoas nos Estados Unidos sofrem e morrem prematuramente de pressão alta.

Também surgiu uma exceção aos hábitos assassinos não explosivos do vírus. Em 1993, um hantavírus quente atingiu o centro-oeste dos Estados Unidos como uma bomba.

Tudo começou em 14 de maio, uma sexta-feira, na área de Four Corners do Novo México (onde se cruzam as fronteiras dos estados do Novo México, Arizona, Colorado e Utah). Um indígena navajo, jovem e atlético, de repente sentiu-se ofegante enquanto dirigia para o enterro de sua noiva. Ele foi levado às pressas para o hospital, mas morreu no mesmo dia. Sua noiva tinha falecido cinco dias antes. Os dois sentiram sintomas leves de gripe antes de apresentarem problemas respiratórios graves.

Nas semanas seguintes, mais uma dezena de casos foi relatada, e o CDC foi avisado. O que mais alarmava os médicos era a rapidez com que a doença matava. De acordo com Denise Grady no artigo "Death at the Corners" [Morte nos Corners], publicado em 1993 na revista *Discover*: "Uma paciente que, pela manhã, estava sentada na cama conversando e tomando o café da manhã, à tarde estava em um respirador e, na mesma noite, estava morta".

O CDC sentiu que, o que quer que estivesse manuseando, certamente era algo quente, e decidiu que as amostras de sangue e de tecido dos mortos deveriam ser examinadas em suas instalações NB-4. As autópsias revelaram edema pulmonar grave. O fluido do sangue tinha vazado dos vasos capilares para os alvéolos pulmonares. A infiltração era tão grande que os pulmões tinham mais do que o dobro do peso normal. As mortes resultavam, literalmente, de afogamento.

O que poderia ter produzido esses extraordinários sintomas? A pesquisa se concentrou em cerca de duas dezenas de doenças infecciosas, incluindo gripe, a peste e antraz, bem como no ebola, Marburg e Lassa, doenças hemorrágicas quentes. O procedimento era bem simples. Os anticorpos contra os germes eram muito mais fáceis de detectar no sangue do que os próprios microrganismos, ainda mais se fossem virais. Assim, os cientistas coletaram o sangue das vítimas, separaram o soro que continha anticorpos e o misturaram com diferentes germes conhecidos. Se ocorresse uma reação, a pessoa deveria ter sido infectada com aquele micróbio específico. Às vezes, no lugar do próprio germe, usava-se um pouco de sua proteína de superfície.

No início de junho de 1993, apenas três semanas depois do caso inicial, o CDC encontrou o micróbio. Em todos os testes, apenas um antígeno reagiu positivamente com os anticorpos das vítimas. Era de um hantavírus, e isso surpreendeu bastante os pesquisadores. O hantavírus mais mortal da Ásia causava uma hemorragia evidente, mas isso não acontecia com o hantavírus de Four Corners. E na cepa estadunidense fatal havia muito mais envolvimento pulmonar. A doença passou a ser chamada de Síndrome Pulmonar por Hantavírus (SPH).*

Por ser um hantavírus, seu hospedeiro/vetor natural provavelmente era um roedor. Começaram a captura e o teste de animais. No fim das contas, o rato-veadeiro, de orelhas grandes e barriga branca, acabou sendo o culpado.

Mas os ratos-veadeiros eram onipresentes na área de Four Corners havia algum tempo. Por que de repente eles estavam espalhando um vírus fatal para as pessoas? O hantavírus vivia inofensivamente nos roedores, sugerindo que não era uma novidade. Será que mutações recentes nos genes do hantavírus os tornaram letais para os seres humanos? (Mutações são mudanças no material genético de uma célula ou vírus que ocorrem quando estes se replicam.) Certamente, a mutação era uma possibilidade clara, ainda mais porque esse era um vírus de RNA. O RNA sofre mutações com muito mais rapidez do que o DNA, motivo pelo qual os cientistas identificaram mais de setenta cepas diferentes de hantavírus, transportadas por 63 espécies de aves e pequenos mamíferos.

No entanto, os cientistas hesitaram em atribuir a culpa a uma nova cepa. Parecia ainda mais provável que outros fatores ambientais tivessem causado o surto. Nevascas e chuvas recordes no ano anterior tinham produzido safras abundantes de nozes, frutas vermelhas e sementes — especialmente pinhão — das quais os roedores se alimentam. Isso provocou um aumento drástico, de quase dez vezes, da população de ratos-veadeiros. Em partes do Novo México, havia mais de 6 mil ratos-veadeiros por 4 mil metros quadrados. Eles saíram de seu habitat natural e invadiram as habitações humanas, espalhando a doença quando os vírus em sua urina passaram a ser transportados pelo ar.

* Após o surgimento dos primeiros casos detectados na América do Sul, foi observado um comprometimento cardíaco, passando a denominar-se Síndrome Cardiopulmonar por Hantavírus (SCPH).

Depois que o método de transmissão foi determinado, as pessoas da região foram aconselhadas a colocar armadilhas e veneno para matar qualquer rato-veadeiro que se aventurasse por ali. A estratégia funcionou, e outra catástrofe nacional foi evitada. Ao todo, cerca de quarenta casos de hantavírus foram relatados e confirmados a partir do surto de Four Corners. Vinte e cinco resultaram em morte. Mas os ratos-veadeiros são um roedor onipresente nos Estados Unidos e, em 2001, quase trezentos casos de SPH foram relatados em 31 estados, com mortalidade de quase 40%.

Até o momento, não há cura nem vacina aprovada para o hantavírus, embora existam pesquisas promissoras. Cientistas do exército desenvolveram uma vacina experimental contra algumas de suas cepas — um produto geneticamente modificado, preparado a partir da inserção de genes do hantavírus no vaccinia, o consagrado vírus da varíola bovina. Os primeiros testes mostram que a vacina está provocando a produção de anticorpos contra o hantavírus, um sinal muito encorajador.

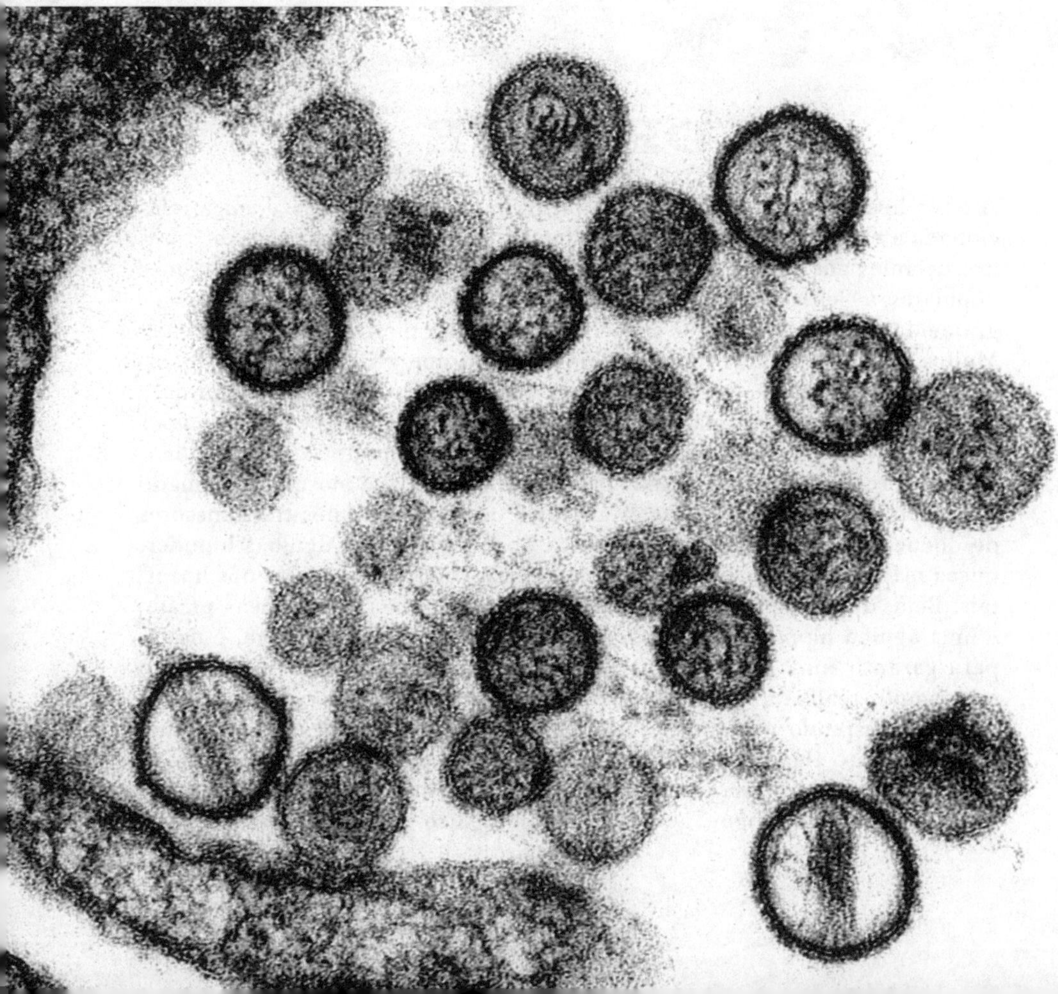

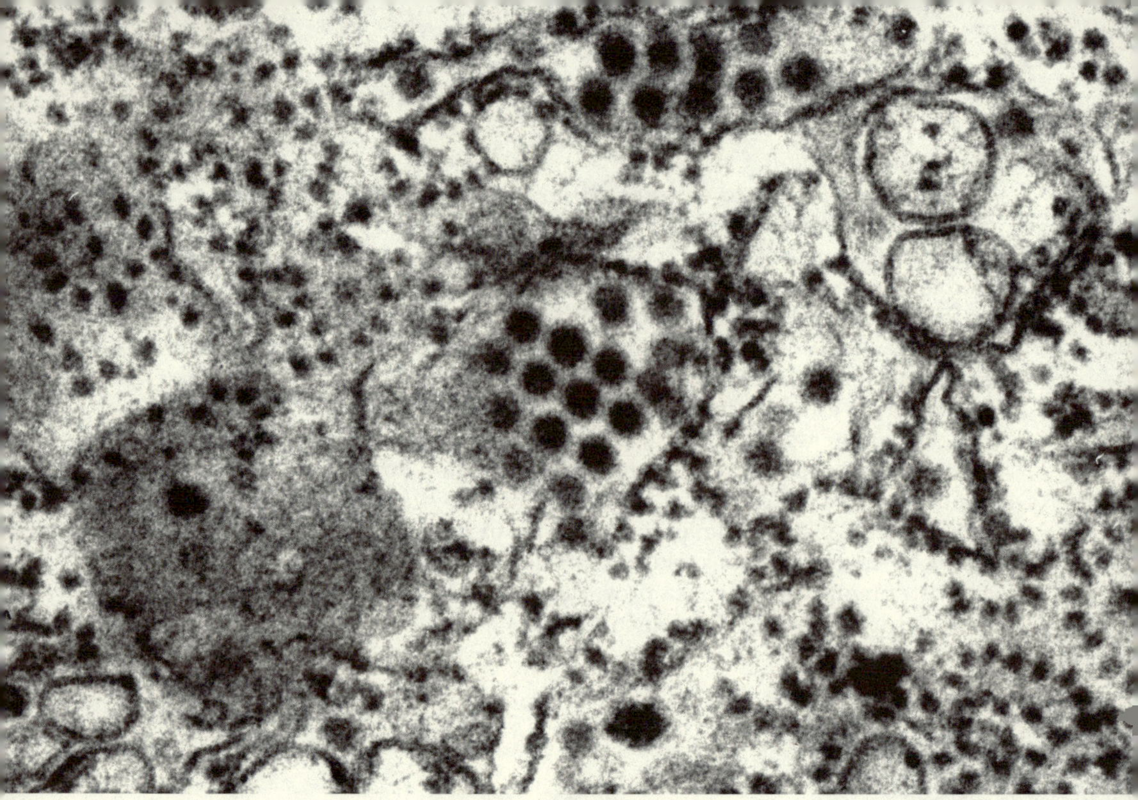

DENGUE

A febre hemorrágica da dengue é a forma mais grave de uma doença relacionada a ela, que é chamada simplesmente de *dengue*. As duas causam dores excruciantes nos ossos e nas articulações, de onde surgiu um de seus nomes populares, a "febre quebra-ossos". Na dengue hemorrágica, entretanto, o sangramento interno e o choque subsequente levam à morte em 20% das vezes. Muitos especialistas acreditam que a dengue é a doença com maior probabilidade de emergir e se tornar a próxima praga dos Estados Unidos. Por quê?

Assim como a febre amarela, sua parente próxima, a dengue é causada por um arbovírus, que se espalha pela picada de um artrópode. Ambas as doenças, na verdade, são transmitidas pelo mesmo vetor, um mosquito chamado *A. aegypti*. Aliás, os mosquitos estão entre os mais eficientes transmissores de doenças. Na República Democrática do Congo, foram agulhas hipodérmicas reaproveitadas que espalharam o ebola com tanta rapidez nos hospitais. Bem, um mosquito fêmea (lembre-se de que apenas as fêmeas picam) é uma agulha hipodérmica voadora. A agulha, uma tromba longa, é usada para garantir uma refeição composta de sangue. Antes de furar a vítima, o mosquito realiza um ritual estranho: o inseto prepara o pedaço de pele desejado cuspindo nele antes. A saliva, além de conter um anticoagulante que mantém o fluxo sanguíneo, pode estar carregada de partículas virais. Em seguida, a sra. *aegypti* insere sua tromba e se empanturra com uma enorme quantidade de sangue, aumentando em quatro vezes seu peso original.

Nessa hora, o mosquito se torna mais do que uma seringa hipodérmica. Se o sangue ingerido contiver os vírus da dengue, eles se replicarão em suas glândulas salivares. Então, quando o inseto cuspir e picar de novo... pobre vítima infeliz.

Agora, imagine dezenas de milhões dessas microagulhas de amplificação viral suspensas no ar, voando por grande parte da Ásia, da África, da América do Sul e da América Central. É nesses lugares que o *A. aegypti* é endêmico. O mosquito se desenvolve onde quer que haja água parada e invernos sem geada. Não é de admirar que cerca de 50 milhões de pessoas em todo o mundo sejam infectadas pela dengue todos os anos. O lado bom é que a maioria contrai a forma não hemorrágica, mais branda, e costuma se recuperar completamente em dez dias. Mas, em vez de gerar imunidade à dengue hemorrágica, a infecção faz o contrário, sensibilizando as pessoas e tornando-as mais sujeitas ao ataque do vírus da dengue mais fatal. Em 1981, a dengue hemorrágica foi a principal causa de hospitalização pediátrica no Sudeste Asiático. Desde então, ocorreram grandes surtos em Cuba e na América do Sul. Entre janeiro e outubro de 1998, só o Brasil notificou 475 mil casos de dengue.

Você pode argumentar que não existe a ameaça de que os arbovírus tropicais surjam na América do Norte. Errado. Em 1985, um navio do Japão viajou até um porto do Texas. Sua carga era composta de centenas de milhares de pneus usados para recauchutagem. Os pneus estavam molhados, muitos deles cheios de poças de água da chuva estagnada. Naquela água estavam as larvas de um novo produto importado para o litoral dos Estados Unidos: o mosquito-tigre-asiático, assim chamado por causa de sua aparência listrada (o inseto tem uma coloração preta predominante, com uma ornamentação branca típica no abdômen e tórax). Também tinha o temperamento de um tigre, picando de maneira feroz e com um apetite voraz.

Toda picada pode ser mortal, pois o mosquito-tigre carrega a dengue e uma dezena de outros vírus perigosos. O mais importante é que ele provou ser extremamente resistente, estabelecendo-se em dezessete estados do sul em poucos anos. Em 1994, um total de 2.248 casos suspeitos de dengue importada foram confirmados nos Estados Unidos. Hoje em dia, a doença continua a expandir seu alcance e não mostra nenhum sinal de desaceleração. Capaz de resistir a invernos frios, o mosquito-tigre já avançou pelo menos até o norte de Illinois, e o aquecimento global só vai agravar a situação. As autoridades de saúde acham que é apenas uma questão de tempo até que a dengue, ou algum outro arbovírus, surja (ou a febre amarela reapareça) por meio desses vetores agressivos, e todo mundo está morto de medo.

Embora atualmente não exista vacina para a dengue, avanços estão sendo feitos. Parte do problema é que existem quatro vírus diferentes, todos causadores da dengue. Dentro de alguns anos, pode haver uma vacina disponível; enquanto isso, devemos combater a dengue por meio da luta contra o mosquito vetor, negando a ele os criadouros úmidos dos quais necessita.

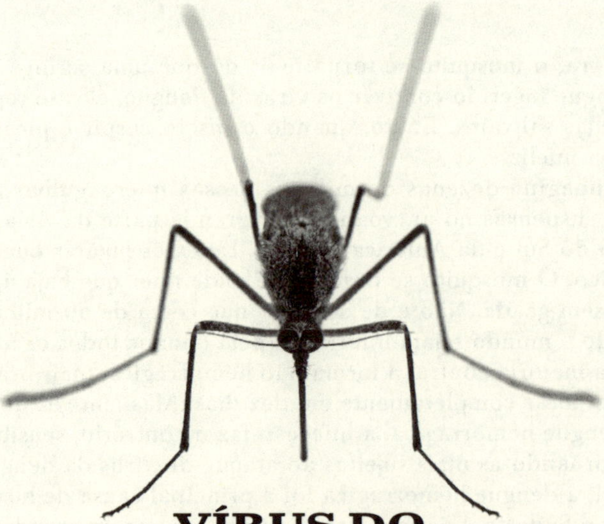

VÍRUS DO NILO OCIDENTAL

Em 23 de agosto de 1999, um telefone tocou no Escritório de Doenças Transmissíveis do Departamento de Saúde da Cidade de Nova York. Era Deborah Asnis, especialista em doenças infecciosas, ligando do Flushing Hospital Medical Center no Queens, Nova York. Havia dois casos que a preocupavam. Ambos chegaram confusos e febris, e em seguida ficaram tão fracos que não conseguiam mover os braços nem as pernas. Vários dias depois, mais dois pacientes, um homem e uma mulher idosos, foram adicionados à lista dos que estavam sendo internados com esses misteriosos sintomas de paralisia. Que doença estranha estava em ação?

Os exames iniciais sugeriram uma forma de encefalite. Quando o soro e os tecidos das vítimas foram examinados em busca de anticorpos contra vírus conhecidos por causar inflamação cerebral, as amostras deram positivo para encefalite de St. Louis.

Mais ou menos na mesma época, o zoológico do Bronx começou a ver a morte repentina de suas aves. Os corvos pareciam os mais atingidos. As autópsias das aves mostraram uma extensa inflamação cerebral e hemorragia — meningoencefalite aguda. Será que os dois surtos poderiam estar relacionados? A resposta veio por meio da comparação dos DNAs virais encontrados nas aves com sequências genéticas de vírus conhecidos. Os resultados foram chocantes, para dizer o mínimo. O agente causador das infecções nas aves e nos seres humanos era o vírus do Nilo Ocidental.

Descoberto pela primeira vez em 1937, no sangue de uma mulher com febre no distrito do Nilo Ocidental em Uganda, o vírus era encontrado na África, no Oriente Médio e na Ásia Ocidental. Antes de 1999, porém, ele nunca tinha aparecido nos Estados Unidos — na verdade, em nenhuma das Américas. O vírus do Nilo Ocidental pertence à mesma família de vírus que causa a febre amarela e a dengue. E, assim como eles, é um arbovírus, transmitido pela picada do *Culex pipiens*, um sugador de sangue marrom e banal, normalmente conhecido como mosquito doméstico comum.

Existem 540 arbovírus conhecidos, 110 deles capazes de provocar doenças em seres humanos. Muitas são infecções zoonóticas, que passam de animais, o reservatório natural do vírus, para hospedeiros humanos por meio da picada de um inseto vetor. Alguns arbovírus têm atração pelo cérebro e meninges, resultando na inflamação relacionada à encefalite.

Como é que uma doença transmitida por insetos atravessou meio mundo e chegou às vítimas infelizes em Nova York? Pode ter sido de várias maneiras. Uma ave doente importada de uma região endêmica; um mosquito infectado que pode ter se escondido em um voo transoceânico; um ser humano voltando para casa depois de uma visita à família em um país em desenvolvimento. Qualquer um e/ou todos esses eventos poderiam desencadear o surgimento de uma epidemia fatal. Chegou-se a especular que o vírus do Nilo Ocidental seria um ato de bioterrorismo. Em abril de 1999, um tabloide londrino publicou um artigo no qual um desertor iraquiano se gabava da criação de um vírus do Nilo Ocidental por Saddam Hussein, "capaz de destruir 97% de toda a vida em um ambiente urbano" (*Secret Agents: The Menace of Emerging Infections*, de Madeline Drexler). Desde então, o sequenciamento genético da cepa de Nova York descartou essa possibilidade, e mostrou que a importação estadunidense só poderia ser descendente de uma cepa israelense de 1998 por mutação natural.

Em 1999, 62 pessoas foram hospitalizadas por causa do vírus do Nilo Ocidental. Sete morreram. Mas a coleta de sangue de nova-iorquinos apresentou milhares de testes positivos para anticorpos do patógeno. Obviamente, o vírus infectou muitas pessoas em silêncio, já que a maioria não apresentou sintomas ou apenas um leve estado de febre, dor de cabeça e mal-estar semelhante ao da gripe antes de se recuperar totalmente. Os números indicam que talvez um em cada cem infectados adoeça com encefalite, e um em cada mil acabe sucumbindo. Felizmente, não é o ebola.

Por causa dessa ameaça iminente, Nova York e outros municípios agiram de imediato. Nos locais em que era possível, as áreas com água parada e estagnada — terreno fértil para o *Culex* — foram drenadas. Os pneus velhos que pontuavam a paisagem, onde os mosquitos se reproduziam na água da chuva acumulada, se tornaram coisa do passado. Pastilhas de larvicida foram aplicadas em outras áreas aquáticas, como os 100 mil bueiros da cidade de Nova York, para matar os insetos imaturos. A pulverização também começou a eliminar o *C. pipiens* adulto. Milhares de mosquitos e aves eram recolhidos e testados rotineiramente. Conforme descrito no livro *Secret Agents*, de Madeline Drexler, "Em todos os distritos (da cidade de Nova York), galinhas legorne brancas recolhidas pelo departamento de saúde ficaram engaioladas em locais secretos e foram expostas aos mosquitos durante toda a primavera e o verão, enquanto um técnico veterinário coletava amostras de sangue toda semana para ver se elas haviam desenvolvido anticorpos". Nova York não é uma aldeia de um país em desenvolvimento, e as doenças iminentes são tratadas de maneira rápida e agressiva.

Mesmo assim, o vírus do Nilo Ocidental continuou a expandir seu alcance, abrindo caminho por doze estados do leste e Washington, DC, adoecendo 21 pessoas e matando duas na primavera e no verão de 2000. Em 2001, atingiu animais e seres humanos na região sudeste e no Meio-Oeste. O vírus foi declarado endêmico nos Estados Unidos no período de dez anos desde sua introdução no país, que ocorreu em 1999.

Não existe nenhuma vacina profilática para seres humanos e nenhum tratamento específico para os infectados. Em casos mais graves, a terapia de suporte intensivo é indicada, com alimentação intravenosa, suporte ventilatório e prevenção de infecções secundárias. Ao frequentar áreas infestadas de mosquitos, é importante considerar a aplicação de um repelente de insetos que contenha DEET, bem como o uso de roupas de proteção adequadas (semelhantes aos cuidados recomendados no capítulo 5, "Novas vizinhas", a respeito da doença de Lyme). Mas, se você tiver um cavalo, é seu dia de sorte, já que existe uma vacina para equinos.

Em retrospecto, há lições a serem aprendidas com o manejo do surto do vírus do Nilo Ocidental por aqueles envolvidos na identificação do agente causador. Para começar, o CDC inicialmente não deu atenção aos avisos dos veterinários quando estes expressaram preocupação com a morte de aves e sugeriram uma possível ligação entre essas mortes, causadas por encefalite, e os casos de encefalite humana. As doenças humanas foram "presumivelmente" diagnosticadas como encefalite de St. Louis — a doença transmitida por mosquitos mais registrada nos Estados Unidos — quando os anticorpos no soro sanguíneo de pacientes reagiram com o vírus de St. Louis em laboratório. E a encefalite de St. Louis não mata aves, observaram rapidamente os pesquisadores do CDC. Mas os anticorpos para vírus relacionados também reagem com essa cepa, por isso os testes realizados não eram conclusivos para St. Louis. A doença debilitante poderia ter sido causada por outro vírus. As autoridades do CDC sabiam dessa possibilidade e optaram por ignorá-la. Semanas depois, perceberam o erro e descobriram que o agente causador, longe de ser o micróbio comum de St. Louis, era um que nunca tinha sido visto: o vírus do Nilo Ocidental.

O lendário caçador de vírus C.J. Peters certa vez aconselhou de forma sábia os futuros epidemiologistas: "Quando vocês ouvirem o som de cascos no Central Park, pensem em cavalos, não em zebras". É um bom conselho. Primeiro, procurem o óbvio, já que provavelmente será a causa do evento. Mas, com o canto do olho, estejam atentos ao incomum, vejam se o cavalo tem listras. Estejam cientes de que os germes e micróbios iminentes do bioterrorismo podem invadir de maneira sorrateira a nossa vida e começar seu trabalho fatal. Apesar de ser algo raro, às vezes aqueles cascos podem ser de uma zebra. E, com o aumento do bioterrorismo e de infecções iminentes, pode até não ser algo assim tão raro.

POR QUE SURGEM OS VÍRUS

Dengue, ebola, Lassa, hantavírus, Marburg, Nilo Ocidental — todos eles são vírus tropicais ou provenientes de floresta tropical que surgiram recentemente a partir da transmissão entre espécies, de seus hospedeiros naturais para os seres humanos. Todos têm o potencial de levar a humanidade ao caos. Um vírus específico de floresta tropical, o HIV, já começou com esse potencial. Se os cientistas pretendem evitar a desolação global, e a raça humana deseja escapar de uma carnificina viral aparentemente inevitável, é fundamental que desenvolvamos uma compreensão muito clara de como exatamente esses assassinos saem do esconderijo.

Como mencionado antes, os cientistas em geral não acreditam que os vírus de repente comecem a exterminar as pessoas por causa de uma mutação espontânea ou alteração no próprio vírus. "As mutações", de acordo com Robin Marantz Henig em seu livro *A Dancing Matrix: How Science Confronts Emerging Viruses*, "quase nunca são responsáveis por vírus emergentes." Em vez disso, é uma mudança em uma atividade humana (como a importação de macacos doentes) ou um desastre natural que, de forma inesperada, permite que o caminho do vírus cruze com o dos seres humanos.

O aquecimento global, por exemplo, está criando habitats novos e hospitaleiros para mosquitos e carrapatos transmissores de vírus. Não mais confinados aos trópicos, eles estão expondo imunologicamente povos primitivos a doenças fatais até então desconhecidas. Enchentes e chuvas excessivas apresentam um problema semelhante ao estabelecerem novos criadouros para insetos que atuam como vetores.

O que mais preocupa os virologistas, no entanto, é a atividade humana — como a destruição das florestas tropicais. Nas últimas décadas, os governos da América do Sul e da África têm se engajado em uma campanha de "agricultura de queimada" para desmatar as florestas tropicais e obter terras aráveis — um empreendimento que, infelizmente, faz com que os animais da floresta saiam correndo em todas as direções, em busca de novas casas e novos hospedeiros. As safras que são plantadas em seguida, como o milho, só agravam o problema, criando um aumento drástico de roedores. O resultado: epidemias de febres hemorrágicas transmitidas por roedores. A Argentina e a Bolívia viveram esses surtos na década de 1950 e no início da década de 1960, quando os campos foram desmatados e transformados em fazendas.

Os seres humanos estão aprendendo da maneira mais difícil que os ecossistemas são muito frágeis e têm um equilíbrio delicado. Ao alterá-los, abrimos uma caixa de Pandora, cujas consequências podem ser terríveis e imprevisíveis.

Consideremos o amor dos Estados Unidos pelo chocolate como vetor de impacto em outros países. O chocolate chegou à Europa pela primeira vez em 1519, quando o explorador espanhol Hernán Cortés o levou consigo do México. Sua popularidade se espalhou rapidamente e, quando a Inglaterra começou a colonizar o Novo Mundo, o chocolate logo chegou às regiões costeiras dos Estados Unidos. Em 1980, os Estados Unidos consumiam metade da produção mundial de chocolate.

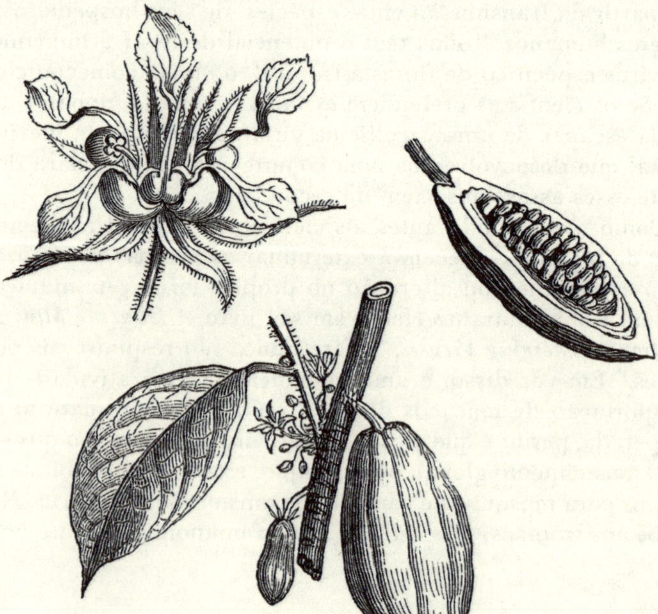

Essa demanda não passou despercebida pelo Brasil. O chocolate é feito do grão ou da semente do cacaueiro, planta tropical nativa do país. Os grandes frutos são abertos, e os grãos e a polpa são retirados de seu interior e fermentados ao sol durante cerca de uma semana. Os frutos inúteis são descartados.

À medida que mais e mais fazendeiros brasileiros recorriam ao cacau como cultura comercial, os frutos vazios começaram a se amontoar. Montanhas deles pontilhavam a paisagem, acumulando água da chuva suficiente para servir como fonte de reprodução para os mosquitos e os vírus que eles hospedam. Um vírus então surgiu. Chamado de *Oropouche*, causava uma doença caracterizada pela febre alta e com baixa taxa de mortalidade.

Em uma escala muito maior, a construção de barragens criou enormes massas de água parada. Os mosquitos que normalmente não são encontrados na região invadem o local e prosperam nas áreas alagadas criadas por barragens. Esse foi o caso da Represa de Assuã, no Egito. Pouco depois de sua construção (1971), a febre do Vale do Rift, uma doença fatal causada por arbovírus nunca vista no Egito, apareceu de repente e tem causado epidemias periódicas no país desde então.

Em muitos aspectos, parece que a vida no fim do século XX e no início do século XXI foi feita sob medida para o surgimento dos vírus. Para começar, existe um grau sem precedentes de tráfego de pessoas nas nações em desenvolvimento. A urbanização está provocando um êxodo das áreas rurais para as grandes cidades. Com a bagagem, as pessoas estão carregando vírus de aldeias com população escassa para centros urbanos lotados — e esses centros são conectados por viagens aéreas a todas as grandes metrópoles do mundo.

A turbulência política também está causando a migração em massa de seres humanos. Em 1972, Idi Amin ordenou que todos os asiáticos deixassem seu país imediatamente. Dezenas de milhares de indianos e outros asiáticos fugiram não apenas de Uganda, mas de todo o continente africano. Além disso, muitos acreditam que o vírus da aids surgiu em Uganda.

Nas últimas décadas, uma guerra civil brutal entre tútsis e hutus em Ruanda provocou a maior migração de curto prazo de refugiados da história. Mais de 1 milhão de ruandeses fugiram de sua terra natal e se dirigiu para Tanzânia, República Democrática do Congo, Uganda e Burundi. Quem sabe quais vírus foram transportados por todo o continente? Ou se algum desses vírus conseguiu chegar a um centro urbano? Ou se um morador urbano infectado conseguiu entrar em um avião com destino a Nova York ou Londres ou...? Você entendeu. Essa é a parte assustadora. Qualquer vírus misterioso pode entrar em um avião e chegar a qualquer lugar da Terra em questão de horas. Uma pessoa pode plantar as sementes de uma pandemia antes mesmo de perceber que está doente.

O que nos leva à criação de germes novos e ainda mais mortíferos — as superbactérias. Como você vai descobrir no capítulo 11, "Bioterrorismo", cientistas manipularam de forma intencional o material genético dos germes para torná-los assassinos cada vez mais eficientes. Mas, sem o conhecimento dos médicos, eles também podem ter criado inadvertidamente uma situação em que vírus novos e muito letais podem se desenvolver de maneira natural — dentro de indivíduos imunossuprimidos.

As pessoas costumam receber medicamentos para suprimir o sistema imunológico por um destes dois motivos: como tratamento para uma doença autoimune, como lúpus ou esclerose múltipla; ou como terapia após uma cirurgia de transplante. Certos tratamentos contra o câncer também comprometem o sistema imunológico. Os medicamentos são essenciais para o sucesso dos procedimentos, mas eles também criam uma oportunidade de ouro para os vírus. Pessoas imunossuprimidas são alvos fáceis para ataques virais. Muitas vezes, elas são infectadas por dois ou mais vírus ao mesmo tempo. Isso é perigoso, pois permite que os vírus, se compartilharem a mesma célula e tiverem ácidos nucleicos semelhantes, troquem genes, criando novas cepas nunca vistas. Se um vírus for extremamente transmissível e o outro for extremamente letal, a mistura e a combinação de seus genes poderia gerar um híbrido dos infernos.

Embora esse vírus terrível ainda não tenha surgido, com todos os sistemas imunológicos que foram comprometidos pelo HIV, alguns virologistas acham que é apenas uma questão de tempo. Enquanto isso, existe um vírus comum que rotineiramente troca genes com seus parentes dentro de patos e porcos. Em geral não sai muita coisa dessas trocas, mas em 1917 nasceu uma cepa monstruosa. Com facilidade de se espalhar e muito fatal, ela viajou por todo o planeta, matando muitos pelo caminho. Em seis meses, mais de 20 milhões de pessoas morreram; foi o mais próximo que a humanidade chegou, até agora, da aniquilação total. A doença? Gripe.

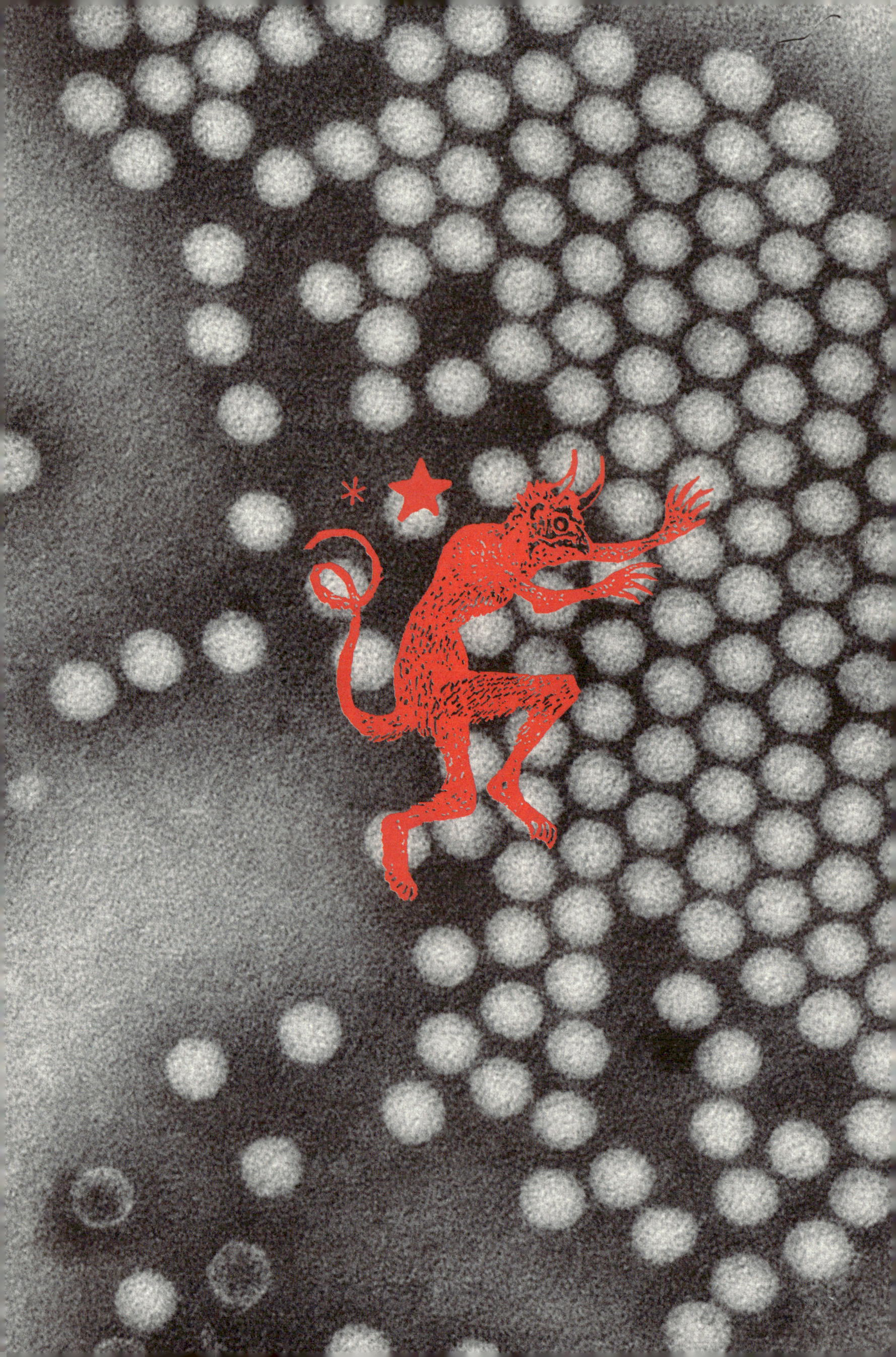

Apenas
um demônio
poderia inventar
a poliomielite.

Philip Roth
Nêmesis

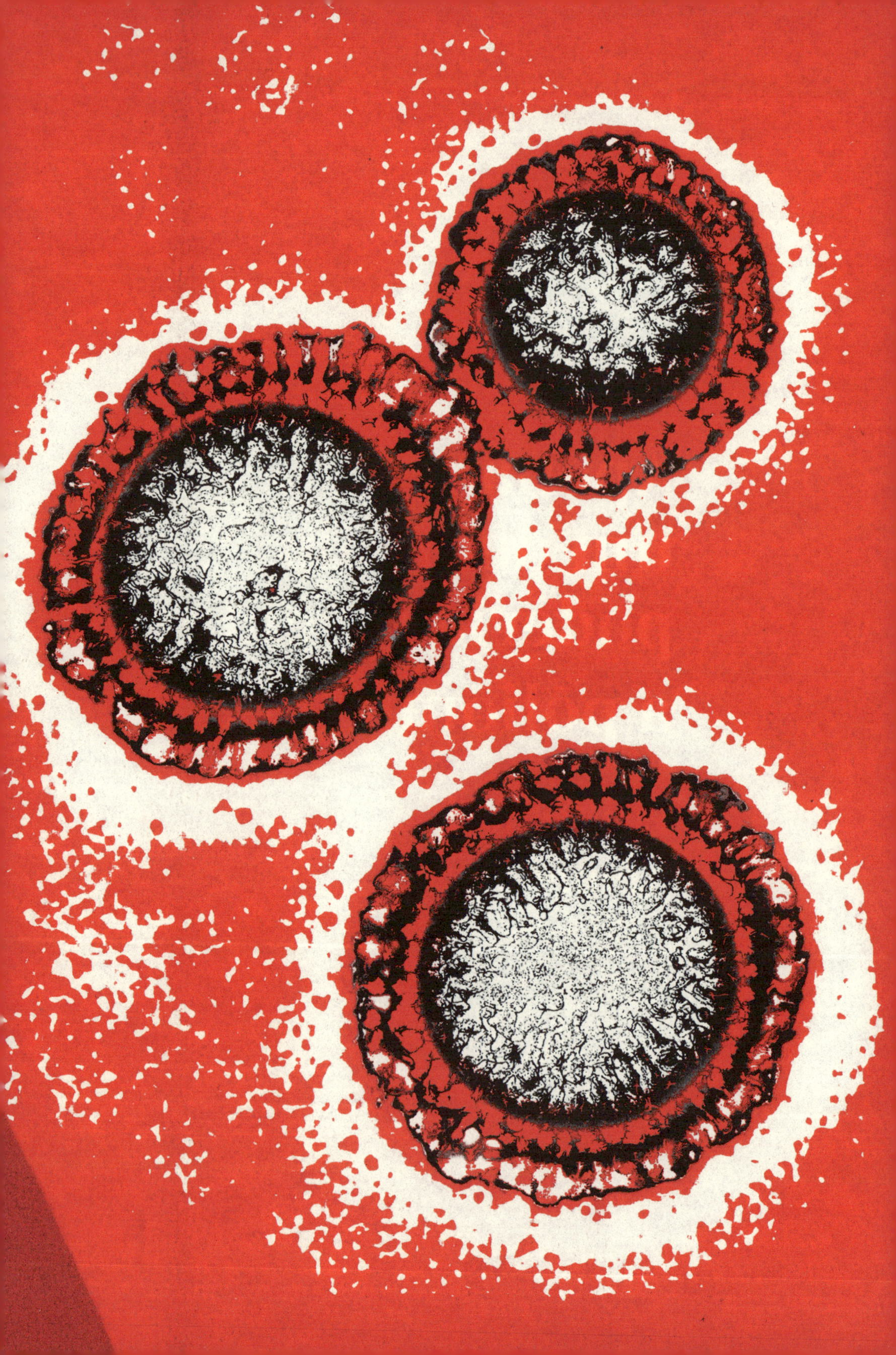

H

VÍRUS MORTAIS

ameaças transmissíveis e virulentas

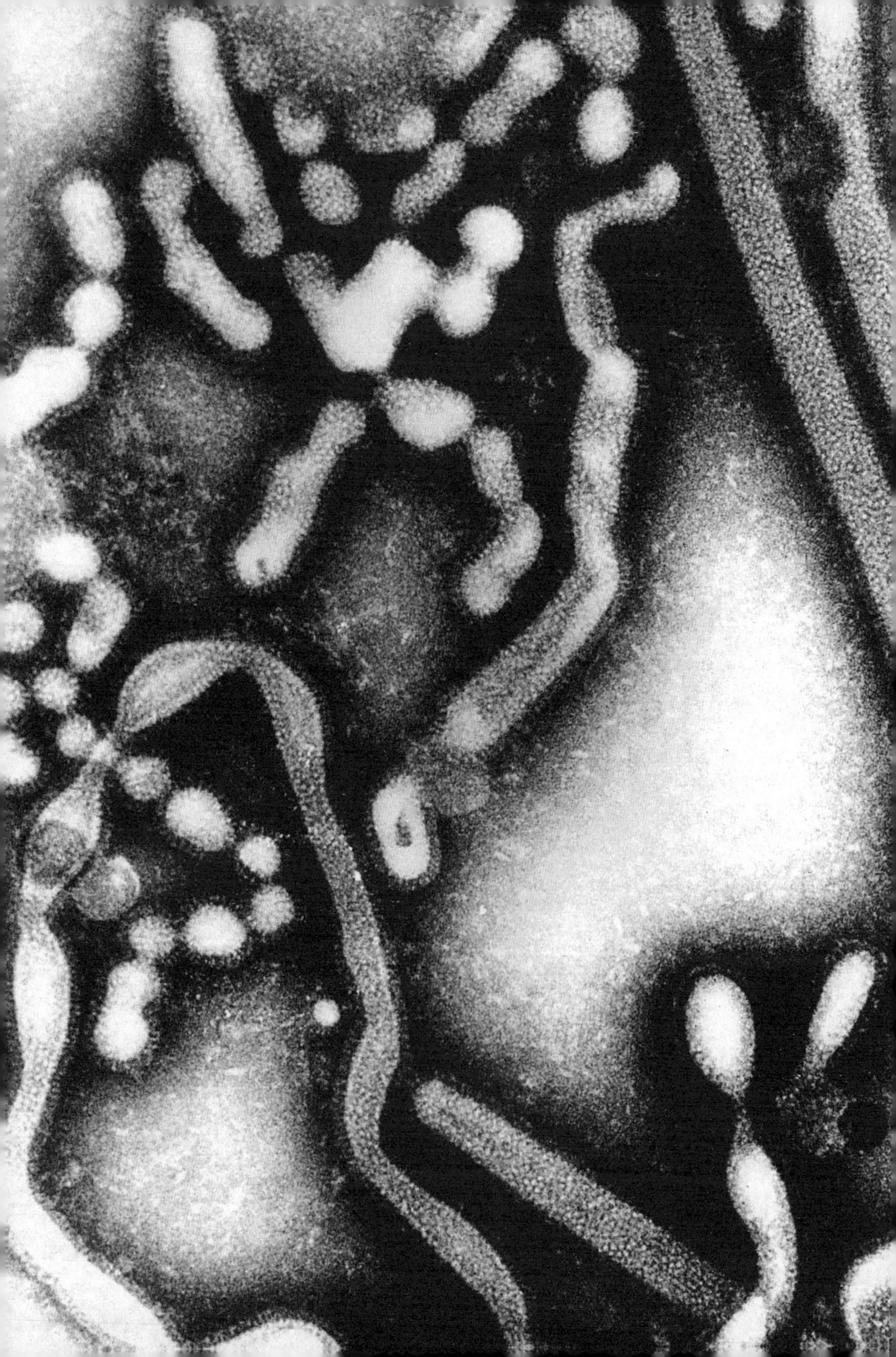

ZIMMERMAN BROS

MEDICINA MACABRA 3

GRIPE

Uma das piores pragas que já afligiram a humanidade ocorreu em 1918. Ela deixou metade da população mundial doente ao se espalhar pelo planeta e matou milhões de pessoas — as estimativas chegam a 40 milhões — em questão de meses. Nenhuma pandemia antes ou depois matou tantas pessoas em tão pouco tempo. A situação se tornou tão desesperadora que o responsável pela saúde pública de Chicago disse à polícia para prender qualquer pessoa que espirrasse em público. São Francisco aprovou uma lei que obrigava as pessoas a usarem máscaras cirúrgicas sobre a boca e o nariz quando estivessem em público. Aqueles que violassem a lei eram presos como "desleixados com a máscara".

Esse assassino terrível era a *gripe*, também chamada de *influenza,* uma doença originalmente atribuída à "influência" de corpos celestes. Sim, a gripe — uma simples gripe. Quem poderia pensar que essa doença comum poderia ser uma assassina tão impiedosa? Desde 1918, ocorreram duas outras grandes pandemias de gripe — em 1957 e em 1968 —, nenhuma tão grave quanto a desolação de 1918. Os virologistas morrem de medo de que ocorra outra. Eles acham que já estamos atrasados. A gripe e a pneumonia relacionada a ela eliminam entre 20 mil e 40 mil vidas nos Estados Unidos, tornando-se a sétima causa de morte por doença. A fonte de todo esse sofrimento e perda de vidas? Um vírus de tamanho médio com várias propriedades exclusivas.

No capítulo anterior, analisamos os vírus que têm o potencial de surgir de reservatórios animais e arrasar a humanidade. Bem, em muitos aspectos, o vírus da gripe está surgindo constantemente — ou devemos dizer ressurgindo? Ele tem a capacidade de fazer isso: mudar o suficiente para que

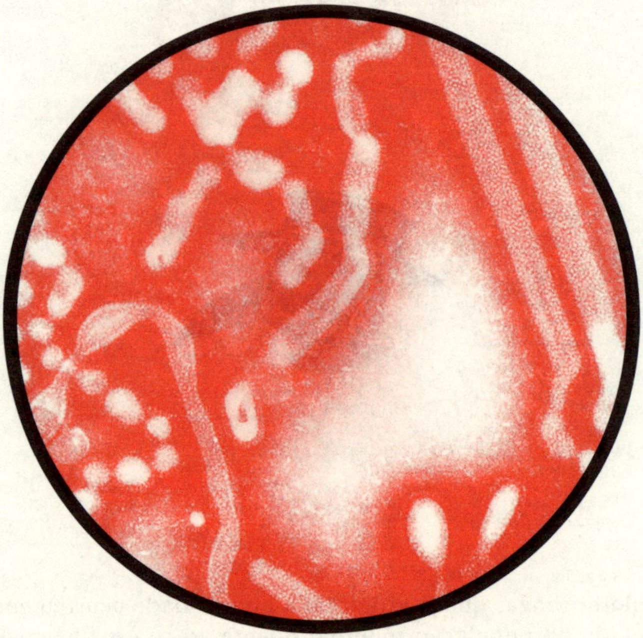

o corpo reaja a ele como se fosse um novo vírus. Quanto maior a mudança, menos reconhecimento por parte do organismo e maior o risco de um desastre global. Vamos ver como o vírus da gripe pode fazer isso.

Para começar, o vírus da gripe é um vírus de RNA. Dessa forma, ele tem uma taxa de mutação incomumente alta — até 1 milhão de vezes a de um vírus de DNA. Apenas o HIV, outro vírus de RNA, sofre mutação mais rápido. Quando ocorrem mutações, novas partículas virais obtêm genes que são diferentes da partícula original. Genes diferentes significam proteínas de revestimento diferentes, e é aí que reside o problema. Se fôssemos infectados todo ano com a mesma cepa de gripe (mesma capa proteica externa), as células de memória do nosso sistema imunológico não teriam dificuldade para reconhecer os invasores. Uma resposta rápida e avassaladora de anticorpos impediria a infecção antes mesmo de ela começar. Mas até uma ligeira variação da camada viral externa pode retardar o reconhecimento e a resposta do corpo. O inimigo, ao se aproximar disfarçado, pode se infiltrar nas nossas defesas e provocar doenças.

Isso é o que normalmente acontece de um ano para o outro. Os micróbios da gripe se alteram apenas o suficiente, por meio de mutação, para retardar nossa resposta imunológica e provocar outro surto de gripe. Essas pequenas alterações no vírus, que causam "epidemias" de gripe anuais, são chamadas de *deriva antigênica.* (*Antígeno* se refere ao revestimento externo de proteína.)

As principais pandemias que ocorrem de tempos em tempos e matam milhões de pessoas não são causadas pelos mesmos erros de replicação do gene. Outras forças alteram de maneira drástica o vírus relativamente benigno e o transformam em um monstro — forças que envolvem porcos e patos, bem como um material genético que poderia ser confundido com uma salada de macarrão.

Se você observasse o material genético de um vírus da gripe sob um poderoso microscópio eletrônico, ele se pareceria muito com uma salada de macarrão parafuso, com os parafusos entrelaçados uns nos outros. Haveria oito parafusos ou segmentos, para ser exato, cada parafuso contendo uma parte do material genético. Dois desses segmentos preocupam especificamente os virologistas, pois cada um contém um gene que produz uma proteína de revestimento viral. São essas duas proteínas de revestimento que atuam como antígenos aos quais nosso sistema imunológico reage, produzindo anticorpos. Se uma dessas proteínas for alterada, ou as duas, o sistema se confunde.

Para simplificar, vamos chamar as duas proteínas, hemaglutinina e neuraminidase, por suas letras iniciais, H e N. Desde 1933, quando o primeiro vírus da gripe humana foi isolado, catorze subtipos diferentes de antígeno H e nove subtipos de antígeno N foram identificados. Cada subtipo de H ou N é radicalmente diferente de qualquer outro subtipo, e os anticorpos contra um subtipo não reagem com nenhum outro.

Essas mudanças importantes nas proteínas H ou N de um vírus não ocorrem por meio de uma nem mesmo de várias mutações simples. Erros de replicação durante a infecção não transformam um subtipo em outro. Para que isso ocorra, deve haver uma troca real de segmentos de RNA entre diferentes cepas virais. É aqui que entram os patos e os porcos.

Os vírus da gripe que infectam seres humanos também se sentem à vontade em porcos, patos e outras aves aquáticas. Na verdade, muitas aves são infectadas ao mesmo tempo com várias cepas diferentes de gripe. Normalmente, o vírus se desenvolve no trato digestivo e não causa nenhum mal. Acredita-se que todos os genes de todas as diferentes cepas de vírus da gripe sejam mantidos na barriga de patos e de outras aves aquáticas.

Agora imagine duas cepas diferentes do vírus da gripe crescendo dentro da célula de um pato. Quando os segmentos de RNA se replicam e se separam em diferentes partículas virais, os segmentos podem se misturar e se combinar. Um vírus pode obter seis segmentos de uma cepa e dois segmentos da outra. Se a remodelação genética envolver o segmento que contém o gene H ou N, pode ser produzida uma nova cepa com antígenos de superfície radicalmente diferentes. Essa mudança súbita e severa é chamada de mudança antigênica. Se a cepa recombinante for capaz de infectar e provocar doenças em seres humanos, surge uma nova pandemia no horizonte.

Experimentos demonstraram que o rearranjo de genes virais em novas combinações realmente ocorre em patos. Mas os virologistas acreditam que o porco é o verdadeiro veículo natural de mistura dos vírus da gripe. Os porcos se infectam de maneira múltipla e rápida com todos os tipos de vírus da gripe, tanto de patos quanto de seres humanos. Não seria nenhum problema um vírus da gripe humana que está se replicando dentro de uma célula de porco receber um gene H ou N de uma cepa de pato. A gripe de 1918 — mais conhecida como gripe espanhola — foi, na verdade, causada por uma variedade do vírus que veio a ser chamada de *gripe suína*. Falaremos sobre a gripe suína mais adiante.

Todo ano, o vírus da gripe ganha uma nova capa. Agora que os cientistas descobriram o mecanismo pelo qual esse revestimento é feito, não deve ser muito difícil corrigir o problema. Apenas mantenha os patos, os porcos e os seres humanos o mais distante possível uns dos outros. Se cepas diferentes não tiverem a oportunidade de coinfectar um hospedeiro, não poderá haver a criação de um micróbio da supergripe. É mais fácil falar do que fazer, ainda mais na China, em Taiwan e em outros países asiáticos, onde as práticas agrícolas criam esses animais em contato próximo uns com os outros. Em uma técnica agrícola conhecida como *policultura*, as galinhas são mantidas em gaiolas penduradas acima dos porcos, que se alimentam dos excrementos das galinhas. Por sua vez, as fezes frescas dos porcos são usadas para fertilizar viveiros de peixes, onde os patos nadam, bebem e eliminam seus próprios dejetos. A prática é uma forma muito econômica de aumentar a produção de alimentos ricos em proteínas, como peixes. Esse aumento na produção, no entanto, tem um preço. Todo ano surge uma nova cepa de gripe nessas fazendas asiáticas — gripe de Hong Kong, gripe de Shanghai, gripe de Singapura ou gripe de Bangcoc —, e ela percorre o mundo. Felizmente, não houve nenhuma cepa epidêmica desde 1968, mas a criação de um micróbio assim é um acidente à espreita. Enquanto isso, cientistas de todo o mundo estão em vigília constante, colhendo amostras e realizando culturas de garganta em seres humanos e animais doentes, esperando o apocalipse. Em 1976, o medo era que a temida supergripe tivesse chegado quando um saudável recruta de dezenove anos do exército em Fort Dix, New Jersey, morreu de gripe.

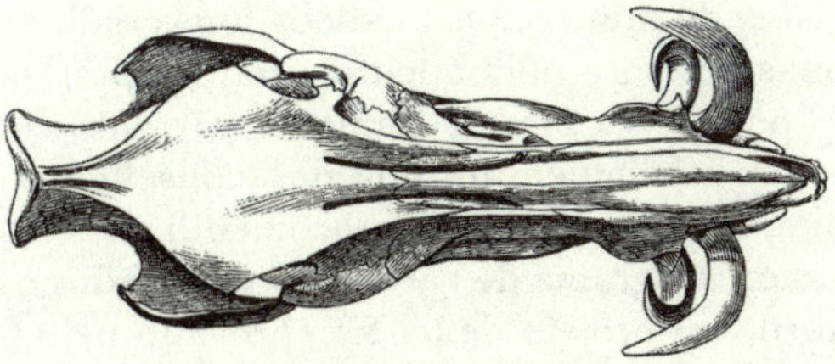

MEDO DA GRIPE SUÍNA EM 1976

A história começa em 4 de fevereiro de 1976. O soldado David Lewis, alocado na base militar de Fort Dix, em New Jersey, estava no meio de uma luta contra a gripe. Mesmo assim, foi tolo o suficiente para fazer uma marcha de oito quilômetros no auge do inverno. Depois da marcha, com febre alta e problemas respiratórios, ele desmaiou e morreu. Homens jovens e saudáveis em geral não sucumbem à gripe, por isso os esfregaços de garganta de David e de dezoito outros pacientes foram enviados ao CDC para análise. Foram feitos testes para ver com quais anticorpos conhecidos da gripe as amostras colhidas reagiriam. Isso identificaria o subtipo da cepa de gripe presente na expectoração — quais antígenos H e N cravejavam a superfície do vírus. A maioria dos resultados foi o que os médicos esperavam: uma forma do vírus da gripe H3N2, o tipo que causou a pandemia de 1968. Desde então, variações de deriva antigênica do vírus H3N2 estiveram circulando pelo planeta, causando surtos em geral bastante leves durante, aproximadamente, todo o ano. Cinco amostras, no entanto, alarmaram os especialistas. Elas reagiram com anticorpos contra o vírus H1N1 — o vírus da gripe suína responsável pelo horror de 1918. Esse vírus tinha recebido o apelido "gripe suína" na década de 1930, quando se demonstrou que ele reagia com anticorpos produzidos contra um vírus de gripe presente em porcos. Desde 1918, entretanto, o H1N1 não era visto em populações humanas. Sessenta anos depois, ele estava reaparecendo, e a humanidade, imunologicamente intacta e suscetível depois de mais de meio século sem exposição a ele, estaria mal preparada.

Em todos os aspectos mensuráveis, a cepa de H1N1 de Fort Dix era indistinguível da cepa assassina de 1918 — uma descoberta sombria. Os pensamentos imediatamente se concentraram em uma vacina para proteger a população contra a desgraça iminente. Vacinas contra subtipos específicos de gripe tinham sido feitas no passado, e a tecnologia estava disponível. Grandes quantidades do vírus tiveram que ser cultivadas em enormes tonéis e depois atenuadas. Mas era caro e demorado produzir vacinas suficientes para uma nação inteira. Além disso, havia o risco de as pessoas reagirem negativamente à própria vacina. As decisões tiveram que ser tomadas com rapidez. Em 24 de março, menos de dois meses depois da baixa em Fort Dix, o presidente Gerald Ford se reuniu em um painel de alto nível formado pelos melhores virologistas do mundo. Os médicos Jonas Salk e Albert Sabin, famosos pelas vacinas contra a poliomielite, estavam presentes. O presidente queria saber se o perigo era mesmo iminente para justificar um programa de vacinação nacional. Ninguém na sala desaconselhou a vacinação. Mais tarde naquela noite, Ford foi à televisão recomendar que o Congresso destinasse fundos para um programa de vacinação para todos os estadunidenses. Em meados de abril, um projeto de lei foi aprovado pelo Congresso e assinado pelo presidente. Cerca de 196 milhões de doses da vacina deveriam ser fabricadas a um custo de 135 milhões de dólares até o dia 1º de novembro.

Nesse meio-tempo, muitos especialistas apresentaram dúvidas. Desde a morte do soldado Lewis, o destruidor em potencial não indicava estar causando muitos problemas. Parecia que o vírus, embora transmissível de porcos para seres humanos, não era transmitido com facilidade de pessoa para pessoa. Talvez tivesse havido uma reação exagerada por parte das comunidades científica e médica. Então, em julho daquele ano, uma doença misteriosa semelhante à gripe atingiu 221 pessoas que participaram de uma convenção da Legião Americana na Filadélfia. Descobriu-se que era a doença do legionário (discutida no capítulo 5, "Novas vizinhas"), que não tinha nenhuma relação com a gripe suína. No entanto, isso aumentou muito os temores de um possível surto amplificado de gripe suína. Toda a hesitação por parte dos políticos se dissipou, e o programa de vacinação continuou a todo vapor. Em 1º de outubro de 1976, na Feira Estadual de Indiana, foram aplicadas as primeiras vacinas contra a gripe suína.

Dez dias depois, três pessoas que tinham recebido a vacina contra a gripe suína morreram de repente. Até 14 de outubro, o número tinha subido para mais de doze. As pessoas estavam apresentando um raro distúrbio neurológico chamado de síndrome de Guillain-Barré, supostamente desencadeado pela vacinação contra a gripe suína. Como o número de vítimas continuava aumentando, o CDC interrompeu a campanha da vacina. Ela parecia estar fazendo mais mal do que bem, ainda mais considerando-se o fato de que ninguém estava contraindo a gripe H1N1.

A iniciativa de vacinação contra a gripe suína de 1976 foi equivocada. O vírus, embora fosse o H1N1, era sutilmente diferente da cepa ultravirulenta que tinha arrasado a humanidade seis décadas antes. E, de modo mais significativo, não era tão transmissível. Mas, envolvidos na histeria da gripe suína, os especialistas lançaram os Estados Unidos em uma campanha cara, desnecessária e, em raras ocasiões, perigosa de inoculação em massa. Alguns culparam Gerald Ford injustamente pelo fiasco, uma percepção que pode ter lhe custado a presidência, já que ele perdeu uma candidatura à reeleição para Jimmy Carter em novembro daquele ano.

Enquanto isso, porcos e patos continuam a reproduzir genes com o vírus da gripe. Um dia, essa mistura e combinação aleatórias produzirão de forma inadvertida algo facilmente transmissível e muito virulento que deixará os cientistas tão paranoicos quanto algumas décadas atrás. Só nos resta esperar que estejamos à altura do desafio quando esse momento chegar.

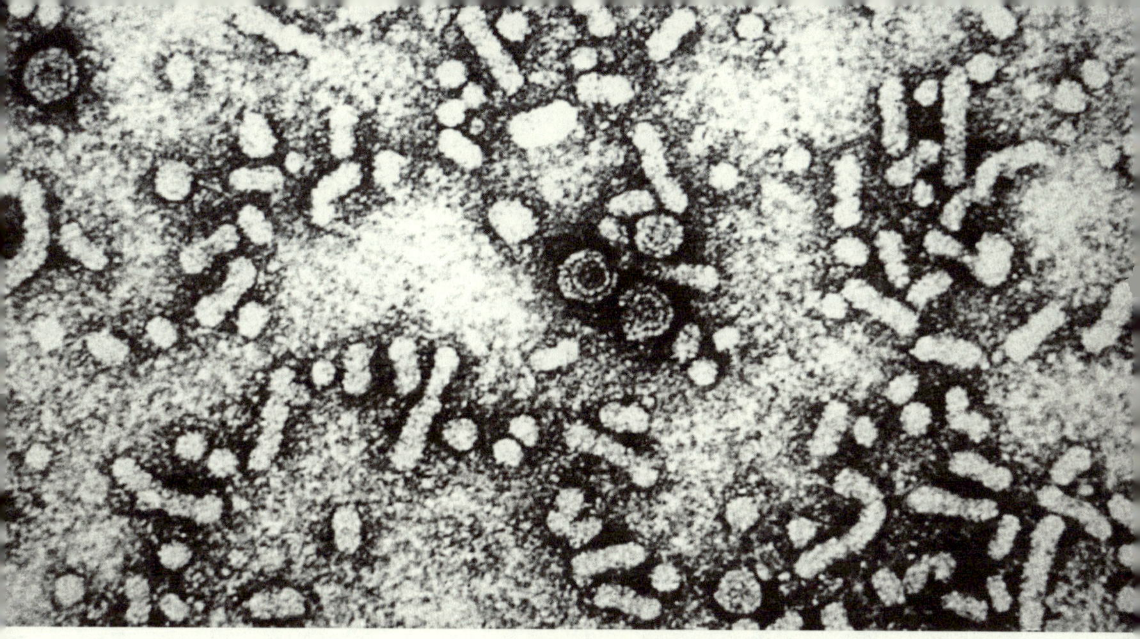

ABC DA
HEPATITE

Em 1895, 1.300 trabalhadores de um estaleiro na Alemanha foram vacinados contra a varíola. A administração da vacina era feita ao colocar sobre a pele uma gota preparada com soro sanguíneo humano, e, em seguida, a pele era arranhada com uma agulha. Muito provavelmente, a mesma agulha foi usada várias vezes sem a esterilização adequada. Poucos meses depois, 191 daqueles trabalhadores desenvolveram uma coloração amarelada de aspecto doentio na pele: icterícia. A icterícia ocorre quando o fígado não destrói os glóbulos vermelhos antigos de maneira adequada, produzindo um pigmento amarelo-esverdeado chamado de *bilirrubina*.

Em 1942, quando os Estados Unidos se encontravam profundamente entrincheirados na Segunda Guerra Mundial, o Instituto Rockefeller produziu em massa vários milhões de doses de uma nova vacina contra a febre amarela. A vacina, também preparada com soro sanguíneo humano, tinha como objetivo imunizar recrutas do exército alocados nas Filipinas. Pouco depois da vacinação, porém, 30 mil soldados se queixaram de febre, dor de cabeça, calafrios, vômitos, perda de apetite e fadiga extrema, logo seguidos de icterícia. Oitenta e quatro dos recrutas morreram.

Em ambas as tragédias, uma vacina administrada para prevenir uma doença viral acabou por provocar outra: hepatite B.

A hepatite se apresenta em várias formas diferentes, sendo as mais importantes a hepatite A, a hepatite B e a hepatite C. Todas infectam e danificam o fígado; *hepatite*, na verdade, significa "inflamação do fígado". No entanto, elas são causadas por vírus muito díspares.

Hepatite A

A hepatite A é transmitida por via oral, quando alguém ingere alimentos ou água contaminados. Um tratamento de esgoto inadequado e condições de vida em meio à ausência de limpeza permitem que o vírus da hepatite A prospere. É uma doença que envolve fezes e sujeira. Embora não haja mais grandes epidemias de hepatite A nos Estados Unidos, em 1971 a doença atingiu 50 mil estadunidenses. Os surtos da atualidade ocorrem sobretudo em creches.

Felizmente, essa é a forma mais branda de hepatite, e as pessoas costumam se recuperar das náuseas, dos vômitos, da urina escura e da icterícia que caracterizam a doença durante um ou dois meses. Também está disponível uma vacina composta de vírus inativado, e é recomendado tomá-la antes de viajar para algumas partes do mundo. Não há casos crônicos de hepatite A nem portadores vitalícios. É uma infecção aguda, e a recuperação significa a eliminação completa do vírus.

Hepatite B

Lamentavelmente, esse não é o caso da hepatite B. Ela é causada por um vírus muito diferente (HBV), cujo modo de infecção também é muito diferente. Para começar, a transmissão ocorre por contato sexual e contato com sangue e fluidos corporais contaminados. Nesse aspecto, o vírus é muito parecido com o HIV, embora o HBV seja cem vezes mais infeccioso do que o vírus da aids. Assim como o HIV, ele causa uma doença séria e frequentemente fatal.

A hepatite B atinge 5% da população mundial com uma infecção crônica vitalícia, na qual o vírus é tolerado pelo sistema imunológico. São 300 milhões de pessoas, sendo que 1,25 milhão delas são estadunidenses. Em áreas do Sudeste Asiático e da África tropical, bem como entre homossexuais e usuários de drogas intravenosas, as porcentagens são muito mais altas. A infecção de longo prazo e a destruição das células do fígado levam, em muitos casos, à cirrose. Estima-se que, no mundo, 1 milhão de pessoas morrem todo ano de hepatite B. A infecção crônica por HBV também causa 5 milhões de casos de câncer de fígado todo ano. Como um comprovado agente causador de câncer, a hepatite B só fica atrás dos cigarros em número de mortes.

Dadas essas estatísticas horripilantes, não é surpreendente que, no ano 2000, a OMS tenha considerado a hepatite B um dos flagelos mais fatais do mundo. Apenas a tuberculose, a aids e a malária, como doenças infecciosas distintas, tiveram uma taxa de mortalidade mais alta (veja a tabela a seguir). A tragédia é que existe uma vacina eficaz contra a hepatite B desde 1981. Resta levar a vacina (uma série de três inoculações ao longo de um período de seis meses) para o meio bilhão de pessoas que precisam dela.

O desenvolvimento da vacina contra a hepatite B não foi fácil. Foi o auge de uma luta de 25 anos contra o vírus esquivo. E o primeiro a entrar no ringue contra o micróbio foi o dr. Saul Krugman.

DOENÇA INFECCIOSA	CAUSA	MORTES ANUAIS
INFECÇÕES RESPIRATÓRIAS AGUDAS (principalmente pneumonia)	bacteriana ou viral	mais de 4 milhões
DIARREIAS DE ETIOLOGIA VARIADA	bacteriana, viral ou protozoária	mais de 3 milhões
TUBERCULOSE	bacteriana	3 milhões (cerca de metade coinfectada com hiv)
AIDS	viral	3 milhões (em 1993, era 0,7 milhão)
MALÁRIA	protozoária	1-2 milhões (provavelmente mais próximo do valor mais alto)
HEPATITE B	viral	1 milhão
SARAMPO	viral	0,8 milhão

Essa história começa em 1955. O dr. Krugman, professor de pediatria da Escola de Medicina da Universidade de Nova York, recebeu um telefonema da Escola Estadual Willowbrook, para deficientes mentais. Localizados em uma área de 1,5 quilômetro quadrado em Staten Island, os 24 edifícios de Willowbrook abrigavam 4 mil das crianças mais gravemente deficientes do estado de Nova York. As condições das instalações eram deploráveis. Havia superlotação e sujeira por toda parte, e as crianças estavam literalmente comendo as fezes umas das outras. Não era de surpreender que a hepatite estava se espalhando de modo desenfreado, e quase todas as crianças estavam infectadas. O que poderia ser feito para melhorar a situação, se é que se podia fazer alguma coisa?

O dr. Krugman embarcou em uma odisseia de experiências que durou onze anos e foi tão controversa quanto esclarecedora. Com o consentimento dos pais, ele administrou por via oral e injetável soros sanguíneos contaminados com hepatite A nos pacientes recém-admitidos. Na tentativa de aprender mais sobre a doença, ele descobriu que dois vírus estavam em ação em Willowbrook, e cada um provocava uma doença distinta. Um deles era transmitido por via oral, e o outro, pelo contato com o sangue. A imunidade para um não conferia imunidade para o outro. Resumindo, o bom médico identificou a hepatite A e a hepatite B. O inimigo viral de repente se tornou uma dupla de lutadores.

O que não era motivo de preocupação. O dr. Krugman tinha seu próprio parceiro de luta, o dr. Baruch Blumberg. Em seu trabalho no NIH, Blumberg estava envolvido em pesquisas que não tinham absolutamente nada a ver com a hepatite. Ele vinha coletando e analisando o sangue de diferentes grupos raciais em todo o mundo para isolar novas proteínas. Esperava-se que essas proteínas fossem indicativas de diferenças genéticas que tornavam uma população mais suscetível, ou menos, a uma doença do que outra.

O que o dr. Blumberg descobriu em um dia glorioso de 1963 foi uma proteína completamente nova e inesperada no sangue de um hemofílico. Os hemofílicos não têm um fator específico de coagulação no sangue, denominado *fator VIII*. Como resultado, o sangue coagula muito devagar. Hoje, os micróbios conseguem produzir esse fator em massa por meio do milagre da engenharia genética. Essa tecnologia, entretanto, não existia na década de 1960 — nem na década de 1970, para dizer a verdade. Para obter uma quantidade suficiente de fator VIII para injetar em um "sangrador", era necessário acumular o sangue de milhares de pessoas. Estima-se que um hemofílico típico era exposto todo ano ao sangue de mais de 2 milhões de doadores. Portanto Blumberg presumiu, e corretamente, que essa proteína nunca vista era um anticorpo que o hemofílico estava produzindo em resposta a algum antígeno recebido em uma transfusão.

O anticorpo recém-descoberto, quando testado contra outros soros sanguíneos, reagiu apenas com o de um aborígine australiano. Que possível antígeno um australiano poderia ter e contra o qual um hemofílico de Nova York teria criado anticorpos?

Era isso o que Blumberg e seus colaboradores queriam saber. Eles começaram a analisar o sangue de um jeito minucioso, procurando em todos os lugares o antígeno australiano (apelidado de Au). Embora seja raro na população estadunidense em geral, indivíduos com leucemia e síndrome de Down costumavam exibir a presença do antígeno Au. Mas os cientistas não conseguiram explicar suas descobertas.

Então, no início de 1966, aconteceu uma coisa estranha. Um paciente com síndrome de Down que havia tido resultado negativo no teste para Au teve resultado positivo em um exame de sangue subsequente. Além disso, exames de função hepática revelaram que ele tinha contraído hepatite. As peças do quebra-cabeça enfim estavam começando a se encaixar. O Au deveria ser um antígeno associado à hepatite, talvez fosse até mesmo o próprio vírus. Ele aparecia com tanta frequência em pessoas com síndrome de Down e em pacientes com hemofilia e leucemia por causa do grande número de transfusões que eles recebiam — transfusões que os infectavam com hepatite!

Outra confirmação veio mais tarde, ainda em 1966, quando uma das técnicas de laboratório de Blumberg contraiu hepatite. Um exame de sangue para o antígeno Au foi realizado rapidamente. O sangue dela, que antes tinha tido resultado negativo, de repente se mostrou positivo.

Blumberg contatou Krugman e lhe pediu suas amostras de sangue infectado com hepatite A e B. Será que elas revelariam a presença do antígeno Au? Uma das amostras, a do sangue com hepatite B, revelou. O Au, descobriu-se, era um antígeno que ficava na superfície das partículas virais da hepatite B.

O vírus da hepatite B por fim tinha sido dominado. Isso significava que um exame de triagem para sangue doado poderia ser desenvolvido e colocado em uso quase no mesmo instante. Em 1973, esse exame se tornou obrigatório nos bancos de sangue dos Estados Unidos.

Infelizmente, a produção e a distribuição de uma vacina bem-sucedida demorou um pouco mais. O principal obstáculo era a extrema relutância do vírus em crescer no laboratório. Em outro aspecto, no entanto, os pesquisadores tiveram muita sorte enquanto lidavam com a hepatite B. Ao contrário de qualquer outro vírus, quando crescia em células humanas, ele produzia trilhões de partículas menores e não infecciosas. Essas partículas não eram infecciosas porque não continham ácido nucleico, embora suas superfícies estivessem repletas de um antígeno de superfície viral. Foi como uma dádiva divina — partículas que podiam provocar uma forte resposta imunológica, mas não eram infecciosas. A vacina perfeita.

Os cientistas conseguiram coletar e purificar essas partículas de antígeno do sangue de pacientes com hepatite B crônica. Elas se tornaram o material da primeira vacina contra a hepatite B — e possivelmente a primeira vacina contra o câncer. Esforços extremos foram feitos para matar quaisquer outros possíveis contaminantes que pudessem estar presentes no soro sanguíneo. Temos muita sorte por essas precauções extraordinárias terem sido tomadas, pois o HIV, que ainda não havia sido descoberto, certamente já estava circulando nas amostras de sangue naquela época (de meados ao fim da década de 1970).

Hoje em dia, o antígeno de superfície é produzido de forma mais barata e segura por meio da engenharia genética. O gene para o antígeno de superfície é retirado do vírus e colocado em células de levedura. Ali, ele expele grandes quantidades de antígeno que podem ser colhidas do meio de cultura. Outro triunfo da ciência. A Fundação Nacional para Doenças Infecciosas trabalha na tentativa de reverter as estatísticas de acesso à vacina com anúncios de serviço público enfatizando a importância da prevenção contra a hepatite B. Em maio de 2001, a Food and Drug Administration aprovou uma vacina chamada Twinrix contra hepatites A e B para pessoas com mais de 18 anos.

Como observação adicional, existe alguma preocupação em aplicar a vacina uniformemente em todas as crianças e jovens adultos, já que as inoculações têm sido associadas, em raras ocasiões, a sintomas de esclerose múltipla e artrite. Devido à enorme variabilidade genética humana, absolutamente *todo* medicamento, fármaco ou composto químico encontrará, em algum indivíduo, uma reação adversa de menor ou maior severidade, dessa forma, alguns profissionais apontam que apenas os jovens com risco de contrair hepatite B devem receber a vacina.

Hepatite C

No fim da década de 1970, os cientistas descobriram que um número considerável de seus pacientes com hepatite apresentava resultados negativos para os vírus A e B. Eles se desesperaram, com medo de que um novo vírus estivesse em ação. Seus temores tinham fundamento: um novo agente era responsável pelos misteriosos males do fígado. Embora tenha sido inicialmente chamado de *hepatite não A e não B*, o agente causador foi renomeado, depois de ser isolado em 1989, como *hepatite C* (HCV).

Assim como a hepatite B, a hepatite C é transmitida por fluidos corporais. E, também como a hepatite B, é um vírus malvado, que mata e incapacita milhões de pessoas todo ano. Embora ainda não seja tão comum em nível global quanto a hepatite B, uma porcentagem muito maior de portadores de hepatite C se torna cronicamente infectada, o que leva à cirrose e ao câncer de fígado. É a infecção sanguínea mais comum nos Estados Unidos, com quase 4 milhões de pessoas infectadas. Felizmente, existe um teste de triagem para o sangue doado, mas não existe uma vacina profilática, então o número de infectados aumenta. O vírus da hepatite C simplesmente se replica muito rápido — 100 trilhões de novas partículas produzidas todo dia —, criando uma diversidade viral tamanha que as vacinas se tornam inúteis. Um paciente típico pode ter de quinze a vinte variantes de um único subtipo de HCV, e existem 150 subtipos diferentes.

Os medicamentos antivirais à base de interferon, injetados três vezes por semana durante seis a doze meses e administrados em conjunto com a ribavirina, compõem o tratamento mais comum para combater o vírus da hepatite C. O tratamento é eficaz se iniciado no período de dois a três meses depois da infecção. O diagnóstico e o tratamento precoces são essenciais. Enquanto isso, novos antivirais estão sendo pesquisados. Em uma nova abordagem chamada *peguilação*, as moléculas de polietilenoglicol (PEG) são ligadas ao interferon. Os interferons "peguilados" são mais difíceis de serem eliminados pelo corpo, permitindo que o medicamento permaneça no sistema do paciente por até sete dias, em vez das 48 horas habituais. Isso reduz o número de injeções semanais de três para uma, diminuindo a probabilidade de efeitos colaterais, como sintomas semelhantes aos da gripe, queda de cabelo, depressão e anemia. Como resultado, os pacientes podem permanecer mais tempo na terapia medicamentosa. E a busca por uma vacina continua.

Sopa de letrinhas

Para os puristas, deixe-me acrescentar que a série de infecções por hepatite não termina com a hepatite C. Existe a hepatite D, provocada pelo vírus delta, encontrado apenas em coinfecções com a hepatite B. Quando o fator delta está presente, os sintomas da hepatite B se tornam muito mais agudos e graves. Felizmente, a vacina contra a hepatite B também elimina a infecção delta.

Já o vírus da hepatite E (HEV) causa uma doença semelhante à hepatite A, mais aguda do que crônica. É transmitido por contaminação fecal das mãos, dos alimentos, da água ou de mariscos crus. Embora a hepatite E seja incomum nos Estados Unidos, o vírus gerou grandes surtos na Ásia e na América do Sul. No início e em meados da década de 1990, dois novos vírus foram isolados e identificados como causadores de uma infecção com envolvimento do fígado. Isso levou a cadeia de vírus da hepatite até a letra G.

A descoberta aparentemente interminável de novos vírus da hepatite não deve ser considerada extraordinária. Estima-se que ainda não identificamos 90% dos animais que vagam por este planeta, então por que a descoberta de um vírus desconhecido causa tanto choque? Os cientistas acreditam que não sabemos praticamente nada sobre 95% das cerca de 5 mil espécies de vírus existentes. Existem mais ou menos 1 milhão de espécies de bactérias, e só caracterizamos cerca de 2 mil. Sem dúvida, teremos muito mais surpresas.

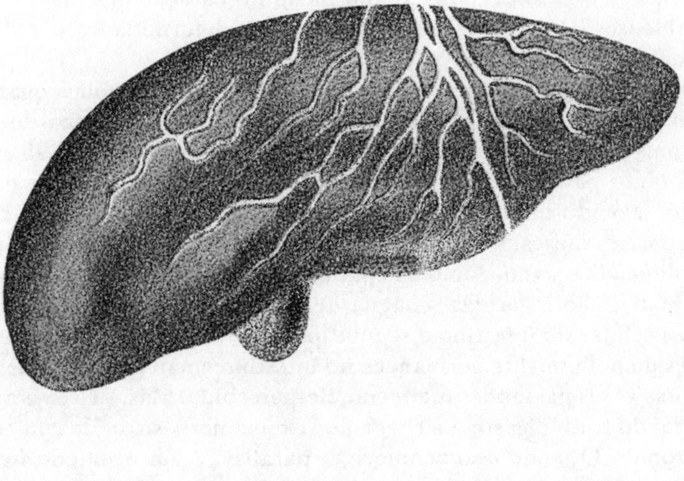

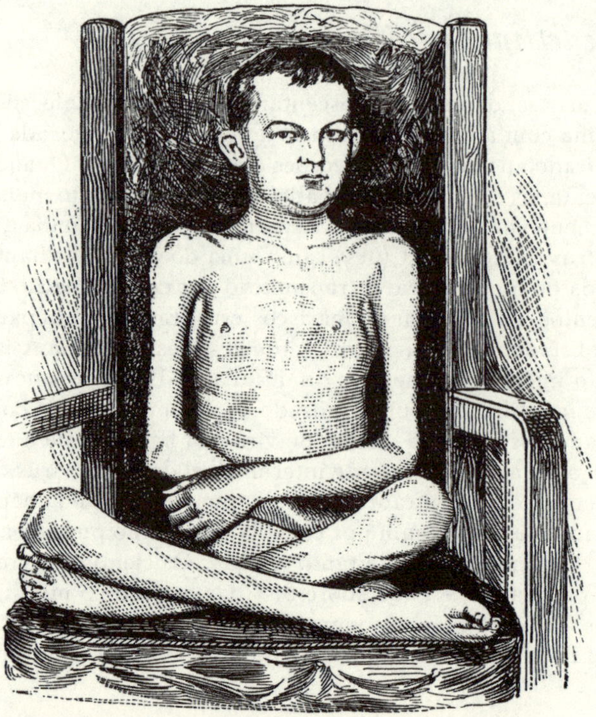

POLIOMIELITE
(PARALISIA INFANTIL)

A pólio virou epidemia pela primeira vez nos Estados Unidos em 1916 e, durante quase quatro décadas, botou medo no coração das mães e dos pais estadunidenses. Durante esse período, causou deformidades e matou cerca de 40 mil crianças por ano.

Poucas doenças foram motivo de tanta preocupação pública quanto a paralisia infantil na primeira metade do século XX. A gripe, uma doença que matou mais pessoas em um ano (1918) do que a poliomielite em 25 anos, não causava tanto pavor. Todo verão os pais estremeciam ao pensar nos filhos nadando, fazendo piqueniques, indo ao cinema, brincando com os amigos. Pois era nesses meses que a terrível doença atacava com força total.

A poliomielite, assim como a hepatite A, é transmitida quando substâncias contaminadas são ingeridas — água de uma piscina, por exemplo. O vírus invade as células do intestino e se multiplica de forma rápida. A maioria das infecções de poliomielite permanece no intestino e não causa problemas graves, muitas vezes passando totalmente despercebida. Mas, de vez em quando, o vírus sai do trato digestivo e chega ao sistema nervoso, onde começa a matar neurônios. Quando isso acontece, a paralisia é um resultado frequente.

O fato de que o poliovírus infecta inicialmente as células do intestino, e não as células nervosas, apenas foi descoberto em 1948, quando o dr. John Enders cultivou o vírus em uma cultura de tecido do intestino de camundongos. Isso lhe rendeu o Prêmio Nobel de Fisiologia ou Medicina em 1954, e também proporcionou ao dr. Jonas Salk o conhecimento de que ele precisava para cultivar o poliovírus em seu laboratório.

O dr. Salk, junto ao dr. Albert Sabin e vários outros pesquisadores, esperava desenvolver uma vacina contra a poliomielite. Armado com as culturas de tecidos adequadas, ele começou a cultivar o vírus. Na verdade, havia três cepas diferentes de poliovírus que precisavam ser cultivadas. Depois, Salk matou os vírus com formalina, um produto químico comumente usado para preservar animais mortos. Depois de inativada, a mistura de vírus mortos foi incorporada a uma vacina que, em abril de 1955, foi aprovada e distribuída para milhões de estadunidenses.

A vacina de Salk provou ser extremamente eficaz. De quase 30 mil novos casos por ano, os números caíram para menos de mil. O dr. Salk se tornou uma celebridade instantânea. Foi cercado de honras e presentes. O presidente Dwight Eisenhower o presenteou com uma menção especial na Casa Branca, e Hollywood até queria filmar a história de sua vida, possivelmente com Marlon Brando no papel principal.

Mas, no fim da década de 1950, a poliomielite pareceu ressurgir, com mais de 8 mil novos casos em 1959. O motivo era simples. Muitas das crianças mais pobres do país, aquelas que mais precisavam, não estavam sendo vacinadas.

Sabin, sempre oportunista, aproveitou o momento para anunciar sua própria vacina, uma mistura viva mas atenuada de cepas de poliovírus. Ele alegou que sua versão da vacina contra a poliomielite seria mais eficaz para eliminar essa praga paralisante. A maioria da comunidade científica concordou com ele.

Ao contrário da vacina de Salk, que era injetada, a de Sabin era pingada em um cubo de açúcar e depois ingerida — ou misturada a uma bebida com sabor de laranja. O vírus, enfraquecido pelo crescimento contínuo no tecido renal de macacos, na verdade infectava células do intestino humano. Ali, o sistema imunológico lutava contra o vírus, conferindo imunidade vitalícia (a vacina de Salk não durava a vida toda, e eram necessárias várias doses de reforço). Por causa da atenuação, a vacina de Sabin era incapaz de infectar as células nervosas. Por isso, conferia imunidade sem risco de paralisia ou morte. E, como era um vírus ativo, podia ser transmitido por canais naturais para amigos e familiares. Dessa forma, a vacina de Sabin proporcionava uma imunidade mais ampla para a população. Como argumento de venda final, a vacina de Sabin era mais barata e mais fácil de fabricar.

Não precisamos dizer mais nada. Considerando todas as opções, os Estados Unidos optaram pela vacina oral contra a poliomielite (VOP) de Sabin, e, no início da década de 1960, ela estava sendo usada quase exclusivamente na maior parte do mundo. Com o passar dos anos, essa vacina praticamente eliminou a poliomielite no mundo ocidental. Mas a VOP tem uma desvantagem séria. Em ocasiões muito raras, ela reverte ou sofre mutação para uma forma virulenta. Lembre-se de que estamos lidando com vírus ativos. Isso resulta em cerca de oito a dez crianças por ano desenvolvendo a poliomielite depois de tomar a vacina oral de vírus ativo. A poliomielite associada à vacina levou o CDC a mudar a política de vacinação no ano 2000, eliminando o uso da vacina oral contra a poliomielite e trocando-a por injeções de vírus desativados.

A imunização em massa teve tanto sucesso que, em setembro de 1994, a Organização Pan-Americana da Saúde anunciou a erradicação da poliomielite no hemisfério ocidental. No entanto, algo estava acontecendo. Os sobreviventes da pólio, os muitos que tinham vencido a doença trinta e tantos anos antes, de repente estavam sentindo fadiga, dor e fraqueza muscular. Os números eram grandes demais para serem ignorados. Cerca de um terço do 1,5 milhão de sobreviventes estava sofrendo do que passou a ser chamado de síndrome pós-pólio (SPP).

No início, acreditava-se que a infecção inicial roubava muitos neurônios motores do corpo. Quando outras células nervosas eram perdidas na velhice, isso era a gota d'água. Uma teoria semelhante afirmava que os nervos e/ou músculos remanescentes que tinham sido "sobrecarregados" durante anos estavam falhando de maneira prematura. Posteriormente, os pesquisadores relataram evidências de fragmentos de poliovírus no líquido cefalorraquidiano de portadores de SPP. Seria possível o vírus ter sobrevivido nas células nervosas durante tantos anos e só agora estar destruindo as terminações nervosas individuais dos neurônios motores?

Lamentavelmente, o grande sucesso da vacina contra a poliomielite na América do Norte e na Europa não se reflete no restante do mundo. O vírus da poliomielite ainda se esconde no sul da Ásia, onde é um perigoso causador de deformidades, tendo causado dor e paralisia em 3.500 crianças de vinte países e infectando outras centenas de milhares no ano 2000. Mas a OMS, o Unicef e o CDC estão se empenhando para conseguir a erradicação global do vírus, que ainda está presente no Afeganistão e no Paquistão. Não vai ser fácil. Os conflitos internos destes lugares tornam a implementação das atividades de vigilância da vacinação especialmente desafiadora. Será necessária uma iniciativa em massa na escala utilizada para eliminar a varíola do planeta. Um esforço desse tipo também poderia eliminar o sarampo, uma doença que atualmente mata muito mais pessoas no mundo todo do que a poliomielite. No entanto, o sarampo, assim como a gripe, não recebe a mesma atenção.

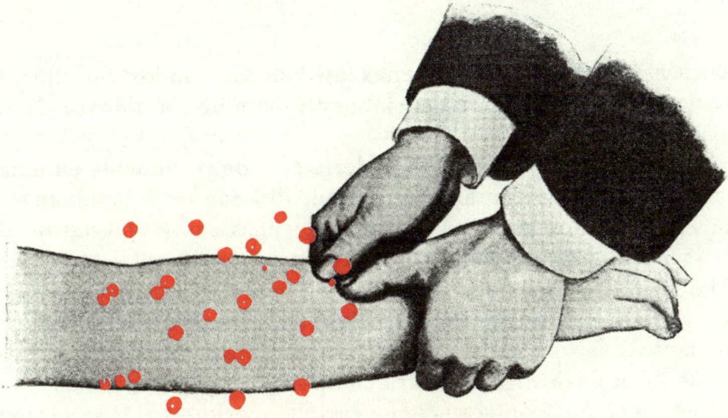

SARAMPO

O sarampo provavelmente é o vírus mais contagioso da Terra, embora pessoas que costumam ter resfriado e gripe possam questionar isso.* De acordo com Ann Giudici Fettner, autora de *The Science of Viruses* [A ciência dos vírus]: "Uma criança pode pegar sarampo respirando o ar da sala de espera de um médico duas horas depois da saída de uma criança infectada". O vírus se transmite de maneira tão incrível que, se uma pessoa infectada entrasse em uma cidade ou aldeia com vários milhares de pessoas imunologicamente intactas, em seis semanas cerca de 100% da população suscetível o teria contraído. Isso foi exatamente o que aconteceu com os esquimós da Groenlândia quando o sarampo apareceu por lá, em 1951. O dr. Georges Peter, da Academia Americana de Pediatria, chama o sarampo de "a mais contagiosa de todas as doenças evitáveis por vacina" — ao lado da hepatite B, é uma das mais letais também.

O sarampo foi uma das doenças que os europeus trouxeram para o Novo Mundo e que exterminaram os nativos americanos. Os esquimós da Groenlândia foram destruídos pela doença. Ainda hoje, o sarampo mata em grande escala. Os mais atingidos, de longe, são os países em desenvolvimento, onde o sarampo se encontra entre os flagelos mais mortíferos, junto com a malária, a tuberculose e a aids.

O mundo ocidental se saiu muito melhor. Mesmo antes do desenvolvimento de uma vacina, o sarampo nunca foi o assassino que era — e ainda é — nos países mais pobres. Era uma doença incômoda para o meio milhão de estadunidenses que a contraíam todo ano — um rito de passagem pela infância. Apenas em raras ocasiões afetava o cérebro e levava ao coma e à morte. Mesmo assim, essa complicação incomum provocava de várias

* O médico infectologista e pesquisador norte-americano Roby Bhattacharyya do Hospital Geral de Massachussets fez um cálculo entre a variante Ômicron do SARS-CoV-2 e o sarampo. Ele concluiu que, em um cenário com ausência de vacinação, um caso de sarampo daria origem a mais 15 casos em apenas 12 dias. Já um caso de Ômicron daria origem a 216 outros casos no mesmo período. Assim, a variante Ômicron do SARS-CoV-2 bateu o recorde de propagação, superando a marca antes registrada pelo sarampo.

centenas a mil mortes por ano apenas nos Estados Unidos. Em 1963, foi desenvolvida uma vacina que essencialmente eliminou a ameaça da doença nos países desenvolvidos.

A parte triste é que o sarampo poderia ser completamente eliminado do planeta. As vacinas para sarampo e poliomielite são extremamente eficazes, e, o mais importante, nenhuma das duas doenças ocorre em outros animais além dos seres humanos. Somos o único reservatório natural. Isso é fundamental para a erradicação de uma doença, e é a razão pela qual a febre amarela, a gripe e a raiva — outras doenças virais mortais — não podem ser erradicadas, enquanto a varíola pôde. Sempre haverá animais selvagens que abrigam esses vírus — animais ansiosos para compartilhar seus micróbios conosco.

Mas, assim como aconteceu com a varíola, o esforço precisa ser mundial. Não podemos eliminar o sarampo do Ocidente e deixá-lo solto na África e na Ásia. Afinal, somos uma comunidade global. Em 1989 e 1990 surgiram cerca de 50 mil casos que resultaram aproximadamente cem mortes. O ressurgimento, depois de uma baixa histórica em 1983, aconteceu por causa de um afrouxamento em relação à vacinação, sobretudo em áreas urbanas pobres. Embora o sarampo seja uma raridade nos Estados Unidos hoje em dia, por causa de vacinas melhores e de uma campanha de inoculação rigorosa, ele pode voltar com força total a qualquer momento.*

Uma nota final sobre os perigos de permitir que o vírus do sarampo ou qualquer outro micróbio fique rodando por aí: com o tempo, os germes sofrem mutação — eles se transformam em outras cepas. Às vezes, essas cepas são mais virulentas, mais letais. Muitas vezes, os anticorpos que temos pela vacinação contra o vírus comum não reagem com a nova cepa. Em outras palavras, estamos suscetíveis ao novo micróbio. Vemos isso acontecer com os vírus da gripe todo ano. Felizmente, o sarampo e a maioria dos outros vírus não são tão mutáveis, e a mesma vacina é eficaz ano após ano. Mas, mesmo no caso de vírus estáveis, não devemos abusar da sorte. Em 1995, um novo vírus intimamente relacionado ao sarampo apareceu na Austrália, onde matou um fazendeiro e cerca de uma dezena de cavalos ao fazer com que os pulmões se enchessem de sangue.

Infelizmente, o sarampo faz mais estragos em países que são pobres demais para iniciar programas de erradicação, e os países mais ricos não têm a menor vontade de alocar grandes somas de dinheiro para combater doenças nas nações em desenvolvimento. Esse é um problema que acontece não só com o sarampo, mas também com muitas outras enfermidades. Entre as doenças que recebem pouca atenção das nações desenvolvidas, embora matem e mutilem incontáveis milhões, estão aquelas causadas por parasitas.

---

* Entre 2018 e 2019, houve um surto de sarampo nos Estados Unidos. Além disso, em 2019 o número de casos reportados no país foi o maior desde 1992. Segundo oficiais federais de saúde, o problema está na queda dos índices de vacinação contra o sarampo, já que os pais se recusam a vacinar seus filhos.

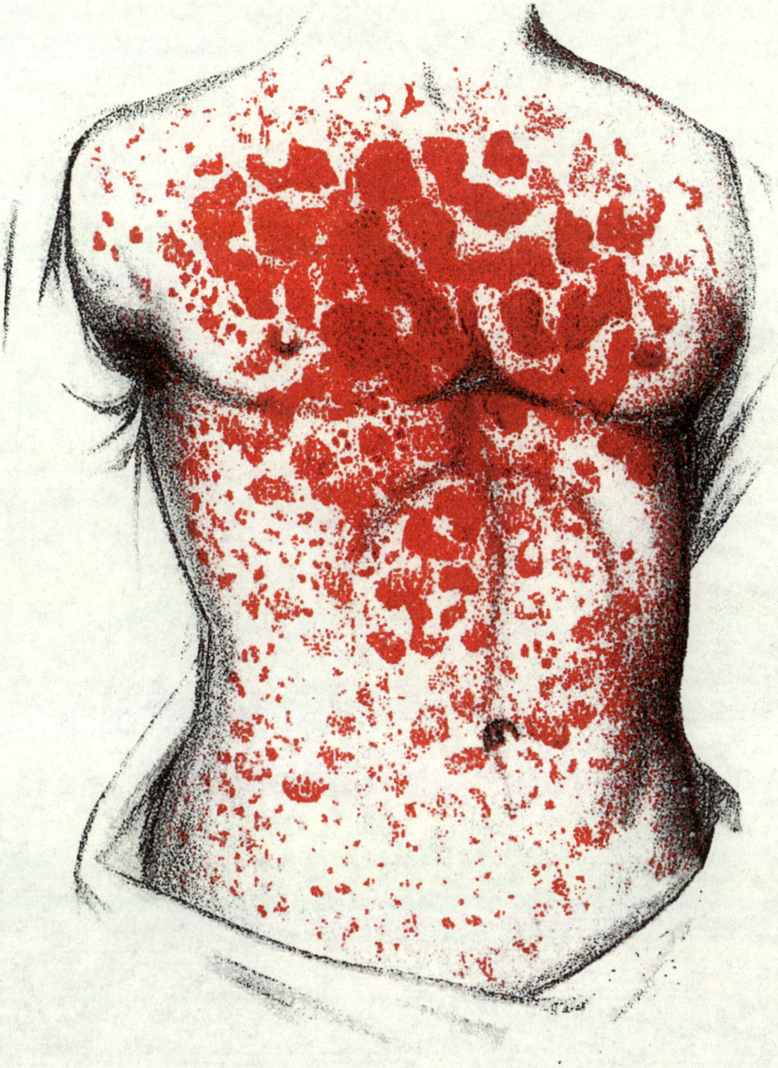

Era tamanha a multidão de gente a morrer noite e dia na cidade que causava espanto ouvir dizer, quanto mais presenciar.

Giovanni Bocaccio

Decamerão

I

PARASITAS ASSASSINOS

pequenos e destrutivos

I

PARASITAS ASSASSINOS

pequenos e destrutivos

Epidemiologistas são detetives biológicos que são acionados quando surgem epidemias para tentar determinar como e por que elas ocorreram. Em seu livro *A Dancing Matrix*, Robin Marantz Henig faz a interessante observação de que, se perguntassem a um epidemiologista africano experiente: "O que constitui uma epidemia que vale a pena ser investigada?", ele provavelmente responderia: "A morte de uma pessoa branca".

A vida é mais barata nos países pobres do que nos desenvolvidos. Doenças evitáveis que incapacitam e matam centenas de milhões de pessoas em toda a África, Ásia e Américas Central e do Sul têm permissão para atacar livremente. A Organização Mundial da Saúde estimou que, em 1998, 2 bilhões de crianças sofreram de infecções respiratórias agudas e mais de 4 milhões morreram — a maioria em países emergentes. Oitenta por cento dessas mortes aconteceram por causa de infecções pulmonares bacterianas, em grande parte evitáveis ou curáveis, como a pneumonia. Uma ampla parcela da população mundial ainda sofre e morre de doenças contraídas por meio da água suja. Essas doenças incluem diarreias bacterianas e virais, bem como doenças causadas por parasitas. Todo ano, 1,7 bilhão de pessoas sofrem de infecções adquiridas por meio de água contaminada por parasitas ou seus hospedeiros animais.

Estritamente falando, um parasita é um organismo que vive sobre ou dentro de outro organismo e se alimenta dele. Por definição, então, bactérias e vírus são parasitas, e causam doenças parasitárias. Tradicionalmente, entretanto, os biólogos têm usado o termo *parasita* em um sentido mais limitado, para se referir a seres vivos maiores e mais complexos, como protozoários e vermes. E é difícil quebrar uma tradição. Mesmo hoje em dia, a designação *parasita* costuma excluir vírus e bactérias.

PROTOZOÁRIOS

Antes considerados animais minúsculos por serem móveis e não verdes, os protozoários agora pertencem ao seu próprio reino. São os mais simples dos parasitas. Embora as bactérias e os protozoários sejam organismos unicelulares, a célula de um protozoário é maior e muito mais complexa. Qualquer pessoa que estudou biologia no ensino médio viu protozoários em um microscópio. Eles incluem a ameba e o paramécio, frequentemente estudados. Os protozoários são onipresentes, sendo encontrados em praticamente qualquer ambiente aquático — lagoas, rios, lagos, tanques de peixes.

A maioria dos protozoários vive livremente — eles não têm hospedeiros — e não causa nenhum dano às pessoas e a outros animais. Infelizmente, há vários que são parasitas, e alguns geram problemas de saúde muito graves nos indivíduos infectados. Em 1875, um protozoário foi apresentado pela primeira vez como um patógeno. Era a *Entamoeba histolytica*, a ameba da disenteria, familiar a qualquer pessoa descuidada o bastante para beber água não engarrafada em países sem saneamento adequado. Duzentos anos antes, o grande microscopista Antonie van Leeuwenhoek notou um protozoário passeando em suas fezes. Era um "pequeno animálculo" do gênero *Giardia*. Desde a descoberta de Leeuwenhoek, a *Giardia lamblia* e outro protozoário, o *Cryptosporidium*, estiveram envolvidos em muitos surtos de infecções intestinais dolorosas e diarreia grave em todo o mundo. Eles costumam ser encontrados em água potável que foi poluída por fezes humanas ou animais. Em abril de 1993, 400 mil residentes de Milwaukee contraíram criptosporidiose; 4.400 foram hospitalizados. Parece que o protozoário é resistente aos procedimentos de cloração padrão usados para a água potável e pode, de fato, sobreviver no poderoso Clorox. Um ponto a mais para os micróbios.

Parasitas intestinais à parte, é a picada de insetos tropicais que espalha as piores doenças causadas por protozoários — aquelas que continuam a assolar os países em desenvolvimento.

Doença do sono (tripanossomíase africana)

A doença do sono é uma dessas enfermidades fatais, causada por um pequeno protozoário em formato de peixe chamado *tripanossoma*, que fica nadando no sangue enquanto açoita uma cauda semelhante a um chicote ou *flagelo*. A doença é transmitida pela picada da mosca tsé-tsé e, em alguns casos, leva à perda de consciência e à morte quando os organismos invadem a medula espinhal e o cérebro. A doença do sono também atinge animais de criação, como o gado, e, em muitas áreas onde é endêmica, pode literalmente eliminar o suprimento de carne criada no local. Alguns especialistas acham que o aquecimento global pode expandir muito o habitat das moscas tsé-tsé, prevalentes em toda a África, e, portanto, também a distribuição da doença que elas carregam. Em geral, o aquecimento global ameaça expandir os territórios de muitos insetos vetores.

Leishmaniose

No ano 2000, havia 12 milhões de casos de leishmaniose em todo o mundo. É uma doença debilitante e muitas vezes fatal, causada pelo protozoário do gênero *Leishmania* — um organismo "não mais pesado que um cílio", na citação do famoso parasitologista Robert Desowitz. E o inseto que leva esse flagelo mortal para a humanidade, um minúsculo mosquito-palha sugador de sangue, também não pesa muito mais do que um cílio. Mas os dois se unem para produzir epidemias que matam centenas de milhares de pessoas na Índia, na China, no norte da África e no Brasil.

A forma mais fatal da doença é a leishmaniose visceral, também chamada de *kala-azar* ou *calazar*, que eliminou dois terços de alguns vilarejos que foram muito atingidos. Os sintomas do calazar são febre persistente, coloração acinzentada da pele, anemia grave e baço e fígado muito aumentados, provocando a distensão do abdômen. Se não for tratada, a doença tem uma taxa de mortalidade de quase 100%. Na verdade, os protozoários do gênero *Leishmania* vivem dentro dos glóbulos brancos, que deveriam engoli-los e matá-los. Eles os engolem, mas não conseguem terminar o trabalho. Então as leishmânias acabam prosperando dentro dos glóbulos brancos. Com o tempo, destroem essas células e, assim como o HIV, causam estragos no sistema imunológico. Um sistema imune deprimido permite que outras infecções bacterianas mortais, como a pneumonia ou a disenteria, contornem as defesas do corpo. Por falar em HIV, esse vírus mortal coinfecta cada vez mais pessoas em conjunto com o protozoário do gênero *Leishmania*. Embora a maioria das pessoas picadas por mosquitos-palha portadores da leishmânia não desenvolvam a doença, a coinfecção com o HIV evolui rapidamente para a leishmaniose grave.

O tratamento padrão para a leishmaniose é uma terapia intravenosa com compostos de antimônio altamente venenosos. Se a doença não matar o paciente, a cura o fará. Outro medicamento mais seguro — a miltefosina —, administrado por via oral, se mostrou eficaz em testes com animais.* Uma possível vacina também está surgindo no horizonte.† Por outro lado, a mera posse de uma vacina bem-sucedida significa muito pouco, conforme drasticamente demonstram doenças como o sarampo.

Já foi até sugerido que a leishmaniose existia nos dinossauros. Embora não sejam tão convincentes, as evidências não podem ser rejeitadas de imediato. Você se lembra de *Jurassic Park*, um filme genial de ficção científica em que os dinossauros foram clonados a partir de insetos preservados que tinham sugado o sangue desses animais cerca de 70 milhões ou 80 milhões de anos antes? Os dinossauros, é claro, não podem ser clonados, mas o registro fóssil revela que eles realmente eram parasitados por insetos, sendo que várias espécies eram mosquitos-palha, também conhecidos como flebotomíneos. E a comparação do DNA de diferentes espécies de leishmânia (algumas das quais infectam lagartos) indica que elas também estão evoluindo há cerca de 80 milhões de anos. Portanto, é razoável especular que os mosquitos-palha pré-históricos abrigaram protozoários do gênero *Leishmania* e os injetaram nos dinossauros. Se isso for verdade e tiver contribuído para a extinção dos dinossauros, devemos muito ao mosquito-palha e à leishmânia, pois foi a extinção desses antigos répteis que permitiu que os mamíferos primitivos e, no fim das contas, os seres humanos evoluíssem.

Malária

A palavra *malária* significa "ar ruim", um ar que, segundo os gregos antigos, deixava as pessoas fatalmente doentes com uma febre intermitente. Mas ninguém na época conseguiu identificar a causa exata da doença. Hipócrates acreditava que os miasmas — névoas fatais — estavam em ação, perturbando de alguma forma o equilíbrio entre os quatro humores do corpo: sangue, fleuma, bile negra e bile amarela. Parece bobo? Bem, os chineses antigos atribuíam a febre paroxística — malária — a um desequilíbrio ou uma desarmonia entre o yin e o yang, duas forças vitais opostas no corpo. E o grande taxonomista Carlos Lineu, a quem devemos o método gênero-espécie de nomear cientificamente os organismos, formulou a hipótese de que minúsculas partículas suspensas de argila na água potável obstruíam os vasos sanguíneos, causando a doença. Só em 1898 a verdadeira causa da malária seria identificada: a picada de um mosquito infectado com um protozoário mortal.

---

* O medicamento já foi testado em humanos e já se encontra na lista de medicamentos essenciais da OMS de 2019.

† Estudos para uma vacina continuam em andamento, a partir da adaptação de uma vacina canina para a doença.

Esse protozoário é o *Plasmodium falciparum*, e pode muito bem matar mais seres humanos do que qualquer outro patógeno... exceto, talvez, o bacilo da tuberculose ou o vírus da aids. A malária é endêmica em quase todo o mundo, mas, como muitas mortes ocorrem em países em desenvolvimento, os números anuais de mortalidade são, na melhor das hipóteses, estimativas aproximadas. Mesmo assim, a perda de vidas é impressionante, algo entre 1 milhão e 2 milhões de pessoas — provavelmente mais perto deste último. É possível que 300 milhões de pessoas sejam diagnosticadas todo ano com malária clínica. Em regiões gravemente infectadas, as pessoas são picadas várias centenas de vezes ao ano por mosquitos que carregam o *Plasmodium*. Contrair a doença é quase inevitável. Robert Desowitz, em seu livro *The Malaria Capers* [Os saltos da malária], nos oferece uma descrição realista de uma jovem grávida em meio a um "calafrio" da malária:

> O ataque veio com uma ferocidade surpreendente. Em certo momento, a náusea cedeu lugar a um calafrio que fez Amporn sentir como se seu corpo estivesse envolto em uma mortalha de gelo. Sob o forte sol tropical, ela tremia incontrolavelmente. Durante esse calafrio "congelante", a temperatura de Amporn subiu para 40°C. Depois de uma hora de tremores de bater o queixo, o calafrio diminuiu e, por alguns instantes, no centro dessa tempestade parasitária, Amporn achou que ainda conseguiria viver. A breve trégua foi seguida por uma febre tão intensa quanto a sensação de frio que ela havia experimentado durante o calafrio. A temperatura de Amporn agora estava em 41°C. Seus sentidos vacilaram; a consciência ficou turva. Ela rastejou para dentro de casa e desmaiou no chão de terra fria, com o sarongue encharcado do suor que escorria de seu corpo em chamas.

Ironicamente, foi a febre intensa, um sintoma tão terrível da doença, que convenceu o professor de neurologia vienense Julius Wagner von Jauregg a injetar nas pessoas o protozoário da malária. O ano era 1917, e a ideia aparentemente insana era uma terapia nova e revolucionária para o tratamento da sífilis em estágio avançado. Acreditava-se que a bactéria da sífilis, que tinha formato de saca-rolhas e era sensível ao calor, morreria com as febres induzidas pela malária. E funcionou. Uma cepa relativamente inofensiva do protozoário da malária foi injetada em vítimas de sífilis em estágio avançado, aquelas que já apresentavam sinais de danos neurológicos. Quando a febre começava, a progressão da doença era interrompida de imediato. Os doentes não ficavam necessariamente curados, mas também não pioravam. Dessa forma, dezenas de milhares de pessoas foram poupadas de uma morte certa e agonizante e, em 1928, Von Jauregg recebeu o Prêmio Nobel por sua insanidade. Vários anos atrás, a terapia da malária foi até sugerida para pacientes com doença de Lyme, já que esta é causada por uma espiroqueta muito semelhante à responsável pela sífilis. (Para obter mais informações sobre a doença de Lyme, veja o capítulo 5, "Novas vizinhas".)

Os calafrios, ou tremores, sintomáticos da malária são uma consequência da maneira como vive o insidioso protozoário causador da doença. É uma vida muito complexa, que envolve o homem e o inseto. Mas é também uma vida que devemos entender em detalhes minuciosos se quisermos dominar a "mãe das febres", como os antigos chineses chamavam a malária.

Ciclo de vida de um assassino. De forma mais precisa, existem quatro espécies de protozoários *Plasmodium* que infectam seres humanos e causam a malária, mas uma delas, o *P. falciparum*, é especialmente virulenta e letal. Essa espécie é responsável por mais de 95% de todas as mortes por malária. Todas as quatro, no entanto, têm um ciclo de vida semelhante.

A infecção humana começa com a picada de uma fêmea do mosquito anófele. Apenas os mosquitos anófeles são vetores da malária humana, e apenas as fêmeas picam. Com sua picada, o mosquito infectado injeta na vítima milhares de plasmódios filiformes chamados de *esporozoítos*. Esses esporozoítos vão direto para o fígado, onde cada um deles infecta uma célula do órgão. Na célula, o esporozoíto amadurece e se divide várias vezes, produzindo até 40 mil esporos. A produção de esporos leva duas semanas, durante as quais não há sinais de doença. Mas as sementes da malária estão sendo cultivadas.

O primeiro ataque clínico — suor e febre alta — ocorre quando as células do fígado se rompem, liberando sua miríade de esporos na corrente sanguínea. Cada esporo invade um glóbulo vermelho, dentro do qual vive por algum tempo, se alimentando da hemoglobina da célula e crescendo. Por fim, o esporo se divide em fragmentos menores — um meio assexuado de produzir ainda mais esporos, os *merozoítos*. Quando o glóbulo vermelho explode, esses merozoítos são liberados e invadem novas células sanguíneas. Ciclos repetidos de infecção e ruptura dos glóbulos vermelhos levam, em última análise, a uma condição crônica de malária ou à morte.

Há uma sincronia incrível entre a invasão e a explosão dos glóbulos vermelhos. Por motivos que ainda não entendemos totalmente, parece que milhões de células sanguíneas infectadas explodem ao mesmo tempo, liberando seus merozoítos. É essa matança cronometrada de glóbulos vermelhos que provoca um surto de tremores.

Depois de várias rodadas de infecção e reinfecção de células sanguíneas, alguns dos merozoítos se tornam sórdidos, transformando-se em células reprodutoras masculinas ou femininas — os *gametócitos*. É aqui que termina a fase humana do ciclo de vida. Quando um mosquito anófeles suga o sangue infectado com malária, também suga milhões de gametócitos. No estômago do inseto, os gametócitos se transformam em óvulos e espermatozoides, e a fertilização ocorre.

Em um ato final de brilhantismo, os óvulos fertilizados crescem e se transformam em esporozoítos filiformes, e então seguem para as glândulas salivares, completando o ciclo (veja a Figura 1, Ciclo de vida do plasmódio). O mosquito agora é um vetor fatal da malária.

Curiosamente, a anemia falciforme em sua forma mais branda, o traço falciforme, oferece proteção contra a malária. Isso acontece devido à deformação dos glóbulos vermelhos do sangue, o que evita que os protozoários cresçam dentro deles. Não é de admirar que a anemia falciforme seja uma doença hereditária tão comum em partes do mundo onde o índice de ocorrência da malária é altíssimo.

A malária mata milhares de pessoas todos os anos.* Na América do Sul e na Ásia — continentes úmidos e tropicais —, os mosquitos prosperam. De modo surpreendente, no entanto, ao longo de grande parte da história registrada, a malária foi sobretudo uma doença europeia. Ela saiu da África, se espalhou em direção ao norte e invadiu a Grécia e a Itália em 79 AC, destruindo as populações muito suscetíveis desses países. O Império Romano, tão formidável em sua época, foi debilitado pela malária. Os soldados romanos carregaram a doença até a Inglaterra e a Dinamarca. Durante dois milênios, ela assolou grande parte da Europa, até sua erradicação no fim da década de 1940.

A malária era relativamente novata no Novo Mundo, só chegou ao continente quando Colombo e outros exploradores europeus levaram seus parasitas consigo até as Américas. Mas não demorou muito para se estabelecer e se tornar uma doença endêmica grave do sul do Chile até Montreal. O presidente George Washington teve malária, Abraham Lincoln também. Durante a Guerra Civil, metade das tropas brancas e quatro quintos dos soldados afro-americanos do Exército da União contraíam malária todo ano. Ao todo, pelo menos 1 milhão de soldados tiveram malária durante a Guerra Civil. Na década de 1930, 600 mil estadunidenses contraíram malária dentro do país. A cidade de Atlanta, na Geórgia, era um viveiro de malária, que era basicamente uma doença nacional até cerca de 1950, quando os esforços de erradicação a eliminaram. Aliás, o CDC nasceu de uma unidade criada para controlar a malária durante a Segunda Guerra Mundial.

* Em 2021 a OMS divulgou um relatório que aponta resultados eficientes de seu plano de erradicação da malária com apoio a iniciativas públicas, monitoramento e diagnóstico rápido, além de colaboração entre setores da sociedade. Ainda presente em 87 países, o ano de 2019 registrou 229 milhões de pessoas infectadas no mundo e 409 mil mortes — deste número, 67% são crianças com menos de 5 anos. Naquele ano, a África do Sul registrou 384 mil mortes, 9 mil no Sudeste Asiático e 551 nas Américas.

Ciclo de vida do plasmódio

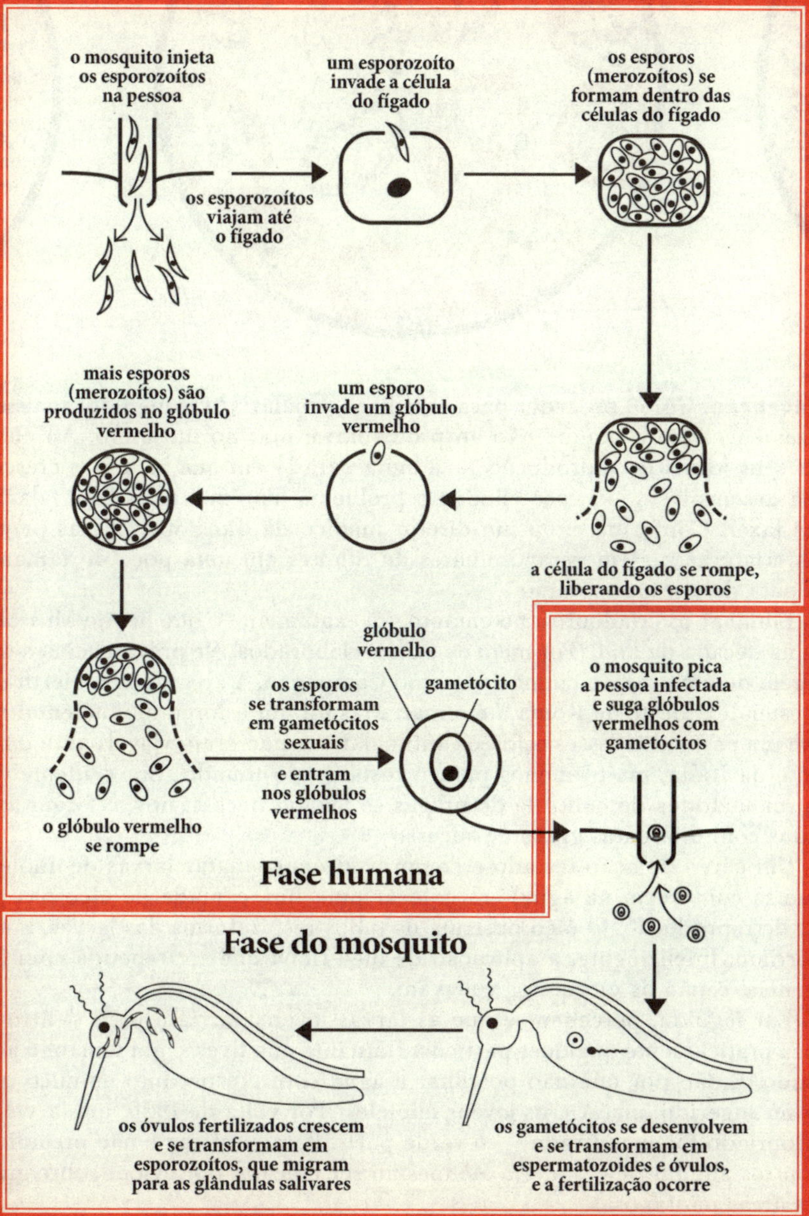
o mosquito injeta os esporozoítos na pessoa
os esporozoítos viajam até o fígado
um esporozoíto invade a célula do fígado
os esporos (merozoítos) se formam dentro das células do fígado
a célula do fígado se rompe, liberando os esporos
um esporo invade um glóbulo vermelho
mais esporos (merozoítos) são produzidos no glóbulo vermelho
o glóbulo vermelho se rompe
os esporos se transformam em gametócitos sexuais
e entram nos glóbulos vermelhos
glóbulo vermelho
gametócito
o mosquito pica a pessoa infectada e suga glóbulos vermelhos com gametócitos
Fase humana
Fase do mosquito
os gametócitos se desenvolvem e se transformam em espermatozoides e óvulos, e a fertilização ocorre
os óvulos fertilizados crescem e se transformam em esporozoítos, que migram para as glândulas salivares

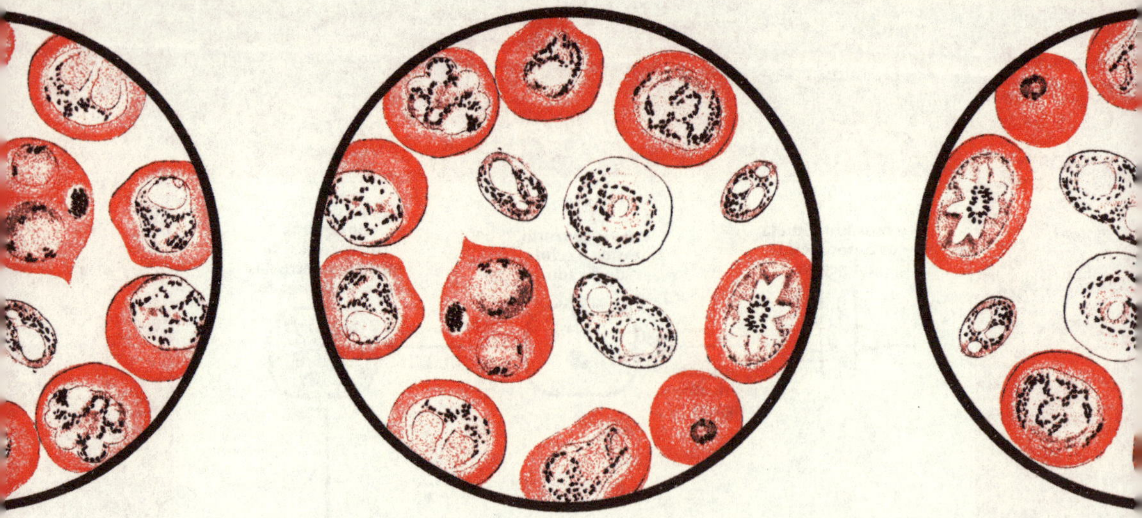

Prevenção. Como proceder para erradicar a malária? Os métodos mais eficazes envolvem o ataque não ao protozoário, mas ao mosquito. Ao eliminar seus locais de reprodução — a água parada em que as larvas crescem e se desenvolvem —, você elimina o problema. Porém é mais fácil falar do que fazer. Conforme citou um diretor médico da Tanzânia: "Essas pequenas criaturas podem gerar milhares de filhotes em uma poça do tamanho da pata de um hipopótamo".

Eliminar os criadouros, no entanto, foi exatamente o que Benito Mussolini fez na década de 1930. Por meio de canais elaborados, ele providenciou a drenagem de uma região conhecida como Campagna, a área úmida e fértil que se estende a oeste de Roma até o mar. Mas foi um esforço monumental que teve um custo alto. Esses esforços antimaláricos não eram viáveis para o restante da Itália, muito menos para o restante do mundo. Era evidente que outros métodos de controle de pragas se faziam necessários, e foram aplicados com diferentes graus de sucesso.

Um curso de ação testado e comprovado para matar larvas de anófeles (que se contorcem na água) era colocar uma fina camada de óleo nas poças de reprodução. O óleo obstruía os tubos respiratórios das larvas, e elas morriam. Infelizmente, a aplicação de óleo tinha que ser repetida com frequência, senão os mosquitos voltavam.

Em seguida, percebeu-se que as larvas jovens varriam para dentro da boca praticamente qualquer partícula flutuante que tivesse um tamanho adequado. Então por que não polvilhar a água com um produto químico que, ao ser ingerido, mataria os jovens anófeles? Por volta de 1920, um larvicida apropriado foi encontrado — o verde-paris. Barato, eficaz e não prejudicial a outros animais, ele poderia até mesmo ser lançado por aviões sobre grandes áreas pantanosas.

Mais ou menos na mesma época em que o verde-paris estava sendo aplicado na Itália e em outras nações europeias, um peixe minúsculo do gênero *Gambusia* gerava entusiasmo entre os malariologistas. Nativo da América do

Norte, ele demonstrou ter um apetite voraz por larvas de mosquitos. Por que não enviar esses peixes para países altamente maláricos, onde eles poderiam ser usados para povoar águas infestadas de anófeles?

Atacar os anófeles em seu estágio larval, quando dependem de água, não foi a única estratégia usada contra esses vetores da malária. Antes da virada do século XIX, as casas costumavam ser fumigadas para matar os mosquitos adultos. No entanto, não era fácil fazer isso, e grande parte dos móveis acabava destruída. Em 1910, uma solução aquosa de píretro, um pó derivado de crisântemos, foi colocada em um frasco borrifador e se tornou o primeiro inseticida amplamente utilizado. Funcionou muito bem para matar mosquitos anófeles adultos, bem como outros insetos transmissores de doenças. Na verdade, em 1944, uma epidemia de tifo, doença transmitida por um piolho, foi contida com o borrifamento de píretro nos habitantes da cidade italiana de Nápoles, então destruída pela guerra. Lamentavelmente, o píretro apresentava as mesmas desvantagens daqueles que o precederam; a saber, o inseticida tinha que ser aplicado às superfícies pelo menos uma vez por semana para ser eficaz.

No desespero para conseguir algum grau de sucesso no combate à malária, os cientistas se tornaram bastante criativos. Um epidemiologista montou um círculo de vinte currais de porcos ao redor de um povoado com malária, acreditando que os mosquitos vetores escolheriam se alimentar de suínos, e não de seres humanos. Ele até se gabou de ter alcançado algum sucesso, mas, assim como o verde-paris, o óleo e o píretro, o esquema simplesmente não funcionou.

Então, em 1941, Paul Müller registrou um novo inseticida no escritório de patentes da Suíça — o mesmo escritório onde Albert Einstein havia trabalhado enquanto formulava suas teorias mais importantes. Desse edifício histórico saiu a patente número 226150, a arma definitiva contra a malária: o DDT. O diclorodifeniltricloroetano era tudo que qualquer pessoa poderia desejar em um inseticida. Era barato de fabricar e parecia inofensivo para outros animais, incluindo seres humanos. Mas o mais importante é que ele matava todos os tipos de insetos de maneira contínua. O DDT era pulverizado em paredes, pisos e tetos. Assim como o píretro, também era borrifado nas pessoas para matar os piolhos transmissores do tifo; mas, ao contrário dele, tinha um tremendo poder de permanência. Uma superfície tratada com DDT mataria por até seis meses. Desnecessário dizer que os malariologistas ficaram em êxtase.

Os primeiros testes com DDT foram tão bem-sucedidos que, em 1947, o Congresso dos Estados Unidos destinou 7 milhões de dólares para a erradicação da malária dentro de suas fronteiras. No início da década de 1950, não houve nenhum caso de malária nos Estados Unidos.

Finalmente, eliminar a malária em todo o mundo parecia mais do que apenas um sonho. Os malariologistas previram que a pulverização em massa e contínua em países onde a malária era endêmica (a maior parte do mundo) eliminaria por completo o mosquito vetor. A malária seguiria o caminho da varíola.

Movida por esse otimismo desenfreado, a OMS, apoiada sobretudo por dólares estadunidenses, embarcou em uma campanha muito ambiciosa com duração de cinco anos para erradicar a malária da face da Terra. Tudo começou em 1958, e quase funcionou. O Sri Lanka, por exemplo, dominado pela malária, passou de 1 milhão de casos em 1955 para apenas dezoito em 1963. A incidência da doença também teve redução drástica em outros países.

O principal motivo do fracasso do DDT em erradicar completamente a malária foi a capacidade do mosquito anófeles de desenvolver resistência ao inseticida. Os malariologistas estavam experimentando o que os bacteriologistas tinham vivido depois da descoberta dos antibióticos. Com o tempo, populações inteiras de mosquitos resistentes ao DDT se desenvolveram.

O crescimento dessas populações resistentes não deveria ter surpreendido ninguém. Indivíduos dentro de uma grande população apresentam diferentes graus de resistência ao DDT, e alguns poucos selecionados podem até não ser afetados pelo inseticida. A pulverização de rotina mataria a maior parte dos insetos suscetíveis, deixando os sobreviventes resistentes se multiplicarem. Para complicar ainda mais a questão, os ambientalistas começaram a reclamar que o DDT estava fazendo mal a peixes e aves, e exigiram a restrição de seu uso. Infelizmente, assim que a utilização rigorosa do DDT foi interrompida, os mosquitos voltaram com força total. A mortalidade pela malária em 1993 atingiu um recorde histórico na África, e atualmente é a única doença importante, além da aids e da tuberculose, que se espalha de forma constante. Espantosos 40% da população mundial correm o risco de contrair malária. E a praga que estava de volta parecia mais letal do que nunca, com o acréscimo de um novo e inesperado truque. Uma forma cerebral da malária tinha se desenvolvido e, ao atacar o cérebro, estava matando as pessoas com uma rapidez alarmante. O que poderia ser feito, se é que se podia fazer alguma coisa?

Tratamento. Os cientistas tinham outra arma em seu arsenal antimalárico: medicamentos para tratar os pacientes. Robert Koch, o brilhante microbiologista que conquistou fama por causa da tuberculose, costumava dizer sobre a malária: "Trate o paciente, não o mosquito". Infelizmente, em sua época (fim do século XIX) só havia um medicamento: o quinino.

O quinino, uma preparação feita com a casca da árvore cinchona, tinha sido usado como antimalárico durante séculos pelos nativos da América do Sul. Ele foi e ainda é um excelente medicamento antimalárico. No entanto continua sendo bastante tóxico — muitas vezes causa surdez quando usado em doses necessárias para matar o plasmódio. Apesar disso, foi usado de maneira universal e extensa até a década de 1930, quando outros derivados menos nocivos foram sintetizados. O principal deles era a cloroquina.

Pouco depois de seu desenvolvimento, a cloroquina se tornou o medicamento preferencial para o tratamento da malária. Nas casas majestosas, ela ficava na mesa de jantar, ao lado dos saleiros e pimenteiros. Hospitais e militares distribuíam cloroquina como se fosse uma balinha. Sem dúvida, esse medicamento salvou incontáveis milhões de vidas nas décadas de 1940 e 1950, mas o uso generalizado e indiscriminado também foi sua desgraça. No início da década de 1960, médicos de todo o mundo começaram a relatar casos de malária que não respondiam à cloroquina. O *Plasmodium falciparum* estava evoluindo, se adaptando e se tornando resistente ao remédio. Em pouco tempo, a malária resistente a medicamentos — não apenas à cloroquina, mas também a outros produtos farmacêuticos — se tornou a regra, e não a exceção. A bala mágica tinha perdido sua magia.

Atualmente existem medicamentos eficazes para o tratamento da malária transmitida pelo *Plasmodium falciparum*. Em julho de 2000, o FDA aprovou o Malarone, da Glaxo Wellcome, para prevenção e tratamento da doença. Um medicamento sintético chamado pironaridina, desenvolvido na China, em combinação com o artesunato também se mostrou bem eficaz. A cloroquina foi amplamente substituída pela mefloquina como tratamento padrão para a malária. É até recomendado profilaticamente para os estadunidenses que viajam para a África.

Pensando bem, o esforço internacional para erradicar a malária poderia ter sido melhor se fosse conduzido de maneira diferente. Se todas as áreas endêmicas tivessem sido inundadas com doses pesadas e repetidas de DDT, se todo o mundo tropical tivesse sido saturado ao mesmo tempo com cloroquina, o inseto e/ou seu protozoário parasita poderiam não ter sobrevivido ao ataque. Mas isso não aconteceu, e, assim que os esforços de erradicação diminuíram, o mosquito se recuperou de maneira triunfante.

Vacinação. Em 1965, ficou evidente para todos os envolvidos que a dupla DDT e cloroquina não conseguiria extinguir a malária. A OMS, em busca de mais uma bala mágica, voltou suas energias e recursos financeiros para o desenvolvimento de uma vacina. Tinha funcionado com Jenner e a varíola e com uma dezena de outras doenças. Por que não com a malária?

Por que não? Porque o protozoário da malária é muito mais complexo do que os vírus e bactérias que sucumbiram à vacinação. Para começar, o ciclo de vida do plasmódio envolve pelo menos seis tipos de organismos antigenicamente distintos. Contra qual deles deve ser criada uma vacina? E, ao contrário das bactérias ou vírus, os cientistas não conseguiram cultivar e estudar o plasmódio em uma placa de cultura até 1977.

Apesar disso, bolsas de estudo foram generosamente concedidas a qualquer cientista que tivesse um laboratório, alguns mosquitos anófeles e o desejo de conquistar um Prêmio Nobel. Logo as vacinas começaram a aparecer. Algumas eram feitas de glóbulos vermelhos infectados, rompidos e tratados com formalina para atenuar os protozoários. Mosquitos portadores de plasmódios eram irradiados com raios-X na esperança de que isso transformasse seus protozoários em uma vacina adequada. O próprio plasmódio foi cultivado em cultura, e diferentes misturas de protozoários inteiros e fragmentados foram combinadas em vacinas. Ainda assim, em 1990, todas as tentativas de proporcionar uma imunidade eficaz por meio da vacinação tinham fracassado em grande medida.

Então chegaram as grandes armas. A década de 1980 tinha testemunhado avanços grandiosos na biologia molecular — como análise de DNA, engenharia genética, métodos aprimorados de síntese de proteínas e produção de anticorpos. Com essas ferramentas poderosas e sofisticadas, os pesquisadores esmiuçaram e vasculharam o pobre plasmódio. Em 1992, surgiu o primeiro vislumbre de esperança. O dr. Manuel Patarroyo, da Colômbia, criou uma vacina a partir de proteínas que havia fabricado em laboratório e eram idênticas às do protozoário. Agora, de fato, ele tinha um parasita sintético, ou pelo menos parte de um, que poderia induzir uma resposta imunológica sem provocar nenhuma doença. Testes experimentais conduzidos primeiro na América do Sul e depois na África se mostraram eficazes no início, reduzindo em quase 40% a taxa de infecção em indivíduos vacinados. Entretanto, em testes subsequentes, a vacina quase não ofereceu proteção contra a malária em crianças inoculadas. Foi preciso voltar às pesquisas.

Outros cientistas estão analisando os genes do anófeles e do plasmódio para descobrir quais produzem resistência ao DDT e à cloroquina. A expectativa é a de que esse conhecimento possa ser usado para fazer com que a doença fatal volte a ser vulnerável a medicamentos e inseticidas.

Ainda existe esperança para a humanidade em sua busca por um mundo livre da malária? Sim, mas isso não acontecerá em pouco tempo, não será fácil e não será barato. Em um futuro previsível, o investimento inteligente será aquele empregado na inventividade e na capacidade evolutiva do *P. falciparum*.

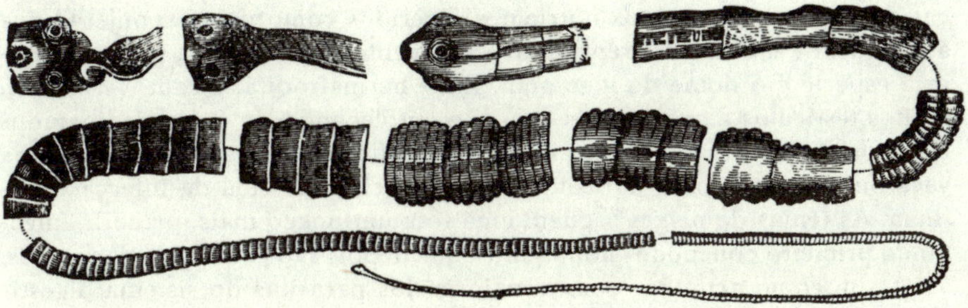

PLATELMINTOS

Os protozoários não são os únicos parasitas que consideram os seres humanos especialmente hospitaleiros. Carrapatos, piolhos e ácaros são outros exemplos de parasitas — parasitas externos, que se alimentam das pessoas sem entrar no corpo delas. Entretanto, no que diz respeito a doenças e mortes humanas, dois grupos de vermes parasitas internos se destacam. São os platelmintos e os nematelmintos, animais simples que desistiram da vida livre para viver às custas dos outros.

Tênia

Os platelmintos são a razão de eu não comer steak tartare, pois na carne crua pode haver pequenas tênias imaturas à espreita. Peixes e porcos também são portadores da tênia, por isso comê-los mal cozidos também não é aconselhável. Muitos judeus costumavam contrair a tênia depois de comer uma iguaria conhecida como *gefilte fish*, preparada com lúcio, carpa, badejo ou outro peixe temperado e moldado em bolinhos, e então fervidos em um caldo. Quando o *gefilte fish* não é bem cozido, as larvas da tênia podem sobreviver e ir parar no trato digestivo do indivíduo. O perigo está também na preparação do prato, pois os cozinheiros costumam provar o sabor do peixe parcialmente cozido, enquanto ferve.

O nome das tênias em inglês (*tapeworm*, ou "verme de fita") vem do fato de que o verme adulto tem o formato de uma longa fita — às vezes, bem longa mesmo. Aquele filhote de verme que você ingeriu acidentalmente, depois de se fixar na parede do seu intestino delgado (por meio de ganchos ou ventosas na cabeça), pode crescer e alcançar até mais de dezoito metros de comprimento. E o verme é uma criatura muito interessante quanto à maneira como conduz sua vida — é o parasita supremo, por assim dizer. Ele não tem boca nem vestígios de um sistema digestivo. Esses órgãos se perderam com o tempo, conforme o animal se adaptava a um modo de vida em que apenas absorve os nutrientes digeridos como uma esponja. O que a tênia tem é um sistema reprodutivo altamente desenvolvido, pois perpetuar a espécie é o nome do jogo aqui. Ela é hermafrodita, e cada verme tem muitos testículos e ovários. Os ovos são autofecundados e depois liberados em enorme quantidade com as fezes. Alguns desses ovos vão encontrar uma vaca ou um porco para parasitar, e assim o ciclo de vida da infecção continua. As tênias de peixes seguem uma rota um pouco mais tortuosa, infectando primeiro copépodes minúsculos, que depois são comidos pelos peixes.

Assim como acontece com a maioria dos parasitas do sistema digestivo, o saneamento adequado e o tratamento dos esgotos são essenciais para a erradicação da doença. E, é claro, o cozimento completo de carnes e peixes mata as larvas e evita as infecções.

As tênias podem deixar a pessoa fraca, subnutrida e anêmica. Podem causar diarreia e problemas no sistema digestivo. Em alguns casos, o verme viaja para outros órgãos, levando a complicações graves. Quando os médicos autopsiaram uma mulher que havia morrido de convulsões epilépticas, encontraram seu cérebro crivado de pequenas tênias encistadas. Normalmente, porém, a infecção por esses vermes não é fatal nem muito debilitante. Muitas vezes, só ficamos sabendo da infestação por tênia quando parte do verme se solta e é visto nas fezes. A eliminação do verme envolve a administração de medicamentos por via oral que, literalmente, fazem o verme dormir. Só então a cabeça se solta da parede intestinal e é expulsa com um purgante. Se a cabeça não for removida, o verme volta a crescer.

As tênias, sem dúvida, são um incômodo e um perigo potencial. Mas, no papel de agentes causadores de sofrimento e morte, elas são ofuscadas por outra classe de platelmintos parasitas: as fascíolas.

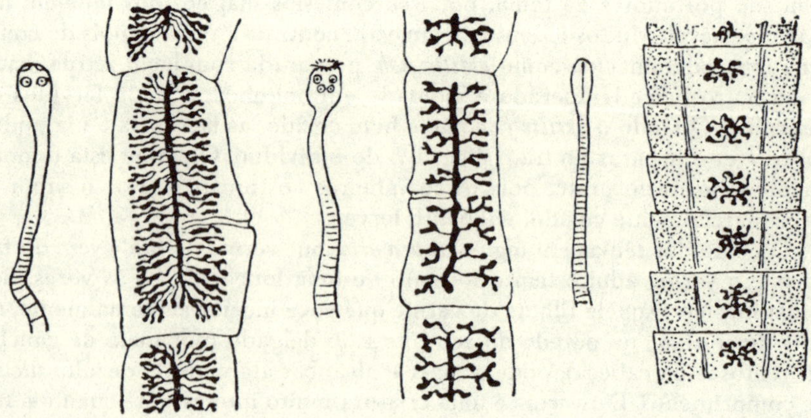

Esquistossomose

As fascíolas adultas são muito menores do que as tênias, mas a destruição que causam é muito maior. Um tipo de fascíola, a fascíola do sangue ou esquistossomo, é especialmente maligna, causando um nível global de debilitação por parasita que só fica atrás da malária. Estima-se que 200 milhões de pessoas em setenta países asiáticos, africanos e sul-americanos abrigam esquistossomos. Com as campanhas de prevenção, a estimativa é que os números caiam, mas ninguém sabe ao certo, com grau de precisão, quantas pessoas sofrem de esquistossomose, porque a gama de sintomas é enorme. O verme enfraquece e mata de muitas maneiras nada agradáveis. Doenças cardíacas, epilepsia, insuficiência renal, cirrose hepática, degeneração pulmonar e até câncer podem resultar da infecção pela fascíola do sangue. É uma doença dolorosa e debilitante, que afeta principalmente crianças em idade escolar.

O primeiro sinal da esquistossomose costuma ocorrer na puberdade. Uma coisa estranha e assustadora acontece: a urina fica súbita e inexplicavelmente vermelha de sangue. O evento é tão comum, sinalizando o início da doença, que entre os meninos passou a ser considerado uma espécie de menstruação masculina em grande parte da África.

A urina com sangue é uma manifestação da maneira como o parasita se comporta dentro do hospedeiro humano. A infecção começa quando uma pessoa, geralmente uma criança pequena tomando banho ou um fazendeiro caminhando em seu arrozal, entra na água poluída por minúsculas larvas de esquistossomo. Essas criaturas, parecidas com girinos e do tamanho de uma cabeça de alfinete, penetram na pele e causam uma erupção cutânea inicial e transitória. O desaparecimento da erupção, entretanto, não indica o fim da infecção. Após uma breve pausa, o verme entra na corrente sanguínea e viaja primeiro para o fígado, onde amadurece, e depois vai para uma veia. Ali, o esquistossomo assume residência. A veia escolhida varia conforme a espécie do esquistossomo. Uma espécie se dirige às veias do intestino grosso. Outra se instala no intestino delgado. Um terceiro tipo se instala nas veias que circundam a bexiga.

Os esquistossomos machos têm tamanho considerável, são robustos e medem quase dois centímetros de comprimento. O verme se fixa à parede interna da veia por meio de suas duas ventosas na cabeça. As fêmeas, mais estreitas e mais curtas, se aninham em ranhuras ao longo do comprimento do macho. Ali, eles ficam em êxtase conjugal monogâmico pelo restante da vida, que pode durar até trinta anos. Durante a maior parte desse tempo, as fêmeas produzem uma quantidade enorme de ovos — cerca de 3.500 por dia.

São esses ovos a principal fonte de patogenicidade nas pessoas. Eles não ficam inofensivamente na casa venosa dos pais, mas começam a escavar o vaso sanguíneo. Os ovos precisam chegar ao interior da bexiga ou do intestino, onde serão eliminados com a urina ou as fezes. Só então seu ciclo de vida pode continuar, e, para isso, é necessário que eles parasitem um caramujo aquático. Se não houver nenhum caramujo adequado — e eles só têm um dia para encontrar um —, as fascíolas não conseguem se desenvolver e assumir as formas que infectam os seres humanos. Assim, os esquistossomos morrem, e a cadeia de transmissão é quebrada. Infelizmente, há muitos caramujos nas águas contaminadas com fezes nos países tropicais mais pobres.

Grande parte, senão a maioria, dos ovos que saem da veia de seu nascimento não chega ao lúmen do intestino ou da bexiga. Presos nos tecidos de vários órgãos, eles provocam uma cascata de respostas e super-respostas do sistema imunológico. Há inflamação e inchaço ao redor dos ovos. Massas anormais de tecido se desenvolvem e, por fim, os sintomas da esquistossomose começam.

À primeira vista, a erradicação da esquistossomose não parece ser inalcançável. Não é nada que se compare ao onipresente mosquito da malária, cuja picada é impossível de evitar. A solução, no caso da esquistossomose, deveria ser bem simples: fique longe de águas infestadas de caramujos. Mas não é tão fácil. O cultivo de arroz ocorre em toda parte no sul da Ásia e na África, e os caramujos são abundantes nos solos aquosos dos arrozais. Basta adicionar dejetos humanos sem tratamento, com seus incontáveis esquistossomos, e, pronto, você terá dor e sofrimento em grande escala.

Um esforço humano até expandiu — e muito — o manto do esquistossomo: a construção de barragens para fornecer energia hidroelétrica a nações em desenvolvimento. Dois dos mais ambiciosos e mais desastrosos desses projetos de represamento de água foram a represa do rio Volta, em Gana, e a represa de Assuã, no Egito. Ambas criaram enormes lagos de água parada com centenas de quilômetros de extensão e milhares de quilômetros de costa. E os dois lagos se tornaram criadouros de caramujos da esquistossomose. Em áreas onde a doença era quase desconhecida, a infecção atingiu mais de 90% da população. Adeus, tentativa de progresso.

No livro *New Guinea Tapeworms and Jewish Grandmothers* [Tênias de Nova Guiné e avós judias], Robert Desowitz afirma que "se existisse esquistossomose na Suécia ou nos Estados Unidos, ela não seria tolerada". A infecção seria tratada — temos medicamentos, como o praziquantel, que são eficazes contra a fascíola e não são excessivamente tóxicos para os seres humanos. Os vetores seriam eliminados por meio de moluscicidas (os caramujos são moluscos) e programas de drenagem. O tratamento adequado do esgoto destruiria a fascíola antes que ela tivesse a chance de infectar os caramujos sobreviventes. Em suma, seriam tomadas medidas para garantir a boa saúde dos cidadãos. A vida é, de fato, mais barata nos países pobres.

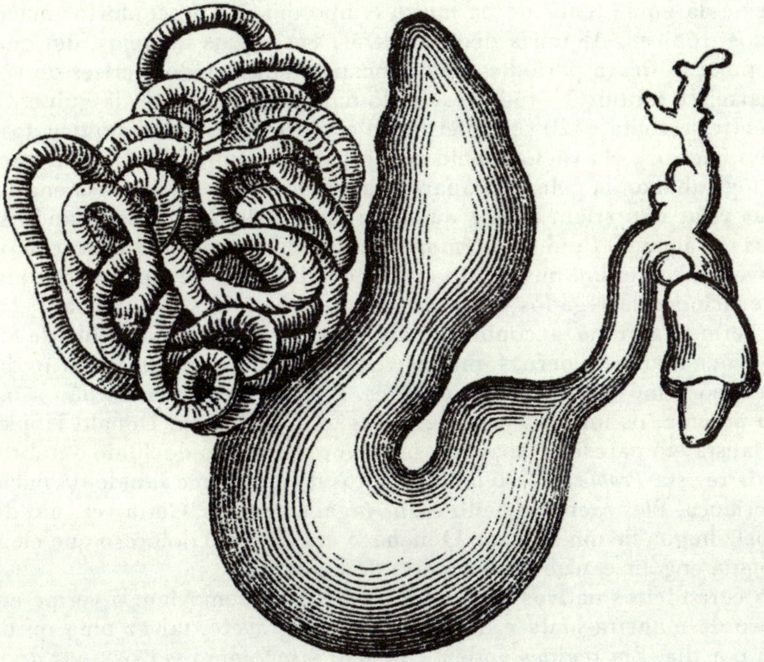

NEMATÓIDES (LOMBRIGAS)

Quando você adota um cachorrinho ou um gatinho, o procedimento veterinário padrão é vermifugar o animal. Um ou dois comprimidos simples resolvem o problema. Os parasitas que assolam seu animalzinho são os nematódeos, longas criaturas filiformes que podem ser vistas se contorcendo nas fezes. Eles pertencem ao filo Nematoda, cujo nome vem da palavra grega para "fio": *nema*. Em inglês, são chamados de *roundworms* [vermes redondos] porque seus corpos não são achatados como os das tênias e das fascíolas.

Esses são os mais comuns e mais disseminados de todos os parasitas. Nenhum animal é livre de nematódeos; eles parasitam até as plantas. Cinquenta espécies vivem nos seres humanos, dos quais uma dúzia são de parasitas comuns que causam doenças, deformações e morte. Uma em cada quatro pessoas sofre de algum tipo de infecção por nematódeos. Como oportunistas biológicos que buscam se beneficiar à custa de outros organismos, eles não têm amigos.

Verme-da-guiné

O verme-da-guiné tem sido há muito tempo um dos desconfortos mais sérios dos trópicos. Algumas décadas atrás, em alguns vilarejos, um quarto da população ficava periodicamente incapacitada devido a crises de vômito, diarreia e tontura — tudo resultado da fêmea do verme-da-guiné. Com algo entre sessenta e 120 centímetros de comprimento (o macho tem apenas 2,5 centímetros), ela vagueia pelo corpo por um tempo antes de se estabelecer logo abaixo da pele. Sua aparência é a de uma veia varicosa enrolada. Mas as veias não criam bolhas que liberam um fluido leitoso quando submersas em água. O fluido contém milhares de larvas. Após a liberação dele, as larvas infectam um minúsculo crustáceo chamado de ciclope. É a ingestão de ciclopes carregados de larvas que causa a infecção humana.

O verme-da-guiné — conhecido mundialmente como "serpente de fogo" — costuma atacar as pernas, muitas vezes causando uma inflamação dolorosa e lesões musculares incapacitantes. Entretanto as pernas não são, de forma alguma, os únicos locais de infecção. Como o dr. Donald Hopkins, especialista em parasitas tropicais, observou na edição de 30 de outubro de 1995 da revista *People*: "Posso mostrar fotos de um verme saindo da nuca de uma criança. Eles saem do peito e dos órgãos genitais. Certa vez, um deles saiu pela língua de um homem. O inchaço era algo tão doloroso que ele não conseguia engolir e acabou morrendo de fome".

Os curandeiros nativos, e mesmo os médicos, removiam o verme enrolando-o de maneira lenta e dolorosa em um graveto, talvez uma ou duas voltas por dia. Em regiões endêmicas, não é incomum ver pessoas andando com varas presas nas pernas, em torno das quais os vermes estão enrolados. Evidências de infestação por vermes foram encontradas em múmias que datam de 3 mil anos, e alguns especulam que o caduceu — símbolo das artes de cura — seja uma representação visual dessa antiga prática médica. Se o procedimento não for realizado corretamente, uma infecção bacteriana é iniciada e pode resultar na perda de um membro ou, até mesmo, em morte.

Recentemente, tem havido um esforço sério e bem-sucedido para eliminar o verme-da-guiné por meio da higiene e da purificação da água, algo que pode ser feito com o uso de filtros simples de nylon. Uma doença que há três décadas e meia atingia 3,5 milhões de pessoas, agora debilita apenas 28. A previsão é que, em breve, o verme-da-guiné se torne a segunda doença a ser eliminada do mundo (depois da varíola) — e sem vacinas ou medicamentos no estilo "bala mágica".

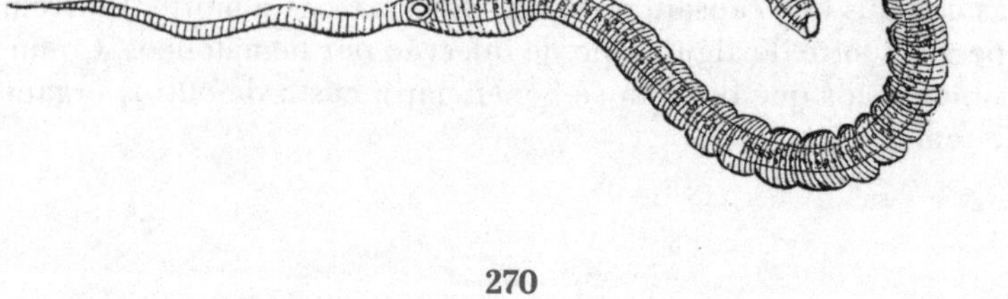

Anisaquíase

Embora não seja um problema mundial sério em termos de números, a anisaquíase, contraída ao consumir peixe cru — em especial quando falamos de sushi, se espalhou para muitos países, incluindo os Estados Unidos. Qualquer amante de peixe cru deve estar ciente dos perigos que envolvem seu consumo. Muitas vezes, apenas algumas horas depois de comer o peixe, podem ocorrer dores abdominais excruciantes e vômito de sangue. Nesse caso, a larva de anisakis, que mede uns quatro centímetros, foi ingerida com a comida e enterrou sua cabeça no revestimento interno do estômago. Uma olhada através de um gastroscópio (um tubo enfiado garganta abaixo até o estômago) revela uma úlcera sangrenta de cinco centímetros de diâmetro. No centro da ferida inflamada em forma de cratera, o corpo do verme, ancorado pela cabeça, ondula obscenamente de um lado para o outro.

Às vezes, o verme pode ser removido com as pinças na extremidade do gastroscópio, e nenhuma outra intervenção médica é necessária. Em outras ocasiões, é preciso fazer uma cirurgia no tecido afetado. A larva do verme também pode se fixar na parede do intestino delgado, mais abaixo no trato digestivo. Quando isso acontece, os sintomas de dor aguda em pontadas não são tão imediatos.

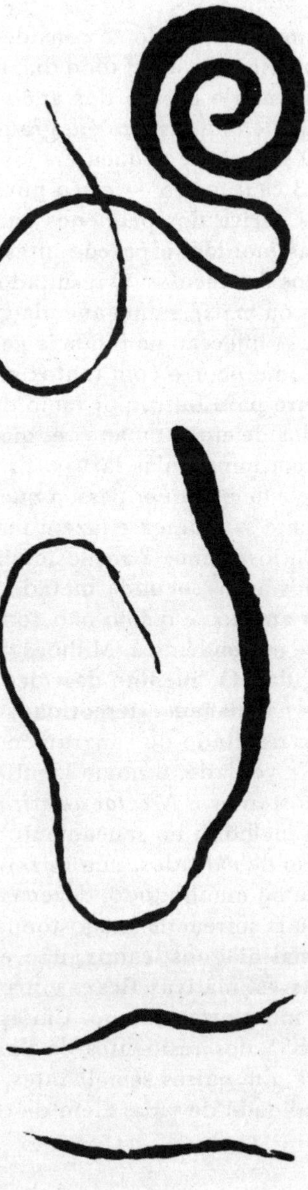

Ancilostomíase

Felizmente, quando se considera o grande número de pessoas que consomem sushi e sashimi todo dia, a infecção por larvas de anisakis é bem rara. O que não é o caso dos ancilóstomos, outro parasita nematódeo intestinal que é onipresente em grande parte do mundo tropical e subtropical.

O parasita é pequeno — os adultos atingem um comprimento de cerca de 1,3 centímetro — e seu nome em inglês (*hookworms*, "vermes com gancho") deriva dos pequenos ganchos ou placas dentro de sua boca. Essas placas mordem a parede intestinal enquanto o verme suga o sangue e os fluidos dos tecidos. O resultado, se os vermes forem numerosos (várias centenas ou mais), é uma anemia grave e incapacitante. Esse é o legado da doença. A infecção na infância geralmente resulta em retardo físico e mental.

Como ocorre com tantos parasitas, o verme é transmitido de um hospedeiro para outro por meio das fezes. Os ovos microscópicos ficam dentro dos dejetos humanos e, quando depositados no solo, amadurecem até virarem minúsculas larvas. Essas larvas de ancilóstomos então penetram na pele de qualquer pessoa que ande descalça. A partir daí, elas entram na corrente sanguínea e fazem uma viagem expressa para o intestino.

Curiosamente, a ancilostomíase era um problema muito sério nos Estados Unidos até a segunda metade do século XX. Nos locais onde os invernos eram amenos e o solo não congelava (o que mata os vermes), a ancilostomíase era endêmica. Milhões de pessoas nos estados do sul do país foram atingidas. O "menino descalço de rosto corado" muitas vezes se transformava na imagem estereotipada do sulista preguiçoso, indolente e estúpido, como resultado do sangramento interno por causa desse parasita insidioso. Na verdade, o nome científico de uma das várias espécies comuns de ancilóstomos é *Necator americanus* — "assassino americano".

A melhoria no saneamento e a conscientização da saúde pública, além do uso de calçados, minimizaram o problema nos Estados Unidos. No entanto, no mundo todo, dezenas — talvez centenas — de milhões de pessoas ainda sofrem de ancilostomíase. Como os sintomas da doença costumam ser mal diagnosticados, não é possível sequer arriscar um número exato. As estimativas ficam entre 500 e 700 milhões de pessoas infectadas e 65 mil mortes ao ano. Um estudo de 1980 do Banco Mundial descobriu que 85% dos residentes da ilha de Java, na Indonésia, tinham ancilostomíase. Em países semelhantes, a doença continua a reduzir enormemente a qualidade de vida, além de encurtá-la.

Filariose

Não se pode falar de doenças parasitárias incapacitantes sem mencionar os nematelmintos conhecidos como *filárias.* Eles são de grande importância nas regiões ocidental e central da África, no Oriente Médio e Extremo Oriente, e no Novo Mundo, do México ao Brasil. Dois vermes filariais, parentes próximos, são motivo de maior preocupação. Um deles causa a cegueira dos rios (oncocercose), e o outro causa a elefantíase. Juntos, infectam 140 milhões de pessoas.

A elefantíase é a mais dramática das duas doenças, cujo nome deriva do imenso inchaço que é sua característica mais marcante. Muitas vezes acomete as pernas, que ficam tão dilatadas como as de um elefante. A genitália masculina, quando afetada, assume dimensões gigantescas. Um homem que sofria de elefantíase não conseguia andar a menos que colocasse seus testículos — do tamanho de melancias — em um carrinho de mão, carregando-os à sua frente. Os seios das mulheres podem sofrer alterações semelhantes.

Esse inchaço extremo é consequência da atividade reprodutiva do verme fêmea. Ela tem de sete a dez centímetros de comprimento e fica em uma glândula ou ducto linfático, com o aspecto de um fio enrolado. Todo dia, produz milhares de descendentes na forma de minúsculas larvas filiformes chamadas de microfilárias. Com o tempo, a microfilária obstrui os ductos linfáticos, fazendo com que o fluido linfático se acumule e cause inchaço nas partes afetadas do corpo.

É pela picada de um mosquito conhecido como *Culex* que o verme se espalha de um ser humano para outro. O *Culex*, onipresente em todos os trópicos e subtrópicos, gosta sobretudo de água suja e estagnada, como o esgoto bruto. Não é de surpreender que o crescimento das grandes cidades sem um saneamento adequado tenha aumentado muito a quantidade de mosquitos. A filária da elefantíase foi introduzida no sul dos Estados Unidos por africanos escravizados, mas foi erradicada na década de 1920.

Quando afunda sua pequena tromba no ser humano, o *Culex* suga, junto do sangue, a microfilária da elefantíase. Dentro do mosquito, as larvas continuam a se desenvolver. Logo o inseto está pronto para picar mais uma vez e transmitir seu parasita. Essa transmissão pode ser interrompida por meio do tratamento de indivíduos infectados, com frequência anual e durante um período de quatro a seis anos, em que é administrada uma única dose de uma combinação de medicamentos orais. A elefantíase é uma das cerca de meia dúzia de doenças infecciosas consideradas totalmente erradicáveis. O mesmo ocorre com sua filariose gêmea, a cegueira dos rios ou oncocercose.

A cegueira dos rios — endêmica principalmente na África — é transmitida pelo borrachudo, um inseto que vive e se reproduz em riachos e rios de fluxo rápido, e não em poças estagnadas. Sua picada introduz no hospedeiro humano uma espécie de filária que tem predileção por se infiltrar nos olhos e nas camadas externas da pele. É aí que milhares de microfilárias semelhantes a cobras podem ser encontradas. Um resultado comum de infecção ocular é a deficiência visual ou a cegueira. (Em uma doença relacionada, causada pelo parasita *Loa loa*, é possível ver os vermes se movendo no globo ocular.) As pessoas com parasitas na pele não se encontram em situação melhor. A microfilária causa lesões desfigurantes, levando ao ostracismo. A coceira pode se tornar tão intensa e implacável que já foi capaz de levar alguns pacientes ao suicídio.

Em meio a toda essa angústia humana, temos medicamentos antifilariais seguros e eficazes. No início da década de 1980, a gigante farmacêutica Merck and Co. inventou a ivermectina, um medicamento antiparasitário que funciona bem contra a filária da oncocercose, e também contra a elefantíase. Vários anos depois, a companhia doou (e continua a doar) o medicamento para nações necessitadas, onde meio milhão de pessoas já estavam cegas por causa dos nematódeos e outras 100 milhões corriam esse risco. Mas houve obstáculos. Os programas de saúde dessas nações eram tão mal administrados que a ivermectina nunca chegava às pessoas. Dificuldades desse tipo costumam ocorrer nos países em desenvolvimento. Em 1995, um segundo esforço foi iniciado pelo Banco Mundial para tratar os povos de dezesseis nações africanas onde a oncocercose é mais destruidora. Esse esforço teve um sucesso limitado. Hoje em dia, organizações filantrópicas como o Carter Center se juntaram à causa, percebendo que, se 85% das pessoas em regiões endêmicas recebessem uma dose de ivermectina duas vezes por ano, a doença poderia ser exterminada. A data limite que o Carter Center fixou para esse objetivo foi 2007. O programa continua e a doença teve sua transmissão interrompida em vários países ao longo dos últimos anos.

Quase 2 bilhões de pessoas, uma fração considerável dos habitantes da Terra, são infectados por parasitas. Eles matam, mutilam, tornam a vida insuportável. As diarreias parasitárias são tão prevalentes que simplesmente se tornaram parte da vida cotidiana. Um médico, ao examinar as fezes aquosas de seu paciente, perguntou há quanto tempo ele estava assim. Com alguma surpresa, o paciente respondeu: “Desde sempre”.

Não precisa ser assim. A maioria das doenças parasitárias graves — malária, calazar, esquistossomose, filariose — pode ser controlada e, na maior parte dos casos, erradicada. Mas é necessário ter determinação e um compromisso sério. Infelizmente, em muitas situações, nem as ricas nações desenvolvidas nem os governos das próprias nações afetadas demonstram tal compromisso. E as empresas farmacêuticas raramente fazem alguma coisa se não houver lucro envolvido. Como ficam então os vários bilhões de pessoas? Vivendo com doenças debilitantes e morrendo jovens.

FUNGOS PARASITAS: UM FUNGO ENTRE NÓS

Toda a vida neste planeta pode ser classificada em cinco reinos. Plantas e animais são os mais óbvios. Os parasitas platelmintos e nematelmintos discutidos neste capítulo pertencem ao reino animal.

Com a invenção e o uso generalizado do microscópio, um mundo vivo e invisível apareceu de repente: o dos organismos unicelulares. Os unicelulares maiores, com uma estrutura celular complexa, foram classificados como protistas. Os patógenos protozoários são encontrados nesse reino. As bactérias, minúsculas, simples e unicelulares, constituem um quarto reino. Elas são a vida em seu aspecto mais fundamental. Os vírus, partículas inertes de ácido nucleico e proteína, não têm estrutura celular e não são considerados entidades vivas. Dessa forma, não pertencem a nenhum reino de coisas vivas.

Existe ainda um quinto reino, habitado por organismos nos quais as células são unicamente fundidas em filamentos microscópicos, e esporos reprodutivos perpetuam as muitas espécies diferentes. É o reino dos *fungos*.

A maioria dos fungos não é patogênica, cresce no solo e se alimenta de sua matéria orgânica. Alguns obtêm o sustento de restos de plantas e animais mortos. São chamados de *saprófitos*. Um cogumelo é um fungo saprofítico, assim como o fungo verde peludo que cresce nos seus morangos depois de três dias. Alguns fungos, entretanto, são parasitas, já que vivem e se alimentam de seres vivos. E, nesse processo, eles causam doenças. Todos nós já sofremos uma vez ou outra com erupções cutâneas ou infecções na pele como resultado de uma invasão de fungos. Pé de atleta, *Tinea cruris* e dermatofitose são exemplos familiares.

A inspiração de esporos liberados por certos fungos também pode causar doenças. Na maioria das vezes, isso acontece por uma reação alérgica, e não uma infecção. Afinal, os esporos de fungos perdem apenas para os ácaros como o alérgeno doméstico mais comum. Mas, em algumas pessoas, geralmente aquelas com imunidade debilitada, os esporos de fungos podem provocar infecções pulmonares e, depois, sistêmicas. Os soropositivos são constantemente atormentados por fungos que costumam ser inofensivos.

Oportunistas consumados, os fungos exploram toda e qualquer fraqueza de um indivíduo. A *Candida* é um exemplo perfeito. Todo ano, a *Candida*, um fungo unicelular mais conhecido como levedura, dá origem a milhares de casos de infecção vaginal, sobretudo em mulheres que estão em terapia com antibióticos. Os antibióticos matam a flora normal (as bactérias) do trato vaginal, que mantém o crescimento da levedura sob controle. A levedura, então, invade a área. Em bebês, a *Candida* causa assaduras e, nos imunossuprimidos, a infecção bucal chamada de sapinho.

Recentemente, outro fungo foi relacionado a inúmeras doenças graves. É o *Stachybotrys*, um fungo úmido e preto-esverdeado que a mídia apelidou de "mofo assassino". É apenas uma hipérbole ou o *Stachybotrys* merece esse apelido ameaçador? Ninguém sabe de verdade. Em 1993 e 1994, uma hemorragia pulmonar aguda atingiu 47 bebês que moravam na área de Cleveland, Ohio, depois que suas casas foram inundadas. Dezesseis morreram. Desde então, casos esporádicos foram relatados. Uma investigação do CDC concluiu que a exposição significativa ao *Stachybotrys*, que crescia nas paredes de muitas das casas, teve um papel significativo no desenvolvimento dessa doença pulmonar grave e muitas vezes fatal. Mas outros fungos mais comuns — *Aspergillus*, *Penicillium*, *Cladosporium* — também estavam presentes ali e podem ter contribuído para o problema.

Mesmo que não seja o assassino em massa retratado nos tabloides, o *Stachybotrys* causa uma miríade de sintomas que passaram a ser conhecidos como "síndrome do edifício doente". Entre eles, estão: tosse, respiração ruidosa, coriza, irritação nos olhos, dor de garganta, erupção cutânea, diarreia, dor de cabeça, fadiga e mal-estar geral. O dr. Dorr Dearborn, micologista e investigador do *Stachybotrys*, disse que "é como ter um resfriado forte que não passa". Assim como acontece com outros fungos, o *Stachybotrys* se desenvolve em lugares escuros e úmidos. Os porões, em especial aqueles que absorvem água subterrânea ou ficam muito úmidos no clima quente, proporcionam um ambiente perfeito para esse fungo. Construções com bom isolamento térmico e herméticas, que não "respiram", podem agravar a situação. Estudos descobriram o mofo assassino em 1% a 3% das casas testadas. E, conforme cresce, o *Stachybotrys* produz toxinas poderosas que podem ser encontradas em seus esporos. A inalação desses esporos venenosos em concentração alta o suficiente gera sintomas semelhantes aos da gripe, na síndrome do edifício doente, ou ainda uma doença pulmonar mais séria.

Os especialistas médicos preveem um aumento drástico nas infecções fúngicas porque a população de indivíduos fracos e imunocomprometidos continua a aumentar em nossa sociedade. As infecções nosocomiais, aquelas contraídas em hospitais, terão um aumento ainda mais impressionante, porque pessoas idosas, doentes e fracas são mantidas vivas por mais tempo devido ao milagre da medicina. A aids apresenta um quadro assustador de como os fungos podem dominar completamente o corpo humano. A coccidioidomicose (ou febre do Vale), uma rara infecção pulmonar fúngica, é encontrada em 10% dos pacientes com aids. O sapinho, a infecção oral da levedura que traz manchas de exsudato branco e cremoso sobre uma dolorosa inflamação avermelhada, é uma das doenças características da síndrome da imunodeficiência adquirida. Falaremos mais sobre a aids no próximo capítulo.

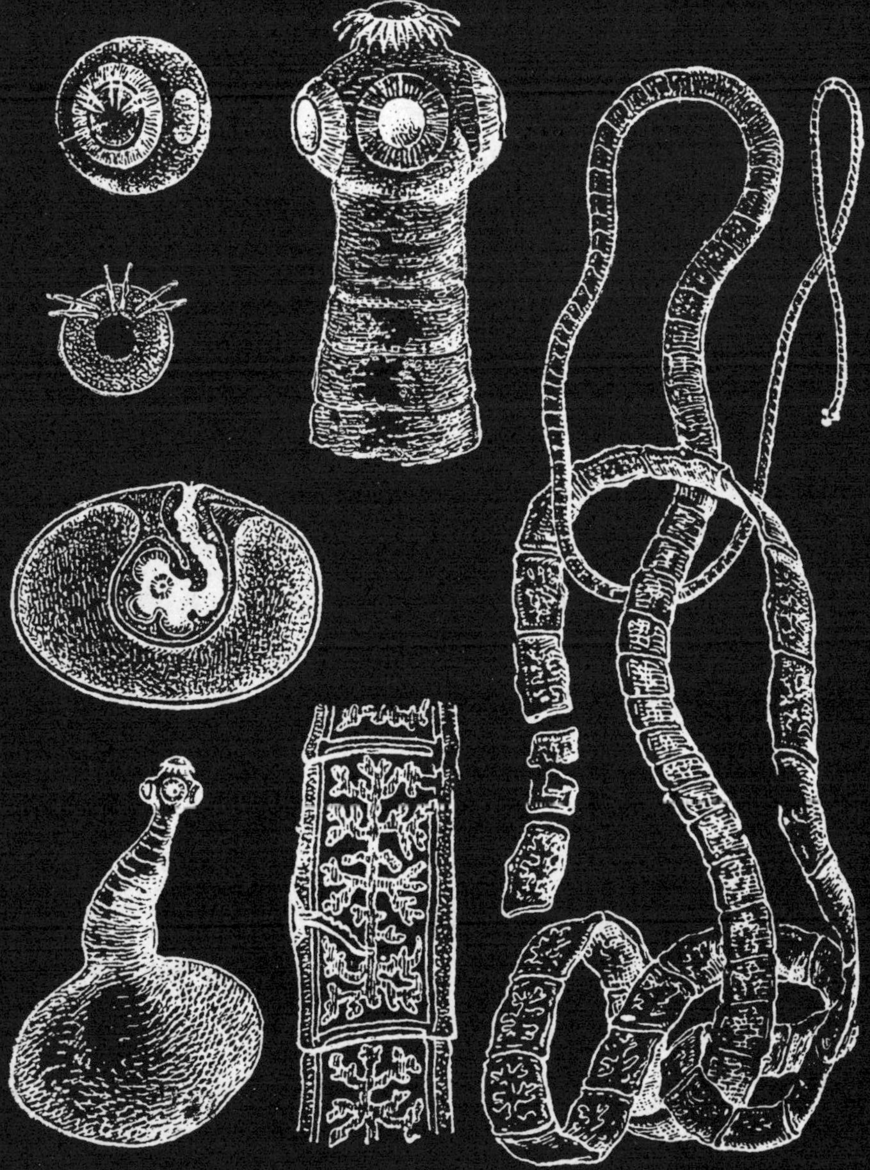

1

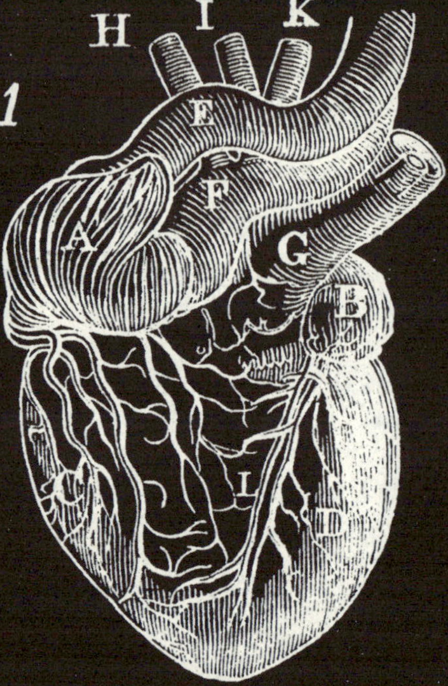

2

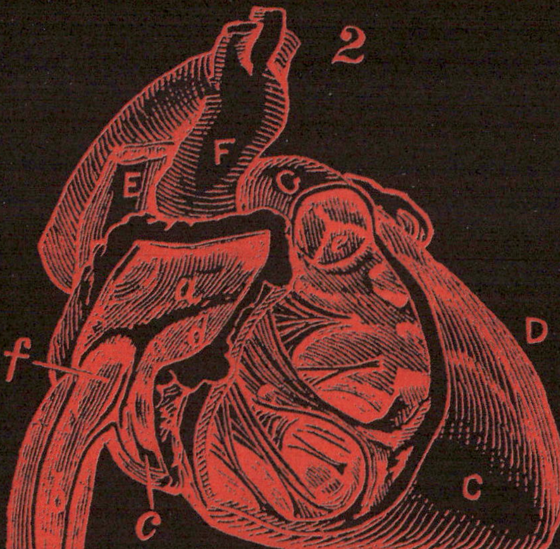

Alguma coisa aconteceu comigo. Alguma coisa tão estranha que ainda não aprendi o jeito de falar **claramente** sobre ela.

Caio Fernando Abreu

Primeira Carta para Além dos Muros

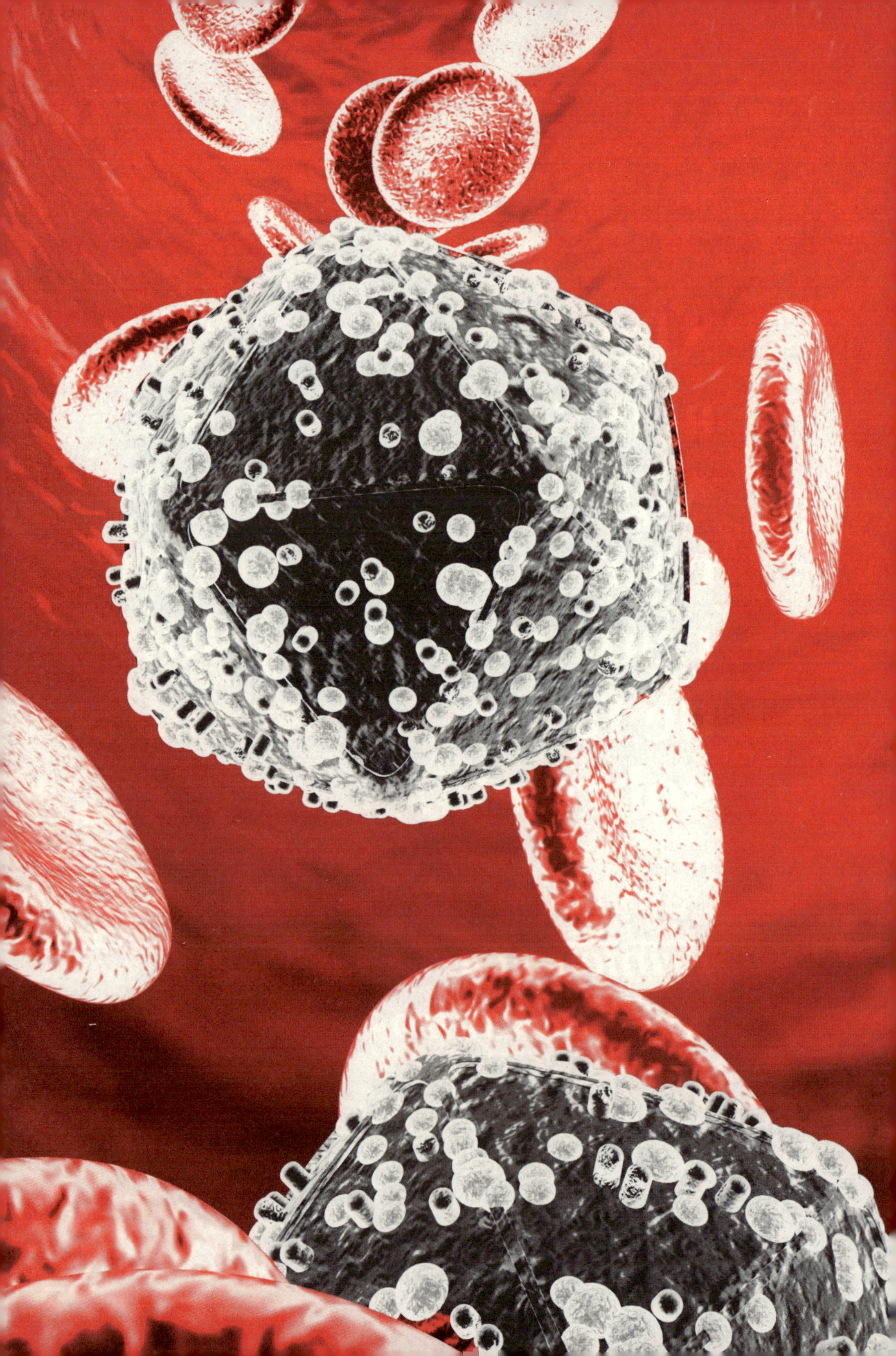

J

AIDS

a destruição de um sistema imunológico

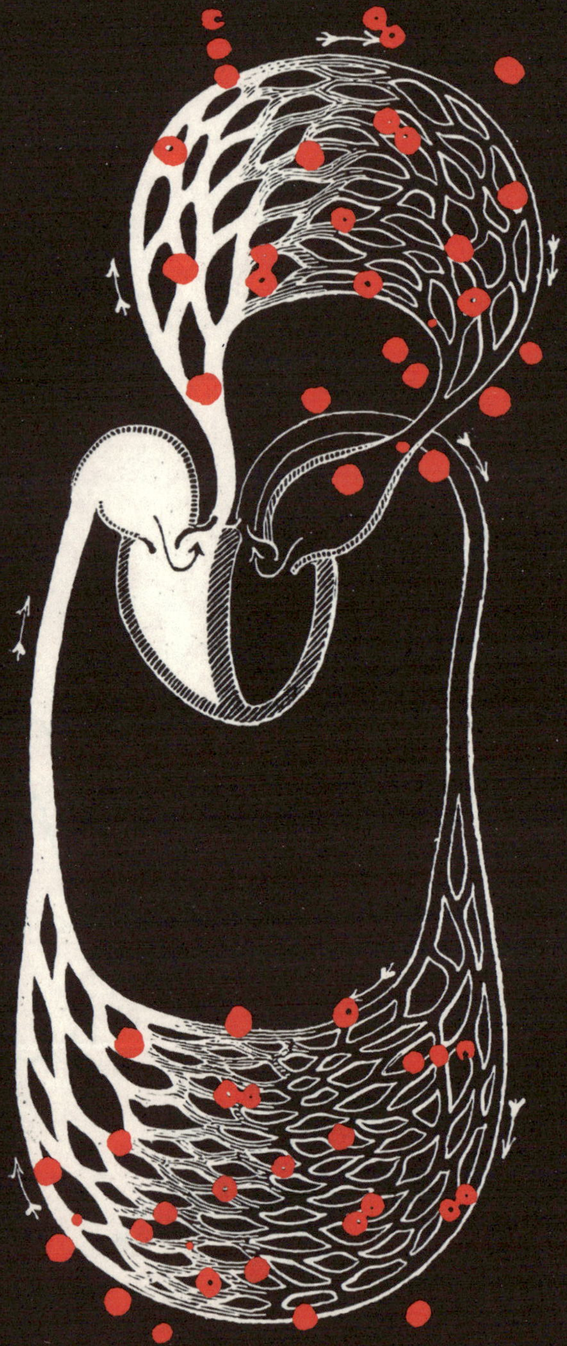

J

AIDS

a destruição de um sistema imunológico

No outono de 1980, um homem muito doente entrou no Centro Médico da UCLA. Ele estava pálido, muito magro, tinha a boca cheia de placas semelhantes a queijo cottage e tossia de maneira dolorosa e incontrolável.

Os exames revelaram que ele tinha uma infecção fúngica na boca, chamada de sapinho, e uma doença extremamente rara — pneumonia por *Pneumocystis jirovecii* (PPC) — causada por um fungo. Os médicos ficaram perplexos. Talvez o mais intrigante fosse a completa ausência de uma população de certas células brancas, chamadas de células T4, no sangue do homem.

A pentamidina é um medicamento usado para tratar a PPC, mas a doença é tão rara que as farmácias dos hospitais não têm estoque da droga. Esses "medicamentos órfãos", que tratam doenças raras e são considerados experimentais, só podem ser obtidos nos Centros de Controle e Prevenção de Doenças. Os médicos da UCLA contataram o CDC e pediram o medicamento experimental para o paciente agonizante. Na verdade, o CDC tinha recebido cinco pedidos de pentamidina entre setembro de 1980 e maio de 1981 — cinco pedidos em um período de oito meses, quando haviam recebido apenas dois pedidos entre 1967 e 1979. Claramente, alguma coisa estava errada.

Em julho de 1981, um homem com o corpo coberto de manchas azul-arroxeadas entrou no Hospital Geral de San Francisco. Ele era um garoto de programa e tinha um câncer extremamente raro, chamado de sarcoma de Kaposi (SK), que afetava os vasos sanguíneos da pele, causando um crescimento descontrolado. Quase ao mesmo tempo, alguns casos de SK também apareceram na cidade de Nova York e em Los Angeles.

No fim de agosto de 1981, o CDC relatou 107 casos de SK ou PPC, ou uma combinação de ambos. A aids havia surgido e, nas duas décadas seguintes, gerou uma crise de saúde pública sem precedentes.

A medicina reuniu forças de maneira inédita para travar uma guerra contra uma doença que ameaçava se tornar a pior praga que já afligira a humanidade. Durante a década de 1990, a aids foi a principal assassina de estadunidenses com idade entre 23 e 44 anos. Em 2000, infectou mais de 3 milhões de pessoas. O ano de 2005 teve mais diagnósticos de infecção por HIV na Inglaterra do que nunca, e o número de pessoas vivendo com o vírus em todo o Reino Unido ultrapassou os 46 mil nesse mesmo ano. No fim de 2001, cerca de 22 milhões de pessoas tinham morrido de aids no mundo todo, e outros 40 milhões estavam infectados, a maioria assintomática. Quase 1 milhão deles residia nos Estados Unidos. A destruição que a doença causou na África, onde ocorrem cerca de 70% dos casos, é inacreditável. A aids mata três vezes mais pessoas na África do que a segunda causa de morte mais comum. Em quase 1 milhão de pessoas, ela também se uniu ao bacilo da tuberculose, tornando esta muitas vezes mais fatal (veja o capítulo 4, "Tuberculose"). A expectativa de vida de uma pessoa em Botsuana caiu de 70 anos para menos de 40 por causa da aids.

O vírus da aids não é mais uma sentença de morte. Houve uma época em que a aids, junto da raiva, era considerada a mais letal de todas as infecções virais, com índices de mortalidade em 100% ou muito perto disso. Mas os avanços no tratamento da doença e de suas tantas infecções oportunistas aumentaram muito a expectativa de vida dos pacientes.

No início, a aids era registrada principalmente entre homens homossexuais, a ponto da designação original da doença ser *deficiência imunológica relacionada a homossexuais* (GRID — *gay-related immune deficiency*).

A aniquilação do sistema imunológico na aids é realizada pela destruição seletiva de uma classe importante de células brancas do sangue — as células T auxiliares, ou T4. Conforme discutido anteriormente (veja o capítulo 6, "Os vírus"), as células T4 têm um papel fundamental em qualquer resposta imunológica. De maneira simplificada, elas liberam substâncias químicas chamadas de *interleucinas*, que ativam todos os outros componentes do sistema imunológico. Se elas forem destruídas, toda a resposta imunológica estará perdida.

Sem nenhum sistema para combater os microrganismos invasores, o corpo vira vítima de inúmeras doenças estranhas e altamente incomuns. Conhecidas como *infecções oportunistas*, elas são causadas por germes que exploram um sistema imunológico dizimado para obter vantagens biológicas dentro do corpo. As duas infecções oportunistas mais comuns e arrasadoras são a pneumonia por *Pneumocystis jirovecii* e o sarcoma de Kaposi. Juntas, elas se tornaram a marca registrada da aids. Mas muitas outras doenças estranhas também tornam a vida de uma pessoa com aids um verdadeiro inferno. Doenças que antes só eram encontradas em ovelhas, gatos ou pássaros de repente aparecem em pacientes com síndrome da imunodeficiência adquirida. Laurie Garrett, em seu livro *A Próxima Peste*, lista as mais importantes:

> Sapinho causado por infecções fúngicas por *Candida*; herpes simples 2 por todo o corpo; contaminação sanguínea por citomegalovírus ativo com efeito desconhecido; mononucleose causada pelo vírus Epstein-Barr; edema acentuado dos linfonodos; infecções radicais do estômago e do trato gastrointestinal causadas por *Entamoeba histolytica*; diarreia e problemas gástricos causados pelo parasita *Cryptosporidium*; sintomas semelhantes causados, por incrível que pareça, pelo *Mycobacterium avium*, uma bactéria da tuberculose geralmente encontrada em galinhas; infecções galopantes em muitos órgãos, causadas pelo fungo *Cryptococcus*; infecções bacterianas descontroladas causadas por organismos comuns, como *Staphylococcus aureus*, *Escherichia coli* e *Klebsiella*.

O que diabos poderia arrasar tanto um sistema imunológico? Será que era um produto químico fatal? Um agente infeccioso? E assim começou uma busca frenética pela causa da aids.

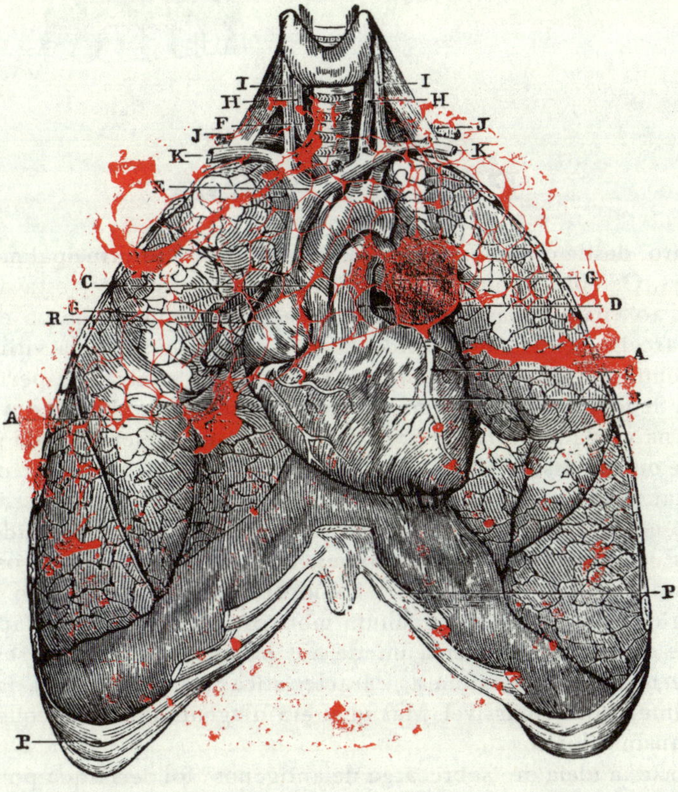

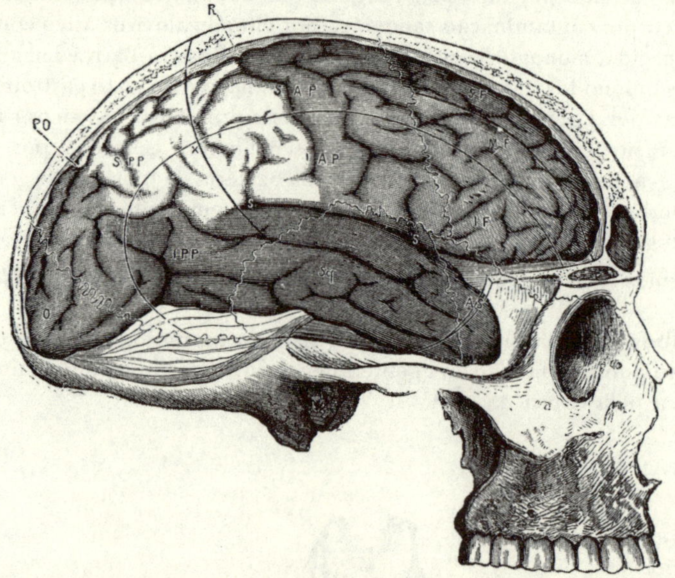

A BUSCA
PELA CAUSA

Ficou claro, desde o início, que a aids estava atacando principalmente homens gays. Os epidemiologistas queriam saber por que eles estavam mais expostos ao vírus. Uma das principais teorias propunha que o esperma de um parceiro sexual tinha caído na corrente sanguínea da vítima. Seu sistema imunológico, então, produzira anticorpos contra o esperma, que reagiram de forma cruzada com suas próprias células T. O que estava acontecendo, na verdade, seria uma resposta autoimune desencadeada pelo esperma de outra pessoa. Mas por que o esperma de repente teria começado a se tornar fatal?

Outro equívoco popular dizia que o nitrito de amila, conhecido como "poppers", estava causando os sintomas. Usado para intensificar os orgasmos durante encontros sexuais, o composto também suprime o sistema imunológico. Mas não havia nenhum motivo para atribuir o colapso sustentado e contínuo do sistema imune aos poppers tomados meses antes. Cada vez mais, a GRID exibia as características de uma doença infecciosa sexualmente transmissível. Mas qual era o agente infeccioso que estava sendo transmitido?

No início, a ideia de "sobrecarga de antígenos" foi declarada por alguns pesquisadores. Eles sugeriram que, em vez de um único germe causador da GRID, uma série de vírus e bactérias sexualmente transmissíveis vinha atacando o sistema imunológico ao longo dos anos, sobrecarregando seriamente, e esgotando, a população de células T. Por mais que parecesse sedutora para alguns pesquisadores, a teoria da sobrecarga não conseguia explicar por que, no verão de 1982, os hemofílicos começaram a desenvolver a GRID. Além disso, seu aparecimento entre viciados em drogas intravenosas e pessoas que receberam transfusões sanguíneas deixou claro que a doença era transmitida pelo *sangue* — e espalhada por algum misterioso agente infeccioso. Ela foi então rebatizada de aids — síndrome da imunodeficiência adquirida — no fim de 1982.

A aids era uma doença infecciosa transmitida pelo sangue, e que também podia ser transmitida por meio do sexo. Logo começou uma busca alucinada, os laboratórios de todo o mundo competiam entre si para isolar o micróbio que devorava as células T. Essa descoberta com certeza significaria fama, fortuna e um Prêmio Nobel.

Robert Gallo era um desses cientistas cuja curiosidade foi despertada pela ideia de um agente infeccioso — provavelmente um vírus, já que era tão difícil de detectar. O envolvimento das células T era o que mais o intrigava. Alguns anos antes, ele chocou a comunidade científica ao anunciar a descoberta de um vírus humano novo e altamente singular que infectava as células T, tornando-as cancerosas. O vírus foi apelidado de *HTLV*, em um aceno à doença que causava: leucemia de células T humanas. O HTLV foi o primeiro retrovírus humano a ser isolado.

Um retrovírus é uma entidade muito especial. Assim como muitos outros vírus, ele tem o RNA como seu material genético. Mas, ao contrário deles, o RNA não sintetiza proteínas de maneira direta. Primeiro ele segue o caminho inverso, formando o DNA. Então o DNA produz outra fita de RNA, que finalmente passa a produzir proteínas (veja o capítulo 6, "Os vírus").

Por que essa síntese desnecessária de ácido nucleico? É como se você levasse um pão perfeitamente bom de volta à padaria e o trocasse por um novo para então fazer um sanduíche. Uma perda monumental de tempo e energia para você e para o vírus. Ou não? Os sistemas vivos raramente desenvolvem mecanismos que não beneficiam de alguma forma o organismo, e os retrovírus não são exceção. A produção aparentemente sem sentido de DNA desnecessário traz um grande benefício para o vírus, pois permite que ele se incorpore ao DNA da célula hospedeira. Em um processo chamado de *integração*, o DNA viral se une diretamente ao genoma do hospedeiro.

A integração, um processo essencial e singular para a replicação retroviral, oferece ao vírus várias vantagens. Em primeiro lugar, o vírus, agora parte do genoma do hospedeiro, fica bem escondido para não ser detectado e destruído pelo sistema imunológico, que está sempre vigilante. Em segundo lugar, a cada divisão celular, o vírus — ou, mais precisamente, o DNA viral — se replica e vai para uma nova célula. Em silêncio, o vírus se espalha por todo o organismo. E, se a infecção ocorrer em células produtoras de gametas de um testículo ou ovário, os espermatozoides e os óvulos podem até carregar o vírus internalizado para a prole do hospedeiro.

Embora muitos retrovírus, senão a maioria, provavelmente viajem dentro das células hospedeiras causando pouco ou nenhum dano, às vezes a integração altera a célula de tal maneira que a torna maligna. Foi esse o tipo de retrovírus — htlv — que Robert Gallo descobriu em 1979. Em 1982, seu laboratório isolou um segundo vírus da leucemia de células t que era intimamente relacionado ao anterior, e o chamou de *HTLV-2* (o primeiro se tornou *HTLV-1*).

Será que a aids, especulou Gallo, também poderia ser causada por um retrovírus? E, em caso positivo, seria um dos HTLV ou um vírus totalmente novo? Tanto o HTLV quanto o vírus da aids infectavam as células T e suprimiam o sistema imunológico. Ambos eram transmitidos pelo sangue e pelo sexo. Essas eram evidências irrefutáveis.

Em meados de 1982, o laboratório de Gallo iniciou investigações para encontrar o vírus da aids. O primeiro passo foi determinar se ele era ou não um retrovírus, o que poderia ser realizado com o cultivo do vírus em cultura de células e com o teste de atividade retroviral. Todos os retrovírus têm uma enzima exclusiva que lhes permite produzir DNA a partir de um modelo de RNA. Essa enzima é encontrada apenas em retrovírus — é como se fosse o rastro deles —, e a demonstração de sua presença em culturas de células é uma prova clara de infecção retroviral.

O único problema, no início das investigações, era a quase impossibilidade de obter vírus suficientes para cultivar em cultura. O motivo era simples. Ao contrário do HTLV, que fazia as células T4 crescerem e se multiplicarem de maneira indefinida (como as células cancerosas costumam fazer), o vírus da aids parecia destruir as células T dentro das quais se replicavam. Só no fim de 1983 foi descoberta uma linha de células T capaz de manter o suposto vírus da aids sem ser destruída. Agora o vírus podia ser cultivado em abundância.

Com esse novo lote de células T e tecidos infectados com aids, Gallo e sua equipe de virologistas começaram a testar a atividade retroviral. Quando a descobriram, fizeram análises em busca da presença de HTLV. Isso era feito a partir da mistura das amostras infectadas com anticorpos contra o vírus HTLV. Se houvesse reação, isso significava que o vírus provavelmente estava presente nos tecidos. Nesse momento, foi realizado um teste ainda mais conclusivo para a presença do HTLV, no qual foram utilizadas sondas de DNA para esse vírus. A ligação da sonda com o DNA nos tecidos da aids indicaria a presença de HTLV.

Em abril ou maio de 1984, depois de muitos meses cultivando, testando e aprendendo a lidar com as culturas, eles tiveram sucesso. Um novo vírus tinha sido encontrado. Ele apresentava a atividade enzimática de um retrovírus, mas não reagia com os anticorpos contra o HTLV-1 ou o HTLV-2. O mais importante é que ele foi encontrado em um número substancial de pacientes com aids, assim como em pessoas com risco de desenvolver a doença. Nenhuma evidência do vírus foi encontrada em 115 pessoas saudáveis. Robert Gallo chamou o vírus de *HTLV-3* e declarou que ele era o agente infeccioso causador da aids.

No fim das contas, Gallo estava certo. O HTLV-3 era a causa da aids. No entanto, ele não foi o primeiro a descobri-lo. Essa honra era de Luc Montagnier, do Instituto Pasteur da França. Um ano antes, ele havia isolado um retrovírus de uma seção de um linfonodo inchado, excisado de um paciente com aids em estágio inicial. Mas, quando publicou suas descobertas, alegando que aquele era o vírus da aids, a comunidade científica achou que a questão não havia sido comprovada.

O que se seguiu foi uma batalha amarga e desagradável entre o Instituto Nacional do Câncer, de Gallo (parte dos Institutos Nacionais da Saúde — NIH), e o Instituto Pasteur, de Montagnier. Ambos queriam o crédito pela descoberta do vírus. As coisas de fato esquentaram quando o DNA de cada vírus foi sequenciado e os dois foram comparados. A correspondência (quase 99%) foi tão perfeita que só poderiam ter vindo do mesmo paciente.

As implicações eram enormes. Os dois laboratórios, durante o curso de suas pesquisas, tinham trocado amostras de tecido, bem como outros reagentes — anticorpos, fatores de crescimento de cultura de células e similares. Será que Gallo havia pegado o vírus de Montagnier de propósito e tentado fazer com que se passasse pelo seu próprio vírus, isolado de maneira independente? Será que o vírus de Montagnier tinha contaminado por engano as culturas de Gallo, tornando seu isolamento um infeliz e inocente erro de laboratório? Ninguém jamais saberia com certeza, mas, em março de 1987, os governos da França e dos Estados Unidos interferiram para convocar um armistício entre os laboratórios rivais. Um acordo foi anunciado, reconhecendo oficialmente os grupos de Montagnier e de Gallo como codescobridores do vírus da aids, que então passou a ser chamado de *vírus da imunodeficiência humana — HIV*.

O acordo de março de 1987 também resolveu outra disputa de longa data a respeito dos direitos de patente para um exame de sangue da aids desenvolvido em 1984. O grupo de Gallo foi o primeiro a desenvolver o teste, mas Montagnier alegou que ele usou o vírus do Instituto Pasteur. A princípio, o Escritório de Patentes e Marcas dos Estados Unidos concedeu os direitos de patente a Gallo, mas depois reverteu sua decisão. A concessão desses direitos não era de forma alguma acadêmica, pois isso geraria enormes somas de dinheiro conforme os exames de sangue fossem vendidos e usados no mundo todo.

Apesar do ganho financeiro, o presidente estadunidense Ronald Reagan e o primeiro-ministro francês Jacques Chirac concordaram em incluir os nomes de Gallo e de Montagnier em toda e qualquer patente de exame de sangue. Todos os royalties acumulados iriam para o financiamento de futuras pesquisas sobre a aids. As decisões mais equilibradas prevaleceram, por fim.

TESTE DA AIDS

Em meados de 1984, Gallo enfim tinha encontrado o vírus da aids. Também era ano de eleição para o presidente Reagan — um presidente que fora acusado por muitos de ser indiferente ao sofrimento dos pacientes portadores de aids. A última coisa com a qual Reagan queria lidar era um suprimento de sangue contaminado. Assim, em junho de 1984, cinco empresas farmacêuticas receberam 25 litros de células brancas T4 infectadas com o vírus HTLV-3 de Gallo, o vírus da aids. Todas elas foram instruídas a desenvolver um exame de sangue confiável e econômico para detectar a infecção pelo HIV, um teste que pudesse ser realizado de forma rápida e fácil.

Desde o início, as cinco empresas perceberam que um exame prático e fácil de realizar deveria procurar não o vírus, que era difícil de detectar, mas os anticorpos dele que estariam circulando no sangue. Foi utilizada uma técnica chamada de *ensaio de imunoabsorção enzimática*, ou *ELISA*. Hoje em dia, o ELISA ainda é o exame de aids mais usado para a triagem inicial de sangue. Funciona mais ou menos assim:

Pequenos recipientes são fornecidos pela empresa farmacêutica. As paredes de cada recipiente são impregnadas de antígenos do HIV — as proteínas virais que geram uma forte produção de anticorpos durante a infecção. O sangue a ser testado é colocado no recipiente e depois retirado. Todos os anticorpos contra o HIV presentes no sangue se agarram aos antígenos nas paredes. Mas os anticorpos não são visíveis. Para determinar se algum deles aderiu à camada de antígeno, um outro produto — o produto químico A —, que se liga aos anticorpos do HIV, deve ser acrescentado. Se esses anticorpos estiverem presentes, o produto químico A forma uma terceira camada que não será removida. Esse produto químico também tem uma enzima ligada a ele, que fará com que outro produto — o produto químico B — fique colorido. Portanto, uma mudança de cor quando o produto químico B é por fim acrescentado indica a presença de anticorpos do HIV e um resultado positivo para infecção pelo vírus. O procedimento é mostrado de forma resumida na Figura 2.

O ELISA é um exame muito confiável, mas não é infalível. Às vezes, ele gera falsos positivos. Para ter certeza de que os resultados positivos são genuínos, é necessário fazer um teste confirmatório. O procedimento de confirmação mais comum é o Western Blot.

Assim como o ELISA, o Western Blot procura anticorpos do HIV no sangue. Só que usa uma gama mais ampla de proteínas virais, derivadas de vírus misturados que foram, então, separados uns dos outros e fixados em uma tira sólida de nitrocelulose. Isso resulta em mais sensibilidade e precisão na coleta de anticorpos do HIV quando a tira é lavada com sangue infectado. Outra pequena diferença entre os dois procedimentos é o uso de um produto químico radioativo no Western Blot para reconhecer os anticorpos do HIV que aderem à fita. A radioatividade é detectada ao se colocar a tira em uma placa fotográfica.

Às vezes, os papéis do antígeno e do anticorpo são invertidos, e a camada "sólida" inicial é de anticorpos do HIV, e não de antígenos virais. Quando lavados com sangue, os próprios vírus aderem à tira de exame ou ao recipiente. A grande vantagem desse exame é detectar a infecção muito cedo, antes que a pessoa comece a desenvolver anticorpos.

A detecção precoce da infecção pelo HIV é fundamental. Por esse motivo, os pesquisadores adotaram um procedimento de identificação viral de última geração do laboratórios forenses, chamado de análise de PCR. O PCR (reação em cadeia da polimerase) chegou às manchetes durante o julgamento do ex-jogador de futebol americano O.J. Simpson por assassinato, em 1995. O exame foi usado para comparar o DNA do sangue na cena do crime com o do sr. Simpson. É isto o que o PCR faz: pega quantidades minúsculas de DNA e, usando enzimas especiais, faz milhões de cópias exatas até que haja o suficiente para analisar e testar. No caso do HIV, o procedimento consegue caçar as mínimas quantidades de vírus presentes nas células infectadas muito antes de aparecerem sintomas da doença ou mesmo anticorpos detectáveis.

Exame Elisa

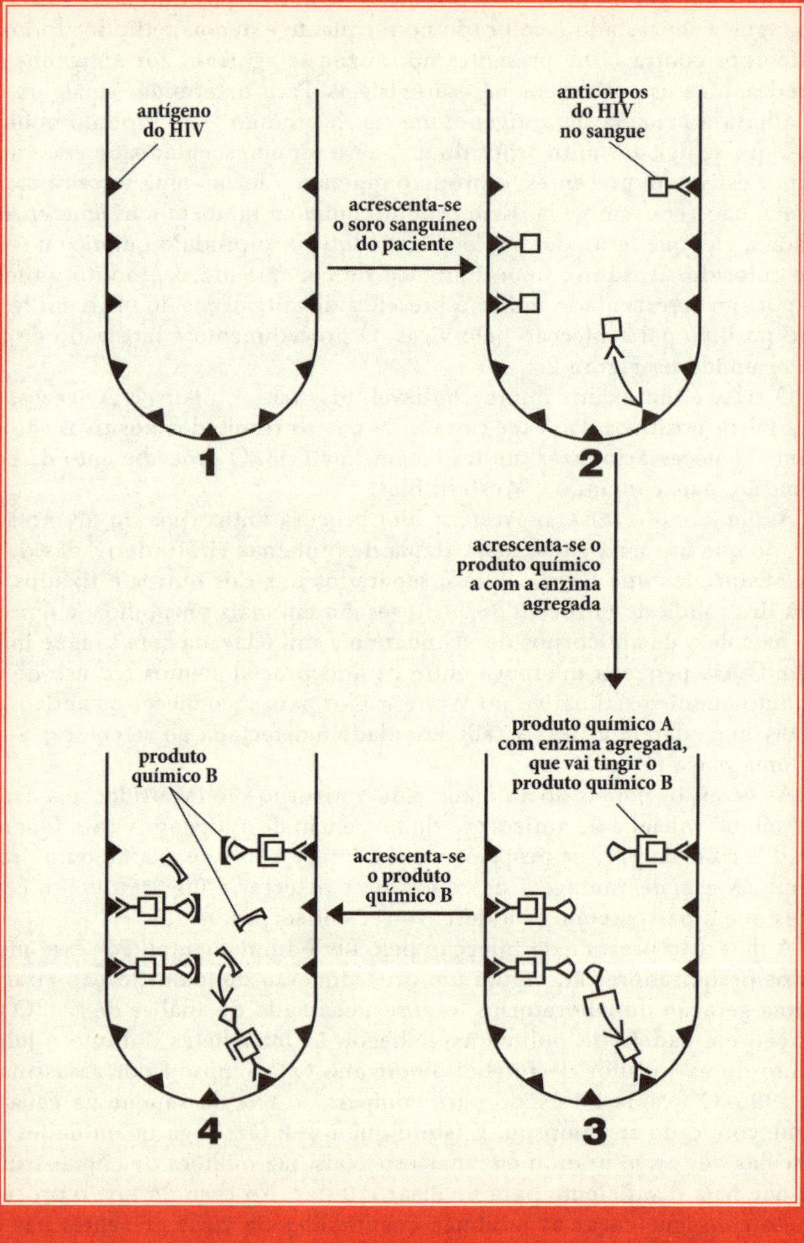

antígeno
do HIV
1
acrescenta-se
o soro sanguíneo
do paciente
anticorpos
do HIV
no sangue
2
acrescenta-se o
produto químico
a com a enzima
agregada
produto químico A
com enzima agregada,
que vai tingir o
produto químico B
3
acrescenta-se
o produto
químico B
produto
químico B
4

Com o uso do PCR, os pesquisadores fizeram uma descoberta surpreendente. As pessoas podem ser portadoras do vírus durante anos antes de seus exames de sangue darem positivo para anticorpos do HIV — anos em que essas pessoas, sem saber, podem estar contagiando outras. Quando se trata de infecção viral, parece que o HIV quebra todas as regras. Quanto mais aprendemos sobre o vírus, mais ele nos confunde. Ainda assim, aprendemos muito em um período relativamente curto.

Sem dúvida, o HIV* se tornou o vírus mais intensamente estudado da história. Os cientistas dissecaram suas proteínas e mapearam seus genes, estudaram todos os seus movimentos durante a execução de seus atos intracelulares mais covardes. E o que aprendemos?

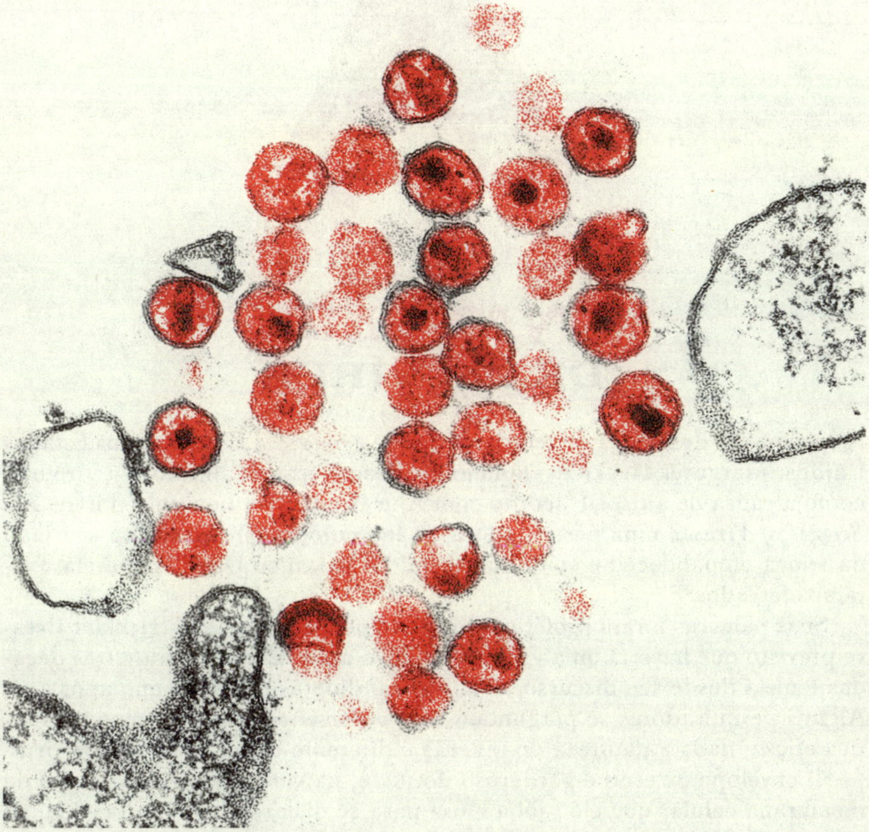

* O vocabulário deste capítulo foi revisado de acordo com o Guia de Terminologia da UNAIDS (criado pela ONU). De acordo com a diretora da organização, as palavras são capazes de moldar o pensamento e influenciar os comportamentos. Portanto, a utilização de linguagem apropriada tem o poder de fortalecer a resposta global à epidemia de Aids.

ANATOMIA
DE UM VÍRUS

Na primavera de 1985, a secretária de Saúde e Serviços Humanos dos Estados Unidos, Margaret Heckler, anunciou a descoberta de um novo retrovírus como a causa da aids. De acordo com Ann Giudici Fettner em seu livro *The Science of Viruses*, uma pesquisadora de imunologia que estava ao seu lado na época empalideceu e soltou um gemido. "Ai, meu Deus", disse ela, "estamos ferrados."

Suas palavras foram proféticas, no mínimo. Embora a sra. Heckler tivesse previsto que haveria uma vacina em cinco anos, já se passaram três décadas e meia desde seu discurso, e muitas candidatas falharam ano após ano. Alguns pesquisadores se perguntam se é possível criar uma vacina profilática eficaz, dada a natureza do HIV. Ele é diferente de todos os outros vírus.

O envelope externo e gorduroso do HIV é, na verdade, um fragmento de membrana celular que ele rouba e usa para se disfarçar quando sai de uma célula. As projeções em forma de maçaneta de uma proteína açucarada chamada glicoproteína 120 (gp120) se destacam da membrana gordurosa ou lipídica como verrugas nas costas de um sapo. Um segundo tipo de glicoproteína — gp41 — fica embutido no envelope viral e ancora a gp120. Essas substâncias têm sido objeto de muitas pesquisas, pois são as estruturas que primeiro reconhecem e conectam o vírus às suas células-alvo.

Sob a camada lipídica há uma camada matriz de proteína que envolve o núcleo viral. O núcleo seria como as entranhas do vírus, onde o ácido nucleico reside na forma de duas fitas simples de RNA. Essas fitas abrigam nove genes que codificam catorze proteínas diferentes. Junto com o RNA, dentro do núcleo, existem várias enzimas importantes que são necessárias para iniciar a infecção.

Pelos padrões virais, o HIV não é especialmente grande nem complexo (embora seja mais complexo do que a maioria dos outros retrovírus). O vírus da varíola é muitas vezes maior e contém DNA suficiente para controlar a produção de duzentas a trezentas proteínas. Comparemos isso com os insignificantes nove genes do HIV, que codificam catorze proteínas virais. Mesmo assim, encontrar uma vacina contra a varíola foi brincadeira de criança em comparação com o HIV. Como Mark Caldwell observa apropriadamente em seu artigo na revista *Discover* de agosto de 1993 sobre a aids: "A varíola entra no sistema imunológico como um criminoso burro, disparando alarmes por toda parte". Em 1796, Edward Jenner, que nem tinha ciência da existência dos vírus, conseguiu criar uma vacina contra a varíola com o pus das feridas de varíola bovina de uma ordenhadora. Por que, em comparação, a dificuldade em combater o HIV chega à beira do impossível?

Resumindo em uma palavra: furtividade. O HIV não é um ladrão altamente experiente e habilidoso. A ação começa quando os vírus entram no corpo por meio do sangue contaminado ou pela via mais comum hoje em dia: o sexo sem proteção. A aids é transmitida sexualmente porque o sêmen de um homem infectado está repleto de glóbulos brancos T4, que, por sua vez, estão repletos de HIV.

Depois de serem introduzidos na vagina ou no ânus de um parceiro sexual, o HIV e as células infectadas por esse vírus chegam à corrente sanguínea por meio de pequenas rupturas na membrana mucosa. Ali, o vírus encontra células T4, que são os alvos principais do HIV. Na superfície das células T4 existem proteínas chamadas de marcadores CD4. Na verdade, a proteína de superfície CD4 é que dá à célula T auxiliar seu nome: T4. Esses marcadores CD4 se encaixam perfeitamente nas projeções virais gp120. Usando as gp120, o vírus se fixa na superfície da célula. Então, por meio de um mecanismo que utiliza a outra glicoproteína de superfície, gp41, ocorre a fusão do revestimento lipídico do HIV com a membrana celular. É assim que o HIV consegue entrar na célula T4: abrindo-a e derramando suas entranhas no interior dela.

Uma vez dentro da célula, o HIV, por ser um retrovírus, usa suas duas fitas simples de RNA e a enzima ligada a elas — a transcriptase reversa — para fazer o DNA de fita dupla. Em seguida, ele integra esse DNA ao genoma do hospedeiro.

Embora as células T4 sejam os alvos principais do HIV, elas não são as únicas infectadas. Há evidências de que certas células da membrana mucosa também são cobertas por marcadores CD4. Portanto, as células suscetíveis à infecção pelo HIV provavelmente revestem a vagina e o ânus. O que mais um vírus sexualmente transmissível poderia pedir?

O que mais? Que tal a capacidade de infectar macrófagos? Estes, como você deve se lembrar, são os grandes glóbulos brancos que vagam pelo corpo engolindo os germes invasores. Depois de entrar nos macrófagos, o HIV ganha uma carona para qualquer lugar que quiser. Acredita-se que os macrófagos carreguem os vírus pela barreira hematoencefálica até o cérebro, onde provocam a demência tão comum nos casos avançados de aids.

Muitos médicos e pesquisadores acham que, depois de ocorrida a integração, pouco se pode fazer para eliminar completamente a infecção do corpo. O sistema imunológico não vai reconhecer e destruir as células que têm o HIV aninhado de maneira confortável e segura em seus núcleos. Na verdade, o corpo não luta contra esses vírus porque esses vírus se tornaram parte do corpo.

Mas tome cuidado para não entender errado o que acontece durante a infecção pelo HIV. O vírus não permanece quiescente durante anos, como se pensava originalmente. Desde o momento em que a pessoa adquire o HIV, muitas células T4 começam a replicar ativamente as partículas virais, e há uma vigorosa defesa imunológica inicial. Uma grande quantidade de vírus está presente na corrente sanguínea durante essa fase aguda, e o paciente apresenta sintomas semelhantes aos da gripe durante várias semanas. Em pouco tempo, as células B começam a produzir anticorpos para neutralizar os vírus que não estão dentro das células, ao passo que as células T assassinas ativadas (veja o capítulo 6, "Os vírus") destroem as células que já estão infectadas.

Isso mantém a infecção sob controle, mas uma luta feroz entre o sistema imunológico e o vírus persiste durante todo o período assintomático da doença — que normalmente dura oito ou nove anos. Centenas de milhões de vírus HIV são assassinados diariamente. Ao mesmo tempo, o sistema imunológico pode perder até 1 bilhão de células T por dia. Durante esse período de impasse entre o vírus e o sistema imunológico, a vítima é considerada HIV-positiva, mas ainda não está com aids. Lentamente, no entanto, com o passar dos anos, o vírus começa a vencer a batalha. As hordas invasoras de HIV acabam dominando os enormes e eficientes exércitos de células T assassinas e anticorpos. O sucesso se deve essencialmente à extrema mutabilidade do vírus. De todos os vírus conhecidos, o HIV tem, de longe, a maior taxa de mutação. Ao longo do curso da infecção em um único indivíduo, o mesmo vírus pode mudar sua composição genética em até 30%. É uma variabilidade extraordinária — muito maior que a do altamente mutável vírus da gripe.

O motivo para essa instabilidade genética é a maneira imprecisa pela qual a transcriptase reversa produz o DNA a partir do RNA viral. Em resumo, ele comete muitos erros durante a transcrição. E a alta taxa de replicação viral, talvez 1 bilhão de novas partículas virais por dia, dá ao HIV mais oportunidades de sofrer mutação. Embora a maioria das mutações prejudique o vírus e o torne não funcional, de vez em quando uma partícula mutante pode surgir com uma proteína de superfície ligeiramente diferente — uma que o sistema imunológico não consegue reconhecer.

Nesse momento, uma nova população de vírus pode disparar de maneira descontrolada até que o sistema imunológico consiga alcançá-la. No fim, são geradas tantas mutações que o exército imunológico começa a perseguir seu próprio rabo, e a batalha é perdida.

Curiosamente, grande parte do combate entre o vírus e as células T passa despercebida, porque ocorre nas dezenas de gânglios linfáticos encontrados no corpo todo, e não nas células T4 circulantes. Os gânglios linfáticos fazem parte do nosso sistema imunológico, um tipo de sistema de filtragem que captura e destrói micróbios invasores. Nesse momento, parece que as células T4 que residem nos gânglios linfáticos são alvos fáceis para o HIV. Durante grande parte do período assintomático da infecção, a carga viral continua a se acumular nesses gânglios. Enquanto isso, a contagem de células T4 na corrente sanguínea não diminui de maneira significativa. Por fim, os gânglios "se cansam", e o vírus inunda o sangue, sinalizando o início da aids com força total. É a essa altura que os médicos, monitorando o sangue, começam a notar uma queda significativa nos níveis de células T4 circulantes.

Criaturinhas abusadas, esses vírus HIV. É possível fazer alguma coisa para detê-los ou até mesmo desacelerá-los? Sim, mas a tarefa é hercúlea.

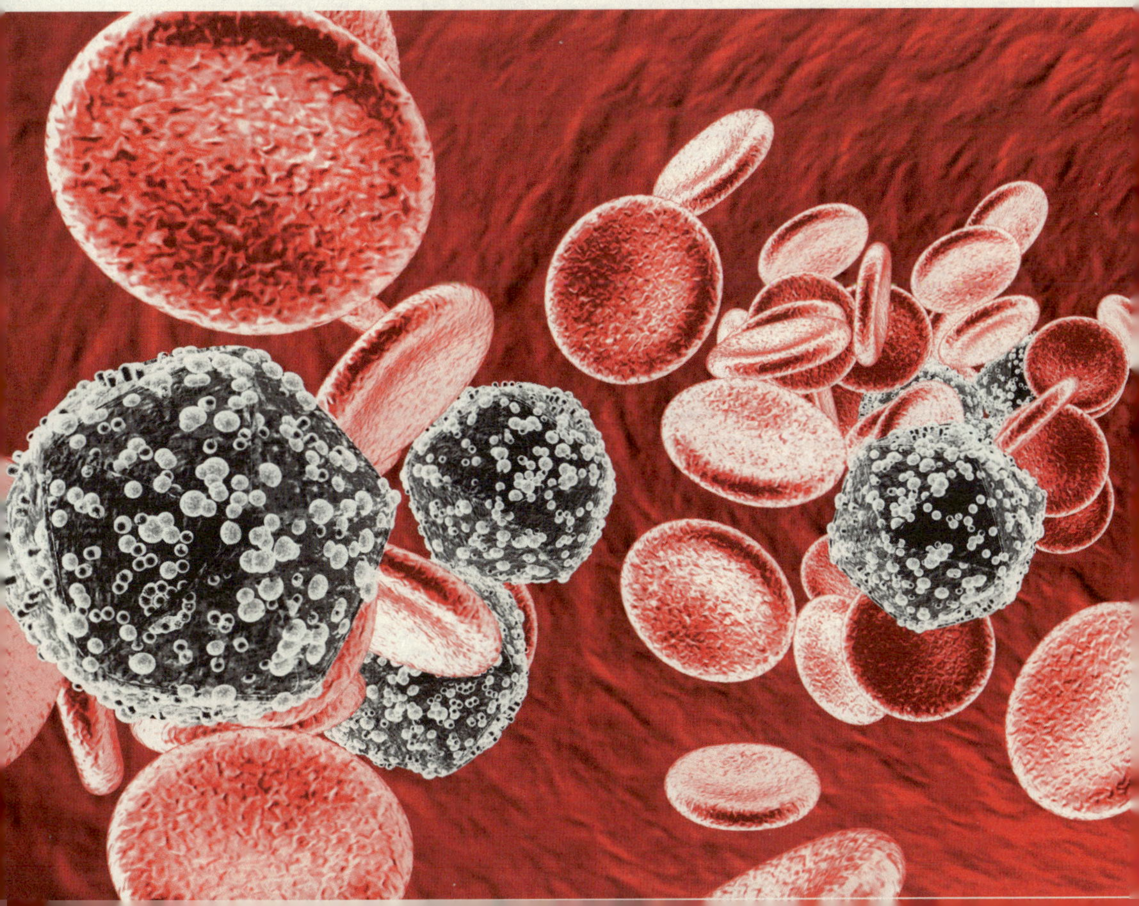

PREVENÇÃO

A maioria dos especialistas concorda que a epidemia da aids só pode ser interrompida com uma vacina eficaz. O princípio da vacinação é extremamente simples. Apresenta-se uma versão inofensiva do germe ao sistema imunológico, que entrará em estado de prontidão. Se o germe verdadeiro aparecer, ele será tratado com rapidez e crueldade.

Essas abordagens funcionam bem com outras doenças virais, como varíola, poliomielite, sarampo e gripe. Podem ser usados vírus atenuados ou desativados. O vírus atenuado parece gerar melhores respostas imunológicas e é a vacina preferida, quando viável.

No caso do HIV, entretanto, os cientistas relutam muito em injetar o vírus atenuado em pessoas saudáveis. Os pesquisadores não ousam nem sequer usar uma vacina inativada por medo de que algumas partículas virais possam ter sobrevivido ao processo de inativação. Uma única partícula sobrevivente pode invadir uma célula e iniciar um ciclo de infecção.

Mesmo que um HIV atenuado não volte a ser virulento, sempre existe a possibilidade de que ele torne a ser capaz de se integrar ao genoma do hospedeiro. Ninguém sabe que efeito de longo prazo o HIV integrado pode ter em uma célula. No caso de outros retrovírus humanos, muitas vezes eles levam ao câncer. A última coisa que os pesquisadores querem é uma vacina que impeça a aids e que provoque uma doença maligna dez ou quinze anos depois.

Por esse motivo, não há vacinas candidatas com o HIV atenuado ou totalmente desativado em nenhum ensaio clínico com seres humanos. Como ficam os pesquisadores, nesse caso? A única opção é a criação de vacinas a partir de pedaços inofensivos do vírus, ou subunidades. Até recentemente, o foco estava nas glicoproteínas do envelope viral, gp120 e gp41. Era uma escolha lógica, porque são elas que iniciam a infecção, são facilmente acessíveis para os anticorpos e parecem gerar uma forte produção destes. As primeiras tentativas de vacinação ofereciam apenas uma imunidade curta e limitada, já que a mutabilidade do vírus, mais uma vez, mostrou sua terrível face. É difícil encontrar uma bala mágica quando o alvo fica ziguezagueando para todo lado. Uma vacina de subunidade pode induzir a produção de anticorpos contra apenas um tipo de subunidade. Se um HIV mudar sua subunidade de maneira suficiente, os anticorpos gerados contra a vacina não o reconhecerão, e não haverá imunidade.

Apesar disso, a vacina contra a aids que se encontra mais avançada no processo de teste clínico é da classe de subunidades. A AIDSVAX foi a primeira vacina a entrar na fase 3 — o estágio final dos testes —, na qual a eficácia do produto é avaliada em uma grande quantidade de seres humanos. Os testes clínicos das fases 1 e 2 tratam principalmente de questões de segurança.

Uma estratégia de vacinação mais recente, a vacina de "DNA recombinante", busca conferir proteção usando os próprios genes do HIV. Depois de introduzido na pele ou no músculo, o material genético é absorvido pelas células do corpo, que então produzem proteínas do HIV que estimulam o sistema imunológico. Vacinas experimentais usando genes do SIV (vírus da imunodeficiência símia) para proteger macacos contra sua forma de aids provaram ser bem-sucedidas, e os testes da fase 1 com genes do HIV caminharam rapidamente.

Evidentemente, os genes do HIV não precisam ser injetados como pedaços recombinantes de DNA. Eles podem ser inseridos em um vírus ou bactéria inofensivos e, em seguida, introduzidos no corpo por meio desse vetor microbiano. Já dentro do corpo, os genes do HIV começam a se expressar e a produzir proteínas do HIV, às quais o sistema imunológico responderá. O conceito já é antigo. As bactérias molecularmente modificadas para conter genes da insulina ou do hormônio do crescimento humano bombeiam esses hormônios há mais de vinte anos.

No século XVIII, Edward Jenner descobriu que a imunização com varíola bovina protegia as pessoas contra o vírus da varíola que atacava seres humanos (veja o capítulo 2, "Doenças, germes e devaneios"). Esse conceito de vacinas "jennerianas", com base no uso de vírus semelhantes mas não idênticos aos causadores da doença, está sendo considerado no caso do HIV. Embora ainda não esteja na fase de testes clínicos, as possibilidades incluem o equivalente símio do HIV (o SIV) e uma cepa mais fraca do HIV, chamada de HIV-2.

Por causa da extrema dificuldade em tentar montar um ataque imunológico contra o HIV, astuto e em constante metamorfose, esforços estão sendo feitos para criar uma vacina que direcione as respostas imunológicas contra os receptores da célula hospedeira humana que servem como porta de entrada do HIV nas células. Ao bloquear os receptores do HIV, como o CD4, o vírus não conseguirá se ligar à superfície da célula, evitando a infecção. É uma abordagem inteligente e inovadora.

Com tantas portas abertas, pode-se esperar que uma vacina contra a aids esteja próxima. Mas a pesquisa e os testes são lentos. Os ensaios clínicos parecem demorar uma eternidade e nem sempre geram os resultados desejados. O que parece tão promissor em um tubo de ensaio ou em um animal experimental pode fracassar miseravelmente em testes humanos. Os pesquisadores acham que teremos sorte se tivermos uma vacina rudimentar no mercado nos próximos anos. Cerca de 38 milhões de pessoas são portadoras do vírus atualmente, então os virologistas e imunologistas estão trabalhando de maneira incansável para encontrar medicamentos antivirais que possam interromper ou, pelo menos, desacelerar a infecção pelo HIV.

ZIMMERMAN BROS

MEDICINA MACABRA 3

HIV/AIDS É SIMPLES DE PREVENIR : USANDO CAMISINHA

"A prática sexual sem o uso de preservativos é responsável por mais de 95% dos casos de contaminação no mundo", alerta o médico infectologista Érico Arruda, do Hospital São José (HSJ), do Governo do Ceará. A falta de regularidade no uso da camisinha expõe o indivíduo ao vírus HIV e à doença aids.

Diferente de outros vírus, o HIV não pode ser expulso do organismo. O período de incubação do vírus varia de três a seis semanas e seus primeiros sinais podem ser ignorados por serem semelhantes aos da gripe, como febre e mal-estar. E logo após a contaminação, o indivíduo pode transmitir para outras pessoas.

O entendimento sobre a doença e sua gravidade facilita a prevenção. No caso da aids e do HIV, esse entendimento é importante. Apesar da correlação direta entre uma e outra, AIDS e HIV têm um contexto diferente. Uma pessoa portadora do vírus HIV não necessariamente terá aids. "A pessoa com HIV positivo é portadora do vírus e pode viver anos sem apresentar sintomas ou desenvolver a doença, aids. A aids, por sua vez, é a doença causada pelo vírus do HIV em seu estágio mais avançado. Ou seja, acontece quando a pessoa infectada com o vírus do HIV tem o seu sistema imunológico fragilizado e as células de defesa não conseguem impedir sua manifestação", explica Érico.

A manifestação do vírus pode se dar ainda de três maneiras: vertical, transmitida na gravidez da mãe para o filho; a parenteral, que acontece através do uso de seringas compartilhadas para o uso de drogas intravenosas; e, ainda, a ocupacional, que é aquela adquirida pelo profissional da saúde no ambiente de trabalho. "Esta última, a ocupacional, tem menos de 200 casos comprovados no mundo", reforça o médico.

PREVENÇÃO

A principal forma de prevenção é a prática de sexo seguro, com o uso de camisinha. "Evitar a multiparceria e, também, a exposição sexual em que a pessoa desconhece a situação sorológica do parceiro ou parceira são formas de evitar o contágio. Mas a principal forma é o uso do preservativo. Essa é, sem dúvidas, a intervenção mais consistente e mais robusta, já que as outras duas nem sempre podem ser averiguadas", reforça o médico.

Além dos métodos citados existe ainda a prevenção medicamentosa. São duas maneiras diferentes e estão disponíveis no Sistema Único de Saúde (SUS). "A PEP, (Profilaxia Pós-Exposição), indicada após a prática de sexo desprotegido. A medicação deve ser tomada em até 72 horas após a exposição, por 28 dias. E a PREP (Profilaxia Pré-exposição ao HIV), um método mais novo e indicado para aquelas pessoas que já se reconhecem em risco, que por várias vezes se expuseram à prática de sexo inseguro", explica.

Os medicamentos estão disponíveis na rede pública de saúde. "Para a PEP não há restrição, basta que o usuário procure uma unidade de saúde, em geral uma UPA, onde será feito o encaminhamento para as unidades responsáveis. A PREP é uma estratégia recente, que tem ainda alguma restrição, e é indicada para aquele indivíduo que já fez uso da PEP várias vezes, se reconhece em risco, que por inúmeras vezes têm relações sexuais sem preservativo, não possui apenas um parceiro ou parceira sexual." explica.

DIAGNÓSTICO

A expectativa de vida aumenta bastante quando a sorologia é identificada logo no início. O diagnóstico da infecção pelo HIV é feito a partir dos testes rápidos, disponíveis nas unidades básicas de saúde. "O exame é indicado para todos que tem vida sexual ativa", complementa Érico.

Texto publicado originalmente no site da Secretaria de Saúde do Governo do Ceará.

TRATAMENTO

Entre 1987 e meados dos anos 1990, a droga preferencial para o tratamento da aids era o AZT — também conhecido como azidotimidina, zidovudina e retrovir, faz parte de uma classe de compostos chamados de análogos de nucleosídeos, ou *nukes*. Outros compostos são abacavir, 3TC, ddC, ddI e D4T (os extensos nomes científicos não são importantes). Todos são moléculas muito semelhantes a uma das subunidades — nucleosídeos — que se unem pela transcriptase reversa para formar o DNA retroviral. São, na verdade, blocos de construção de DNA. O que o AZT e os outros *nukes* fazem é enganar a transcriptase para que eles sejam usados em vez do nucleosídeo adequado. Os nucleosídeos adequados têm um gancho químico em cada extremidade. Um dos ganchos se conecta à fita de DNA em crescimento, enquanto o outro permite que mais nucleosídeos sejam anexados. No caso dos *nukes*, há apenas um gancho. Depois que o *nuke* está no lugar, ao longo da cadeia de DNA, o crescimento da cadeia termina, e a replicação viral é interrompida.

Existe outra classe de medicamentos que também prejudica o funcionamento da transcriptase reversa. Mas eles não são análogos de nucleosídeos, por isso são denominados inibidores da transcriptase reversa não análogos de nucleosídeos (ITRNN), e seu modo de ação é totalmente diferente daquele dos *nukes*.

Infelizmente, em questão de meses, aparecem no HIV variantes da transcriptase reversa que podem produzir DNA viral na presença de qualquer uma das variedades de inibidores. Soma-se a isso o alto nível de toxicidade dos *nukes* — até 40% das pessoas que tomam AZT não conseguem tolerá-lo por mais de seis semanas por causa da anemia grave que ele provoca —, o que mostra que estão longe de ser os medicamentos ideais.

Dessa forma, passou pela cabeça dos pesquisadores da aids a ideia de usar dois ou até três *nukes* ao mesmo tempo, obrigando o vírus a sofrer muitas mutações para se tornar resistente à combinação. Essas terapias medicamentosas duplas e triplas provaram ser mais eficazes do que o AZT isoladamente e devem dar mais tempo de vida para o paciente com aids. No entanto, elas não representam o golpe decisivo que os cientistas procuram. O HIV não vai sucumbir a um medicamento, ou mesmo a uma combinação deles, voltado para uma única etapa de seu ciclo de vida.

O que nos leva aos inibidores da protease (IP) — outra arma importante na nossa batalha contra o HIV. A protease é uma das enzimas que o HIV carrega em seu núcleo. Durante os últimos estágios da infecção viral, a protease é acionada para realizar uma etapa necessária na síntese de partículas virais intactas. Ela atua como uma tesoura molecular, cortando longas moléculas de proteína para transformá-las em unidades funcionais menores. Se isso não for feito, o vírus não pode ser montado corretamente.

Os cientistas, é claro, adorariam impedir que o HIV se agrupasse de modo correto. Para esse fim, eles criaram medicamentos que interferem na ação da protease — uma cola na tesoura, por assim dizer. São os inibidores da protease.

Os testes com inibidores da protease começaram para valer em 1995, com muito alarde científico e um otimismo desenfreado. Para começar, os IP eram muito menos tóxicos do que o AZT e outros *nukes*. E os estudos iniciais mostraram que eles impediam quase totalmente a replicação viral. Mas, como acontece com o AZT, os inibidores da protease precisam lidar com a incrível capacidade do HIV de alterar a si mesmo e suas proteases, o que faz com que os inibidores não consigam mais atuar. Isso explica a lógica por trás da terapia medicamentosa combinada — a prescrição de um ou mais *nukes* em conjunto com inibidores da protease. Na citação do dr. David Ho, diretor do Centro de Pesquisa da Aids Aaron Diamond, de Nova York: "Com a protease, houve uma inibição do vírus de praticamente 98% a 99%. Isso é bem potente. Se adicionarmos outro medicamento como esse, ou um terceiro, e começarmos a empilhá-los, imagine só o tipo de pressão que exerceremos sobre o vírus" (*New York Magazine*, 20 de fevereiro de 1995).

Esses "coquetéis" contra a aids — formalmente conhecidos como terapia antirretroviral altamente ativa (HAART) — são um regime extenuante de comprimidos tomados de acordo com um cronograma rígido. Ao acrescentarmos aí os antivirais e antibacterianos necessários para controlar as infecções oportunistas, a quantidade de comprimidos sobe para até duas dezenas por dia. Mas eles são muito eficazes e, em 1997, reduziram substancialmente o número de mortes por aids nos Estados Unidos e na Europa. Embora alguns países, como o Brasil, tenham um sistema de saúde exemplar que até mesmo disponibiliza os medicamentos de maneira gratuita para os pacientes em tratamento, em lugares como os Estados Unidos o custo do tratamento inicial é de 36 mil dólares por pessoa, mesmo com medicamentos genéricos no mercado. Algumas nações em desenvolvimento sequer conseguem disponibilizar o protocolo para os infectados.

Nada é simples quando lidamos com um adversário tão astuto quanto o HIV. Os cientistas estão sempre procurando o calcanhar de Aquiles do vírus e acham que podem ter encontrado alguma coisa em uma classe de compostos conhecidos como *inibidores de entrada*. Como o nome sugere, esses medicamentos tentam evitar a infecção ao impedir que o vírus entre nas células. A estratégia é confundir o HIV por meio da liberação de "iscas" no sangue. Uma dessas iscas é a molécula CD4, que, quando está na superfície de uma célula T, atua como ponto de encaixe para o vírus. O argumento é que o HIV vai se fixar a esses CD4 livres, e não aos CD4 das células T, e a infecção será evitada.

Um tipo de inibidor de entrada, o inibidor de fusão, é chamado de T20, um composto que imita não o local do CD4 na célula T, mas a porção gp41 do envelope da proteína do HIV. É a gp41 que facilita a fusão do HIV com a membrana celular, permitindo sua entrada na célula. O que as moléculas T20 fazem é se ligar a células imunes não infectadas, negando ao HIV a oportunidade de infectá-las.

Independentemente de como funcionam, uma coisa que todos os inibidores de entrada compartilham é a capacidade de frustrar o vírus fora da célula, antes que a infecção ocorra. E isso, acreditam alguns especialistas, pode lhes dar uma chance maior de eliminar o HIV do que os antivirais disponíveis que atuam dentro das células já infectadas. "Atuar fora da célula confere a eles, em teoria, uma grande vantagem", diz David Ho, o Homem do Ano da revista *Time* de 1996, "porque as membranas celulares podem apresentar barreiras para alguns medicamentos, e algumas têm moléculas que expulsam aqueles que conseguem entrar." Esses medicamentos também são eficazes em doses mais baixas e mais seguras para os pacientes do que as tradicionais terapias com coquetéis de drogas.

Estimulados pelo sucesso dos inibidores de entrada, os pesquisadores estão investigando outros compostos que poderiam interromper o ciclo reprodutivo do HIV em pontos críticos. Um medicamento especialmente atraente impediria o HIV de inserir seu DNA no genoma do hospedeiro. E há também os medicamentos antissentido, que têm como alvo o material genético em si, o RNA do vírus. Funciona mais ou menos assim:

O RNA do HIV tem uma fita simples, ao contrário do DNA, que tem uma fita complementar ligada a ele (a famosa dupla-hélice). Uma das principais missões dessa fita simples de RNA viral é produzir milhões de moléculas de uma proteína específica que ela foi projetada para fabricar. Mas e se os bioquímicos sintetizassem um pequeno trecho de RNA, chamado de RNA antissentido, que, por sua vez, é complementar a um pequeno trecho de RNA do HIV? Esses fragmentos antissentido, quando misturados ao vírus, aderiam ao seu RNA e interromperiam efetivamente a síntese de proteínas virais.

Todas as diversas abordagens para derrotar o HIV por meio de produtos farmacêuticos enfatizam um fato importante: quanto mais aprendemos sobre o HIV e como ele funciona, melhores e mais variadas podem ser nossas armas contra o vírus. Nem todos os medicamentos que são muito promissores em tubos de ensaio terão sucesso nos testes clínicos, pois nosso conhecimento da interação entre o HIV e nosso sistema imunológico é incompleto. Ainda assim, fizemos grandes avanços para desacelerar a replicação viral, acrescentando muitos anos à vida das pessoas com aids desenvolvida. E, até que uma vacina eficaz esteja disponível, os medicamentos antirretrovirais continuarão a ser a base do esforço contra o HIV.

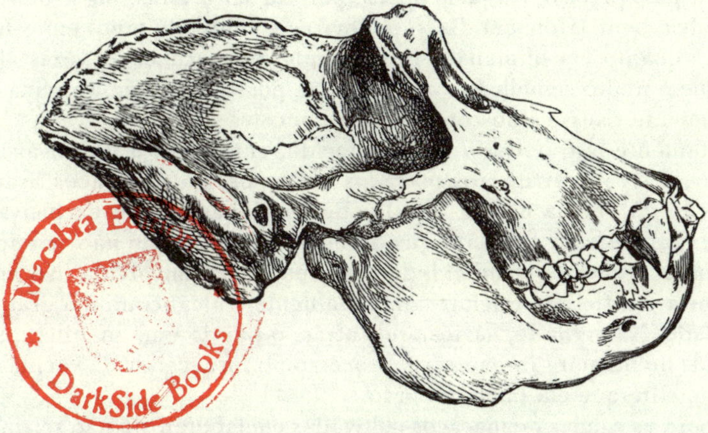

DE ONDE VEIO O HIV?

O ano de 1981 será lembrado como um ano de infâmia, o ano em que a epidemia da aids começou — não apenas nos Estados Unidos, mas também na Europa e na África. Na verdade, o rastreamento do primeiro caso de aids aponta para um marinheiro inglês que morreu da doença em 1959. Suas infecções oportunistas impressionaram tanto os médicos que o estavam tratando que eles congelaram e armazenaram amostras de sangue e tecido do homem. Conforme esperado, quando foram testados décadas depois, o resultado foi positivo para HIV.

Até 1959, o sangue humano — o que estava disponível para testes — parecia estar livre do HIV. Então de onde veio o vírus, e por que atacou de repente, com tanta violência?

Desde o início, surgiram muitas teorias sobre a origem da aids. Há uma abundância de especulações ousadas. Primeiro, surgiram as teorias da conspiração — tanto os soviéticos quanto os estadunidenses tinham criado geneticamente um vírus híbrido a partir de dois retrovírus, um humano e um ovino. O fato de o ácido nucleico do HIV ser radicalmente diferente daquele dos vírus que supostamente o haviam originado não parecia importar. Nem o fato de que, em 1959, a tecnologia para unir novos vírus simplesmente não existia. E por que, no fim das contas, um governo projetaria de propósito um germe de guerra biológica que tivesse um período de incubação assintomático de nove anos em média?

Uma outra teoria que parece fazer mais sentido é que o cultivo do poliovírus na década de 1950 para o desenvolvimento de uma vacina introduziu o HIV na população humana. O raciocínio é o seguinte: o poliovírus é cultivado em células vivas de macacos — células vivas de rins de macacos, para ser mais preciso. Naquela época, parecia ser o único lugar onde ele se desenvolvia bem. (Hoje em dia, o poliovírus é cultivado tanto em células de macacos quanto em humanas.) Infelizmente, os macacos às vezes abrigam o SIV, que é muito semelhante ao HIV. Seria possível que uma vacina contra a poliomielite tivesse sido contaminada com SIV?

Certamente isso poderia ter acontecido, embora seja improvável. Para começar, o SIV é restrito aos macacos africanos, e os macacos usados na fabricação da vacina contra a poliomielite vinham quase exclusivamente da Ásia. Também há outras peças do quebra-cabeça que não se encaixam muito bem, como a periodicidade e a cepa do SIV envolvida. No entanto, essa teoria é difícil de rejeitar completamente e alcançou uma grande popularidade. Na verdade, vários anos atrás, o pai de uma menina que contraiu aids de maneira inexplicável processou o fornecedor da vacina contra a poliomielite que ela havia tomado.

Embora as células de macacos cultivadas em laboratório não sejam a provável fonte do HIV, muito provavelmente o vírus da aids evoluiu a partir de um SIV. A trilha evolutiva, no entanto, é difícil de rastrear. Para começar, existem dois tipos de HIV. O HIV-1 é o vírus da aids original. Ele é responsável pela epidemia que o mundo tem vivido há quatro décadas. Mas, em 1985, um segundo HIV foi descoberto e apelidado de *HIV-2*. Agora sabemos que ele é bem menos virulento do que o HIV-1 — muitas vezes não causa nenhuma doença — e é encontrado quase exclusivamente na África. Além disso, como parece ser mais benigno, o HIV-2 provavelmente é um vírus mais antigo, que existe na população humana há séculos. Para complicar ainda mais, existem muitos tipos diferentes de SIV infectando uma ampla gama de primatas. Macacos-verdes africanos, macacos do gênero *Macaca*, mangabeis, cinomolgos e chimpanzés, cada um tem seu SIV. Quais deles estão relacionados ao HIV-1 e ao HIV-2, se é que algum deles está?

Curiosamente, os dois tipos de HIV só se relacionam de maneira remota, compartilhando apenas 43% de suas sequências de DNA. Comparemos isso com a homologia de 75% entre o HIV-2 e o SIV do macaco-verde africano. Ainda, o HIV-2 está tão intimamente relacionado ao SIV dos macacos do gênero *Macaca* que alguns cientistas começaram a usar uma única designação para os dois — HIV/SIVmac. O que tudo isso significa? A zoonose, ou a transmissão cruzada de vírus de primatas para seres humanos, provavelmente ocorreu e ainda está ocorrendo. Também há poucas dúvidas de que essa similaridade genética indique uma ancestralidade comum entre o HIV-2 e os SIV.

Mas e o HIV-1 — o vírus da aids — e suas origens? A trilha evolutiva se torna ainda mais tortuosa e difícil de seguir. Quando um computador foi utilizado para analisar todos os dados acumulados, o que surgiu foram seis grupos ou subtipos distintos de HIV-1. Cada grupo, rotulado de A a F, tinha sua própria distribuição geográfica, modo de transmissão e tipo de infectividade. O subtipo B, por exemplo, foi o único encontrado na América do Norte. Ele se espalhava com facilidade por meio do sexo entre homossexuais e quase sempre resultava em infecções oportunistas, como a PPC e o sarcoma de Kaposi. O subtipo A, por outro lado, era o vírus da aids da África Central e da Índia. Era transmitido com mais facilidade por meio do sexo entre heterossexuais do que o subtipo B, e era muito mais apto a causar diarreia crônica e definhamento do corpo.

Alguns pesquisadores acreditam que o HIV-1 existe em um nível baixo nas populações humanas há centenas de anos, e que foi a atividade humana, e não a mudança biológica, o que provocou seu surgimento. Mas a modelagem mais recente, usando o supercomputador mais rápido do mundo, o Nirvana, no Laboratório Nacional de Los Alamos, sugere outra coisa. Com base na dissimilaridade genética dos vários subtipos e nas taxas de mutação conhecidas do HIV-1, é provável que esse vírus tenha feito a transição dos chimpanzés por volta de 1930. Foi então que o SIV do chimpanzé passou para um novo gênero e uma nova espécie, infectando seres humanos possivelmente quando estes matavam e comiam os animais. Qualquer que tenha sido o seu passado evolutivo, o presente e o futuro do HIV são o principal motivo de preocupação dos virologistas.

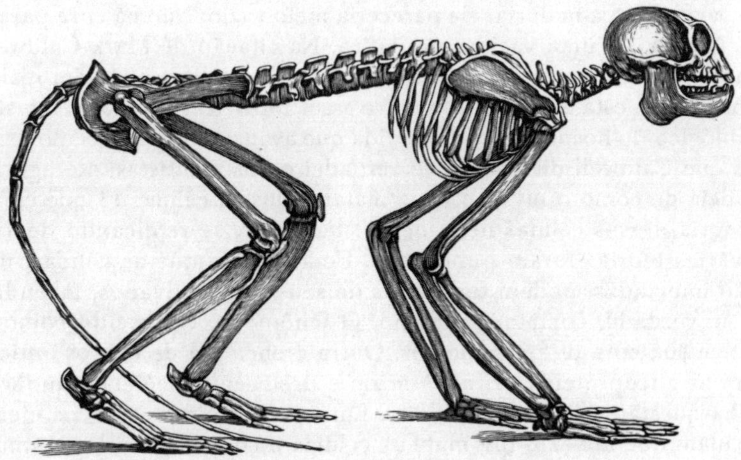

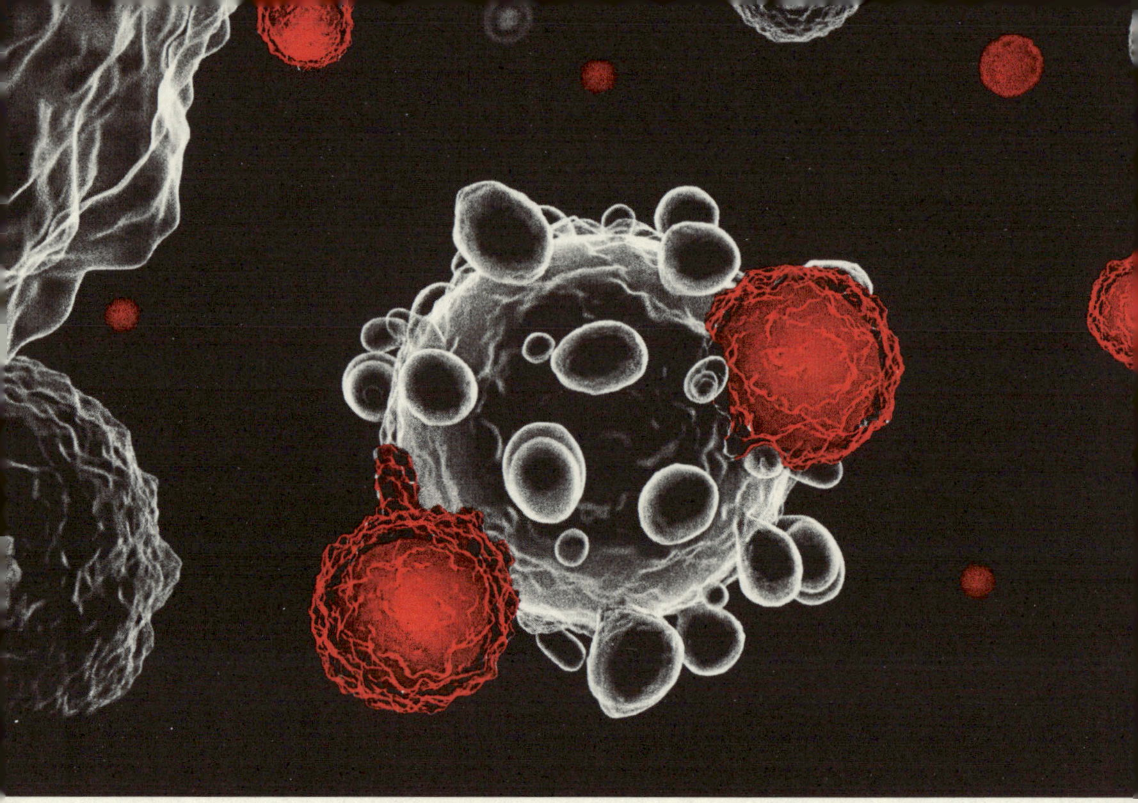

O QUE VEM A SEGUIR?

A aids é uma doença muito insidiosa. Ela persegue e destrói as mesmas células designadas a nos proteger e nos defender. Tentar avaliar nosso progresso em lidar com o HIV é como tentar decidir se o copo está meio cheio ou meio vazio. Para a maioria, ele pareceria meio vazio. Não há cura para a doença. Não existe uma vacina profilática. Na citação de Mark Caldwell, em seu artigo na revista *Discover* de 1993, "A verdade é que ninguém realmente entende o que está acontecendo entre esses retrovírus invasores e o sistema imunológico do hospedeiro". À medida que avançamos pelo século XXI, muito do que Caldwell disse ainda é verdadeiro. Os cientistas, até agora, não têm ideia de como o HIV consegue matar todas as células T4 que ele mata. A maioria dessas células nem mesmo tem o HIV se replicando dentro delas. Várias teorias foram publicadas. Uma delas é que as células, mesmo as não infectadas, podem ter alguns de seus genes ativados, fazendo com que, na verdade, cometam suicídio. O fenômeno, conhecido como *apoptose*, tem sua cota de proponentes. Outra crença é a de que os anticorpos contra as glicoproteínas virais atacam e destroem as células saudáveis — a velha questão da autoimunidade. Em uma terceira teoria, os cientistas especulam que talvez o HIV mate as células imaturas do sistema imunológico que passariam a produzir células T.

As nações parecem enfim concordar quanto à resolução de derrotar esse flagelo da humanidade. Em 2001, a Assembleia Geral das Nações Unidas convocou uma sessão sobre HIV/aids, a primeira dedicada a uma crise de saúde pública. Foi elaborado um plano de ação global, que exigia de 7 a 10 bilhões de dólares por ano para ser implementado, vindos sobretudo das nações desenvolvidas. Pessoas físicas e corporações estão contribuindo com recursos para financiar grupos como a Iniciativa Internacional pela Vacina contra a Aids (IAVI - International Aids Vaccine Initiative), uma organização sem fins lucrativos sediada em Nova York que trabalha para promover o desenvolvimento de vacinas e colabora com parcerias nesse sentido. A Fundação Bill e Melinda Gates já injetou mais de 24 bilhões de dólares para promover a saúde nos países em desenvolvimento, e grande parte do investimento é direcionado ao combate do HIV.* Com o dr. Anthony Fauci — outro combatente da aids — no comando, o Instituto Nacional de Alergia e Doenças Infecciosas (NIAID) criou a Rede de Pesquisas de Vacinas Anti-HIV (HVTN), com mais de trinta centros de testes pelo mundo.

Em uma perspectiva otimista, parece que estamos no limiar da descoberta de novos medicamentos e combinações deles que prometem, se não deter por completo, desacelerar enormemente o vírus. Conhecemos seus genes e suas proteínas. Sabemos muita coisa sobre como ele funciona. O vírus atua em várias etapas, e estamos tentando detê-lo em cada uma delas. Muitas mentes geniais e excelentes tecnologias estão trabalhando em todo o mundo para termos sucesso. Vamos torcer para que não demore outras tantas décadas.

---

* Em janeiro de 2022, a empresa de biotecnologia norte-americana Moderna anunciou que os primeiros participantes de um ensaio clínico de Fase I de uma vacina experimental contra HIV foram vacinados. A vacina usa tecnologia de RNA mensageiro, como a Pfizer utilizou para o imunizante contra o novo coronavírus. Em um teste de prova de conceito realizado no ano anterior, os pesquisadores descobriram que os antígenos do HIV produziram a resposta imune desejada em 97% dos participantes. O novo teste é financiado pela Fundação Bill e Melinda Gates.

Era evidentemente uma tosse, a tosse de um homem, mas uma tosse em nada parecida com nenhuma outra que Hans Castorp jamais ouvira (...).

Thomas Mann

A Montanha Mágica

K

BIOTERRORISMO

micróbios fatais se transformam em armas

K

BIOTERRORISMO

micróbios fatais se transformam em armas

Bioterrorismo. Um evento bioterrorista. Esses são termos cunhados recentemente para indicar o uso de armas biológicas — agentes infecciosos, como bactérias ou vírus — para infligir danos intencionais a outras pessoas. A definição costuma ser expandida para incluir o desenvolvimento de toxinas derivadas biologicamente, como os venenos produzidos pelas bactérias do botulismo, do tétano ou da gangrena. O conceito, entretanto, já é antigo.

A guerra biológica provavelmente é tão antiga quanto a própria doença. Mais de 2 mil anos atrás, os arqueiros da Cítia mergulhavam as pontas das flechas em esterco e na carne de cadáveres em decomposição para tornar suas armas mais letais. Na Idade Média, um exército de tártaros usou catapultas para arremessar cadáveres infectados com a peste bubônica sobre as muralhas da cidade sitiada de Kaffa. Mais recentes são os atos covardes de Lord Jeffery Amherst, um respeitado general das forças britânicas na América do Norte durante a Guerra Franco-Indígena (1754-63). Na batalha contra Pontiac, o líder de Ottawa, ele fez com que seus homens distribuíssem, de forma consciente e proposital, cobertores e lenços infectados com varíola para os indígenas. Isso deu início a uma epidemia fatal entre a população altamente suscetível de nativos americanos. Pelos esforços de Lord Jeffery, herói militar, uma grande cidade em Massachusetts recebeu seu nome. Além disso, uma universidade no mesmo estado também foi batizada em homenagem a ele.

Até meados do século XX, a ciência e a medicina expandiram muito nosso conhecimento sobre os micróbios fatais com os quais compartilhamos o planeta. Lamentavelmente, por causa da natureza humana e da testosterona, essa sabedoria fez muito pouco para impedir o uso de patógenos como armas de assassinato em massa. Pelo contrário. A tecnologia moderna apenas substituiu as catapultas e os cobertores de modo a processar e entregar a carga patogênica com mais eficácia.

WARNING
BIOHAZARD

NAÇÕES NADA UNIDAS

Com o advento da tecnologia moderna, incluindo uma "rodovia" global de informação eletrônica chamada World Wide Web, bem como a proliferação de grupos terroristas que formam uma rede em expansão — ambos fenômenos do século XX —, as nações começaram a desenvolver programas de guerra bacteriológica. Para fins ofensivos e defensivos, elas criaram e transformaram micróbios fatais e suas toxinas em armas. Os Estados Unidos se tornaram um dos principais participantes desse jogo perigoso.

Estados Unidos: o berço dos corajosos

Em 1942, Franklin D. Roosevelt nomeou George W. Merck, presidente da gigante farmacêutica Merck, para chefiar o esforço secreto de guerra bacteriológica dos Estados Unidos. Uma empresa que tinha a confiança de gerações de médicos por lhes fornecer conhecimento e medicamentos destinados a curar agora estava envolvida em um empreendimento muito diferente.

Uma sede para a pesquisa e o desenvolvimento de armas biológicas (BW) foi estabelecida em Fort Detrick, uma ampla base do exército localizada na zona rural de Maryland. Essa continuou sendo a principal instalação de guerra bacteriológica dos Estados Unidos até 1969. Naquele ano, com a intensificação das manifestações contra a Guerra do Vietnã e o aumento da comoção contra armas biológicas, o presidente Nixon encerrou o programa de guerra bacteriológica dos Estados Unidos. Apenas pesquisas de natureza defensiva seriam permitidas, e Fort Detrick se tornou o Instituto de Pesquisa Médica de Doenças Infecciosas do Exército dos Estados Unidos (USAMRIID).

Nos primeiros anos da operação de Fort Detrick, a caça estadunidense por armas biológicas se concentrou em assassinos bacterianos. Foi ali que os cientistas, no início da década de 1950, aprenderam a aumentar a virulência do *Bacillus anthracis*, uma bactéria que, se inalada, causa uma forma geralmente fatal da doença do antraz. Um galão do bacilo novo e aprimorado continha até 8 bilhões de doses letais, o suficiente para matar todos os homens, mulheres e crianças que habitavam o planeta. Os cientistas estadunidenses também resolveram os problemas mais difíceis que envolviam converter as bactérias vivas do antraz em esporos resistentes e dormentes, para depois transformá-los em aerossóis. Até a General Mills, fabricante de inofensivos cereais, se juntou ao esforço da guerra bacteriológica, construindo um dispositivo para a pulverização contínua de microrganismos patogênicos a partir de um avião.

A busca por armas biológicas em Fort Detrick também teve como foco outras bactérias fatais. Os agentes causadores da peste e da tularemia foram estudados. A peste bubônica é uma doença horrível, responsável por várias das piores mortes epidêmicas de seres humanos registradas na história. Já a tularemia pode ser considerada uma parente menos virulenta e menos contagiosa da peste, com índices de mortalidade na faixa de 35%. No auge de sua operação, os Estados Unidos estavam produzindo 1,6 tonelada de germes de tularemia por ano.

Em meados da década de 1950, o Pentágono decidiu expandir suas operações e começar a olhar seriamente para os vírus como possíveis armas biológicas. Afinal, eles não eram atingidos pelos antibióticos, e algumas das doenças mais mortais eram de natureza viral. Com tudo isso em mente, foi construído o Pine Bluff Arsenal nos bosques do Arkansas, estabelecido como uma segunda grande fábrica de germes letais. Sua função principal seria estudar e, em última instância, produzir vírus em massa para guerras biológicas.

Trabalhando em conjunto com Fort Detrick, Pine Bluff disponibilizou uma seleção mais ampla de armas biológicas. Então, em 1958, Castro tomou o poder em Cuba. Agora havia uma ameaça comunista a poucos quilômetros da costa sudeste dos Estados Unidos. A situação piorou em 1962, quando a crise dos mísseis cubanos levou os Estados Unidos e a Rússia à beira de uma guerra nuclear. O que fazer? Um plano foi traçado para invadir Cuba e depor Castro. Mas, antes de qualquer ação militar, os Estados Unidos enfraqueceriam a resistência inimiga com um ataque biológico. Uma opção letal que chegou a ser considerada envolvia borrifar as tropas cubanas com toxina botulínica. Sintetizada pela bactéria *Clostridium botulinum*, essa toxina é o veneno mais potente conhecido — 10 mil vezes mais letal do que o gás nervoso. Um copo cheio dessa toxina pura, em teoria, poderia destruir toda a vida humana no planeta. A ação soou um pouco exagerada visto que o objetivo do país era incapacitar as tropas cubanas antes de um ataque militar, então foi traçado um plano alternativo, usando um coquetel em aerossol composto de dois germes e uma toxina. Eles funcionariam em sequência, produzindo doenças e debilitação várias horas depois de pulverizados, e durariam até três semanas.

A toxina da mistura era a enterotoxina estafilocócica B (EEB), secretada por uma bactéria estafilocócica e uma das principais causas da intoxicação alimentar comum. Seus sintomas — calafrios, dor de cabeça, dores musculares, tosse e febre alta — começavam entre três e doze horas após inalar os vapores venenosos. Os dois germes usados eram um vírus que causa uma forma de encefalite e uma rickéttsia (bactéria minúscula, quase do tamanho de uma partícula viral), que é o agente da febre Q. A encefalite se apresentaria como náusea e diarreia, com febre de até 40,5°C, seguidas de semanas de fraqueza e mal-estar. A febre Q, após um período de incubação de dez a vinte dias, provoca duas semanas de dores de cabeça debilitantes, calafrios, alucinações, dores faciais e febre. Em suma, a mistura de micróbios e venenos não deveria matar as vítimas, só fazer com que se sentissem à beira da morte. Previa-se que grande parte da população de 7 milhões de pessoas em Cuba ficaria doente, cerca de 1% — ou 70 mil — de maneira fatal. A beleza do ataque estava no fato de que ele não era contagioso, e o spray microbiano se dissiparia antes que os soldados estadunidenses chegassem, deixando em seu rastro militares cubanos indefesos.

Tanto o vírus quanto a rickéttsia eram cultivados em ovos de galinha fertilizados (já que ambos exigiam células vivas para crescer): quase meio milhão deles, produzindo centenas de galões do agente patogênico. Mas, no fim das contas, mentes mais sãs prevaleceram, e a missão foi descartada.

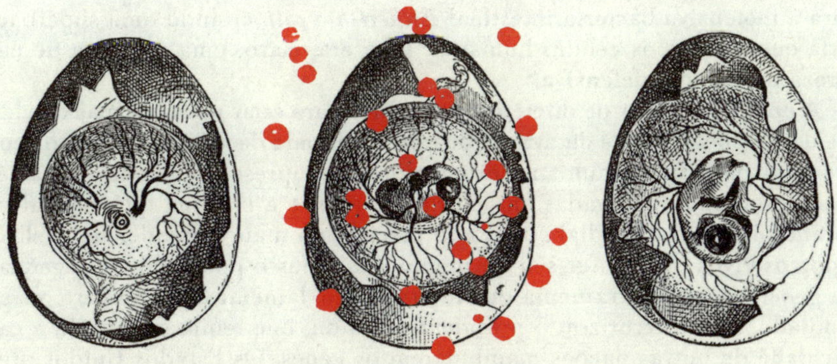

Eisenhower considerava agentes biológicos incapacitantes uma "ideia esplêndida", e o financiamento para pesquisa e desenvolvimento de armas biológicas aumentou de maneira significativa sob sua presidência e a de John F. Kennedy. Então, em 1969, o presidente Nixon interrompeu abruptamente o programa de armas biológicas ofensivas. Mas a CIA, mesmo depois da proibição de Nixon, manteve um pequeno arsenal de germes e toxinas, capaz de adoecer e/ou matar milhões de pessoas. Isso incluía cem gramas do vírus da varíola, um patógeno detestável que os Estados Unidos haviam pesquisado como uma arma de aniquilação em massa, mesmo enquanto o país liderava o esforço para eliminar esse terrível flagelo mundial.

Vários anos depois, 139 nações seguiram o exemplo dos Estados Unidos e se juntariam ao país na proibição das armas biológicas quando, em 1972, assinaram e ratificaram a Convenção de Armas Químicas e Biológicas. O acordo exigia o fim de toda pesquisa e desenvolvimento de armas ofensivas, bem como a destruição de todos os estoques de agentes até 1975. Infelizmente, o tratado não era obrigatório, e muitas nações não o cumpriram totalmente, incluindo os Estados Unidos. Ronald Reagan, temendo que os soviéticos estivessem utilizando bioengenharia para a obtenção de novas superbactérias (e estavam) ao unirem genes de diferentes bactérias ou vírus, interpretou o acordo de 1972 de maneira bem liberal. Ele considerou quase todas as pesquisas, por mais sinistras que fossem, como sendo de natureza defensiva. Pensando em proteger os cidadãos e os soldados armados estadunidenses, a pesquisa do Pentágono incluía 51 projetos voltados para a produção de novos patógenos, 32 para o aumento da produção de toxinas, 23 para o combate de vacinas, catorze para a inibição de diagnóstico e três para o contorno de medicamentos preventivos. Nada como um tratado que proíbe armas biológicas para manter o mundo seguro!

Em um experimento, um cientista estadunidense da Universidade Stanford transferiu um gene perigoso de uma bactéria virulenta relacionada à peste para a inofensiva bactéria intestinal *Escherichia coli*, criando uma superbactéria que atacava as células humanas. Essa era, claro, uma pesquisa de natureza puramente defensiva.

A união dos genes de diferentes micróbios para criar novas formas de vida era uma tecnologia que datava de meados da década de 1970. Em 1978, o gene produtor da insulina humana foi inserido na onipresente *E. coli*. As bactérias foram então cultivadas em enormes tonéis, e a insulina que elas fabricaram foi colhida. Os diabéticos não precisavam mais depender de ovelhas e porcos vivos para obter seu hormônio vital. Mas o potencial da engenharia genética como ferramenta de bioterrorismo, lamentavelmente, era quase ilimitado. Isso aterrorizou o presidente Clinton, que temia sobretudo a capacidade de outras nações manipularem os genes. Os Estados Unidos precisavam concentrar seus esforços na defesa contra uma ameaça biológica desse tipo. Para isso, o presidente injetou centenas de milhões de dólares em biodefesa, na Agência de Projetos de Pesquisa Avançada de Defesa (DARPA). O dinheiro foi usado para financiar projetos com o objetivo de encontrar novos agentes antibacterianos e antivirais, bem como vacinas novas e melhores. Um dos estudos se concentrou na pesquisa de vacinas genéticas — genes específicos de um patógeno que podem ser injetados nas pessoas. Esses genes se incorporariam às células do corpo e iniciariam a produção de proteínas específicas para aquele germe — proteínas que sensibilizariam o sistema imunológico contra o patógeno em questão.

Sem dúvida, os Estados Unidos foram um importante criador de armas biológicas durante as décadas da metade do século XX. Em 1970, entretanto, o país reduziu de maneira significativa os esforços para transformar germes e suas toxinas em armas. Muito do trabalho de natureza ofensiva que ainda persistiu foi alimentado pelas operações de guerra bacteriológica em grande escala da Rússia, operações que não eram impedidas por nenhum tratado que a nação tivesse assinado.

Rússia: os micróbios de Moscou

Os esforços dos Estados Unidos para transformar microrganismos patogênicos em armamentos eram fracos em comparação aos da URSS. O programa soviético de obtenção de armas a partir de germes foi o primeiro de todas as nações, começando nas décadas de 1920 e 1930, e aumentando rapidamente sob a ditadura de Stálin. Foi depois da Segunda Guerra Mundial, porém, que Moscou entrou de verdade na produção de germes para guerra. Durante as décadas de 1940 e 1950, muitas instalações foram criadas em todo o interior para desenvolver armas biológicas — Sverdlovsk (atual Ecaterimburgo) e Stepnogorsk se especializaram em antraz, outras localidades se concentraram em varíola ou peste. Coletivamente, todas as instalações de armamento biológico passaram a ser chamadas de *Biopreparat* — uma máquina de guerra biológica que em seu auge, na década de 1980, empregava 60 mil pessoas em mais de cem instalações. Foi, de longe, a construção mais abrangente de armas biológicas que qualquer país jamais criou.

Um micróbio favorito dos russos, assim como dos estadunideses, era o *B. anthracis*. Foi durante um experimento com essa bactéria fatal em Sverdlovsk que 79 pessoas ficaram misteriosamente doentes nas áreas rurais do entorno, sendo que 68 delas morreram. A causa: antraz. Moscou culpou a carne contaminada, mas, depois da queda do comunismo em 1991, Boris Yeltsin admitiu que foi um acidente de pesquisa militar. Os esporos do *B. anthracis* tinham escapado pelo ar em um dia da primavera de 1979 e deixaram as pessoas doentes em locais a até oitenta quilômetros da fonte do acidente.

Até o fechamento soviético da Biopreparat — vinte anos depois de ter assinado a Convenção de Armas Químicas e Biológicas de 1972 —, os russos desenvolveram mais de 2 mil cepas só de antraz. Cepas diferentes, se forem suficientemente distintas, costumam exigir vacinas diferentes para conferir imunidade, assim como o vírus da gripe de um ano requer uma vacina

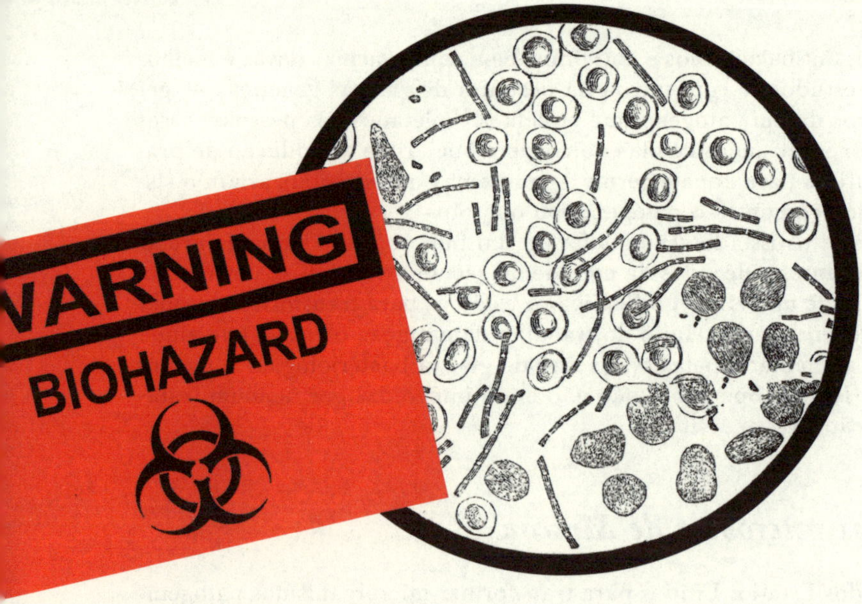

diferente da do ano anterior. Das 2 mil cepas, algumas foram e ainda são motivo de grande preocupação, seja por terem sua virulência aumentada em várias vezes ou por apresentarem resistência a antibióticos. De acordo com Ken Alibek, o homem mais importante da Biopreparat durante vinte anos e que desertou para os Estados Unidos em 1992, Moscou mantinha 4,5 mil toneladas de antraz permanentemente. Alguns quilos de *B. anthracis* purificado poderiam destruir uma cidade pequena. O cultivo era feito em enormes tonéis de fermentação com capacidade para vinte toneladas e com quatro andares de altura. O que diabos eles iam fazer com 4,5 mil toneladas? Matar todos os estadunidenses cem vezes?

Em 1980, os soviéticos embarcaram em uma estratégia com dois objetivos distintos. Um era a produção de microrganismos antigos, chamados pelos cientistas de "germes das antigas". A bactéria da peste (*Y. pestis*) era um deles, e enormes quantidades — da ordem de 1.500 toneladas — eram fabricadas e armazenadas. O segundo foco do esforço de guerra bacteriológica da URSS era a pesquisa futurista de patógenos produzidos por bioengenharia. Ao contrário das nações ocidentais que, até certo ponto, acataram os ditames da Convenção de Armas Químicas e Biológicas de 1972, Moscou optou por desconsiderar completamente suas diretrizes. Isso foi lamentável para os Estados Unidos e seus aliados, já que as décadas de 1970 e 1980 foram uma época de descobertas significativas na biologia celular. Os genes e o DNA contidos nas células estavam sendo estudados e manipulados em laboratório de maneiras fantásticas, o que possibilitou a criação de quimeras celulares — híbridos com genes de dois ou mais organismos. Não demorou muito para que essa nova biotecnologia encontrasse um caminho até a Biopreparat da Rússia. Os germes agora poderiam se tornar mais poderosos, mais letais, mais resistentes a tratamentos e imunes a vacinas. Em 1984, fontes afirmaram que Moscou tinha colocado genes de células de serpentes naja em vírus e bactérias inofensivos, dando a eles a capacidade de produzir um veneno fatal no corpo da vítima.

A Rússia também teve sucesso — onde os Estados Unidos fracassaram — ao criar uma nova versão geneticamente melhorada da peste bubônica, imune às vacinas e aos antibióticos existentes. Em seguida, os soviéticos embalaram uma forma seca e pulverizada dessa superpraga em bombas, ogivas de mísseis balísticos intercontinentais (ICBM) e projéteis de artilharia. As máscaras estavam caindo. Talvez o "Império do Mal" de Ronald Reagan fosse exatamente isso.

Os cientistas soviéticos empreenderam uma campanha agressiva, iniciada em 1980, para produzir centenas de toneladas de vírus da varíola e, em seguida, adaptar esses vírus para uso em bombas e ICBMs. A varíola é reconhecida pelos especialistas em guerra bacteriológica como a mais perigosa e potencialmente arrasadora de todas as armas biológicas, e a produção em massa de quantidades tão enormes está além da compreensão humana. Em comparação, os Estados Unidos não fizeram praticamente nada para transformar esse germe terrível em arma.

Grande parte do trabalho com a varíola era feito no Vector (hoje Centro Estatal de Pesquisa de Virologia e Biotecnologia), o gigantesco instituto de Moscou localizado na remota Sibéria, que se especializou em transformar os vírus mais mortais do mundo em armas. A instalação abrigava 120 diferentes amostras isoladas do vírus da varíola e outros 10 mil espécimes dos agentes virais mais letais e exóticos do mundo. O Vector tinha enviado uma expedição a aldeias siberianas para desenterrar corpos congelados de vítimas da varíola que datavam da virada do século, na esperança de recuperar amostras viáveis do vírus. Moscou também enviou cientistas à África para coletar os vírus ebola e Marburg — doenças com mortalidade altíssima que liquefazem os órgãos internos, provocando sangramentos horríveis (veja o capítulo 7, "Ameaças emergentes"). A expectativa era que os pesquisadores do Vector pudessem desenvolver um híbrido de varíola e Marburg. O vírus de Marburg, embora não fosse muito contagioso, era extremamente fatal, e não existia nenhuma vacina ou cura. A varíola era mais infecciosa, mas havia uma vacina. Primeiro surgiriam os sintomas da varíola, e depois o vírus de Marburg atacaria. Craig Venter, o biogeneticista estadunidense que foi fundamental no mapeamento do genoma humano, disse que uma fusão de vírus monstruosos como essa era muito possível. A pior doença de todos os tempos poderia se tornar ainda mais terrível.

Em 1988, um cientista soviético morreu de Marburg. Descobriu-se, com o isolamento do vírus, que ele havia sofrido uma mutação para uma forma mais letal. Sorte dos soviéticos, que rapidamente o transformaram em arma.

Os maiores cientistas russos na área de recombinação de DNA, que desertaram no início da década de 1990 para os Estados Unidos e para a Grã-Bretanha, contaram outras histórias de terror. No fim da década de 1970,

Sergei Popov e seus colegas do Vector inseriram tanto genes quanto fragmentos de proteínas de mielina em vírus. As bainhas de mielina revestem e isolam as células nervosas humanas. Na doença autoimune da esclerose múltipla (EM), nosso próprio sistema imunológico ataca e destrói essa mielina. A Rússia estava tentando inventar um microrganismo infeccioso que desencadeasse essa condição autoimune. Aparentemente, eles tiveram sucesso criando um micróbio que destruía o tecido nervoso, causando danos cerebrais e morte em animais experimentais — uma EM induzida de início rápido.

A bactéria que causa a doença do legionário também foi equipada com genes da proteína da mielina. As cobaias infectadas primeiro contraíam a doença do legionário, uma pneumonia com taxa de mortalidade de 20% a 25% se não for tratada (veja o capítulo 5, "Novas vizinhas"), seguida de dano cerebral, paralisia e morte. As taxas de mortalidade, então, se aproximavam de 100%. Com alto potencial infeccioso e virulento, felizmente esse experimento nunca foi transformado em arma.

Em 1993, a Rússia inseriu com sucesso os genes de virulência de uma bactéria chamada *B. cereus* em seu micróbio preferido: o antraz. A doença causada pela *B. cereus* pode ser grave, já que ataca os glóbulos vermelhos, embora normalmente não seja fatal. Quando combinada com a bactéria *B. anthracis*, no entanto, ela provou ter se tornado letal, matando todos os hamsters infectados, mesmo aqueles que receberam a vacina russa contra o antraz. Essas superbactérias, assim como o Marburg, o ebola e outros, foram testadas em animais de laboratório em câmaras de aerossol de quinze metros de altura. Moscou até fez testes ao ar livre com antraz, tularemia, febre Q, brucelose, mormo, peste e, possivelmente, varíola em uma ilha remota no mar de Aral, chamada ilha Renaissance. Foi ali que os soviéticos enterraram toneladas de esporos de antraz em recipientes de aço depois de "descontaminá-los" com água sanitária. Mas não se sabe se todo aquele antraz se tornou mesmo inofensivo.

Embora a Rússia nunca tenha interrompido, e talvez nunca interrompa por completo, sua busca por patógenos cada vez mais letais, Yeltsin começou a desmontar a máquina de guerra biológica soviética depois da queda de Gorbachev e seu partido. Mas, com o colapso do governo comunista, surgiram outras preocupações. Centenas de cientistas russos estavam desempregados; cientistas com acesso a germes fatais e com o conhecimento necessário para transformá-los em armas. Alguns desertaram para o Ocidente e encontraram empregos rentáveis. Muitos, no entanto, venderam seu contrabando letal e sua experiência em troca do lance mais alto. Na Rússia pós-comunista e assolada pela pobreza, a segurança relacionada a germes fatais era quase inexistente. De acordo com Judith Miller, Stephen Engelberg e William Broad, autores de *Germes*, "uma coleção de mais de mil cepas de germes letais era protegida apenas por uma frágil porta de madeira e uma única fechadura com uma chave de esqueleto". Germes suficientes para despovoar toda a região eram guardados sem muita segurança em uma lata de ervilha enferrujada.

É quase certo que a varíola do Vector tenha se espalhado durante a década de 1990. O dr. Peter Jahrling, um distinto especialista em doenças infecciosas do USAMRIID, disse o seguinte, depois de um passeio pelo local: "A única segurança aparente era um garoto cheio de espinhas no rosto, que parecia ter 14 anos, com um rifle Kalashnikov" (*Living Terrors* [Terrores vivos], de Michael T. Osterholm e John Schwartz).

Com quais países estávamos mais preocupados, como benfeitores da economia russa em declínio? O Iraque estava no topo de uma pequena lista de países considerados perigosos, que incluía Irã, Coreia do Norte e África do Sul, junto de grupos terroristas bem financiados, como a rede Al-Qaeda, do fanático muçulmano Osama bin Laden.

Iraque: "o país de Saddam"

É difícil dizer em que momento o Iraque começou a de fato considerar os germes como armas potenciais. Com certeza foi bem depois da URSS e dos Estados Unidos, e seu programa de armas biológicas começou a funcionar no início da década de 1980. Mas, uma vez iniciado, logo se tornou o mais avançado e mais extenso do mundo árabe — a fuga de conhecimento tecnológico da ex-URSS sem dúvida contribuiu para isso. Acredita-se também que a repentina ascensão do Iraque a uma posição de destaque ocorreu, em grande medida, devido ao treinamento que muitos iraquianos receberam em universidades e instalações médicas ocidentais. A maior especialista em armas biológicas do Iraque, Rihab Taha — também conhecida como dra. Germe —, era uma bioquímica que estudou na Inglaterra.

Os Estados Unidos até forneceram micróbios a Saddam Hussein, então presidente do Iraque. Em 1986, a American Type Culture Collection (ATCC) vendeu uma variedade de patógenos para a Universidade de Bagdá. O pacote incluía três cepas de antraz, cinco tipos de *C. botulinum* e três variantes de brucela, que é o agente causador de uma doença séria, embora normalmente não fatal, chamada de brucelose. A ATCC, uma empresa de suprimentos científicos situada nos arredores de Washington, DC, foi e ainda é o maior repositório de germes do mundo. Seu estoque incluía as variantes mais letais de todos os patógenos concebíveis (exceto a varíola).

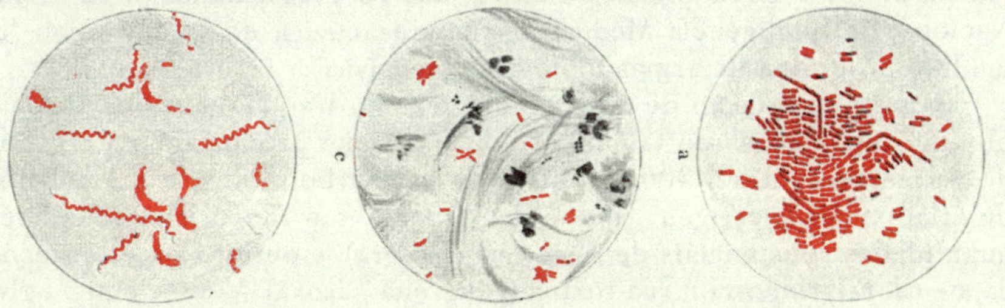

Dois anos depois, em 1988, a ATCC mais uma vez recebeu um pedido do Iraque e fez a entrega. Dessa vez, onze cepas de diferentes germes foram enviadas, quatro delas eram de antraz. Na época, parecia haver poucos motivos para negar o pedido ao Iraque, país que os Estados Unidos viam como aliado em suas hostilidades contra o Irã. No início de 1989, porém, foi proibida a venda de antraz e de dezenas de outros patógenos ao Iraque, bem como ao Irã, à Líbia e à Síria, todos suspeitos de desenvolver armas biológicas. As restrições à venda de patógenos se tornaram ainda mais rígidas quando, em 1995, o supremacista branco estadunidense Larry Wayne Harris fez uma encomenda à ATCC e recebeu três frascos de bactérias liofilizadas da peste bubônica. Por sorte, eram cepas inócuas usadas para vacinas.

Estando a ATCC indisponível como fornecedora de germes fatais para nações perigosas e grupos terroristas, o Iraque precisou recorrer a novas fontes. O que não foi um problema. O World Directory of Collections of Cultures and Microorganisms lista cerca de 450 desses repositórios em todo o mundo e, de acordo com a jornalista ganhadora do Pulitzer Laurie Garrett, "mais de cinquenta deles vendiam antraz, 64 vendiam o organismo causador da febre tifoide e 34 ofereciam a bactéria que produz a toxina botulínica. Essas empresas — muitas das quais recebem pedidos pela internet — podem ser encontradas em mais de sessenta países, incluindo China, Bulgária, Turquia, Argentina e Irã. Dezoito repositórios, localizados em quinze países diferentes, vendiam as bactérias da peste" (*Living Terrors*, de Osterholm e Schwartz). Também é interessante notar que uma pesquisa recente da Sociedade Americana de Microbiologia revelou que 22% de quase 1.500 instituições acadêmicas trabalham com microrganismos patogênicos e toxinas que podem ser usados no desenvolvimento de armas biológicas. Um terrorista determinado poderia ser contratado por um desses laboratórios como estudante ou técnico e obter uma cultura inicial.

No fim da década de 1980, a inteligência dos Estados Unidos sabia que o Iraque estava construindo um arsenal biológico sob o pretexto de uma pesquisa legítima acerca de biopesticidas. Saddam Hussein tinha um interesse específico por dois germes das antigas: o antraz e o botulismo. Durante a década de 1980, Bagdá também se interessou pela biologia molecular, conduzindo pesquisas sobre a engenharia genética de patógenos. Um relatório de 1990 da Inteligência Médica das Forças Armadas (atual Centro Nacional de Inteligência Médica) resumiu a ameaça do Iraque como "um maduro programa de armas biológicas ofensivas".

No auge da criação de armas biológicas do Iraque, em 1991, Bagdá tinha oito instalações de tamanho industrial, que produziam 85 mil litros de germes do antraz, 300 mil litros de toxina botulínica e 2,2 mil litros de aflatoxina cancerígena, que é derivada de um fungo. Havia, também, quantidades substanciais de *V. cholerae* (cólera), enterotoxina estafilocócica B e *Cl. perfringens* ou sua toxina (gangrena gasosa). Vinte e cinco ogivas de mísseis Scud foram preenchidas com antraz, *C. botulinum* e aflatoxina.

Trezentas bombas continham vários agentes biológicos diferentes. E havia um tanque de 2 mil litros, preparado para a pulverização de aerossol, montado em uma aeronave.

Em 1990, Saddam Hussein comprou quarenta geradores de aerossol de última geração, capazes de dispersar esporos de antraz à incrível velocidade de 3 mil litros por hora, na forma líquida ou como um agente em pó. Cada dispositivo era compacto o suficiente para caber em um caminhão, barco pequeno ou avião monomotor. Também há motivos para acreditar que, posteriormente, Hussein estabeleceu comunicação com Osama bin Laden e pode ter oferecido suprimentos e conhecimento sobre bioterrorismo para sua organização terrorista, a Al-Qaeda.

Assim como outras nações produtoras de armas biológicas do fim do século XX, o Iraque começou a fazer experiências com vírus. Um dos agentes virais era a varíola dos camelos, parente da varíola humana. Os rotavírus, que costumam causar diarreia severa e conjuntivite hemorrágica, uma doença que provoca cegueira temporária, também foram investigados.

Após a Guerra do Golfo Pérsico, o Iraque foi submetido a inspeções de rotina pela Comissão Especial das Nações Unidas (UNSCOM). A missão desse organismo internacional, que incorporava tanto militares quanto cientistas, era buscar e descobrir evidências de desenvolvimento de armas químicas, biológicas e/ou nucleares. O que logo ficou claro foi que a própria guerra havia destruído pouco ou nenhum dos armamentos biológicos de Hussein. E, durante todas as investigações, que terminaram em dezembro de 1998, quando os inspetores da UNSCOM foram obrigados a se retirar do Iraque, foi esse arsenal que Hussein guardou e protegeu com mais ferocidade. Ele chegou a enterrar bombas repletas de germes a um metro do solo antes de inspeções de uma instalação que mantinha (as linhas de produção eram temporariamente fechadas durante essas inspeções). A certa altura, em 1995, Bagdá admitiu que fabricava milhares de litros de armas biológicas. Sob a supervisão da UNSCOM, parte de seu depósito de germes do antraz e do botulismo foi destruída, mas os especialistas acreditam que aquela era apenas uma pequena fração.

Existe o temor de que as Nações Unidas não tenham sido totalmente bem-sucedidas em desmantelar qualquer uma das instalações de guerra biológica de Saddam Hussein. Depois da retirada da UNSCOM, o ditador do Iraque começou a estocar materiais de maneira agressiva, convertendo instalações de produção comercial para uso do bioterrorismo. No fim da década de 1990, o Iraque buscou melhorar suas operações de guerra biológica a partir da contratação, na Rússia, de especialistas em armas biológicas com habilidade em recombinação de genes. Diante da ostensiva cobertura midiática que o tema recebe e as motivações políticas que são reveladas de tempos em tempos, existem muitas informações a respeito desses avanços na internet.

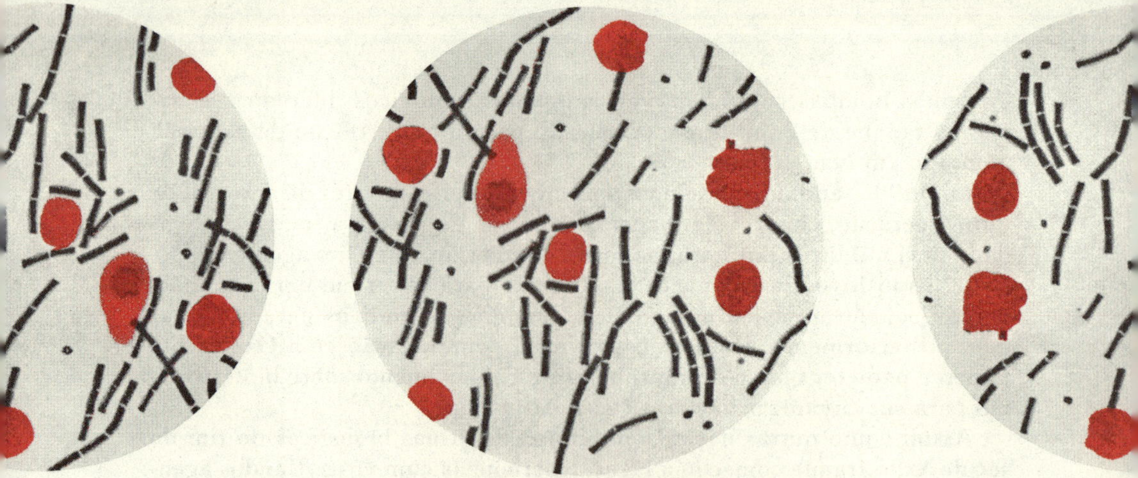

GERMES
MORTAIS

Armas biológicas são as armas nucleares do homem pobre. Em 1993, o Escritório de Avaliação de Tecnologia do Congresso Americano (OTA) chegou à chocante conclusão de que "cem quilos de esporos de antraz seriam mais letais do que um míssil semelhante a um Scud carregando uma bomba de hidrogênio". A aeronave, ao espalhar sua carga fatal de germes durante uma noite clara em Washington, DC, mataria de 1 a 3 milhões de pessoas, em comparação com 0,6 a 1,9 milhão de mortes pela bomba H. Os números da varíola seriam ainda mais arrasadores. Quilo por quilo e dólar por dólar, as armas biológicas superam muitas vezes as nucleares — "o equivalente a 1.500 dólares de poder de assassinato nuclear custaria um centavo se o antraz fosse usado no ataque" (*Living Terrors*, de Osterholm e Schwartz). Não é de admirar que 25 nações e diversos grupos terroristas tenham considerado a guerra bacteriológica atraente o bastante para iniciar uma produção de armas biológicas apesar da proibição internacional desses esforços. Síria, Líbia, África do Sul, Coreia do Norte, Iraque, Sudão, Cuba e China são apenas alguns dos países que acumulam armas biológicas. E existem centenas de germes à escolha — que podem ser cultivados e transformados em insidiosos instrumentos de morte.

Um manual da Otan lista 31 potenciais agentes biológicos de guerra, alguns cultivados e espalhados com mais eficácia do que outros, que provocam a aniquilação em massa. Os quatro primeiros dessa lista são: varíola, peste, antraz e botulismo. Em 1998, o Centro de Estudos de Biodefesa Civil da Universidade Johns Hopkins listou a varíola e o antraz como as armas biológicas com maior potencial para gerar um número enorme de vítimas.

O que torna esses germes ameaças mais sérias do que os outros? Ao avaliar o potencial de um microrganismo como arma, vários fatores entram em jogo. Os mais importantes são o poder de matar, a facilidade de entrega e a estabilidade. Vejamos os piores dos piores.

Antraz

Quando o Senhor espalhou sua praga mortal sobre o gado do Faraó, conforme narrado em Êxodo, essa praga com certeza foi o antraz. A doença é contraída quando animais que estão pastando inalam ou ingerem esporos de antraz encontrados no solo. Os seres humanos adquirem antraz de maneira natural quando entram em contato próximo com os animais infectados, geralmente por meio do manuseio de lã, peles ou produtos feitos com pelos de animais (como escovas), todos contaminados. Na Europa de meados do século XIX, ele era conhecido pelos nomes de doença do "separador de lã" ou do "catador de trapos". O antraz é uma arma biológica improvável. Ao longo da história, ele não foi um assassino prolífico de seres humanos. O pior surto de antraz já documentado ocorreu em 1979, quando dez quilos de esporos de uma instituição militar russa se dispersaram no ar. Supõe-se que 68 das 79 pessoas infectadas na zona rural dos arredores tenham morrido. Não é uma extinção de proporções epidêmicas, sem dúvida, e os surtos que ocorrem naturalmente matam muito menos. A gripe comum costuma matar 20 mil estadunidenses todo ano. Por que, então, tantas nações e grupos terroristas se concentraram nesse micróbio, que não é contagioso e raramente ou nunca se espalha de pessoa para pessoa?

A resposta se resume a uma palavra: durabilidade. A *B. anthracis* é uma das poucas bactérias seriamente patogênicas que produzem esporos. Micróbios vivos são frágeis e morrem, ou perdem a virulência com muita rapidez. O calor, o frio, a secura e a escuridão da noite provocam seu fim com facilidade. Mas quando as condições de vida se tornam intoleráveis, a *B. anthracis* cria uma camada espessa e impermeável ao redor de si mesma e desliza para um estado de animação suspensa, chamado de dormência. Como esporo, o bacilo do antraz pode sobreviver a incríveis extremos de temperatura, radiação e aridez durante muitas décadas, e então ganhar vida de repente, quando as condições de seu entorno melhoram.

O antraz também pode ser uma doença muito fatal, e esse é outro de seus argumentos de venda como arma de bioterrorismo. Na verdade, existem três formas de infecção por antraz, dependendo da rota de entrada da bactéria no corpo humano.

Antraz de pele ou cutâneo: esta é a manifestação mais comum da doença, sendo responsável por 95% de todos os casos de antraz. A infecção ocorre por meio de um corte ou alguma ruptura na pele. No início, aparece uma pequena protuberância que coça, semelhante a uma picada de aranha, e pode vir acompanhada por uma erupção cutânea localizada. O bacilo, em seguida, se multiplica rapidamente e libera toxinas potentes que causam o desenvolvimento de uma pústula cheia de líquido. Conforme as toxinas continuam matando o tecido saudável nos dias seguintes, a lesão se transforma em uma úlcera indolor de um a três centímetros de diâmetro e escura no centro. As glândulas linfáticas na área adjacente podem inchar e ficar sensíveis, enquanto se manifestam os sintomas sistêmicos, como febre e mialgia (dores musculares). Se a doença não for tratada, a taxa de mortalidade é de cerca de 20%. Com a terapia antibiótica, no entanto, as mortes são raras.

Antraz gastrointestinal: após a ingestão de carne crua ou mal cozida contaminada com a bactéria ou com esporos bacterianos do antraz, há um período de incubação de um a sete dias. A *B. anthracis* amadurece e se replica dentro do intestino, liberando toxinas fatais que geram lesões e inflamação aguda. Os pacientes apresentam dor abdominal intensa, náusea, vômito (às vezes com sangue) e diarreia com sangue, acompanhados de febre. A doença também pode afetar o trato gastrointestinal superior, criando lesões na base da língua e uma forte dor de garganta com febre. Ainda que esta seja uma forma rara de antraz, 25% a 60% dos casos gastrointestinais resultam em morte se não forem tratados.

Antraz pulmonar ou por inalação: esta é a forma mais letal da doença e mata 90% das vítimas que não são tratadas. Os antibióticos podem ser eficazes, mas devem ser administrados nos primeiros dias depois da infecção. Contudo, não se sabe com exatidão o período de incubação do antraz pulmonar em seres humanos. Normalmente, a doença se apresenta dentro de um a sete dias, mas os esporos inalados podem permanecer dormentes nos pulmões por até sessenta dias e, em casos raros, talvez mais. Os sintomas iniciais se assemelham aos de um resfriado comum ou gripe: dor de garganta, febre baixa, dores musculares, mal-estar e tosse seca. Depois de vários dias, conforme as toxinas bacterianas fazem seu estrago, os sintomas progridem para febre alta e dificuldade para respirar, enquanto os pulmões se enchem de líquido. A morte logo vem, pois o choque tóxico leva a uma queda rápida da pressão arterial e à falência dos órgãos.

No caso do antraz, não são as bactérias que causam estragos, mas os venenos que elas produzem. Existem três toxinas ao todo, e elas atuam em conjunto, primeiro aderindo às membranas celulares humanas e, em seguida, entrando na célula. Um dos alvos preferidos desses produtos químicos assassinos é o macrófago, um glóbulo branco do sistema imunológico cujo trabalho é atacar e destruir os germes — ele os come, literalmente. Mas a *B. anthracis*, depois de ingerida, consegue sobreviver e até se multiplicar dentro dessas células, assim como o HIV. Os macrófagos então carregam seus intrusos fatais por todo o corpo, onde a liberação das toxinas do antraz produz doenças sistêmicas e leva à morte.

Estabilidade e alta mortalidade são os pontos fortes da *B. anthracis* como arma biológica. De acordo com um relatório da OMS, cinquenta quilos de esporos de antraz devidamente preparados, liberados ao longo de dois quilômetros em uma cidade de meio milhão de habitantes, levariam a 125 mil vítimas e a 95 mil mortes.

Felizmente, no entanto, o antraz também tem desvantagens como agente de bioterrorismo. Em primeiro lugar, pode ser tratado com sucesso com antibióticos. Existe até uma vacina capaz de fornecer imunidade. Em segundo

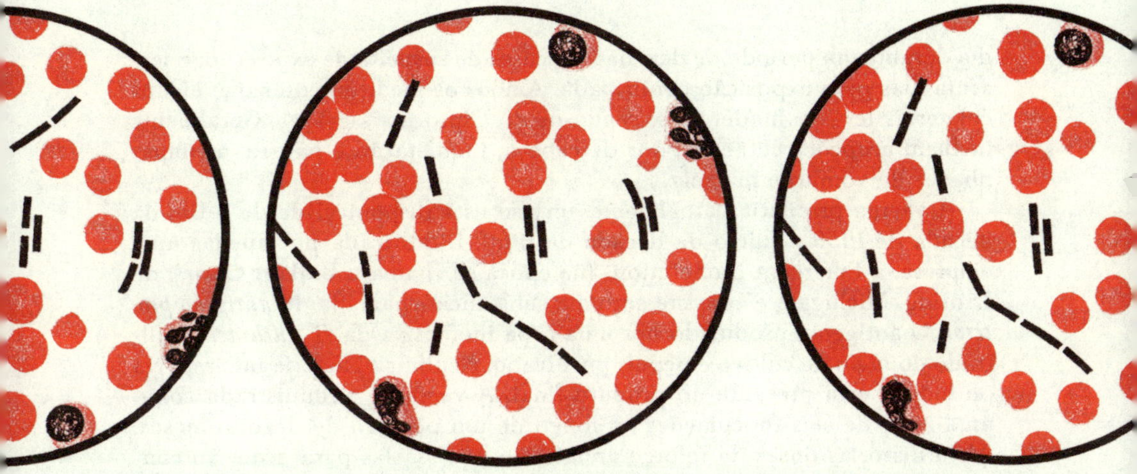

lugar, a doença não é transmitida de pessoa para pessoa, e isso é muito importante. Qualquer ataque usando a *B. anthracis* como arma bacteriológica pode e será contido dentro dos limites definidos pelos parâmetros do ataque inicial. A destruição e a perda de vidas humanas são autolimitadas, porque não haverá ondas secundárias e terciárias de infecção — cada uma mais severa e disseminada que a anterior —, o que espalharia a doença de forma mais eficiente.

Para afirmar o diagnóstico de infecção por antraz, a avaliação clínica inicial deve ser confirmada por exames laboratoriais. Um exame definitivo é a cultura do bacilo no sangue, no fluido espinhal ou nas lesões cutâneas. As culturas de esfregaço nasal não são uma prova diagnóstica de infecção. Uma pessoa com cultura nasal negativa pode ter inalado esporos de antraz de maneira profunda, para dentro dos pulmões. Por outro lado, uma cultura nasal positiva não informa se um número suficiente de esporos penetrou nos pulmões ou na pele para gerar a doença.

O exame microscópico direto de fluidos ou tecidos suspeitos também pode revelar o bacilo do antraz, que tem formato e coloração característicos. Métodos mais sofisticados de identificação usam anticorpos fluorescentes, que marcam os micróbios adequados se eles estiverem presentes em qualquer tecido corporal ou secreções. Até mesmo a impressão digital de DNA saiu do domínio do laboratório forense para ser usada na identificação rápida da bactéria do antraz. Essa ciência de ponta usa uma técnica chamada PCR (reação em cadeia da polimerase), que amplifica o material genético de todos os microrganismos escondidos em uma amostra de sangue. O DNA bacteriano pode então ser analisado, assim como é feito com o DNA de um suspeito de estupro ou assassinato. A confirmação é possível em até trinta minutos.

Os tratamentos disponíveis hoje em dia para vítimas de antraz e pessoas potencialmente expostas ao bacilo consistem em inúmeros antibióticos. Os dois medicamentos preferenciais são a ciprofloxacina (Cipro) e a doxiciclina. O regime terapêutico prescrito costuma ser de dois comprimidos por dia durante um período de dez dias em casos de suspeita de exposição, e sessenta dias para exposição confirmada. Ambos os medicamentos têm efeitos colaterais leves a moderados, sendo os do Cipro mais graves. Geralmente incluem erupções cutâneas, dor de cabeça, inquietação e náusea, acompanhadas de vômito e diarreia.

A vacina profilática atualmente em uso está disponível desde o fim da década de 1950 e início da década de 1960. É fabricada por apenas uma empresa, a Emergent BioSolutions (na época se chamava BioPort Corp.), de Lansing, Michigan, e consiste em uma substância chamada de *antígeno protetor*. O antígeno, produzido por uma cepa inofensiva da *B. anthracis*, é filtrado do meio de cultivo e depois purificado. Nenhuma bactéria inteira, viva ou morta, está presente no produto final. A vacina é administrada como uma série de seis inoculações ao longo de um período de dezoito meses. Além disso, as doses de reforço anuais são necessárias para proteção contínua. A Vacina Adsorvida contra Antraz (AVA), como é oficialmente conhecida, não está, entretanto, disponível para o público em geral no momento. Apenas militares e profissionais cujo trabalho representa risco, como veterinários, trabalhadores de laboratório e criadores de animais, são qualificados para a vacinação.

Em 2001, depois da liberação bioterrorista de esporos de antraz por meio de envelopes enviados pelo correio, a vacina também foi oferecida aos funcionários das instalações dos correios que foram contaminadas nos Estados Unidos. A maioria recusou, temendo reações adversas às inoculações. Seus temores eram bem fundados. Quando 150 mil soldados foram vacinados durante a Guerra do Golfo Pérsico contra o Iraque, muitos reclamaram de dores musculares e articulares e perda de memória. Sintomas semelhantes à fadiga crônica também foram relatados, sobretudo por mulheres. Alguns acham que essa constelação de problemas de saúde, conhecida como Síndrome da Guerra do Golfo, é o resultado da vacinação contra o antraz. As autoridades governamentais negam, citando dezoito estudos separados que mostraram que a vacina é segura. Entretanto, a fábrica que a produz foi fechada pelo FDA em 1999, por causa de trinta violações envolvendo problemas de segurança e esterilidade. É plausível que materiais como pedaços de parede celular bacteriana possam contaminar a vacina e causar efeitos colaterais indesejáveis. Apenas no início de 2002, a BioPort enfim recebeu a aprovação do FDA para retomar a produção da vacina. Há também a possibilidade muito real de que o imunizante seja ineficaz contra as cepas de antraz (e há muitas) que os grupos de bioterrorismo podem usar.

Considerando tudo isso, o antraz se revela uma boa arma biológica. Mas não é nada em comparação com a varíola.

Varíola

Em 165 DC., uma terrível epidemia de varíola varreu o Império Romano. No seu auge, 2 mil pessoas morriam por dia só em Roma. Ela assolou a região durante quinze anos, matando um terço da população da Itália. Quatro a sete milhões de europeus morreram antes que a pandemia terminasse. Desde aquela época, a varíola aumentou e diminuiu em todo o mundo, exterminando meio bilhão de pessoas no século XX até sua erradicação, em 1977. Nenhum outro germe (exceto, talvez, o bacilo da tuberculose) matou mais pessoas. Os mortos em todas as guerras mundiais são apenas uma fração das vítimas abatidas pelo vírus da varíola.

Como uma possível arma biológica, a varíola é o maior dos pesadelos. Se você perguntar sobre "o pior cenário" para qualquer especialista em biodefesa, vai receber uma única palavra como resposta: varíola. Thomas Babington Macaulay, historiador do século XIX, chamou a doença de "o mais terrível dos ministros da morte".

O que há nessa partícula grande (para um vírus) e em forma de tijolo que a torna um exterminador tão prolífico e aterrorizante da vida humana? A característica mais terrível da varíola é a facilidade com que ela se espalha de pessoa para pessoa. Embora não seja tão explosivamente contagiosa quanto o sarampo ou a gripe, a inalação de até mesmo algumas partículas virais pode resultar na doença. E uma pessoa infectada exala milhares de vírus a cada respiração.

Em geral, a doença tem um longo período de incubação — dez a catorze dias. Durante esse período, a vítima se sente bem, mas o vírus está se multiplicando de maneira lenta e inexorável. Os primeiros sintomas incluem febre alta, fadiga e dores de cabeça e nas costas. São os mesmos sintomas padrão da gripe, então por que suspeitar de uma doença que já não existe há anos e que nenhum médico jamais viu?

Dois a três dias depois aparecem umas erupções vermelhas, primeiro na boca, na garganta e no rosto, depois nos braços e nas pernas; por último, no tronco, onde são menos numerosas. A distribuição e a sequência do surgimento das lesões são importantes, pois distinguem a varíola da catapora, que é mais severa no tronco. As erupções logo se desenvolvem e se transformam em bolhas duras, cheias de pus, que ficam elevadas e, ao mesmo tempo, profundamente incrustadas na pele. Elas dão à pele uma aparência de cascalho. Com sorte, na segunda semana das erupções, as pústulas começam a formar cascas e secar. Em seguida surgem crostas, que desaparecem em três a quatro semanas. A vítima sobrevive; apesar das marcas faciais, está viva para contar a história.

Na varíola grave, as lesões se tornam tão numerosas que se fundem em uma mesma camada, como se fosse uma placa, por todo o corpo. A pele então se separa do tecido subjacente em um evento incrivelmente doloroso chamado de "ruptura", que faz a vítima ter a sensação de estar pegando fogo. Esses pacientes quase sempre morrem.

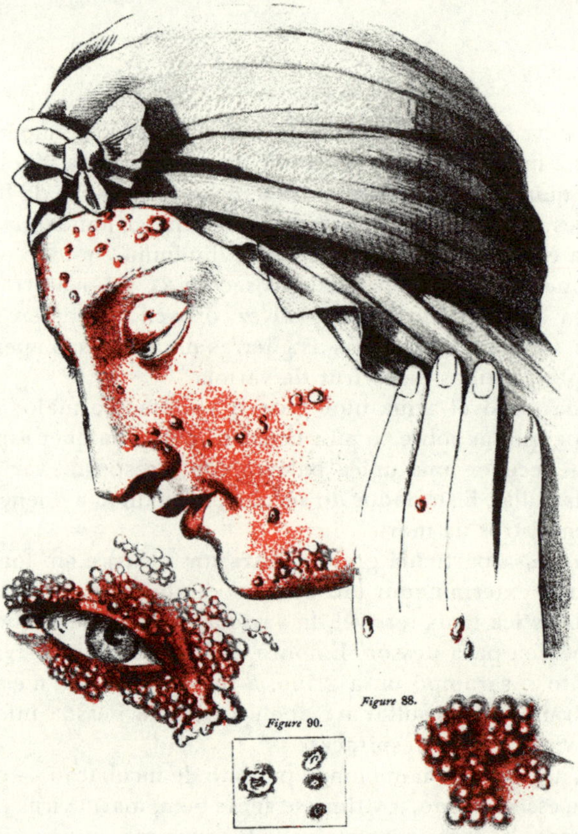

Outro resultado da infecção por varíola, que já foi popularmente chamado de "bexiga negra", se dá na forma de lesões cutâneas que ficam pretas conforme ocorre a hemorragia. A pele pode realmente se desprender do corpo em placas. O sangue preto e não coagulado escorre por todos os orifícios, conforme o vírus desintegra o revestimento da garganta, do estômago, dos intestinos, do reto e da vagina. A taxa de fatalidade é de 100%.

Cerca de um terço de todas as pessoas que contraem varíola morre. É esse alto nível de mortalidade, aliado a um longo período de incubação e à facilidade de transmissão, que conspira para tornar o vírus da varíola a arma biológica ideal. A Rússia comunista produziu vinte toneladas de varíola para serem usadas em ogivas de mísseis. A fabricação de quantidades tão grandes foi redundante e ingênua. O bioterrorista de hoje entra furtivamente em um shopping lotado ou em um terminal de aeroporto com um aerossol do tamanho de um maço de cigarros carregado com várias colheres de um líquido infeccioso. Utilizando uma bateria pequena para funcionar, o aerossol borrifa uma névoa invisível de partículas, que medem de um a cinco mícrons, na atmosfera. Logo o prédio inteiro está cheio de gotículas microscópicas carregadas de vírus, que flutuam sem rumo até serem inaladas para os pulmões.

De início, mil casos de varíola podem resultar disso, mas sejamos conservadores na estimativa e comecemos com cem. Isso representa a primeira onda de contágio. Cerca de duas semanas depois da exposição, os sintomas aparecem. Enquanto isso, cada pessoa infectada teve oportunidade de transmitir a doença a muitas outras, algumas em lugares distantes do marco zero. A rapidez com que a doença se espalha é uma questão de conjectura. Antigamente, acreditava-se que cada caso primário poderia resultar em centenas de casos secundários. O CDC agora acha que isso é um exagero, já que as vítimas da varíola, quando se tornam altamente contagiosas, costumam ficar doentes demais para sair e infectar outras pessoas. Cada vítima inicial provavelmente gera apenas alguns novos casos. Mas ninguém sabe ao certo, e o fator de amplificação poderia facilmente ser dez. Uma primeira onda de cem casos de varíola seria seguida por um período de calmaria em virtude da incubação e, em seguida, por uma segunda onda da doença, cujos casos aumentariam exponencialmente para mais de mil. A terceira onda explodiria duas semanas depois, com mais de 10 mil vítimas sucumbindo e nenhuma perspectiva de fim.

O cenário citado aponta para a necessidade de um diagnóstico rápido da doença. Os médicos podem primeiro suspeitar de gripe, catapora ou uma reação alérgica, e realizar exames para essas doenças. Quando o resultado der negativo e houver forte suspeita de varíola, as amostras devem ser enviadas para o CDC em Atlanta, na Geórgia, ou para o USAMRIID, em Maryland. Esses dois laboratórios são os únicos locais nos Estados Unidos equipados para identificar o vírus da varíola em tecidos ou fluidos corporais. Espera-se que os hospitais isolem os primeiros casos presumidos até que a varíola seja confirmada. Depois da confirmação da doença, entram em ação a quarentena obrigatória e um amplo programa de vacinação em "anel". Um círculo seria desenhado em um mapa, com os casos iniciais no centro; então todas as pessoas dentro desse círculo seriam vacinadas, em um esforço para interromper a transmissão.

Vale reiterar: a varíola é muito séria. Ao contrário das doenças bacterianas, as infecções virais, como a varíola, não são tratáveis com antibióticos. Alguns medicamentos antivirais, como o Cidofovir, descobertos durante as décadas de batalha contra a aids, demonstraram algum grau de sucesso contra a varíola, e, com sorte, daqui a alguns anos, outros estarão disponíveis para melhorar os sintomas e aumentar as chances de sobrevivência das vítimas dessa doença. Mas só o CDC em Atlanta tem acesso ao vírus da varíola, o que torna a pesquisa e o desenvolvimento por outros laboratórios quase impossíveis.

Até a vacina contra a varíola é problemática. Ela existe há cerca de duzentos anos e é altamente eficaz em conferir imunidade à doença. Infelizmente, porém, ninguém sabe quanto tempo dura essa imunidade. Dez anos é o período que tem sido considerado, e é aí que mora o dilema. Os Estados Unidos, além de muitas outras nações, pararam de vacinar no início da década de 1970, quando a varíola não era mais considerada uma ameaça de doença natural. Durante trinta anos, nenhum estadunidense foi vacinado. Quando o assunto é varíola, somos todos como os nativos americanos: imunologicamente intactos e suscetíveis.

Para piorar a situação, no início de 2002, os Estados Unidos tinham apenas 15 milhões de doses da vacina. Elas haviam sido feitas pela gigante farmacêutica Wyeth-Ayerst, que atualmente pertence à Pfizer, cerca de 25 a trinta anos antes por um método tradicional. Os bezerros tinham a barriga arranhada com o vírus da varíola bovina, o vaccinia (um parente próximo da varíola humana), causando o desenvolvimento de pústulas. Os animais então eram mortos, pendurados em ganchos e seu sangue era drenado. O pus era raspado das feridas e liofilizado. Desse modo, a vacina é o pus do bezerro contendo o vírus vaccinia vivo e, para o mundo todo, se parece com catarro.

Cerca de metade desse suprimento de vacina de décadas atrás tinha sido tomado pela umidade e provavelmente não tinha mais valor. Restavam 7,5 milhões de doses. De acordo com Donald A. Henderson, o homem que dirigiu a erradicação da varíola na OMS e foi a maior autoridade do mundo sobre a doença, "seriam necessárias 100 milhões de doses de vacina apenas nos Estados Unidos para impedir um surto emergente desencadeado por cem casos iniciais em um evento de bioterrorismo".

Sete milhões e meio de doses de vacina está terrivelmente aquém do número necessário para proteger os cidadãos estadunidenses. Em 20 de setembro de 2000, o CDC havia firmado um acordo com a OraVax para produzir uma nova vacina contra a varíola. Assim como a versão mais antiga usada para erradicar a doença, a nova conteria o vírus da varíola bovina vivo, mas seriam empregadas técnicas modernas de preparação de vacinas, garantindo um produto mais seguro. Infelizmente, a entrega dos primeiros lotes de produção em grande escala só era esperada para 2004, o que era inaceitável à luz dos então recentes acontecimentos bioterroristas. Era necessário ter mais vacinas com urgência, e isso levou o governo do presidente George W. Bush a contratar a compra de 209 milhões de doses adicionais imediatas, a serem fabricadas e armazenadas até o fim de 2002. Também se acreditava que a vacina antiga poderia ser multiplicada por diluição sem deixar de ser eficaz, produzindo 60 milhões de doses adicionais e elevando o número total para algo em torno de 300 milhões — cerca de uma dose para cada estadunidense.

Quando o governo dos Estados Unidos tivesse toda a vacina que achava necessária, ainda haveria um plano claro de imunização a ser traçado. Como havia a especulação de que a vacina não era considerada totalmente segura, alguns especialistas eram a favor de reserva-las para uso apenas no caso de um surto, enquanto outros recomendaram a vacinação de rotina para todos como forma de prevenção. Nos Estados Unidos, em 1968, cerca de 14 milhões de pessoas foram vacinadas contra varíola — houve 572 reações adversas, resultando em nove mortes, isso é quase o dobro do número de fatalidades do ataque de antraz no outono de 2001.

A vacina, no entanto, é eficaz para conferir imunidade à doença ou para diminuir sua gravidade se administrada até quatro dias após a exposição ao vírus. Após essa janela de quatro dias, uma medida profilática ainda é possível se a vacinação for combinada com a administração de imunoglobulina contra o vírus vaccinia. Ficou no ar a dúvida de por que a pressa em vacinar todos contra um agente que talvez nunca seria usado.

A partir da análise de todos os prós e os contras da vacinação em massa, em junho de 2002, um painel consultivo federal de saúde recomendou a vacinação contra a varíola apenas para equipes federais, estaduais e locais de resposta ao bioterrorismo, criadas especialmente para isso. Cada equipe — haveria cerca de 280 em todo o país — consistiria em cientistas de laboratórios de diagnóstico, investigadores de doenças, médicos, enfermeiros e profissionais encarregados da aplicação da lei. As mensagens do governo em torno da vacina eram confusas e inconsistentes e mesmo o plano básico e comedido não teve efeito.

É trágico pensar que uma doença que o mundo demorou quinze anos e gastou centenas de milhões de dólares (bilhões, considerando os custos atuais) para erradicar possa muito bem retornar como arma de bioterrorismo. O que pode nos salvar de um ataque de varíola é a dificuldade que um terrorista talvez encontre para tentar adquirir o vírus. Embora uma dezena ou mais de nações consideradas perigosas e grandes redes terroristas possam tê-lo, esse não é um micróbio fácil de encontrar. Oficialmente, ele existe em apenas dois repositórios: o CDC em Atlanta, na Geórgia, e o Vector, na Sibéria. No entanto não se pode dizer o mesmo em relação à peste bubônica, uma doença que ainda ocorre de maneira natural em grande parte do mundo, incluindo os Estados Unidos.

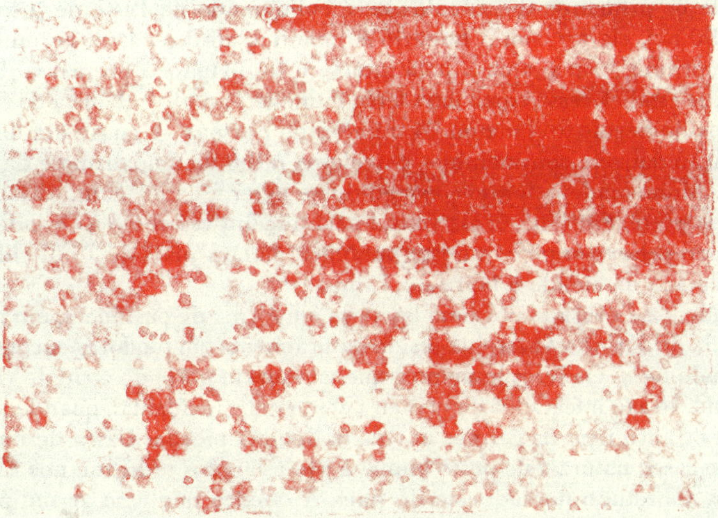

Peste

A palavra "peste", em seu sentido mais amplo, se refere a qualquer contágio terrível e generalizado. Mas, para alguém ligado à medicina, só pode significar uma coisa: a peste bubônica. É uma doença repleta de história. Durante os primeiros três séculos DC e culminando na Peste de Justiniano (540-590 DC), ela arrasou o Império Romano e, ao fazer isso, permitiu que o cristianismo, com sua cura pela intervenção divina e a promessa de vida eterna, se estabelecesse como uma força mundial. A peste bubônica da Europa (meados do Século XIV) matou 24 milhões de pessoas — quase um terço da população daquele continente — e acelerou o fim do feudalismo e da Idade Média. Muitos judeus foram perseguidos e exterminados como disseminadores da peste. Em 1665-6, ela voltou pela terceira vez como a Grande Peste de Londres. Em seu pico, a peste bubônica matava mais de 7 mil cidadãos toda semana na cidade à beira do Tâmisa.

A doença é causada por uma bactéria em forma de bastonete, um bacilo, chamada de *Yersinia pestis*, que reside naturalmente em roedores encontrados no mundo todo. Os seres humanos, que não fazem parte do ciclo de vida do micróbio, só são infectados de maneira acidental e incidental, quando as pulgas lhes transmitem os germes por meio de uma picada. Cerca de uma dezena de casos naturais de peste humana são relatados todo ano nos Estados Unidos, sobretudo no sudoeste do país. A doença que esse germe produz pode assumir várias formas clínicas, cada uma mais arrasadora que a outra.

A Peste também recebe o nome, mais apropriado, de ***peste bubônica*** — essa denominação deriva dos nódulos linfáticos muito aumentados, ou bubões, que são sua característica mais notável e reconhecível. Embora os gânglios linfáticos do pescoço e das axilas também possam ser atingidos, são os nódulos inguinais que costumam ficar esponjosos, vermelhos e incrivelmente doloridos, inchando até o tamanho de um ovo. (*Boubon* significa "virilha" em grego.)

Os sintomas clínicos aparecem entre dois e dez dias depois da infecção, com um período de incubação típico de quatro ou cinco dias. Mal-estar, dor de cabeça e febre alta acompanham a chegada dos bubões sensíveis e logo são seguidos por uma hemorragia generalizada que escurece a pele — a peste bubônica começou. Em sua forma clínica mais branda, ela acaba com metade de suas vítimas. Se os bacilos invadem a corrente sanguínea, ocorre o envenenamento ou septicemia. Essa forma septicêmica da peste resulta em delírio e morte rápida em 75% dos casos.

Depois que o sistema circulatório é violado, a *Y. pestis* viaja com facilidade por todo o corpo, infectando muitos órgãos. Se houver envolvimento pulmonar extenso, ocorre a forma pneumônica da doença. Febre alta, tosse e dor no peito são características proeminentes, além da expectoração com sangue. Muitas vezes também há desconforto gastrointestinal: vômito, dor abdominal e diarreia. A mortalidade é de quase 100%, com rápido colapso respiratório e circulatório.

Em suas formas bubônica e septicêmica, a peste é uma doença altamente letal e de grande preocupação para os especialistas em biodefesa. No entanto, não é infecciosa por meio do contato casual, a menos que se torne pneumônica. Nesse momento, a peste se converte no pesadelo de uma epidemia de varíola, espalhando-se mais fácil que uma fofoca.

No passado, as arrasadoras pandemias da peste com certeza foram da forma pneumônica. E é essa manifestação da doença causada por *Y. pestis* que os terroristas vão tentar criar, e liberar por meio de aerossol, se a peste for a arma biológica escolhida por eles. Com o uso de aerossol, o período de incubação também é reduzido, e a doença pode surgir entre um e três dias.

Se os terroristas estiverem prontos e dispostos a morrer por uma causa, como muitos parecem estar, podem ser capazes até de infectar a si mesmos e depois entrar em uma nação desavisada, espalhando doença e morte a cada respiração, antes de eles próprios sucumbirem. Onde há uma vontade, há um caminho.

A peste pneumônica, no início, seria semelhante a outras doenças respiratórias graves, mas logo se diferenciaria pelo desenvolvimento repentino de insuficiência respiratória, sepse e choque com risco de vida. Como em todos os casos de doenças infecciosas, a detecção precoce é fundamental para evitar o contágio generalizado. Isso é ainda mais verdadeiro no caso da peste pneumônica, pela rapidez com que a doença progride. A avaliação clínica da peste, feita pelo médico responsável, deve ser acompanhada dos exames laboratoriais adequados. E o mais importante: todos os casos suspeitos e confirmados precisam ser notificados de imediato aos departamentos de saúde estaduais e locais, bem como ao CDC.

Assim como acontece com a *B. anthracis*, uma ampla gama de antibióticos pode tratar com sucesso todas as formas da peste. A doxiciclina, a tetraciclina e a ciprofloxacina são muito eficazes se o tratamento começar dentro de 24 horas do início dos sintomas e for continuado por dez a catorze dias. Para pessoas assintomáticas que podem ter sido expostas ao germe, recomenda-se o uso de antibióticos durante sete dias como medida profilática pós-exposição. Até o momento, existe uma vacina eficaz contra a forma bubônica da peste transmitida por pulgas, mas ela não impede o desenvolvimento nem a disseminação da peste pneumônica.

A peste pneumônica, que é mais preocupante como arma biológica, se espalha por meio da liberação de gotículas durante a tosse ou o espirro. Felizmente, essas gotículas costumam ser maiores do que cinco mícrons e caem no solo com muita rapidez. Uma pessoa a mais de um metro e meio de distância de uma pessoa contaminada provavelmente está fora da faixa efetiva de infecção. Pessoas em áreas de contágio também podem considerar o uso de máscaras cirúrgicas simples, já que elas são uma barreira suficiente para as gotículas grandes e repletas de germes. Tais máscaras, infelizmente, oferecem pouca proteção contra os minúsculos esporos do antraz ou o ainda mais minúsculo vírus da varíola — germes que requerem a filtragem mais sofisticada de uma máscara chamada de N95.

Botulismo

Cerca de duzentos anos atrás, casos esparsos de fraqueza muscular e insuficiência respiratória apareceram na Alemanha, na Escandinávia e na Rússia. A condição, que poderia rapidamente se tornar fatal, foi atribuída ao consumo de linguiça e peixe. Passou a ser chamado de ***botulismo***, do latim ***botulus***, que significa "salsicha".

O botulismo é uma forma grave de intoxicação alimentar, causada pela toxina incrivelmente potente de uma bactéria formadora de esporos: a *Clostridium botulinum*. É um micróbio que só consegue crescer na ausência de oxigênio — o que os microbiologistas chamam de ***anaeróbio obrigatório***. Por esse motivo, ele se desenvolve em alimentos que foram enlatados de maneira inadequada, se alimentando, se multiplicando e produzindo a toxina botulínica em um ambiente hermeticamente fechado. Junto com a toxina, a *C. botulinum* libera gases que fazem inchar as latas — um sinal revelador de que a comida ali dentro está estragada. A bactéria tem sido o pesadelo das donas de casa há muito tempo, sempre atentas às latas "estufadas" ao fazerem compras.

Hoje em dia, o botulismo de ocorrência natural resulta em até uma dezena de fatalidades nos Estados Unidos todo ano. Como a doença é consequência de toxinas ingeridas e nenhuma infecção é estabelecida, ela não é transmissível. Mas isso não impediu Saddam Hussein de transformar a toxina botulínica em uma de suas armas preferidas, armazenando-a e convertendo-a em armamento às toneladas. Tampouco impediu o grupo terrorista japonês Aum Shinrikyo de dispersar a toxina em forma de aerossol em vários locais no centro de Tóquio três vezes — todos os ataques foram estéreis.

A atratividade da toxina botulínica como arma biológica se deve à facilidade de fabricação e à sua letalidade — uma dose fatal para seres humanos é medida em bilionésimos de grama. Quantidades capazes de matar são tão infinitesimais que acabam sendo insuficientes para provocar uma resposta imunológica. Parece, também, que a própria toxina tem um método de suprimir a produção de anticorpos. Portanto, a sobrevivência a esse envenenamento não traz consigo a imunidade.

A toxina botulínica — ou botulina — é uma neurotoxina, assim como os mais potentes venenos biologicamente derivados. Os venenos de cobra considerados mais mortíferos são neurotoxinas, bem como as secreções subcutâneas de um sapo venenoso da família *Dendrobatidae* da América do Sul — talvez o veneno mais poderoso do reino animal. As neurotoxinas causam danos ao agirem nas terminações nervosas. A fama da botulina vem de sua capacidade de impedir a secreção de acetilcolina, uma substância química que permite que os nervos enviem impulsos tanto para outros nervos quanto para os músculos que eles controlam. Isso resulta em músculos incapazes de se contrair — uma condição chamada de ***paralisia flácida***.

Os sintomas do envenenamento botulínico geralmente começam entre dezoito e 72 horas depois da ingestão. No início, surgem a visão dupla e a incapacidade de engolir ou falar corretamente. Os músculos estão começando a perder seu poder de resposta. Esses sintomas são seguidos de uma fraqueza muscular que percorre o corpo de cima para baixo, progredindo dos ombros para as partes superior e inferior do braço e, por fim, para as coxas e panturrilhas. A morte ocorre de repente, quando os músculos que controlam a respiração são afetados. A parada cardíaca também é um desfecho possível. Um dos horrores do botulismo é que a vítima permanece consciente e alerta até o fim.

Para aqueles expostos à toxina botulínica, existe um tratamento na forma de uma antitoxina — derivada do soro sanguíneo de um cavalo infectado. É eficaz se injetada até 24 horas depois da exposição. Infelizmente, existem sete cepas de *C. botulinum*, e cada uma produz uma toxina diferente (botulinas A a G) e exige sua própria antitoxina. A intervenção terapêutica geralmente consiste na mistura de várias dessas antitoxinas. O CDC é o responsável pelo suprimento de antitoxinas botulínicas dos Estados Unidos, e qualquer médico que diagnostique um caso de botulismo deve entrar em contato com o órgão por meio de seu departamento de saúde estadual. Mesmo com o tratamento, a recuperação completa pode levar semanas ou meses, durante os quais o paciente em convalescença pode precisar de suporte ventilatório.

Uma vacina para o botulismo, testada principalmente em macacos, também existe há vários anos e foi aplicada em cerca de 8 mil militares durante a Guerra do Golfo. Trata-se de uma preparação com as cinco toxinas mais comuns tornadas inofensivas, mas que ainda assim evocam uma resposta dos anticorpos. Essas toxinas inócuas, mas imunologicamente ativas, são denominadas *toxoides*. A vacinação consiste em três injeções de toxoides em zero, dois e doze meses, seguidas de um reforço após um ano. Apesar de alguns sucessos nessa área, uma vacina oral, usando uma toxina geneticamente modificada que sobrevive ao sistema digestivo, ainda está em pesquisa para fornecer imunização e segurança altamente comprovada.

Curiosamente, uma desvantagem da vacinação em massa contra o botulismo — além da óbvia, que é submeter milhões de pessoas a um pequeno risco relacionado à vacina sem necessidade — é o fato de que a imunização eliminaria os usos médicos da toxina botulínica. Embora seja um veneno mortal, a toxina do *C. botulinum* vem sendo usada para tratar dezenas de milhares de pessoas que sofrem de doenças neuromusculares. A contração muscular involuntária, conhecida como *distonia*, pode causar espasmos dolorosos e debilitantes nos olhos, no rosto, no pescoço ou nos membros. Mas a condição pode ser bastante aliviada com injeções de *botox*, como é chamada a preparação medicamentosa. Dores de cabeça, dores nas costas e até mesmo rugas faciais foram tratadas com sucesso por meio da administração localizada do potente veneno, embora o procedimento deva ser repetido a cada poucos meses para evitar que as rugas reapareçam. Indivíduos imunizados, no entanto, não poderiam ser tratados com botox.

Como arma biológica, o agente do botulismo é uma ameaça muito real. Nosso maior medo é um ataque por aerossol, já que a maioria dos especialistas em bioterrorismo acha que, apesar da potência da toxina, o envenenamento de um suprimento de água é altamente improvável e muito difícil de ser realizado. O fator de diluição é tão grande que exigiria o despejo de vários caminhões de toxina no reservatório de qualquer município de tamanho considerável. A toxina inalada, se suficientemente concentrada, poderia provocar sintomas semelhantes aos da forma ingerida do botulismo.

A botulina leva, em média, de um a três dias para se manifestar. Em comparação com outras toxinas, sua ação é razoavelmente lenta. O gás nervoso, por exemplo, provoca sintomas em alguns minutos. No caso de muitas outras toxinas bacterianas, os efeitos aparecem em questão de horas. Esse atraso permite uma intervenção terapêutica, mas a janela de oportunidade do tratamento é pequena. Se ocorrerem sintomas de visão dupla ou dificuldade para engolir ou falar, é fundamental fazer uma visita imediata ao pronto-socorro. O dr. Philip Tierno, autor de *Protect Yourself Against Bioterror* [Proteja-se contra o bioterrorismo] e membro da Força-Tarefa contra o Bioterrorismo da prefeitura de Nova York, também recomenda manter "um suprimento de comprimidos de carvão ativado na caixa de remédios, já que eles podem absorver quase todos os venenos, fazendo uma ligação química entre eles para limitar os danos". Como precaução final, uma máscara facial bem ajustada é uma barreira barata e eficaz contra aerossóis de toxinas, e ter uma dessas em casa pode ser de grande utilidade. Bem-vindo ao novo milênio.

BIOTERRORISMO
NOS TEMPOS ATUAIS

Em 1984, um culto nos Estados Unidos conhecido como Rajneesh envenenou dez restaurantes de saladas em The Dalles, no Oregon, com a bactéria salmonela. Seu objetivo era influenciar o resultado de uma eleição local. Mais de 750 pessoas adoeceram. Ninguém morreu, mas muitos foram hospitalizados. Embora tenha sido o primeiro uso em grande escala de germes como armas em solo estadunidense nos tempos modernos, o governo teve pouca ação para prevenir futuros bioataques.

Quinze anos depois, em uma pesquisa de 1999, dois terços dos estadunidenses entrevistados disseram que previam um sério ataque químico ou biológico de cunho terrorista. Então, em 11 de setembro de 2001, o impensável aconteceu: as torres do World Trade Center, na cidade de Nova York, foram derrubadas, e quase 3 mil pessoas inocentes foram assassinadas por extremistas islâmicos suicidas. O ataque terrorista foi uma atrocidade, uma tragédia de tamanha magnitude que dividirá a experiência humana em antes e depois. Após cerca de uma semana, quando os Estados Unidos ainda cambaleavam, ocorreu um incidente de bioterrorismo com antraz. Alguns gramas de esporos de antraz altamente purificados e letais foram colocados em envelopes brancos e enviados a prédios do governo federal e a escritórios da mídia. Quando os esporos se espalharam, mais de vinte pessoas contraíram a doença, e cinco delas morreram.

Na esteira da catástrofe do World Trade Center, o evento bioterrorista causou pânico em todo o país. As doenças e as mortes por antraz também foram muito instrutivas — e de várias maneiras. A mais significativa delas foi a constatação de que o bioterrorismo eficaz não precisa envolver toneladas de um agente patogênico. Nem precisa de ICBMs ou de ogivas para a disseminação. Bastam algumas baforadas de micróbios fatais para infectar um grande número de pessoas. E, se a doença for contagiosa, o que felizmente o antraz não é, essas poucas inalações podem resultar em milhares de mortes.

Com o ataque de antraz no outono de 2001, os Estados Unidos também testemunharam como um evento de bioterrorismo em pequena escala pode destruir a sensação de bem-estar e segurança de uma nação. Embora apenas um punhado de pessoas tenha ficado doente e morrido, centenas de milhares de outras correram para os pronto-socorros, temendo que uma pequena fungadela, febre ou erupção cutânea pudessem ser o início de uma doença letal. Muitas outras pessoas exigiram de seus médicos e farmacêuticos suprimentos de antibióticos contra a *B. anthracis* suficientes para trinta a sessenta dias. Agências dos correios e prédios do Congresso tiveram que ser fechados enquanto especialistas médicos e sua equipe de suporte técnico desinfetavam as áreas potencialmente expostas com gases, espumas e radiação antimicrobianos. O custo para o governo e para o sistema de saúde dos Estados Unidos chegou a centenas de milhões de dólares.

De maneira dolorosa, o ataque de antraz também deixou claro que os Estados Unidos estavam e continuam seriamente despreparados para uma guerra biológica enquanto avançamos no novo milênio. Se o ataque aéreo às torres do World Trade Center mostrou que os estadunidenses estavam dormindo ao volante em relação ao terrorismo, isso significa que estávamos roncando no banco de trás quando o bioterrorismo nos atingiu logo depois.

Para começar, poucos médicos conseguiram reconhecer o antraz quando ele apareceu. Isso aconteceu porque muitas das doenças do terrorismo biológico raramente, ou mesmo nunca, ocorrem de maneira natural nos dias de hoje. No caso de doenças infecciosas, como a varíola ou a peste pneumônica, o atraso no diagnóstico adequado pode ser catastrófico. Se quisermos estar alertas aos perigos do bioterrorismo, os socorristas na área da saúde pública — médicos, enfermeiras, paramédicos — precisam ser mais bem treinados para reconhecer o incomum. Levando em conta essa questão, o CDC começou a preparar os médicos para discernir e conter rapidamente um surto de prováveis doenças bioterroristas, como a varíola. Em um seminário de três dias, os trabalhadores da saúde pública tomaram conhecimento sobre o plano de emergência contra varíola do CDC, que exige a quarentena imediata de todos os casos confirmados e a vacinação de todos aqueles potencialmente expostos aos infectados. Já existia um manual de 34 páginas, intitulado *Bioterror Readiness Plan: A Template for Healthcare Facilities* [Plano de prontidão para o bioterrorismo: um modelo para instalações de saúde], que oferece aos hospitais recomendações gerais sobre como reagir a uma suspeita de evento bioterrorista.

Também é muito revelador que o governo dos Estados Unidos, com toda a experiência científica e militar que possui, além de sua cúpula de inteligência, tenha levado anos para esboçar uma ideia sobre a origem das bactérias e quem teria preparado o pó altamente refinado e purificado que continha os esporos. Parte do problema é a facilidade com que os germes podem ser adquiridos e cultivados. Tecnicamente, cultivar bactérias não é mais difícil do que fazer cerveja. Mas a comunidade científica se divide em relação à questão da facilidade de transformar esses germes em armas. Alguns acham que o processo de transformar micróbios potencialmente fatais em uma arma de alta letalidade é uma tarefa assustadora e usam o antraz como exemplo. Depois de cultivar a bactéria na quantidade desejada, os germes devem ser transformados em esporos, o que costuma ser feito por meio de um procedimento de dessecação. Em seguida vem o desafio de moer ou triturar o produto em partículas finas, de preferência do tamanho de esporos individuais. Ao longo do caminho, os esporos devem ser tratados com produtos químicos para neutralizar a carga eletrostática que adquirem naturalmente. Isso impede que eles se aglutinem, permitindo que permaneçam no ar e flutuem por longas distâncias. O culto terrorista japonês Aum Shinrikyo, que envenenou as estações de metrô com gás sarin em 1995, tentou provocar um surto de antraz por meio da liberação de esporos em pelo menos dez ocasiões distintas. Todas as tentativas fracassaram, fosse porque o bacilo era de uma cepa não virulenta ou porque o culto não conseguiu transformá-lo corretamente em arma. Eles também fizeram três tentativas inúteis de liberar a toxina botulínica na forma de aerossol. Mas o conhecimento e a experiência estão sempre em ascensão no mundo todo, e as falhas do passado não garantem a impossibilidade de um bioataque bem-sucedido no futuro.

Isso nos leva a outra escola de pensamento. Alguns cientistas dizem ser capazes de "ensinar um grupo terrorista a fazer armas biológicas arrasadoras a partir de uns punhados de terra de quintal e alguns equipamentos de laboratório amplamente disponíveis" (*Germes*, de Miller et al.). A bactéria *B. anthracis*, aliás, é comumente encontrada no solo. Recentemente, pesquisadores montaram uma versão sintética do vírus da poliomielite usando uma receita baixada da internet e sequências de genes de uma loja de suprimentos por correspondência. Embora a varíola e outros micróbios letais sejam muito mais complexos e difíceis de montar, é bem possível que sejam criados no futuro de maneira semelhante (msnbc.com, 12 de julho de 2002).

Não é necessário nem mesmo sintetizar o terrível vírus da varíola. Pelo menos uma dezena de nações possui ilegalmente o micróbio fatal, e ele pode ser comprado. Para tornar a situação da varíola ainda mais funesta, Joshua Lederberg, microbiologista ganhador do Nobel e especialista em bioterrorismo, disse: "Não temos ideia do que pode ter sido guardado, de maneira maliciosa ou inadvertida, nos laboratórios de uma centena de países desde o tempo em que a varíola era uma doença comum. Essas seriam as prováveis fontes de suprimento para possíveis bioterroristas" (*The Secret Life of Germs* [A vida secreta dos germes], de Tierno Jr.).

Quanto a outras armas biológicas potencialmente fatais — tularemia, peste, mormo, brucelose, toxina botulínica, *Shigella*, psitacose, cólera, salmonela, *E. coli* hemorrágica, febre Q, dengue, ebola, Marburg, hepatite infecciosa, várias formas de encefalite e uma série de outras doenças e organismos —, o Congresso dos Estados Unidos reagiu com agilidade logo após o Onze de Setembro, aprovando projetos de lei que aumentaram a segurança de maneira significativa, tanto em relação aos germes fatais que estavam disponíveis para venda e distribuição quanto ao pessoal que pode ter acesso a esses patógenos. Foram promulgadas leis que exigiam que todos que trabalhassem com esses micróbios ou suas toxinas se registrassem no governo federal. Infelizmente, outros países não têm controles tão rígidos em vigor, e, no fim, a segurança mundial acaba sendo tão forte quanto seu elo mais fraco.

Outra preocupação é a disponibilidade de vacinas e antibióticos para prevenir e tratar possíveis doenças relacionadas ao bioterrorismo. Antes dos trágicos eventos de 2001, os Estados Unidos tinham uma escassez terrível de ambos. Mas as coisas mudaram muito rápido, conforme o governo Bush alocava um financiamento imediato para a produção e o armazenamento de grandes quantidades de antibióticos de amplo espectro e de vacinas contra a varíola e o antraz.

Naquele 11 de setembro, um mal monstruoso foi desencadeado sobre o mundo civilizado. Foi um chamado à ação que não passou despercebido. Mas atender a esse chamado se revelou algo muito caro. O orçamento dos Estados Unidos para a defesa nacional aumentou de forma drástica, e foi criado um novo Escritório de Segurança Interna. A verba adequada para combater a ameaça do terrorismo biológico mais que quadruplicou, disparando de 1,4 bilhão de dólares em 2002 para quase 6 bilhões de dólares no ano seguinte. Além de reabastecer as reservas de antibióticos e vacinas aprovados, foram alocados fundos para o NIH, para o CDC e outras agências de pesquisa básica e aplicada em detecção, prevenção e tratamento do bioterrorismo. A busca prosseguiu a todo vapor por novos medicamentos antivirais e antibacterianos, bem como por vacinas contra infecções letais que as empresas farmacêuticas não querem produzir. Mesmo os imunizantes que são usados hoje contra as ameaças do bioterrorismo, como o antraz e a varíola, devem ser melhorados, tornando-se mais seguros e mais eficazes.

Não é surpresa que, após a liberação terrorista de esporos do antraz nos Estados Unidos, os centros de saúde federais, estaduais e locais tenham recebido enormes influxos de capital para melhorar sua capacidade de reconhecer e responder a um bioataque de forma coordenada. Ainda, foi criada uma rede informatizada para manter hospitais em todo o país, assim como o CDC, informados sobre sintomas e/ou doenças incomuns que possam aparecer em qualquer lugar do país.

Fortalecer a infraestrutura de saúde pública, aprimorando a vigilância e o tratamento de infecções mortais, será de grande benefício para todos os estadunidenses, independentemente da ocorrência de um ataque bioterrorista, pois isso também permite uma resposta mais eficaz a surtos naturais.

É esse recurso de "uso duplo" de um sistema de saúde pública reforçado que torna o gasto adicional uma situação em que todos ganham. A história nos mostra que pagamos pelo que precisamos. Nós certamente precisamos disso, e a alocação orçamentária está muito atrasada.

A Agência de Projetos de Pesquisa Avançada de Defesa (DARPA), um braço do Pentágono, também viu seu orçamento aumentar. O órgão subscreve pesquisas científicas de ponta, muitas delas concentradas nas preocupações e nos temores relacionados ao bioterrorismo. Alguns projetos inovadores da DARPA incluem o desenvolvimento de: uma vacina polivalente que imunize contra uma série de doenças letais, como peste, antraz e tularemia; detergentes que matem um amplo espectro de germes de forma rápida e eficiente, para serem pulverizados em pessoas potencialmente contaminadas com patógenos; vacinas baseadas em aerossol, para serem borrifadas ao longo de uma área de muitos quilômetros quadrados e cuja mera inalação possa conferir imunidade.

Em relação à proteção por aerossol, o dr. Ken Alibek, antigo vice-diretor da Biopreparat que agora trabalha nos Estados Unidos, anunciou em maio de 2002 a criação de um inalador que estimula uma resposta imune não específica das membranas mucosas. Depois de um bioataque, as pessoas usariam esse inalador a cada cinco ou seis dias para aumentar a imunidade generalizada no curto prazo. Ao utilizar mensageiros químicos do sistema imunológico, chamados de *citocinas*, a terapia, em teoria, poderia proteger uma pessoa de qualquer patógeno. De acordo com o dr. Ken Alibek, o spray protetor "universal" poderia ser disponibilizado em questão de dois anos.

No entanto, até que seja criado um meio de conferir proteção ampla, é fundamental detectar os agentes específicos transportados por via aérea que são liberados pelos terroristas para que haja uma resposta rápida e eficaz. Dispositivos projetados para fazer exatamente isso existem desde a Guerra do Golfo Pérsico, mas, naquela época, a ciência da biodetecção ainda estava engatinhando. O equipamento era volumoso, pesado, nada preciso e ainda gerava falsos positivos com alguma constância. É uma tarefa difícil criar um instrumento capaz de "farejar" e identificar um patógeno específico em meio a todo um ruído de fundo composto de poeira microscópica, pólen, esporos de mofo e outras partículas em qualquer amostra de ar. Até o ar puro tem bilhões de germes inofensivos, sendo quase impossível para os detectores distingui-los dos fatais. Apesar disso, estão sendo montados dispositivos que usam impressões digitais de DNA para identificar micróbios suspeitos. Em 2001, o Laboratório Nacional Lawrence Livermore (do Departamento de Energia dos Estados Unidos), situado no centro da Califórnia, informou estar construindo um dispositivo operado por bateria que identificava germes em sete minutos, pesava apenas um quilo e cabia em uma pequena pasta (o projeto se concretizou sete anos depois). Já o detector da Cepheid, outro analisador de DNA do tamanho de uma caixa de sapatos, pode sinalizar a presença de patógenos como antraz, febre Q e germes estafilocócicos fatais.

O Espectrômetro de Massa Química e Biológica Block II usa uma tecnologia totalmente diferente para identificar a presença de patógenos transportados por via aérea. Ele suga o ar e mede a massa das partículas suspensas para identificá-las. Depois de aperfeiçoado, ele conseguirá detectar e identificar os agentes biológicos e químicos mais preocupantes — antraz, varíola e gases venenosos, como o agente nervoso sarin.

O Instituto de Tecnologia de Massachusetts (MIT) e o Centro de Estudos de Biodefesa da Universidade Johns Hopkins também estão buscando ferramentas de diagnóstico em tempo real, que possam identificar rapidamente pessoas infectadas. O projeto do MIT, apelidado de *canary chip* [chip canário] em homenagem aos pássaros sacrificais das minas de carvão do passado, consiste em um chip de vidro que contém glóbulos brancos geneticamente modificados de camundongos. Se um germe específico estiver presente em uma amostra de fluido corporal colocada no chip, as células do camundongo produzem anticorpos que fazem esse chip brilhar. Ele já foi usado para detectar a doença de pata e boca — também chamada de febre aftosa — em animais e pode ser alterado para detectar doenças humanas. Em um futuro próximo, o paciente terá apenas que respirar em um chip como esse para obter um diagnóstico instantâneo.

Enquanto esse futuro não chega, o que fazer diante da possibilidade de um próximo evento bioterrorista? Acumular a maior variedade possível de antibióticos? Comprar um traje de proteção biológica completo, com botas e máscara de gás? Construir um abrigo subterrâneo equipado com filtro HEPA, que possui alta eficiência na separação de partículas transportadas pelo ar, capaz de remover aquelas de até 0,3 mícron? A resposta é um simples "não". Esse tipo de pânico e paranoia generalizada é exatamente o que os terroristas querem criar na população-alvo. A chance de alguém vir a precisar de um equipamento de risco biológico é quase nula, e esse tipo de item não costuma estar à venda na loja de departamentos da esquina. Existem duas classes de trajes, chamadas de nível A e nível B. Os trajes de nível B impedem a entrada de baixas concentrações de germes e gases, enquanto os trajes de nível A funcionam em condições muito mais tóxicas. Pessoas comuns não podem comprar uma roupa de nível A, porque são necessárias quarenta horas de treinamento para usá-la de maneira segura. O equipamento de proteção biológica completo de nível B custa de 45 a 200 dólares, e também é perigoso se não for usado corretamente.

O acúmulo pessoal de antibióticos não é recomendado, pois isso só contribuiria para drenar os suprimentos atualmente disponíveis, aumentando a dificuldade de obter esses medicamentos nos locais onde eles são necessários, caso ocorra um ataque bacteriológico. Isso também leva a um maior uso generalizado de antibióticos — uma prática perigosa que faz com que os germes fiquem resistentes a essas drogas (veja o capítulo 3, "Balas mágicas").

Ter uma máscara simples e barata do tipo cirúrgico, que protegeria contra as formas inaladas de algumas doenças, parece razoável. O perigo é a falsa sensação de segurança, já que esse equipamento facial não é uma barreira suficiente contra algumas bactérias e a maioria das partículas virais.

Os especialistas em bioterrorismo consideram que nossa defesa mais importante contra a insanidade e a desumanidade da guerra bacteriológica é uma vigilância constante e rapidez na ação. Os eventos de 2001 foram um alerta não apenas para as agências governamentais, mas para todos os cidadãos dos Estados Unidos. Qualquer ocorrência fora do usual ou comportamento que pareça suspeito devem ser relatados imediatamente à polícia local. Os hospitais devem ser notificados sobre quaisquer doenças incomuns. Esse estado perpétuo de alerta e prontidão, de vigilância incessante e incansável, é o preço que agora somos obrigados a pagar pela segurança interna. Um membro do Exército Republicano Irlandês resumiu a situação de um jeito muito certeiro: "Você tem que ter sorte o tempo todo; nós só precisamos ter sorte uma vez" (*Living Terrors*, de Osterholm e Schwartz). Mesmo assim, o acaso ainda favorece a mente preparada.

CAUTION
HAZARD

...devemos
ser um farol de
esperança, porque
se você disser
às pessoas que não
há nada que elas
possam fazer,
elas farão pior
do que nada.

Margaret Atwood
The Year of the Flood

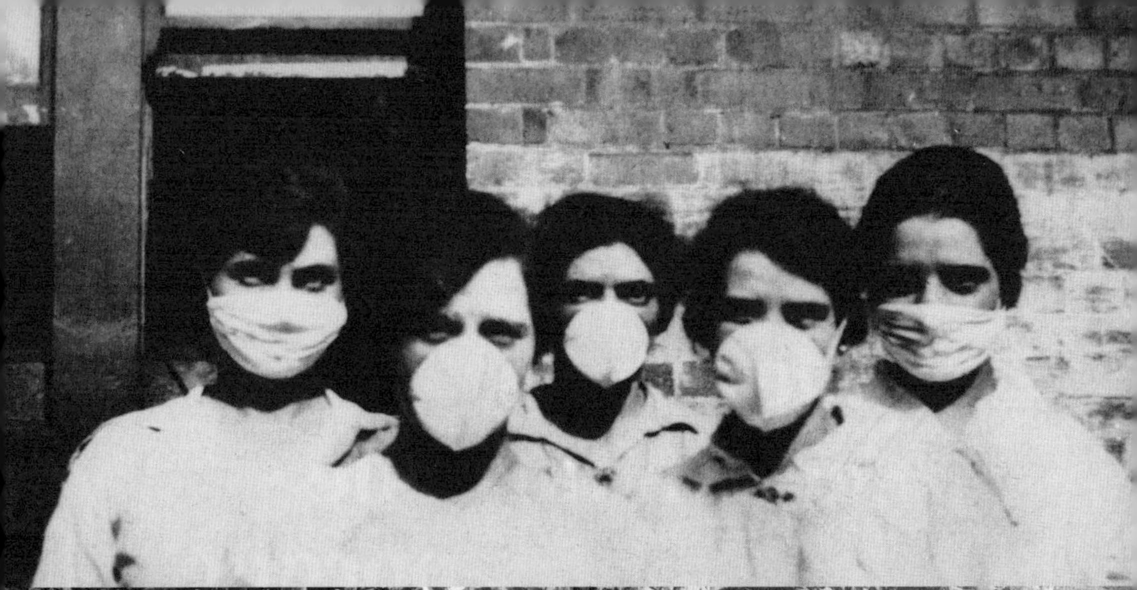
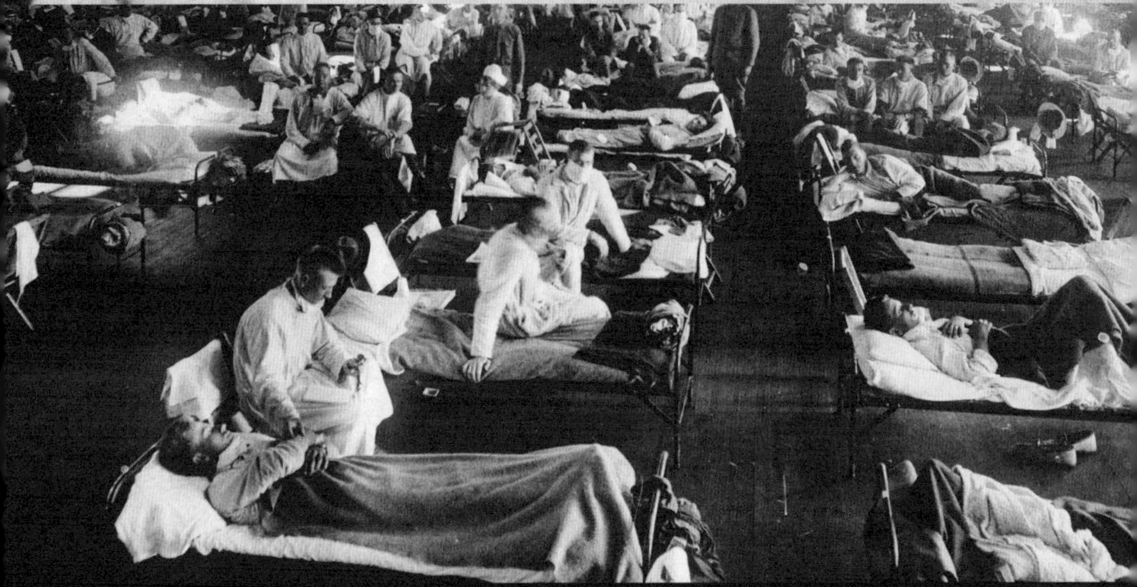

CONCLUSÃO

Os primeiros ancestrais humanos, ou hominídeos, datam de 4 a 5 milhões de anos atrás. Os seres humanos modernos existem há pelo menos várias centenas de milhares de anos. Somente um tique-taque ou dois no relógio evolucionário, mas mesmo assim um período respeitável. Durante todos esses anos, os seres humanos sobreviveram a doenças infecciosas. Passaram pelas grandes pestes: varíola, peste bubônica, tuberculose, cólera, tifo, malária, gripe, febre amarela e outras. Nós podemos apenas supor a natureza das doenças que afligiram nossos ancestrais no início da evolução humana.

Um grande evento "civilizador" que provocou muitas infecções novas e fatais para a humanidade há cerca de 10 mil anos foi a introdução da agricultura. Os caçadores-coletores nômades se acomodaram com seus animais domesticados — bois, porcos, cavalos, ovelhas, cabras, galinhas — e receberam uma dose saudável de seus micróbios. Na citação de Arno Karlen em *Man and Microbes* [O homem e os micróbios], "A agricultura trouxe tantos novos patógenos aos seres humanos que parece incrível eles terem sobrevivido". A doença infecciosa mais predominante, o resfriado comum, passou dos cavalos para os seres humanos entre 4 e 5 mil anos atrás. Centenas de outras doenças fizeram um salto entre espécies de maneira semelhante, dos animais para os seres humanos.

Com o aumento constante das populações e o desenvolvimento das grandes cidades, as comunidades se tornaram grandes o suficiente para sustentar de maneira permanente certos germes patogênicos. Circulando entre as pessoas, esses patógenos sempre encontravam novos indivíduos suscetíveis para infectar. A sociedade tinha entrado na era das doenças coletivas e das epidemias.

A espécie humana sobreviveu até agora. Mas será que vai continuar sobrevivendo com o surgimento de patógenos novos e extremamente virulentos? Com toda a probabilidade, sim. A lógica diz que, se sobrevivemos até agora, em grande parte sem o benefício dos antibióticos, da imunização, do saneamento público, de uma compreensão da teoria dos germes ou da natureza da transmissão das doenças, então sobreviveremos a todas as pestilências futuras que a natureza inventar para nos infectar. Ainda assim, hoje existem circunstâncias que não existiam no passado, aumentando demais a ameaça à sobrevivência.

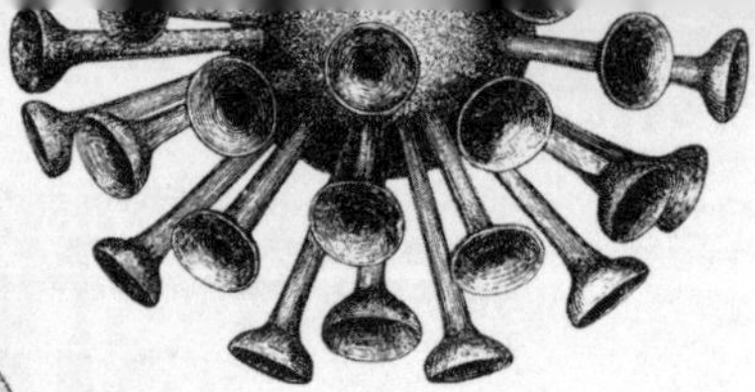

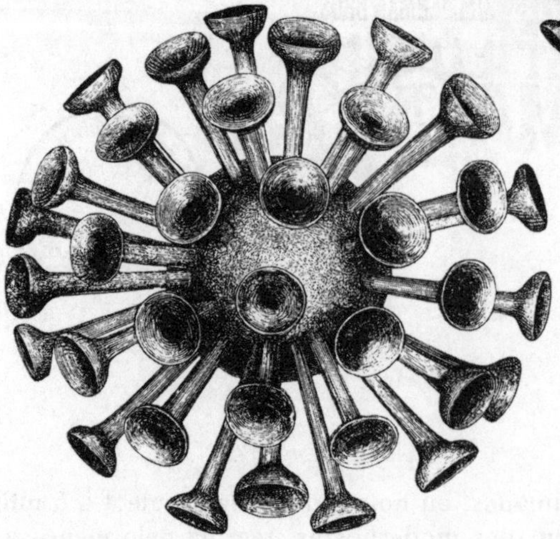

Em primeiro lugar, nunca houve tantas pessoas no mundo como há hoje — 7,8 bilhões, em comparação com os 2,5 bilhões de apenas setenta anos atrás. Esse número aumenta todos os dias. Mais pessoas significa uma densidade populacional maior: superlotação. Muitas vezes, não há espaço suficiente para habitar, nem comida para sustentar a quantidade de pessoas que vivem em determinada área. A economia da região não consegue oferecer serviços adequados de saúde ou saneamento. Está aí uma receita para o desastre. As doenças infecciosas se espalham com mais rapidez entre indivíduos que vivem em cômodos apertados, com saneamento precário, cujos organismos se tornaram imunocomprometidos pela má nutrição e que não recebem cuidados de saúde adequados. Obviamente, essas condições são mais evidentes nas nações em desenvolvimento, onde tanto as doenças evitáveis por vacinas, como sarampo, caxumba e poliomielite, quanto as doenças controláveis, como cólera, malária e infecções por vermes, ainda matam milhões de pessoas todo ano.

Mas as nações desenvolvidas não estão isentas. Nos Estados Unidos, os serviços de saúde pública padrão são mal conduzidos, e algumas estatísticas são surpreendentes. Em 1993, um consultor da Organização Mundial da Saúde anunciou que os Estados Unidos estavam atrás da Albânia, do México e da China na vacinação infantil — o país ocupa o 47º lugar no mundo em mortalidade infantil. Em *A Próxima Peste*, Laurie Garrett resume: "Nós matamos nossas crianças".

Entre 1982 e 2015, algo em torno de 9 a 45 milhões de americanos tinham acesso a água que estava em desacordo com o Safe Drinking Water Act [Lei de Água Potável Segura]. Não é de surpreender que os micróbios transmitidos pela água — como o rotavírus, a principal causa mundial de diarreia — continuem a infectar, adoecer e matar. Todo ano, milhares de pessoas morrem nos Estados Unidos por infecções causadas pelas conhecidas bactérias salmonela e *Shigella*. O motivo: ovos, aves e carne bovina manuseados e inspecionados de maneira inadequada.

A tuberculose e a aids continuam sendo ameaças sérias nos Estados Unidos, no Canadá e na Europa — e as duas doenças estão se unindo em um cenário assustador, o que torna cada uma delas muito mais fatal em combinação do que isolada.

As viagens de avião uniram a população humana. Vivemos em uma crescente comunidade global, onde ninguém está a mais de meio dia de distância de ninguém. As portas da maioria das nações estão abertas para viajantes do mundo inteiro, em um fenômeno que não existia antes de meados do século XX.

Isso acaba criando um caldeirão de patógenos e transmissão de doenças. Os vírus dotados de extrema virulência que surgem nas florestas tropicais — ebola, Marburg, Lassa — não ficam isolados nessas áreas. As viagens aéreas conduziram o Lassa e o ebola pelo Atlântico, saindo da África para os Estados Unidos. A aids evoluiu em macacos no continente africano e agora é um problema global. As barreiras geográficas — oceanos, montanhas e a mera distância — que antes isolavam os surtos de doenças, proporcionando uma "quarentena regional", não fazem mais isso. Conforme citou um epidemiologista: "Estamos todos no mesmo barco".

E também existe o bioterrorismo. A batalha para derrotar os patógenos já é bem difícil; se acrescentarmos a isso o incentivo humano para destruir outros seres humanos pela infecção por doenças, a tarefa fica assustadora, ainda mais à luz da "união global" que as viagens aéreas proporcionaram e da facilidade de fabricação e disseminação de germes letais no mundo atual, em que a tecnologia é avançada e tudo acontece em alta velocidade.

Até agora, tivemos sorte em todas as frentes. A infecção em massa pelo bioterrorismo não ocorreu. As infecções bacterianas mais comuns, mas potencialmente perigosas — por estreptococos e estafilococos —, continuam suscetíveis a pelo menos um antibiótico: a vancomicina. As infecções mais virulentas ou letais — ebola, Marburg, aids — não são transmitidas com facilidade. Mas e se os patógenos comuns se tornarem resistentes a todos os antibióticos? Os enterococos que causam muitas infecções de ouvido já estão demonstrando tal capacidade e podem facilmente transmitir seus genes resistentes à vancomicina para outras bactérias mais fatais. E se a aids ou o ebola se tornarem transmissíveis pelo ar e se espalharem com a mesma facilidade da gripe ou do resfriado comum? Nas condições atuais, esse é um pensamento assustador.

A última parte do século XX trouxe, além das constantes viagens aéreas, uma interferência sem precedentes no meio ambiente. Os governos estão aprendendo da maneira mais difícil que a construção de barragens, o desmatamento e ações semelhantes criam novas oportunidades para os micróbios e seus hospedeiros naturais interagirem com os seres humanos. No caso da doença de Lyme, não foi o desmatamento, mas o reflorestamento de áreas sem árvores na Nova Inglaterra que nos colocou em contato próximo com o carrapato de cervo. Foram criadas áreas suburbanas bonitas e arborizadas que atraíram tanto pessoas quanto cervos e roedores. A bactéria de Lyme não evoluiu recentemente — casos esporádicos da infecção vinham surgindo ao longo de décadas —, mas a doença se tornou epidêmica quando a alteração do meio ambiente deu à bactéria uma nova oportunidade de infectar.

Em suma, qualquer tipo de mudança ecológica gera risco de doenças para os seres humanos. A doença do legionário foi outra dessas "novas" doenças que viraram epidemia: em 1976, matou 34 das 221 pessoas que adoeceram. Mas o CDC, ao investigar amostras de sangue congeladas de pneumonias incomuns ou inexplicadas, revelou que a *Legionella pneumophila* já existia e provocava casos isolados e ocasionais da doença desde 1947 ou antes. No entanto foi a introdução de ambientes artificiais, na forma de torres de resfriamento e banheiras de hidromassagem, que fez com que a *Legionella* pudesse se multiplicar e ser liberada no ar. Agora ela é comum no mundo todo e é uma causa significativa de pneumonia hospitalar.

"Escrever sobre doenças infecciosas é quase como escrever sobre alguma coisa que já entrou para a história." Essas palavras foram ditas pelo virologista vencedor do Prêmio Nobel Sir Macfarlane Burnet, em 1962 (*A Dancing Matrix*, de Robin Marantz Henig). É óbvio que ele estava enganado. Tantos anos depois, a mensagem é clara: temos que manter vigilância constante. Estima-se que a melhoria do saneamento público tenha estendido a expectativa de vida média nos Estados Unidos em vinte anos, e o advento dos antibióticos e outros medicamentos em mais dez. Esses esforços precisam continuar e ser ampliados para o cenário mundial. Programas diversos devem ser implementados em todo o país e também no mundo inteiro por organizações como a OMS, o NIH e o CDC, com o objetivo de vacinar as pessoas e fornecer e administrar antibióticos e quimioterapias de maneira adequada. Devem ser feitas melhorias nas condições de vida e no saneamento público — sobretudo em relação aos suprimentos de água e alimentos. Devem ser estabelecidas redes computadorizadas em âmbito global para manter sob observação informações relacionadas a surtos, padrões de transmissão e mortalidade de doenças infecciosas. As estatísticas devem ser coletadas e avaliadas de maneira contínua. E devemos ser mais respeitosos com o meio ambiente, trilhando nosso caminho pelo planeta com mais leveza.

São tarefas nem sempre fáceis de concretizar. O investimento de dinheiro e mão de obra seria enorme e apenas poderia ser realizado com a cooperação mundial. As nações mais ricas teriam que arcar com a maior carga financeira. Não há outra alternativa. De acordo com um artigo do *New York Times* (10 de junho de 1994), "O surgimento arrasador da aids como uma epidemia foi um alerta de que esta geração poderia enfrentar ameaças novas ou rapidamente emergentes relacionadas a doenças infecciosas. O ressurgimento da tuberculose nos lembrou de que as doenças, depois de vencidas, podem voltar com força total. São lembretes horríveis de que a luta contra os patógenos nunca acaba".

"O surgimento
arrasador da aids
como uma epidemia
foi um alerta de que
esta geração poderia
enfrentar ameaças
novas ou rapidamente
emergentes relacionadas
a doenças infecciosas.
O ressurgimento da
tuberculose nos lembrou
de que as doenças,
depois de vencidas, podem
voltar com força total.
São lembretes horríveis
de que a luta contra os
patógenos nunca acaba."

NEW YORK TIMES 10.6.1994

ATERALIS ΣΚΕΛΕΤΟ
NATIO.
THE

BIBLIOTECA • ÍNDICE REMISSIVO

TORY

ZIMMERMAN BROS
MEDICINA MACABRA 3

BIBLIOTECA DOS GERMES

"Agency Cites Urgent Need to Fight Increase in TB". In: *New York Times*, 16 nov. 1993, sec. C, p. 8.

Altman, Lawrence K., MD. "FDA Experts Back a Vaccine Against Lyme". In: *New York Times*, 27 maio 1998, sec. A, p. 1.

Altman, Lawrence K., MD. "4 States Watching for Brain Disorder". In *New York Times*, 9 abr. 1996, sec. C, p. 12.

Altman, Lawrence K., MD. "Mad Cow Epidemic Puts Spotlight on Puzzling Human Brain Disease". In: *New York Times*, 2 abr. 1996, sec. C, p. 4.

Altman, Lawrence K., MD. "Tuberculosis Vaccine Found Surprisingly Effective in Study". In: *New York Times*, 2 mar. 1994, sec. C, p. 14.

"Antibiotic Misuse Could Create a Public Health Nightmare". In: USA *Today* 123, n. 2593, p. 16.

Ariza, Luis Miguel. "Facelift". In: *Scientific American* 286, n. 5 (maio 2002): 25.

Asimov, Isaac. *Biographical Encyclopedia of Science and Technology*, 2ª ed.rev. Nova York: Doubleday & Company, Inc., 1982.

Audesirk, Gerald e Teresa. *Biology: Life on Earth*, 3ª ed. Nova York: Macmillan Publishing Company, 1993.

"Bacteriophages Offer Alternative to Antibiotics". In: *Today's Science on File* 8, n. 12 (ago. 2000): 310–11.

Baltimore, David. "HIV Vaccines: Prospects and Challenges". In: *Scientific American* 279, n. 1 (jul. 1998): 98–103.

Barbour, Alan G. *Lyme Disease: The Cause, the Cure, the Controversy*. Baltimore: Johns Hopkins University Press, 1996.

Bartlett, John G., and Richard D. Moore. "Improving HIV Therapy". In: *Scientific American* 279, n. 1 (jul. 1998): 84–87.

Bauler, Bradley C. "River Blindness Cure in Sight". In: *Americas* 47, n. 4 (jul./ago. 1995): 2–5.

Beardsley, Tim. "Better Than a Cure". In: *Scientific American* 272, n. 1 (Jan. 1995): 88–95.

Beardsley, Tim. "Fighting All the Time". In: *Scientific American* 272, n. 4 (apr. 1995): 26–27.

Beardsley, Tim. "Paradise Lost?". In: *Scientific American* 267, n. 11 (nov. 1992): 18.

Begley, Sharon. "AIDS at 20". In: *Newsweek*, 11 jun. 2001, 34–41.

Begley, Sharon, et. al. "The End of Antibiotics". In: *Newsweek*, 28 mar. 1994, 46–51.

Begley, Sharon; Rogers, Adam. "Unmasking Bioterror". In: *Newsweek*, 8 out. 2001, 20–28.

Belluck, Pam. "Severe Infection Cited in Queens Boy's Death". In: *New York Times*, 5 abr. 1995, sec. B, p. 1.

Benenson, Abraham S. (ed.). *Control of Communicable Diseases in Man*, 15ª ed. Washington, DC: American Public Health Association, 1990.

Biddle, Wayne. *A Field Guide to Germs*. Nova York: Anchor Books, 2002.

Bleiweiss, John D., MD. *When to Suspect Lyme Disease*. Courtesia do HoMed Lyme Care Center, abr. 1994.

Bradsher, Keith. "The Only US Laboratory for the Anthrax Vaccine Says Production Will Be Delayed". In: *New York Times*, 12 nov. 2001, p. B7.

Bricklin, Mark. "The Promise of Nature's Pharmacy". In: *Prevention* 46, n. 3 (mar. 1994): 46–50.

Burrascano, Joseph J., Jr., MD. *Managing Lyme Disease*, 10ª ed. Cortesia do HoMed Lyme Care Center, fev. 1995.

Bylinsky, Gene. "The New Fight Against Killer Microbes". In: *Fortune*, 5 set. 1994, 74–82.

Caldwell, Mark. "The Long Shot". In: *Discover*, ago. 1993.

Caldwell, Mark. "Prokaryotes at the Gates". In: *Discover*, ago. 1994: 45–50.

Caldwell, Mark. "Vigil for a Doomed Virus". In: *Discover* 13, n. 3 (mar. 1992): 50–56.

Cantwell, Michael F., MD, MPH, et. al. "Epidemiology of Tuberculosis in the United States, 1985 Through 1992". In: *JAMA* 272, n. 7 (17 ago. 1994): 535–39.

Carey, John. "Cipro, Now for the Downside". In: *BusinessWeek*, 5 nov. 2001, 41.

Cartwright, Frederick F.; Biddiss, Michael. *Disease and History*. Nova York: Sutton Pub., 2000.

Casagrande, Rocco. "Detecting Anthrax". In: *Scientific American* 286, n. 3 (mar. 2002): 55.

CDC Report. "Prevalence of Penicillin-Resistant Streptococcus pneumonia –

Connecticut, 1992–1993". In: *JAMA* 271, n. 20 (25 maio 1994): 1572.

Christensen, Demaris. "Another Look at the TB Vaccine: Should the United States Use BCG Widely?". In: *Science News* 145, n. 25 (18 jun. 1994): 393.

Clark, Cathy. "Four Tropical Diseases Can Be Eliminated". In: *Malaria and Tropical Disease Weekly*, 5 maio 1997, 9.

Cohen, Jon. *Shots in the Dark: The Wayward Search for an AIDS Vaccine*. Nova York: W.W. Norton and Co., 2001.

"Common Bacteria Said to Be Turning Untreatable". In: *NewYork Times*, 20 fev. 1994, National section, p. 24.

Conner, Steve; Kingman Sharon. *The Search for the Virus*, 2ª ed. Londres: Penguin Books, 1989.

Cowley, Geoffrey. "Cannibals to Cow: The Path of a Deadly Disease". In: *Newsweek*, 12 mar. 2001, 52–60.

Cowley, Geoffrey. "The Endless Plague". In: *Newsweek*, 11 jan. 1993, 56–59.

Cowley, Geoffrey. "A Small Bug with a Big Appetite". In: *Newsweek*, 20 jun. 1994, 30.

Cowley, Geoffrey, et. al. "Tuberculosis: A Deadly Return". In: *Newsweek*, 16 mar. 1992, 52–57.

Dajer, Tony. "Blackwater Fever". In: *Discover* 13, n. 5 (maio 1992): 78–80.

Daly, Michael. "Doc Battles Killer Bug". In: *New York Daily News*, 11 abr. 1995, p. 3.

Dam, Gerard Ten. "BCG—a Partial Solution". In: *World Health* 46, n. 4 (jul./ago. 1993): 15.

"Debating the Destruction of a Killer". In: *Today's Science on File* 8, n. 3 (novembro 1999): 73–76.

de Kruif, Paul. *Microbe Hunters*. Nova York: Harcourt, Brace and Company, 1933.

Desowitz, Robert. *The Malaria Capers: More Tales of Parasites and People, Research, and Reality*. Nova York: W.W. Norton and Co., 1993.

Desowitz, Robert. *New Guinea Tapeworms and Jewish Grandmothers*. Nova York: W.W. Norton and Co., 1981.

Diamond, Jared. "The Arrow of Disease". In: *Discover* 13, n. 10 (out. 1992): 64–73.

Dixon, Bernard. *Power Unseen: How Microbes Rule the World*. Oxford: W.H. Freeman/Spektrum, 1994.

"Doctor Discovers Ebola Treatment". In: *Today's Science on File* 8, n. 11 (jul. 2000): 288.

Drexler, Madeline. *Secret Agents: The Menace of Emerging Infections*. Washington, DC: Joseph Henry Press, 2002.

"Drug Resistant Germ Shows Up in US". In: *New York Times*, 22 ago. 1997, sec. A, p. 20.

Dubos, René. *Pasteur and Modern Science*. Nova York: Doubleday & Company, Inc., 1960.

Elmer-DeWitt, Philip. "Reliving Polio". In: *Time*, 28 mar. 1994, 54–55.

Epstein, Paul R. "Is Global Warming Harmful to Health?". In: *Scientific American* 282, n. 8 (ago. 2000): 50–57.

Ewald, Paul W. *Plague Time: How Stealth Infections Cause Cancers, Heart Disease, and Other Deadly Ailments*. Nova York: The Free Press, 2000.

Ezzell, Carol. "Captain of the Men of Death". In: *Science News* 143, n. 6 (6 fev. 1993): 90–92.

Ezzell, Carol. "Hope in a Vial". In: *Scientific American* 286, n. 6 (jun. 2002): 38–45.

Fallon, Brian, MD, et. al. *The Neuropsychiatric Manifestations of Lyme Borreliosis*. Cortesia de HoMed Lyme Care Center. N.d.

Farmer, Paul. "TB Superbugs: The Coming Plague on All Our Houses". In: *Natural History* 108, n. 3 (abr. 1999): 46–53.

Fettner, Ann Giudici. *The Science of Viruses*. Nova York: William Morrow and Co., 1990.

Fischetti, Mark. "Preparing for Battle". In: *Scientific American* 284, n. 2 (fev. 2001): 82–83.

Fischetti, Vincent A., Ph.D. "Bulletin from Infection Control". In: *Distributed by Infection Control*, The Valley Hospital, Banta Valley Center. N.d.

Fish, Durland, MD; Walker, Edward, Ph.D. "What You Should Know About Lyme Disease" (panfleto). S.C. Johnson & Son, Inc., 1995.

Fisher, Jeffrey A. *The Plague Makers*. Nova York: Simon & Schuster, 1994.

"For Polio, the End May Be Near". In: *Today's Science on File* 8, n. 7 (mar. 2000): 192.

Franklin, Deborah. "In Hot Pursuit of a Deadly Parasite". In: *The Race Against Lethal Microbes – A Report from the Howard Hughes Medical Institute*. Chevy Chase, 1996, p. 33–45.

Friedman, Meyer, md; Friedland, Gerald W., md. *As Dez Maiores Descobertas da Medicina*. São Paulo: Companhia de Bolso, 2006.

Gadsby, Patricia. "Fear of Flu". In: *Discover* 20, n. 1 (jan. 1999): 82–87.

Gallo, Robert. *Virus Hunting: Aids, Cancer, and the Human Retrovirus*. Nova York: A New Republic Book/BasicBooks, 1991.

Ganley, Elaine. "Mad cow disease darkens the French dinner table". In: *Staten Island Advance*, 26 nov. 2000, sec. a, p. 22.

Garrett, Laurie. *Betrayal of Trust: The Collapse of Global Public Health*. Nova York: Hyperion Books, 2000.

Garrett, Laurie. *A Próxima Peste: Novas Doenças num Mundo em Desequilíbrio*. Rio de Janeiro: Nova Fronteira, 1995.

Garrett, Laurie. "A Primer on Bacteria Worrying Residents". In: *New York Newsday*, 11 abr. 1995, sec. A, p. 3.

Garrett, Laurie. "Report: Worldwide tb Cases Up 26%". In: *New York Newsday*, 22 jan. 1995.

Gibbs, Nancy. "In Search of the Dying". In: Time, 29 maio 1995, 44–47.

Gibbs, W. Wyatt. "Back to Basics". In: *Scientific American* 266, n. 3 (mar. 1993): 134–36.

Gladwin, Mark; Trattler, Bill. *Clinical Microbiology Made Ridiculously Simple*. Miami: MedMaster Inc., 1995.

Glausiusz, Josie. "Ebola's Lethal Secrets". In: *Discover* 19, n. 7 (jul. 1998): 24.

Gorman, Christine. "Battling the Aids Virus". In: *Time*, 12 fev. 1996, 62–65.

Gorman, Christine. "The Exorcist". In: *Time*, set.-nov. 1996 Special Issue, 64–66.

Gorman, Christine. "A New Attack on Aids". In: *Time*, 8 jul. 1996, 52–53.

Gorman, Christine. "The Odds Grow Longer". In: *Time*, 24 nov. 1997, 84.

Gorman, Christine. "When Did Aids Begin?" *Time*, 16 fev. 1998, 64.

Grady, Denise. "Death in the Corners". In: *Discover* 14, n. 12 (dez. 1993): 82–91.

Grady, Denise. "A Move to Limit Antibiotic Use in Animal Feed". In: *New York Times*, 8 Ago. 1999, sec. a, p. 1.

Grady, Denise. "New Strain of Highly Contagious Tuberculosis Is Identified". In: *New York Times*, 23 set. 1997, sec. f, p. 3.

Greene, Warner C. "Aids and the Immune System". In: *Scientific American* 268, n. 3 (set. 1993): 98–106.

Guillemin, Jeanne. *Anthrax: The Investigation of a Deadly Outbreak*. Berkeley: University of California Press, 1999.

Guyton, Arthur C., md. *Function of the Human Body*, 3ª ed. Filadélfia: W.B. Saunders Company, 1969.

Hager, Mary; Hosenball, Marc. "Mad Cow Disease in the us?" *Newsweek*, 8 abr. 1996, 58–59.

Hall, Stephen. "Billions of Powerful Weapons to Choose From". In: *Arousing the Fury of the Immune System – A Report from the Howard Hughes Medical Institute*. Chevy Chase, 1998, p. 6–29.

Hall, Stephen. "The Return of Tuberculosis – In a New, More Menacing Form". In: *The Race Against Lethal Microbes – A Report from the Howard Hughes Medical Institute*. Chevy Chase, 1996, p. 7–21.

Haynes, G.W., md, et. al. "The Golden Anniversary of the Silver Bullet". In: *jama* 270, n. 13 (6 out. 1993): 1610–11.

"Health Agency Urges tb Medication Watch". In: *New York Times*, 21 mar. 1995, sec. c, p. 12.

"Health: Brain Disease: Mad Cow". In: *Today's Science on File* 10 (set. 2001– ago. 2002): 10.

Health Logue (A publication of Bayley Seton Hospital and St. Vincent's Medical Center). "Tuberculosis – What You Need to Know Now". mar.-jun., 1993, p. 4–7.

Heemstra, Thomas S. *Anthrax: A Deadly Shot in the Dark*. Lexington, ky: Crystal Communications, 2002.

Henig, Robin Marantz. *A Dancing Matrix: How Science Confronts Emerging Viruses*. Nova York: Vintage Books, 1994.

Hewitt, Bill; Stein, Ellin. "A Common Germ Turns Deadly". In: *People*, 13 jun. 1994, 103–4.

Ho, David. "Alexander Fleming". In: *Time*, 29 mar. 1999, 117–19.

Jaroff, Leon. "Stop That Germ". In: *Time*, 23 maio 1988, 56–64.

Kanigel, Robert. "A Bull's-Eye on Lyme Disease". In: *Arousing the Fury of the Immune System—A Report from the Howard Hughes Medical Institute*. Chevy Chase, 1998, p. 56–71.

Karlen, Arn. *Man and Microbes: Disease and Plagues in History and Modern Times*. Nova York: G.P. Putnam's Sons, 1995.

KIESTER, EDWIN, JR. "A Curiosity Turned into the First Silver Bullet Against Death". In: *Smithsonian* 21, n. 8 (nov. 1990): 173.

KNUTSON, ROGER M. *Fearsome Fauna: A Field Guide to the Creatures That Live in You.* Nova York: W.H. Freeman and Co., 1999.

KOFF, RAYMOND S. "Advances in Treatment of Chronic Viral Hepatitis". In: *JAMA* 282, n. 6 (11 ago. 1999): 511–12.

KOLATA, GINA. "A Dangerous Form of Strep Stirs Concern in Resurgence". In: *New York Times*, 8 jun. 1994, sec. C, p. 11.

KOLATA, GINA. "Defeat of a Deadly Form of Strep May Lie Within Its Own Clock". In: *New York Times*, 14 jun. 1994, sec. C, p. 3.

KOLATA, GINA. "First Documented Case of TB Passed on Airliner Is Reported by the U.S". In: *New York Times*, 3 mar. 1995.

KOLATA, GINA. *Flu: The Story of the Great Influenza Pandemic of 1918 and the Search for the Virus That Caused It.* Nova York: Farrar, Touchstone (Division of Simon & Schuster), 1999.

KOLATA, GINA. "Viruses or Prions: An Old Medical Debate Still Rages". In: *New York Times*, 4 out. 1994, sec. C, p. 12–13.

KUCHMENT, ANNA. "Superbug Killers". In: *Newsweek*, 17 dez. 2001, 52–53.

LANGONE J. "Emerging Viruses". In: *Discover* 11, n. 12 (dez. 1990), 62–68.

LARSON, ERIK. "The Flu Hunters". In: *Time*, 23 fev. 1998, 54–63.

LEGUENNO, BERNARD. "Emerging Viruses". In: *Scientific American* 273, n. 4 (out. 1995): 56–63.

LELAND, JOHN. "The End of Aids?" *Newsweek*, 12 dez. 1996, 64–70.

LEMONICK, MICHAEL D. "Can It Happen Here?" *Time*, 29 jan. 2001, 58–59.

LEMONICK, MICHAEL D. "Guerrilla Warfare". In: *Time*, Edição especial de outono de 1996, 59–62.

LEMONICK, MICHAEL D.; NASH, MADELEINE. "The Killers All Around". In: *Time*, 12 set. 1994, 62–69.

LEMONICK, MICHAEL D.;Park, Alice. "Streptomania Hits Home". In: *Time*, 20 jun. 1994, 54.

Lemonick, Michael D., and Alice Park. "Vaccines Stage a Comeback". In: *Time*, 21 Jan. 2002, 70–75.

LESSER, T.H.J., F.R.C.S., et. al. "Ear, nose, and throat manifestations of Lyme disease". In: *The Journal of Laryngology and Otology* 104 (abr. 1990): 301–4.

LEVINE, ARNOLD J. *Viruses.* Nova York: Scientific American Library, 1992.

LIMB, JULIA. "City Orders Hosps to Report All 'Flesh-Eating' Cases". In: *New York Post*, 11 abr.1995, p. 16.

LINDEN, EUGENE. "Global Fever". In: *Time*, 8 jul. 1996, 56–57.

LINE, LES. "Ticks and Moths, Not Just Oaks, Linked to Acorns". In: *New York Times*, 16 abr. 1996, sec. C, p. 1.

LIPSITCH, MARC. "Fears Growing Over Bacteria Resistant to Antibiotics". In: *New York Times*, 12 set. 1995, sec. C, p. 1.

LOVING, JEROME. *Walt Whitman: The Song of Himself.* Berkeley: University of California Press, 1999.

The Lyme Care Center. "Lyme Disease 'At a Glance' Fact Sheet". In: N.p.: N.d.

LYME DISEASE FOUNDATION. "Physicians: Be Alert to These Facts!" (panfleto), 1994.

"Lyme Vaccine Approved". In: *Today's Science on File* 7, n. 5 (fev. 1999): 156.

MACKEY, ROBERT. "Ten Diseases on the Way Out". In: *New York Times Magazine*, 6 maio 2001, 34–35.

MACTIRE, SEAN P. *Lyme Disease and Other Pest-Borne Illnesses.* Nova York: Watts Franklin, 1991.

"'Mad-Cow' Disease Scares Brits, Puzzles Scientists". In: *Today's Science on File* 4, n. 9 (maio 1996): 193–95.

MARGULIS, L.; SAGAN, D. *Microcosmos: Quatro Bilhões de Anos de Evolução Microbiana.* São Paulo: Cultrix, 2004.

MARSHALL, VINCENT. "Lyme and Multiple Sclerosis". Cortesia do HoMed Lyme Care Center. N.d.

MARTINDALE, DIANE. "New Worries: TB, Malaria". In: *Discover* 23, n. 1 (jan. 2002): 70.

MCCORMICK, JOSEPH B., MD.; FISHER-HOCH, SUSAN, MD. *Level 4 Virus Hunters of the CDC*, updated ed. Nova York: Barnes & Noble Books, 1999.

MCNEILL, WILLIAM H. *Plagues and Peoples.* Garden City, NY: Anchor, 1998.

MEDINA, JOHN J. *Uncovering the Mystery of Aids.* Nashville: Oliver-Nelson Books, 1993.

"Microbes Settle in the Cities". In: *New York Newsday*, 25 out. 1994, sec. B, p. 32–35.

MILLER, JUDITH. "Panel Says Smallpox Stocks May Be Useful". In: *New York Times*, 16 mar. 1999, sec. A, p. 10.

MILLER, JUDITH; ENGELBERG, STEPHEN; BROAD, WILLIAM. *Germes: As Armas Biológicas e a Guerra Secreta da América.* Rio de Janeiro: Ediouro , 2002.

MINALL, GAIL LARKIN. "Prevention is best medicine against tick bites". In: *Staten Island Advance*, 9 jun. 1997, sec. B, p. 3.

MORAN, GREGORY J. "Biological Terrorism: Are We Prepared?". In: *Emergency Medicine*, nov. 2001, 16–34.

Nash, Madeleine; Thompson, Dick. "Attack of the Superbugs". In: *Time*, 31 ago. 1992, 62–63.

NEW YORK STATE DEPARTMENT OF HEALTH: BUREAU OF COMMUNICABLE DISEASE CONTROL. "Lyme Disease". Jul. 1988.

NICHOLS, MARK; DRIEDGER SHARON DOYLE. "A Swift Killer". In: *Maclean's* 107, n. 50 (12 dez. 1994): 20–21.

NICHOLS, MARK. "Health: Marauding Microbes". In: *Maclean's* 107, n. 23 (6 jun. 1994): 87.

NICHOLSON, JOE, ET. AL. "'Flesh-Eater' Eyed". In: *New York Daily News*, 5 abr. 1995, p. 5.

NICHOLSON, JOE. "Health chief sees no 'flesh-eater' outbreak". In: *New York Daily News*, 11 abr. 1995, p. 3.

"New Compound May Block HIV's Entry into Cells". In: *Today's Science on File* 8, n. 7 (mar. 2000): 173.

NORTON, CYNTHIA FRIEND. *Microbiology*. Boston: Addison-Wesley Publishing Company, 1982.

NOWAK, MARTIN A.; MCMICHAEL, ANDREW J. "How HIV Defeats the Immune System". In: *Scientific American* 273, n. 2 (ago. 1995): 58–65.

NOWAK, RACHEL. "Flesh-Eating Bacteria: Not New, but Still Worrisome". In: *Science* 264 (17 jun. 1994): 1665.

NULAND, SHERWIN B. *Doctors: The Biography of Medicine*. Nova York: Vintage Books, 1995.

OSTERHOLM, MICHAEL T.; SCHWARTZ JOHN. *Living Terrors*. Nova York: Delta Books, 2000.

PARK, ALICE. "Anthrax: A Medical Guide". In: *Time*, 29 out. 2001, 44–45.

PARK, ALICE. "Fighting Aids". In: *Time*, 29 mar. 1999, 119.

PARK, ALICE. "First Aids Vaccine: Better than Nothing". In: *Time*, 15 jun. 1998, 66.

PARK, ALICE. "Smallpox Vaccines for Everyone". In: *Time*, 29 out. 2001, 47.

PARK, ALICE. "When Did Aids Begin?" *Time*, 14 fev. 2000, 66.

PARK, ALICE. "Who Discovered the Aids Virus?". In: *Time*, 29 mar. 1999, 118.

PATRICK, REGINALD. "An Illness That Wastes the Brain". In: *Staten Island Advance*, 2 dez. 2000, sec. A, p. 1, 16.

PAUL, WILLIAM E. "Infectious Diseases and the Immune System". In: *Scientific American* 269, n. 3 (set.1993): 90–97.

PETERS, C. J.; OLSHAKER, MARK. *Virus Hunter*. Nova York: Anchor Books, 1998.

PEYSER, ANDREA. "Manhattan Doc's Agony: He Found Cure Too Late". In: *New York Post*, 11 abr. 1995, p. 16.

PFIZER CENTRAL RESEARCH. "Lyme Disease" (panfleto). Cortesia do HoMed Lyme Care Center, 1993.

PIKE, OTIS. "Mad Cows and Englishmen". In: *Staten Island Advance*, 11 abr. 1996, sec. A, p. 23.

Pines, Maya. "Can Aids be Tamed?" In: *The Race Against Lethal Microbes – A Report from the Howard Hughes Medical Institute*. Chevy Chase, 1996, p. 46–53.

"Polio Effort Paralyzed". In: *Today's Science on File* 9, n. 7 (mar. 2001): 182–83.

PRESTON, RICHARD. *Zona Quente*. Rio de Janeiro: Rocco, 1995.

PRUSINER, STANLEY B. "The Prion Diseases". In: *Scientific American* 272, n. 1 (jan. 1995): 48–57.

PURVIS, ANDREW. "Where Does Ebola Hide?" *Time*, 4 mar. 1996, 59.

RADETSKY, PETER. *The Invisible Invaders: The Story of the Emerging Age of Viruses*. Nova York: Little, Brown & Co., 1991.

RALOFF, JANET. "Livestock's Role in Antibiotic Resistance". In: *Science News* 154, n. 3 (18 jul. 1998): 39.

RAMOS, JOSHUA COOPER. "The Real Price of Fighting Aids". In: *Time*, 9 jul. 2001, 35.

REISS, SPENCER; BIDDLE, NINA ARCHER. "The Strep-A Scare". In: *Newsweek*, 20 jun. 1994, 32–33.

"Researchers Develop Test to Detect CJD". In: *Today's Science on File* 5, n. 3 (nov. 1996): 59.

RHODES, RICHARD. *Deadly Feasts*. Nova York: Simon & Schuster, 1997.

ROSENTHAL, ELISABETH. "Doctors and Patients Are Pushed to Their Limits by Grim New TB". In: *New York Times*, 12 out. 1992, sec. A, p. 1.

ROSENTHAL, ELISABETH. "Flesh-Eating Illness Confirmed as Cause of Death". In: *New York Times*, 11 abr. 1995, sec. B, p. 2.

ROSS, ALLEN G.P., ET AL. "Schistosomiasis". In: *New England Journal of Medicine* 346, n. 3 (8 abr. 2002): 1212–20.

ROTELLO, GABRIEL. "Aids Is Still an Exceptional Disease". In: *New York Times*, 22 ago. 1997, sec. A, p. 23.

RUSTING, RICKI L. "Medical Lessons". In: *Scientific American* 286, n. 3 (mar. 2002): 59.

RYAN, FRANK, MD. *The Forgotten Plague*. Boston: Little, Brown and Company, 1993.

"Same Old Strep?". In: *New York Times*, 10 Jun. 1994, sec. A, p. 28.

Schardt, David; Schmidt, Stephen. "Mad About BSE". In: *Nutrition Action Healthletter*, jul./ago. 1997, 4–7.

SCOTT, GALE. "Hospitals to Report 'Flesh-Eating' Cases". In: *New York Newsday*, 11 abr. 1995, sec. A, p. 3.

SCOTT, GALE. "Sudden Death: Woman's Death Linked to Strep-A". In: *New York Newsday*, 10 abr. 1995, sec. A, p. 3.

SEPPA, NATHAN. "A New Gap in the Antibiotic Arsenal". In: *Science News* 151, n. 23 (7 jun. 1997): 348.

SHORTER, EDWARD, PH.D. *The Health Century*. Nova York: Doubleday, 1987.

SIMBERKOFF, MICHAEL S., MD. "Drug-Resistant Pneumococcal Infections in the United States". In: *JAMA* 271, n. 23 (15 jun. 1994): 1875–76.

SKOW, JOHN. "Life in the Age of Lyme". In: *Time*, 24 jun. 1991, 45–46.

SMITH, JANE S. *Patenting the Sun: Polio and the Salk Vaccine*. Nova York: William Morrow and Co., 1990.

SMITH, JOHN MAYNARD. "Bacteria Break the Antibiotic Bank". In: *Natural History* 103, n. 6 (Jun. 1994): 39–41.

SMITH-FIOLA, DEBORAH. "Prevent Tick Bites: Prevent Lyme Disease". In: *Rutgers Cooperative Extension of Ocean County*. New Jersey Agricultural Experiment Station, 1991.

SOREL, NANCY CALDWELL. "Alexander Fleming and Marlene Dietrich". In: *The Atlantic Monthly* 269, n. 3 (mar. 1991): 105.

SPIELMAN, ANDREW; D'ANTONIO, MICHAEL. *Mosquito: A Natural History of Our Most Persistent and Deadly Foe*. NovaYork: Hyperion Books, 2001.

STENOR, PHILIP. "Deadly Virus Spreads from Horses to Man in Australia". In: *New York Times*, 5 dez. 1995, sec. A, p. 12.

STEPHENSON, JOAN. "Aids Researchers Explore New Drug Options". In: *JAMA* 283, n. 9 (1º mar. 2000): 1125.

"Strep Throat Can Bring Scarlet Fever". In: *USA Today* 122, n. 2565, p. 5.

TARQUINIO, ALEX J. "Ten Breakthroughs". In: *Reader's Digest*, fev. 2002, 73–78.

TAUBES, GARY. "Malarial Dreams". In: *Discover* 19, n. 3 (mar. 1998): 108–16.

TAYLOR, ROBERT. *Saranac: America's Magic Mountain*. Nova York: Paragon House Publishers, 1988.

THOMAS, GORDON; MORGAN-WITTS, MAX. *Anatomy of an Epidemic*. Nova York: Doubleday, 1982.

TIERNO, PHILIP M., JR. *Protect Yourself Against Bioterrorism*. Nova York: Pocket Books, 2002.

TIERNO, PHILIP M., JR. *The Secret Life of Germs: Observations of a Microbe Hunter*. Nova York: Pocket Books, 2002.

"Tiny Bubbles Blast Holes Through Microbes". In: *Today's Science on File* 10, n. 4 (dez. 2001): 105–6.

TOLCHIN, MARTIN. "Study Says Flight Attendant Infected 23 with TB". In: *New York Times*, 21 out. 1993, sec. A, p. 17.

TORTORA, GERARD J., ET. AL. *Microbiology: An Introduction*, 5ª ed. Nova York: The Benjamin/ Cummings Publishing Company, Inc., 1995.

"Tougher than Ever, Tuberculosis Comes Back". In: *Today's Science on File* 1, n. 2 (out. 1992): 38–39.

TRAVIS, JOHN. "Viruses That Slay Bacteria Draw New Interest". In: *Science News* 157, n. 23 (3 jun. 2000): 358.

TRAVIS, JOHN; CULOTTA, ELIZABETH; NOWAK, RACHEL; KLINGMAN, SHARON. "Reviving the Antibiotic Miracle?". In: *Science* 264 (abr. 1994): 360–65.

TREVES, FREDERICK. "The Old Receiving Room". In: *The Elephant Man and Other Reminiscences*. Londres: Cassell, 1923.

VANDERHOOF-FORSCHNER, KAREN, ET. AL. *Everything You Need to Know About Lyme Disease and Other Tick-Borne Disorders*. Nova York: John Wiley and Sons, 1997.

VILLEE, CLAUDE A. *Biology*, 5ª ed. Filadélfia: W.B. Saunders Company, 1967.

"Viruses Fight Antibiotic-Resistant Bacteria". In: *Today's Science on File* 10, n. 5 (jan. 2002): 130–31.

WAKSMAN, SELMAN A. *My Life with the Microbes*. Nova York: Simon & Schuster, Inc., 1954.

WEDBERG, STANLEY E. *Introduction to Microbiology*. Nova York: Reinhold Publishing Corp., 1966.

WEINTRAUB, ARLENE; SALKEVER, ALEX. "Killer Tests for Deadly Germs". In: *BusinessWeek*, 5 nov. 2001, p. 42.

"The Wrong Fold: Prions Key to Mad Cow Disease". In: *Today's Science on File* 9, n. 8 (abr. 2001): 185–89.

YOUNG, JOHN A. T.; COLLIER R. JOHN. "Attacking Anthrax". In: *Scientific American* 286, n. 3 (mar. 2002): 48–59.

ZINSSER, HANS. *Rats, Lice, and History*. Boston: Little, Brown and Company, 1963.

POSTAGENS DE SITES

American Lung Association Fact Sheet: Tuberculosis and HIV. 27/02/2002. (lungusa.org/diseases/tbhivfac.html)

"Antibiotic Resistance" (mirrors.org.sg/whyfiles/038badbugs/)

"Antibiotic Resistance in Microbes" (xoma.com/sci/B1_AnRes.html)

"Antibiotics from Space". 29/03/ 2002. (http://science.nasa.gov/headlines/y2002/29mar_antibiotics.htm?aol37519)

"Bovine Spongiform Encephalopathy (BSE)". Mar. 29, 2001. (fda.gov/cber/bse/bseqa.htm)

Canadian Centre for Occupational Health and Safety (CCOHS): Frequently Asked Questions. (ccohs.ca/oshanswers/diseases/legion.html)

"CDC Panel Votes for Injected, Not Oral, Polio Vaccine". 16/06/1999. (cnn.com/HEALTH/9906/16/polio.vaccine.02/)

"Childhood Vaccination Information for the American Public and Parents". Nov. 2001. (acsh.org/press/releases/vaccination112001.html)

"Children's Immunization Schedule: The American Academy of Pediatrics' 1999 recommendations for immunizing children". 23/04/2002. (FitnMagArt.asp?Catid=237&Objid={8AAF3321933611D-381020090277C0A31}&-curpage=2/5/02)

"Dispelling Vaccination Myths: An introduction to the contradictions between medical science and immunization policy". (unc.edu/~aphillip/www/vaccine/dvm1.htm)

"Facts About Mold". Fev. 2001. (ci.nyc.ny.us?html/doh/html/epi/epimold/html)

"Flesh-Eating Bacteria". 2000. (holidaylectures.org/grants/lectures/biointeractive/web_video/bacteria.htm)

"Flesh-Eating Bacteria: Facts Behind the Bug". 1998. (dreamscape.com/morgana/amalthea.htm)

"'Flesh-eating' bug genome decoded". 10/04/2001. (http://news.bbc.co.uk/hi/english/sci/tech/newsid_1269000/1269157.stm)

"Frequently asked questions about TB". Nov. 2001. (cdc.gov/nchstp/tb/faqs/qa.htm)

"General Info: General Questions about Legionnaires' Disease". In: Jun. 30, 2000. (legionella.org/general_info.htm)

Grant, Amy. "Streptococcus A —Necrotizing Fasciitis". In: Jun. 15, 1994. (emergency.com/strep-a.htm)

"Guinea Worm". Atualizado em 2001. (cartercenter.org/guineaworm.html)

HERNAN, PATRICK. "Flesh-eating bacteria kills elderly woman". *Post-Gazette News* (Pittsburgh, PA), 18/03/1998. (post-gazette.com/regionstate/19980318bmead5.asp)

HERNANDEZ, VALERIE. "Stachybotrys' Blame for Illnesses Debated". *Milwaukee Journal Sentinel*, 07/07/2001. (jsonline.com/homes/build/jul01/moldsid08970601.asp)

"HIV, TB and Malaria – Three Major Infectious Disease Threats". Jul. 2000. (who.int/inf-fs/en/back001.html)

"Immunization Protects Children: 2002 Immunization Schedule". In: 2002. (aap.org/family/parents/immunize.htm)

"Information: Facts on Hepatitis B". 08/10/2001. (hepb.org/info.html)

"Introducing MMV – Medicines for Malaria Venture". Nov. 1999. (who.int/inf-fs/en/factxxx.html)

JACKSON, MEGAN C. "Group A Streptococcus". In: Feb. 7, 2002. (http://justice.loyola.edu/~klc/BL472/GAS/)

JOHANNES, LAURA; MCGINLEY, LAURIE. "Search for Better Anthrax Vaccine Increases". *Wall Street Journal*. 19/10/2001. (anthraxvaccine.org/Johannes.html)

LAINO, CHARLENE. "New hope on HIV vaccine front". MSNBC, Barcelona, 11/07/2002. (http://msnbc.com/news/778794.asp)

LEDUC, JAMES W.; JAHRLING, PETER B. "Strengthening National Preparedness for Smallpox: An Update". In: *Emerging Infectious Disease Journal* 7, n. 1 (jan.–fev. 2001). (cdc.gov/ncidod/eid/vol7no1/ leduc.htm)

"Legionellosis: Legionnaires' Disease (LD) and Pontiac Fever". 20/06/2001. (cdc.gov/ncidod/dbmd/diseaseinfo/legionellosis_g.htm)

Legionnaires' Disease Fact Sheet. 03/06/2000. (multiline.com.au/~mg/legion1.html)

Legionnaires' Disease Fact Sheet. 03/06/2000. (multiline.com.au/~mg/legion2.html)

Legionnaires' Disease Fact Sheet. 03/06/2000. (multiline.com.au/~mg/legion5.html)

Legionnaires' Disease Fact Sheet. 03/06/2000. (multiline.com.au/~mg/legion6.html)

"Legionnaires' Disease: FAQ". 25/01/2001. (http://hcinfo.com/ldfaq.htm)

LIVNI, EPHRAT. "Vaccine Victims? The Controversy Surrounding SmithKline Beecham's LYMErix". 17/05/2000. (http://abcnews.go.com/sections/living/DailyNews/lyme_vaccine0516.html)

"Lymphatic Filariasis". Atualizado em 2001. (cartercenter.org/lymphatic.html)

MEDLINEplus Health Information Fact Sheet on Lyme disease. 02/01/2002. (http://medlineplus.nlm.nih.gov/medlineplus/ency/article/001319.htm)

MEDLINEplus Health Information Fact Sheet on Lyme disease – primary. 02/01/2002. (http://medlineplus.nlm.nih.gov/medlineplus/ency/article/000670.htm)

MEDLINEplus Health Information Fact Sheet on Lyme disease – secondary. 02/01/2002. (http://medlineplus.nlm.nih.gov/medli neplus/ency/article/000625.htm)

MEDLINEplus Health Information Fact Sheet on Lyme disease – tertiary. 02/01/2002. (http://medlineplus.nlm.nih.gov/medlineplus/ency/article/000669.htm)

MEDLINEplus Health Information Fact Sheet on Lyme Disease Vaccine (Systemic). 15/08/2001. (nlm.nih.gov/medlineplus/druginfo/lymediseasevaccinesystemic203759.html)

NELSON, BERLIN D. "Stachybotrys chartarum: The Toxic Indoor Mold". Nov. 2001. (apsnet.org/online/feature/stachybatrys)

"New York Recommended Childhood Vaccination Schedule". Fev. 2002. (health.state.ny.us/nysdoh/immun/schedul.htm)

"Notice to Readers Availability of Updated HIV Treatment Guidelines". In: *Morbidity and Mortality Weekly Report (MMWR)*. 04/06/1999. (cdc.gov/mmwr/prebiew/mmwr html/mm4821a7.htm)

"Only a Fraction of TB Patients Get the Best Care". 22/03/2002. (who.int/inf/en/pr-2002-21.html)

PRESTON, RICHARD. "The Demon in the Freezer". In: *The New Yorker*, 12/07/1999. (http://cryptome.org/smallpox-wmd.htm)

"Riverblindness". Atualizado em 2001. (cartercenter.org/riverblindness.html)

"Schistosomiasis". Atualizado em 2001. (cartercenter.org/schisto.html)

"Scientists build polio virus in lab". In: Associated Press, Washington, DC, 11/07/2002. (http://msnbc.com/news/779006.asp)

SIMAO, PAUL. "Global Tuber culosis Epidemic Fuels US Trend". In: *Reuters*, 08/02/2002. (nlm.nih.gov/medlineplus/news/fullstory_6094.html)

"Smallpox Eradication: A Past Success—a Bridge to the Future". (cdc.gov/od/ogh/smallp05.htm)

"*Stachybotrys chartarum*: An Infosheet". Abr. 1997. (cal-iaq.org/LAYMEM97.html)

"*Stachybotrys chartarum* (atra) – What You Need to Know". (idph.state.il.us/envhealth/factsheet/stachybotrys.htm)

"*Stachybotrys: Factsheet*". 1504/1997. (http://hlunix.hl.state.ut.us/els/epidemiology/envepi/eep-stac.html)

"Tuberculosis Fact Sheet". Jul. 1999. (niaid.nih.gov/factsheets/tb.htm)

"Tuberculosis Vaccines: State of the Science". Maio 2001. (niaid.nih.gov/dmid/tuberculosis/tbvaccine.htm)

"West Nile Virus". (ci.nyc.ny.us/html/doh/html/wnv/wnv1-01.html)

"West Nile virus". National Centers for Infectious Diseases, Division of Vector-Borne Infectious Diseases. (cdc.gov/ncidod/dvbid/westnile/index.htm)

"West Nile Virus—General Information on West Nile Virus". Fev. 2002. (ci.nyc.ny.us/html/doh/html/wnv/wnvfaq1.html)

"West Nile Virus—Symptoms and Care". Jul. 2001.ci.nyc.ny.us/html/doh/html/wnv/wnvfaq11.html)

ATUALIZAÇÃO BRASILEIRA

A equipe editorial se preocupou em atualizar, ao longo do texto e em notas de rodapé complementares, alguns dados e informações a respeito dos avanços científicos na área da saúde a fim de manter o leitor informado sobre os últimos acontecimentos. As informações foram retiradas dos sites a seguir: The History of Vaccines, Nature, CTVacinas UFMG, Fiocruz, Janssen, Pfizer Brazil, Instituto Butantã, Organização Mundial da Saúde, Revista Pesquisa FAPESP, Revista Galileu, USP — Universidade de São Paulo, Telessaúde UNIFESP, Departamento de Doenças de Condições Crônicas e Infecções Sexualmente Transmissíveis, Ministério da Saúde, Hospital Sírio-Libanês, Dráuzio Varella, Secretaria da Saúde do Paraná, Biography, BBC News Brasil, Be in the KNOW, Lyme Disease Association, New York Times, Chicago Tribune, El País, CNN Brasil, Jornal da USP, VEJA SP, VEJA Saúde, Aventuras na História, Intralytix, NCBI — National Center for Biotechnology Information, Agência FAPESP e Medical News Today.

Também foram consultados os seguintes artigos científicos: *O Potencial do Vírus da Varíola como Arma Biológica no Cenário Mundial Atual* (2020); *Percursos Científicos de um Bacteriologista* (2017); *HIV/AIDS in the South-East Asia Region: Progress and Challenges* (2016); *Highly active antiretroviral therapy and tuberculosis control in Africa: synergies and potential* (2002); *Características Clínico-Epidemiológicas da Doença de Lyme Símile em Crianças* (2009); *Development of Phage Lysins as Novel Therapeutics: A Historical Perspective* (2018); *Coxiella burnetii e a Febre Q no Brasil: uma questão de saúde pública* (2016); *Epidemia de Leishmaniose Visceral no Estado do Piauí, Brasil, 1980-1986* (1990).

THE
HISTORY
3

ZIMMERMAN BROS

MEDICINA MACABRA 3

ÍNDICE REMISSIVO

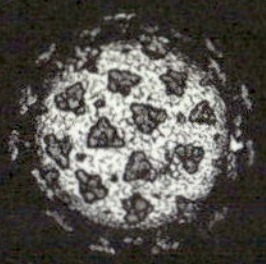

A.

D.

H.

I.

J.

K.

L.

M.

N.

O.

P.

Q.

R.

S.

ÍNDICE REMISSIVO

T.

U.

V.

W.

Y.

Z.

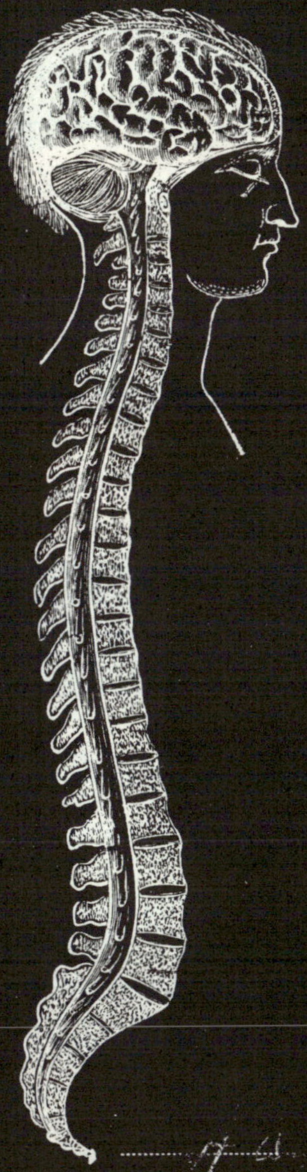

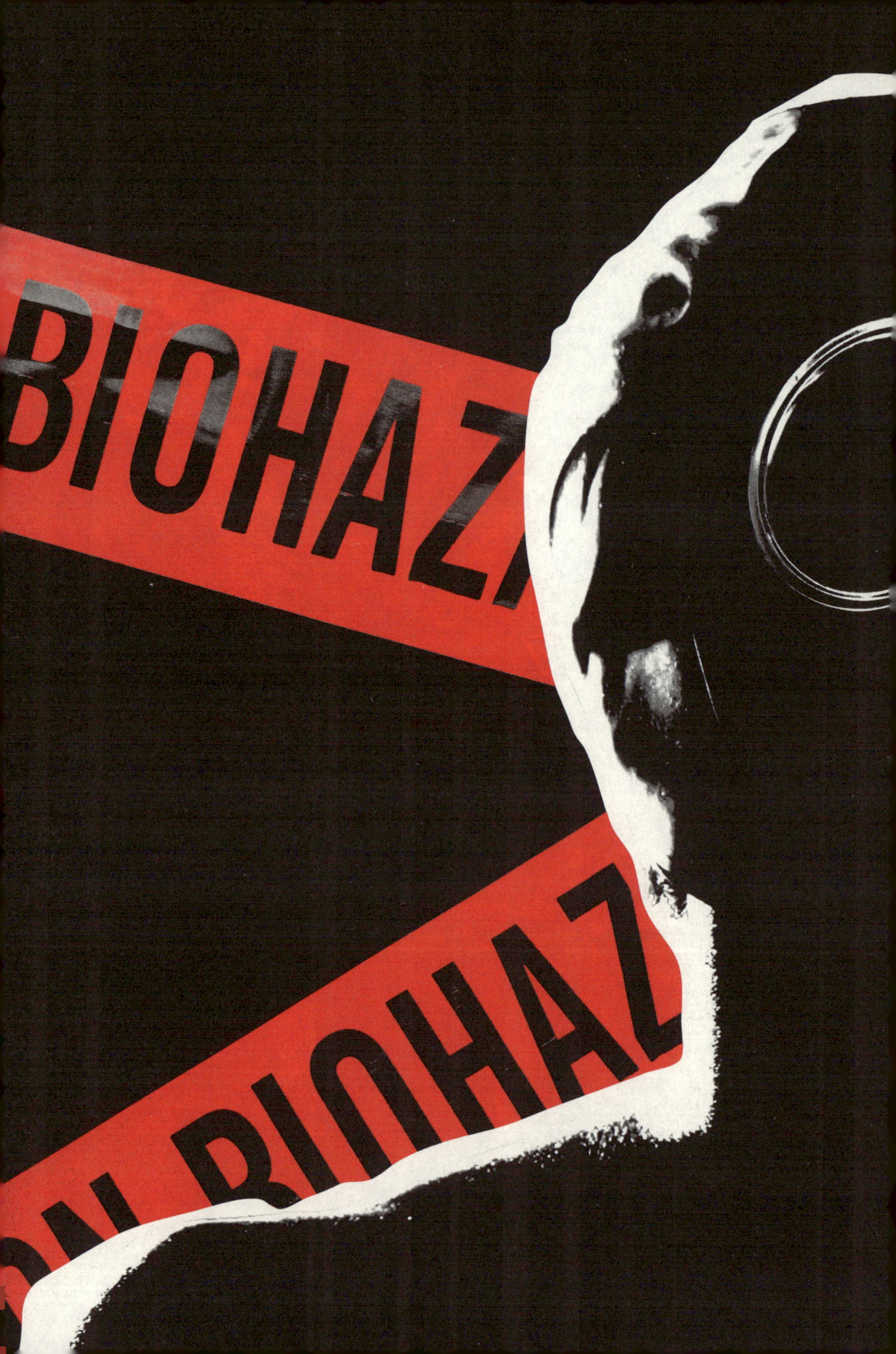
BIOHAZ
BIOHAZ

EXTRAS
CAUTION

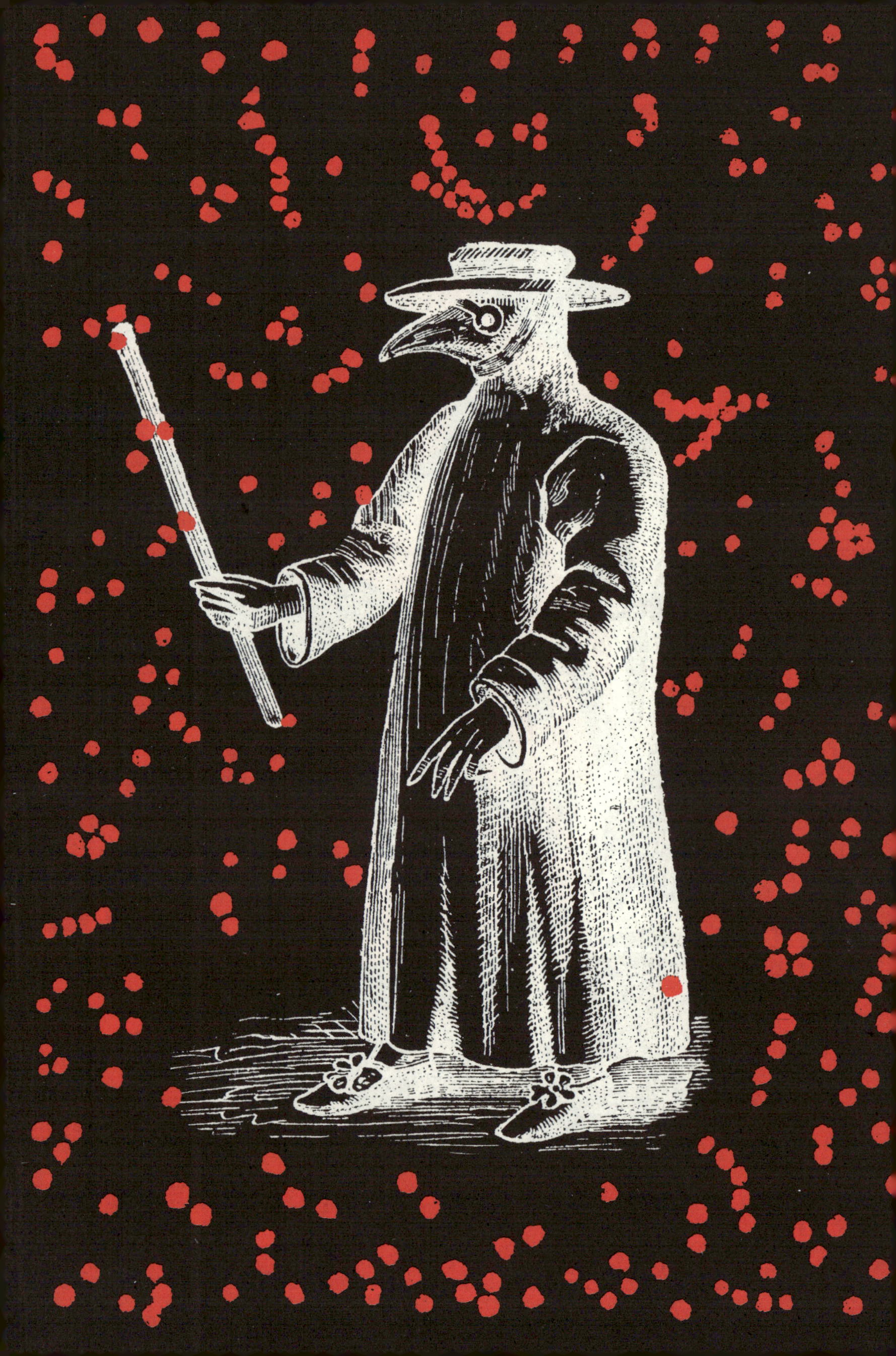

MUNDOS EM GUERRA

por Romeu Martins

Quanto mais a pandemia se estender,
mais a moral se tornará elástica.
– *A Peste*, de Albert Camus

Como vocês, caros leitores, bem devem saber, a Terra foi invadida no ano da graça de 1897.

Gigantescos e belicosos marcianos vieram ao nosso planeta e começaram a subjugar as principais cidades sem a menor dificuldade. Quando ficou evidente que a humanidade nada poderia fazer contra o inimigo, surgiram os verdadeiros donos deste lugar e, da forma rápida e silenciosa com que sempre costumam agir, exterminaram a ameaça.

Sim, os verdadeiros donos do planeta Terra: a vida microbiana que habita este pedaço de rocha há pelo menos 3,5 bilhões de anos, em comparação aos míseros 5 milhões de anos de existência de nossos antepassados mais diretos, isso na melhor das hipóteses. E sejam quais forem os segredos que vírus e bactérias escondam nas suas estruturas invisíveis aos olhos, eles eram muito mais poderosos que os melhores rifles e canhões disponíveis do lado humano da contenda.

A genialidade do autor daquela trama, o inglês H. G. Wells (1866-1946), foi a de ter começado a escrever os primeiros capítulos de *A Guerra dos Mundos* exatamente um século depois que seu conterrâneo, o naturalista Edward Jenner (1749-1823), criou a primeira vacina efetiva da história, o instrumento pelo qual, mais tarde, a varíola seria extinta.

Até aquele ponto de nossa trajetória, éramos presas indefesas dos germes causadores de doenças, por vezes mortais, que estavam espalhados por cada canto do globo, sem nada que pudéssemos fazer além de torcer desesperadamente para não sermos contaminados. A comemoração dos cem anos da primeira grande batalha vencida pela humanidade veio com aquele gosto agridoce da ficção científica de Wells, ao reconhecer a superioridade de nossos adversários na defesa de seu território, por vezes invadido por nós da mesma maneira que fizeram os ficcionais marcianos.

A contribuição de Edward Jenner pode ter sido inestimável, na mesma categoria da fabricação dos antibióticos, da infraestrutura de saneamento básico e do acesso universal a programas de saúde pública, como é o caso do SUS, no Brasil. Contudo, a longa guerra está bem longe de chegar a uma conclusão. Tanto que outro dos marcos recentes deste conflito certamente está bem nítido em sua memória: o dia 11 de março de 2020.

Foi naquela quarta-feira, às 13h30 no horário de Brasília, que o biólogo etíope Tedros Adhanom fez uma importante declaração: a entidade da qual ele é diretor-geral, a Organização Mundial da Saúde (OMS), acabava de decretar que o mundo estava vivendo uma nova pandemia.

O que havia surgido meses antes como um surto respiratório em Wuhan, sétima maior cidade da China, distante cerca de 1.160 quilômetros da capital do país, havia escalado para um problema de proporções transcontinentais. Até aquele momento, a doença provocada pelo novo coronavírus já havia contaminado 118 mil pessoas em 114 países e provocado 4.291 mortes.

Contabilizando a situação daquele dia em que o alerta vermelho foi acionado, por aqui tínhamos oficialmente 52 casos confirmados entre menos de mil brasileiros com suspeita de estarem com covid-19.

Ao mesmo tempo em que citar esses números parece evocar uma outra era tão distante quanto a da criação daquele romance vitoriano, temos certeza de que aquele distante 11 de março de 2020 ficou registrado em suas recordações pela série de eventos que ele antecipou. Um dos efeitos quase imediatos foi a corrida aos supermercados para estocar fardos de papel higiênico e caçar embalagens de álcool gel. Outro, foi o súbito interesse nas buscas das plataformas de streaming por filmes como *Contágio* (Contagion, 2011), de Steven Soderbergh, e *Epidemia* (Outbreak, 1995), de Wolfgang Petersen.

Papel higiênico, álcool gel e filmes. Há um padrão aí, não? Diante do que foi o anúncio da maior ameaça real à existência de nossa geração, reagimos procurando itens de primeira necessidade para nossa sobrevivência. E entre esses itens ficava bem evidente nossa ânsia por histórias.

Naquela já citada jornada de 5 milhões de anos que nos tornaram isto que somos, houve uma boa parcela de tempo dedicado à nossa socialização. Os hominídeos mais primitivos, em cima de árvores, dentro de cavernas, em volta de fogueiras, já compartilhavam experiências e ensinavam sua prole como sobreviver contando histórias. O mesmo processo evolutivo que tornou certos microrganismos tão eficientemente letais nos adaptou na forma destes seres que consomem aventuras de outras pessoas, sejam elas reais ou fictícias, com a mesma volúpia com que estocamos papel higiênico em momentos de crise.

Na literatura, um dos mais renomados livros a explorar os efeitos de uma epidemia talvez seja *A Peste*, do franco-argelino Albert Camus (1913-1960). Lançado em 1947, o romance teve um súbito aumento de vendas na Europa assim que começaram as primeiras quarentenas de 2020, pela semelhança da história — uma doença que surge em uma cidade costeira da Argélia chamada Orã, primeiramente entre os ratos, e logo atingindo humanos — e a situação em que viviam seus novos e interessados leitores. Tratando de uma pestilência fictícia, a intenção do autor em grande parte era refletir, de forma metafórica, sobre a recentemente concluída Segunda Guerra Mundial e a ocupação nazista de Paris.

Mas claro que houve obras escritas à queima-roupa durante períodos epidêmicos. Foi durante a Peste que assolou a Europa Medieval, a ponto de se tornar o paradigma para todas as pandemias, que o poeta italiano Giovanni Boccaccio (1313-1375) escreveu seu maior legado. *Decameron* é uma reunião de diversas histórias contadas por um grupo de dez personagens que, assim como fez o próprio autor na sua vida, se refugiaram da grande praga no interior da Itália. Entre o horror do luto e a celebração da vida, aquela costura de contos formando uma trama maior influenciou uma miríade de autores pelo mundo, incluindo o brasileiro Álvares de Azevedo (1831-1852) e sua célebre e póstuma *Noite na Taverna* (1855).

A antologia *Medo Imortal*, que tive o imenso prazer de organizar para a DarkSide Books em 2019, não só republicou a íntegra dessa história do paulista Álvares de Azevedo como também trouxe outros exemplos nacionais de contos em que microrganismos ocupavam papel de destaque. "A Peste", de João do Rio (1881-1921), fala sobre o surto do vírus da varíola na paisagem carioca durante a *Belle Époque*; em "A Sombra", do maranhense Coelho Neto (1864-1934), um enciumado marido usa bacilos da tuberculose para se vingar da esposa; esses mesmos germes surgem de forma ainda mais perturbadora em "Palestras a Horas Mortas", do pernambucano Medeiros e Albuquerque (1867-1934). Evidências claras de quanto o imaginário brasileiro já esteve marcado com tal temática.

E para além da literatura, como a provar o quanto a história é cíclica e pouco ou nada aprendemos com ela, a graphic novel *A Revolta da Vacina*, do quadrinista brasileiro André Diniz, revisitou o motim popular ocorrido no Rio de Janeiro, quando autoridades tornaram obrigatória a vacinação contra a varíola em 1904, gerando desconfiança e medo entre a população.

Outro quadrinho pertinente ao tema explora uma versão ficcional da aids entre adolescentes — o multipremiado *Black Hole*, de Charles Burns, e se passa nos arredores de Seattle, extremo noroeste dos Estados Unidos, em meados da década de 1970, quando uma praga inominável e traiçoeira se alastra e desencadeia diferentes reações em cada um dos infectados, aumentando o clima de horror, delírio e insanidade entre todos.

O vencedor do prêmio Nobel José Saramago (1922-2010) foi outro autor a explorar dos efeitos metafóricos de uma pandemia em seu aclamado romance publicado em 1995, *Ensaio Sobre a Cegueira*. Vale muito a pena comparar o livro do escritor português com um dos maiores clássicos da ficção científica brasileira, o conto "A Escuridão", de 1963, do paulista André Carneiro (1922-2014): em ambos os casos uma moléstia misteriosa afeta a visão da população e um grupo de personagens encontra abrigo entre pessoas que já eram deficientes visuais antes do evento inexplicado.

E o rei do terror? O autor contemporâneo que mais se dedicou a todas as vertentes imagináveis do gênero não poderia deixar de dar sua contribuição ao medo supremo dos hipocondríacos. *A Dança da Morte*, mesmo ultrapassando as mil páginas, é um dos romances mais populares da longeva carreira de Stephen King desde que foi lançado em 1978. Uma fantasia pós-apocalíptica em que aproximadamente 99% da humanidade foi dizimada por um vírus, esse livro teve sua história adaptada para o formato de minissérie duas vezes: a primeira foi em 1994 e a mais recente estreou já em plena pandemia do coronavírus (diz a lenda que a derradeira cena foi gravada no dia 11 de março de 2020; será?).

Por falar em metáforas, pós-apocalipse, terror... vamos mencionar apenas e tão somente uma palavra e ela vai evocar um sem-número de filmes, livros, quadrinhos, séries de TV e afins em sua memória: zumbis. Os mortos-vivos são versáteis o suficiente para servirem de vetor na contação de histórias, mas ninguém deve duvidar do quanto eles são perfeitos para representar momentos pandêmicos como este em que vivemos. A falta de raciocínio do zumbi e seu instinto de apenas seguir os sons, ser tão vazio na cabeça e no coração, são ideias que encontram fundamento em nossa realidade em momentos como esse.

Agora, é preciso lembrar: esse interesse de nossa espécie por histórias também abre oportunidade para péssimos usos. Somos naturalmente sujeitos a cair nas chamadas fake news, a dar ouvidos a depoimentos duvidosos que, por insistência no erro ou apostando no caos, recomendam remédios sem serventia para o combate ao vírus no lugar das vacinas que, comprovadamente, fizeram despencar a escalada no número de mortes por covid, por exemplo.

Daí a importância de iniciativas como a da coleção *Medicina Macabra*, em especial com este volume que está em suas mãos. Os gêmeos Barry e David Zimmerman compilaram de maneira clara a história desta guerra entre os mundos micro e macroscópico. A dupla de especialistas dos EUA, sempre tendo em vista o melhor da ciência de sua área, conta a biografia de algumas das pessoas que mais se destacaram no enfrentamento das patologias causadas por vírus, bactérias, protozoários, fungos e vermes. Eles também trazem muitas das inovações, dificuldades e caminhos promissores que a ciência, como só ela poderia fazer, apresenta.

Em alguns momentos, como nas descrições dos efeitos da tuberculose, da varíola e do ebola, as páginas deste livro ganham um ar de *body horror* que não deixa nada a dever a filmes como *A Mosca* (The Fly, 1986), de David Cronenberg, e *Seres Rastejantes* (Slither, 2006), de James Gunn. Em outros, os relatos das batalhas que ocorrem dentro de nosso sistema imunológico contra os diversos invasores podem ser tão épicas quanto a de séries como *Game of Thrones* — infelizmente, algumas vezes com desfechos tão desastrosos quanto.

Diferenciar a realidade da ficção, recorrer a informações precisas, aproveitar as histórias analisando-as com o devido senso crítico, tudo isso é uma forma de prevenção tão fundamental quanto as máscaras, o álcool gel e as vacinas.

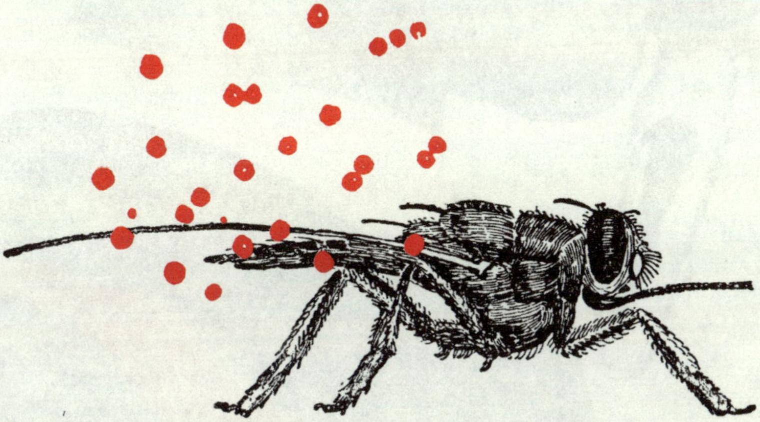

ROMEU MARTINS (1975) é jornalista catarinense, formado pela Universidade Federal de Santa Catarina. Organizou a antologia *Medo Imortal* para a DarkSide Books, reunindo poemas e contos sobrenaturais de grandes nomes da literatura brasileira, como Machado de Assis, Ávares de Azevedo, Julia Lopes de Almeida, entre outros. Também publicou diversos contos e graphic novels de terror e fantasia.

WARNING
BIOHAZARD
por Cesar Bravo

CONTAMINAÇÃO CINEMATOGRÁFICA PELA SOBREVIVÊNCIA

CINE EPIDEMIAS

OS DOZE MACACOS

12 Monkeys • 1995

Em 2035, um prisioneiro sobrevivente de uma pandemia é selecionado para voltar no tempo e encontrar as origens do surto que viria a exterminar quase toda a humanidade. Com a ilustre presença de Bruce Willis e Brad Pitt, Os Doze Macacos continua um clássico infeccioso e atemporal.

Radiação: 5/5

A DANÇA DA MORTE

The Stand • 1994

Quando um vírus letal sintetizado pelo exército americano escapa do isolamento, é correr ou morrer — e é dessa forma que um soldado e sua família espargem a supergripe apocalíptica por todo o continente. Produto da mente profética de Stephen King, a minissérie intitulada A Dança da Morte se sustenta como uma das mais memoráveis produções do gênero.

Radiação: 5/5

PROVA FINAL

The Faculty • 1998

O que é mais aterrorizante que os corredores escolares às vésperas de uma prova final? Alienígenas invadindo corpos, é claro. The Faculty é um filme para quem sempre desconfiou que alguns colegas e professores pudessem ter vindo do espaço (e para aqueles que desejam um bom pretexto para apanhar um tacape).

Radiação: 4/5

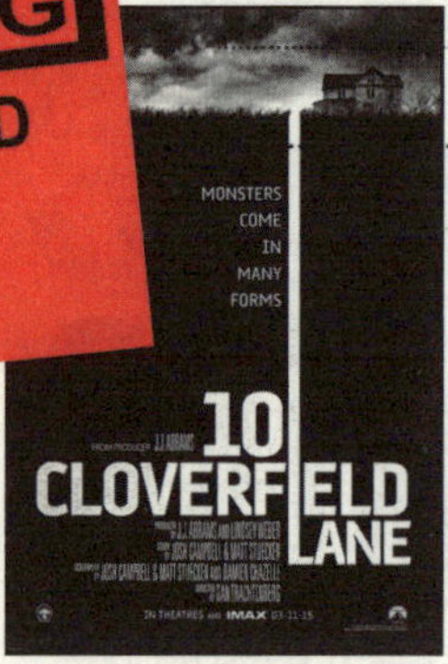

RUA CLOVERFIELD, 10

10 Cloverfield Lane • 2016

O mais interessante dessa infestação "cósmica" é que nem os próprios atores sabiam o que estavam protagonizando. Sim, o segredo foi a alma e o corpo desse filme, e o resultado é um mergulho insano nos pesadelos humanos que bebem das fontes abissais de H.P. Lovecraft.

Radiação: 5/5

TODO MUNDO QUASE MORTO

Shaun of the Dead • 2004

Epidemias podem ser divertidas? Nesse filme a resposta é sim, principalmente porque temos Shaun, um homem massacrado pela própria rotina, que descobre na infestação de zumbis uma forma de sorrir para a vida (na medida do possível).

Radiação: 5/5

VÍRUS

Fukkatsu no hi • 1980

Nesse filme pós-apocalíptico japonês, uma transação obscura envolve uma substância conhecida como MM88 (um vírus mortal, criado acidentalmente por um geneticista americano, que amplifica a potência de qualquer outro vírus ou bactéria com o qual entre em contato). O vírus é liberado acidentalmente, criando uma pandemia inicialmente conhecida como "Gripe Italiana".

Radiação: 3/5

AO CAIR DA NOITE

It Comes at Night • 2017

Tentando sobreviver a uma doença infecciosa altamente transmissível, Paul e sua família se abrigam em uma casa isolada na floresta. Os problemas começam quando Paul se depara com o dilema de ajudar ou não uma outra família desesperada. Nesse filme, não temos uma definição sobre o agente infeccioso, mas ficamos frente a frente com o instinto de sobrevivência humano.

Radiação: 4/5

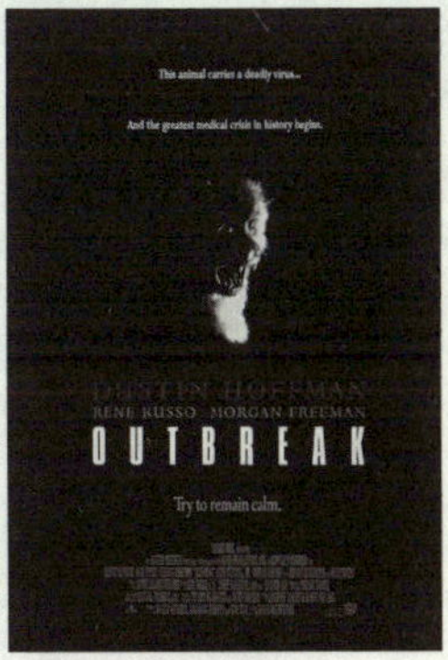

EPIDEMIA

Outbreak • 1995

O título brasileiro deixa poucas dúvidas quanto ao seu conteúdo. O mais interessante desse filme é a abordagem do comportamento dos médicos, autoridades e dos civis contaminados, e as relações que nascem dessa interação. O agente viral é ficcional, um vírus chamado "Motaba", mas apresenta semelhanças com algumas febres hemorrágicas conhecidas.

Radiação: 3/5

EU SOU A LENDA

I am Legend • 2007

Baseado na Novela de Richard Matheson, o filme traz Robert Neville (Will Smith) e sua pastora alemã vivendo em um mundo pós-apocalíptico dizimado por um estranho vírus que transforma todos os outros humanos em mutantes sedentos por sangue. Nesse filme, Robert não é só um lendário sobrevivente, mas a própria cura.

Radiação: 5/5

ENSAIO SOBRE A CEGUEIRA

Blindness • 2008

No longa baseado no livro de José Saramago, um surto de "cegueira branca" atinge uma cidade, e a protagonista, umas das únicas que não contrai a doença, se vê empurrada junto de seu marido a um abrigo em péssimas condições. O filme expõe o egoísmo e a falta de empatia humanos e ainda força uma autoanálise dolorosa.

Radiação: 5/5

CORRENTE DO MAL

It Follows • 2014

Em Corrente do Mal, uma força maligna é o agente infeccioso — e ele se espalha através do sexo. Inusitado? No mínimo. E o melhor da festa é que o infectado pode escolher se fica com a "doença" para si ou a transfere para o próximo elo da corrente. O filme é uma experiência epidêmica única.

Radiação: 4/5

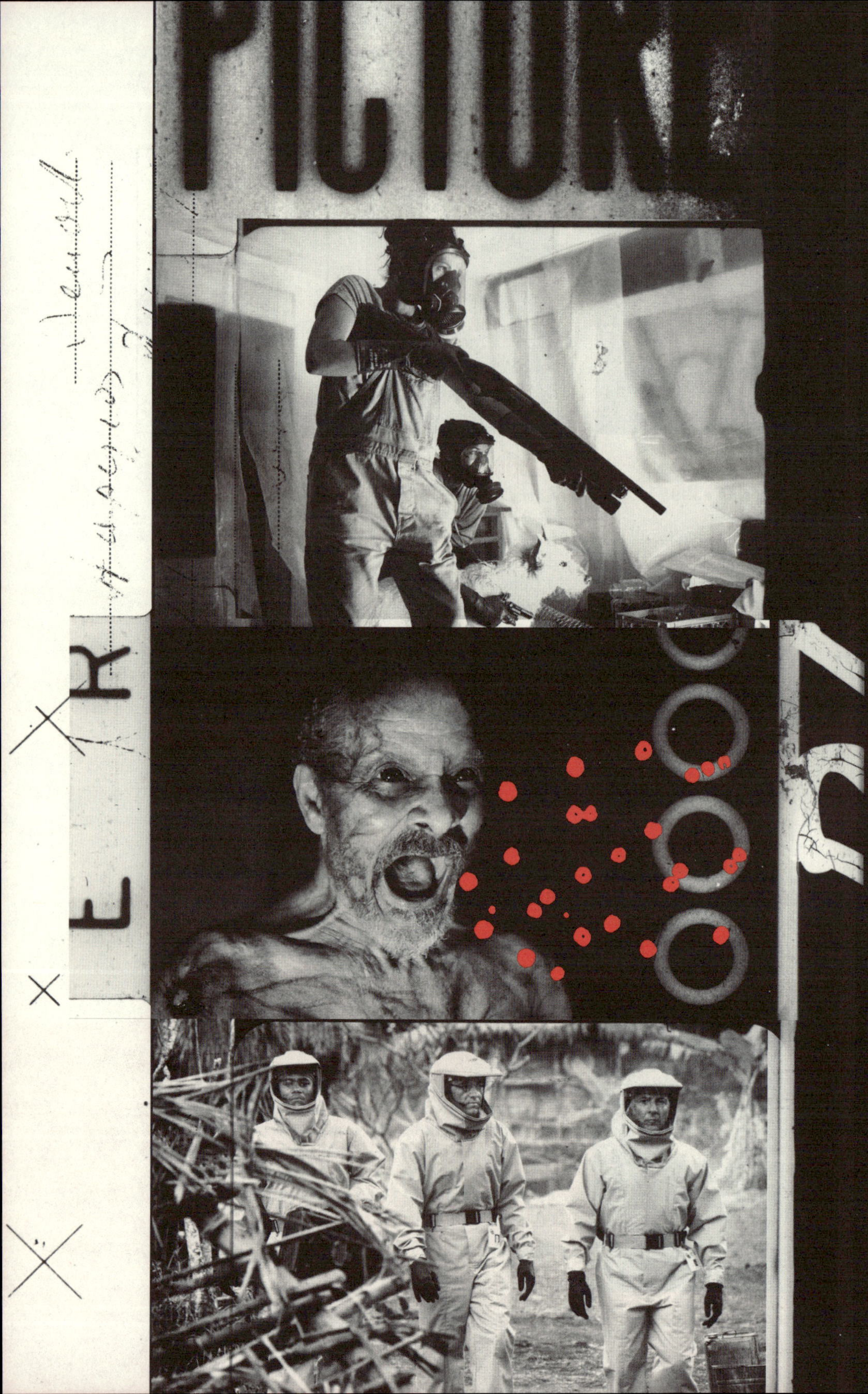

A PRAGA

The Plague • 2006

O filme é baseado na mente criativa de Clive Barker, então já começamos bem. No longa, um coma acometeu todas as crianças com menos de 9 anos, e depois de 10 anos, elas decidem acordar e exterminar os adultos. Flertando com maldições, loucura e infecções, não fica muito claro quem é o agente causador, mas seus efeitos são a mensagem de que esse mundo precisa ser reconstruído.

Radiação: 4/5

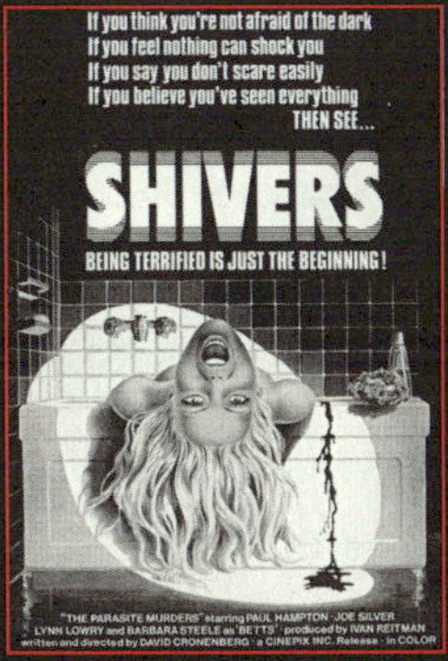

CALAFRIOS

Shivers • 1975

Esse filme é mais uma pérola perdida de David Cronenberg. Na trama, o cientista (Dr. Emil Hobbes) desenvolve um parasita, "uma combinação de afrodisíaco e doença venérea que, esperançosamente, transformará o mundo em uma bela orgia irracional". Hobbes acreditava que os humanos modernos haviam se tornado intelectuais demais e alienados de seus impulsos primitivos, então decidiu nos devolver ao início.

Radiação: 5/5

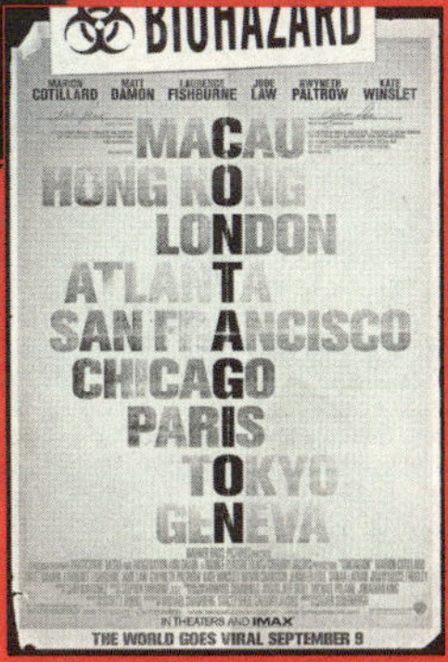

CONTÁGIO

Contagion • 2011

Nesse filme, alguém derruba duas palmeiras em uma floresta tropical na China, perturbando a paz de alguns morcegos. Um desses morcegos resolve se alimentar dos frutos de uma bananeira e, logo depois, encontra abrigo em uma fazenda de porcos, onde deixa cair um pedaço da banana. O pedaço é comido por um porco. Em seguida, o porco é abatido e preparado pelo chef de um restaurante, que aperta a mão de uma mulher após apenas limpar grosseiramente as mãos no avental, transmitindo o vírus para ela e revelando o início da pandemia. Covid? Não. Mas poderia ser...

Radiação: 3/5

WARNING
BIOHAZARD

ZUMBILÂNDIA

Zombieland • 2009

Nesse filme, apesar da total desgraceira, também conseguimos rir. O vírus já tem seu próprio enredo, e é uma estranha reação em cadeia de mutação vaca-louca/pessoa-louca/zumbi. Heróis com um amadorismo brilhante, o elenco nos arrasta a um mundo de podridão e mordidas onde não se pode confiar em ninguém.

Radiação: 5/5

JEZEBEL

1938

As epidemias estão impregnadas no cinema há muito tempo. Nesse filme de 1938, a jovem e transgressora Jezebel tem a chance de provar seu amor a um pretendente quando um surto de febre amarela (Yellow Jack) se abate sobre a cidade. Quem interpreta Jezebel é Betty Davis, que garantiu um Oscar com a atuação.

Radiação: 4/5

A ESTAÇÃO DA BRUXA

Season of the Witch • 1972

Quando George Romero aparece nos créditos existe uma certeza maior do que os zumbis: a crítica social. No caso dessa produção, uma dona de casa se vê infectada pelo oculto enquanto abandona sua rotina massacrante e tediosa.

Radiação: 4/5

INVASORES DE CORPOS

Invasion of the Body Snatchers • 1978

Algumas vezes, a diferença entre uma infecção por vermes e um agente alienígena pode ser bastante sutil. O filme baseado no livro de Jack Finne traz essa premissa e estuda as reações de confiança humanas sendo despedaçadas enquanto somos gentilmente invadidos no corpo e na mente.

Radiação: 5/5

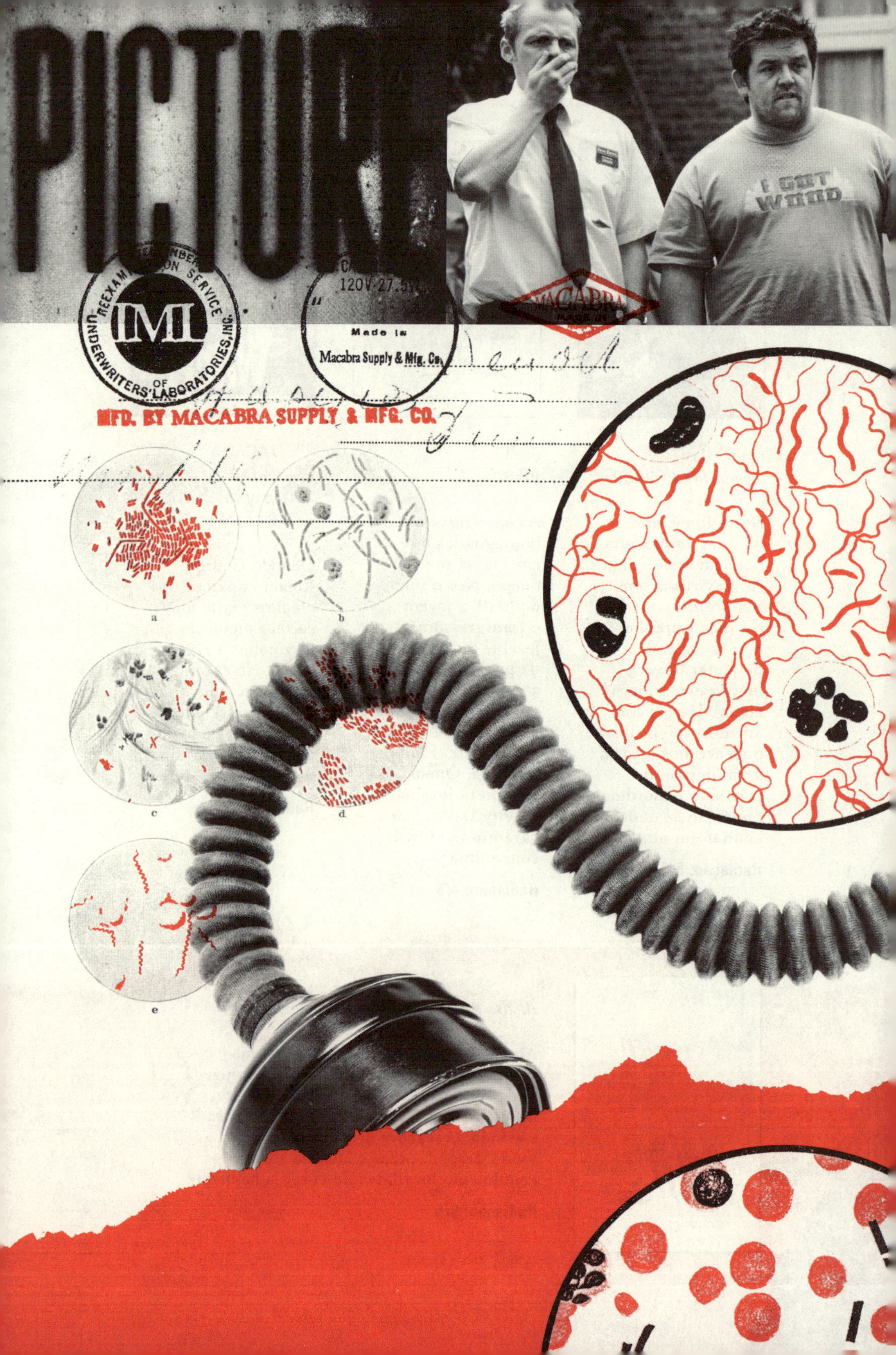
PICTUR
IML
UNDERWRITERS' LABORATORIES, INC.
120V-27.5W
Made in
Macabra Supply & Mfg. Co.
MACABRA
MFD. BY MACABRA SUPPLY & MFG. CO.
I GOT WOOD
a
b
c
d
e

"Precisamos proteger
toda a vida do planeta,
não apenas a humana."
R
RESTRICTED

a
n
p
RESTRICTE

PLANETA TERROR

Planet Terror • 2007

Mais uma pérola entre as comédias infecto-zumbis, o filme de Quentin Tarantino não peca pelo excesso, e leva tudo a um degrau acima. Dançarinas go-go, unidades militares corruptas, pernas amputadas substituídas por metralhadoras e Bruce Willis. Sim, é diversão garantida.

Radiação: 5/5

INVASÃO ZUMBI

Busanhaeng • 2016

Nesse filme sul-coreano, um homem (Seok-woo) obcecado pelo trabalho encontra problemas muito mais sérios para resolver a bordo de um trem. Enquanto o expresso avança, um surto de infecção zumbi começa a se espalhar, expondo comportamentos sociais bizarros dentro e fora do trem.

Radiação: 4/5

O EXÉRCITO DO EXTERMÍNIO

The Crazies • 1973

Com outro dedo na ferida, George Romero nos apresenta ao vírus "Trixie", que revela todo o potencial homicida da espécie humana. Enquanto as pessoas assassinam umas às outras, o filme flerta com uma preocupação recorrente em vários países: armas biológicas que escapam do isolamento.

Radiação: 5/5

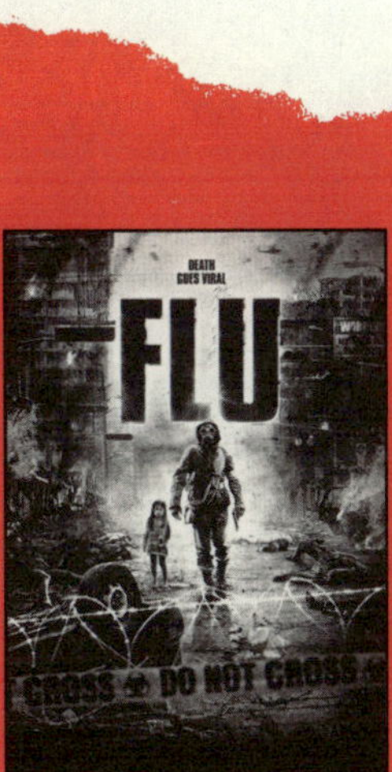

A GRIPE

Flu • 2013

Em um plot bastante parecido com A Dança da Morte (1994) e com os tempos atuais, um homem morre por causa de um vírus desconhecido e, em pouco tempo, milhares de pessoas apresentam os mesmos sintomas que ele. O vírus é transmitido pelo ar, não tem cura e mata em 36 horas. Agora o único objetivo é sobreviver. Outro filme sul-coreano que brincou perigosamente com a realidade.

Radiação: 3/5

REC
2007

Rec é um filme espanhol que leva a infestação zumbi muito à sério. Durante uma reportagem noturna em um batalhão dos bombeiros, o que seria uma rotina de resgate se transforma em um pesadelo muito maior. Presos em um edifício, a equipe de filmagens e os bombeiros enfrentam uma situação desconhecida e letal.

Radiação: 4/5

A NOITE DO COMETA
Night of the Comet • 1984

Depois que um cometa passa pela terra, a humanidade perece sob uma infestação zumbi. O filme visionário e transgressor para a época tem duas protagonistas femininas, que se movem pela cidade chutando bolas e tentando continuar suas vidas.

Radiação: 5/5

O ENIGMA DE OUTRO MUNDO
The Thing • 1982

John Carpenter domina a tensão como ninguém. Nesse filme dirigido por ele e estrelado por Kurt Russel, um agente infeccioso alienígena começa a se espalhar em uma unidade de pesquisas na Antártida. Uma aula de paranoia, nojeiras e horror corporal extremo.

Radiação: 5/5

O SÉTIMO SELO
The Seventh Seal • 1957

Atemporal desde sua criação, o filme sueco busca no mundo medieval o medo apocalíptico de um mundo que pode acabar de repente ou ser dizimado aos poucos pela peste. O filme foi lançado no período em que os traumas da Segunda Guerra Mundial e da bomba atômica ainda marcavam a vida dos europeus, uma época em que diariamente a humanidade jogava xadrez com a morte.

Radiação: 5/5

WARNING
BIOHAZARD

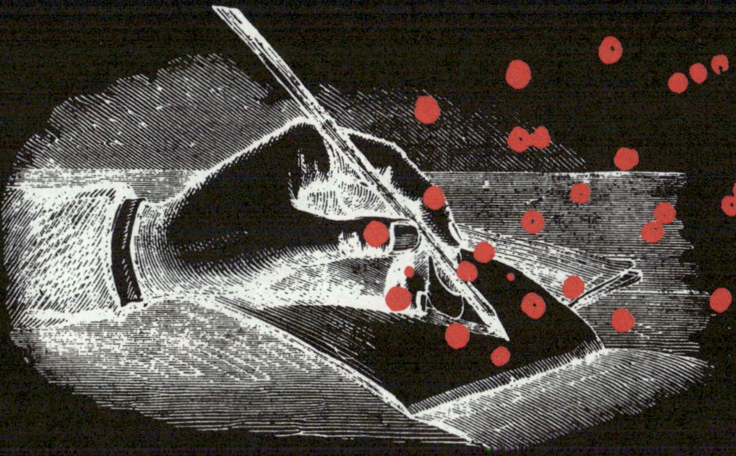

O BAILE DA MORTE VERMELHA

EDGAR ALLAN POE

Tradução de Marcia Heloisa

A Morte Vermelha há muito devastava o país. Nenhuma praga jamais fora tão fatal ou tétrica. Tinha no sangue seu avatar e seu selo — o horror escarlate do sangue. Provocava dores agudas, tonturas repentinas e, por fim, uma profusa hemorragia. As manchas vermelhas no corpo e sobretudo no rosto de suas vítimas eram os estandartes da peste, que assim os alijava de ajuda e compaixão alheias. O ataque, a evolução e o fim da doença duravam apenas meia hora.

O príncipe Próspero, contudo, seguia feliz, destemido e sagaz. Quando metade da população de seus domínios pereceu, ele convocou à sua presença mil amigos sadios e despreocupados entre os cavalheiros e as damas da corte, e com eles se retirou, em profunda reclusão, para uma de suas abadias encasteladas. Tratava-se de uma construção imensa e magnífica, fruto do gosto excêntrico, porém ilustre, do próprio príncipe. Uma alta muralha espessa a circundava com portões de ferro. Os cortesãos, após terem entrado, trouxeram consigo fornalhas, martelos maciços e soldaram os cadeados. Decidiram não deixar meios de entrada ou saída para impedir súbitos impulsos de desespero ou insensatez nos que lá dentro se encontravam. A abadia foi amplamente guarnecida com provisões. Com tais precauções, os nobres poderiam desafiar o contágio. O mundo externo que tomasse conta de si mesmo. Enquanto isso, era loucura lamentar ou até mesmo refletir a respeito do assunto. O príncipe providenciara todas as comodidades para o lazer de seus convivas. Havia bufões, improvisatori, bailarinos, músicos; havia Beleza e vinho. Tudo isso e também segurança dentro dos limites da abadia. Lá fora, a Morte Vermelha.

Ao fim do quinto ou sexto mês de reclusão, enquanto a epidemia avançava violentamente do lado externo, o príncipe Próspero regalou seus mil convidados com um baile de máscaras de extraordinária magnificência.

Era um espetáculo deslumbrante, esse baile de máscaras. Contudo, primeiro, deixem-me descrever os cômodos onde o evento foi realizado. Havia sete — um conjunto imperial de aposentos. Em muitos palácios, entretanto, tais suítes compõem um panorama longo e reto, com portas deslizantes que se recolhem por inteiro em ambos os lados, de modo a deixar desimpedida a comunicação de um aposento para o outro. Aqui, no entanto, a composição era bem diferente; como convinha à tendência do duque de apreciar tudo que era incomum. Os apartamentos eram dispostos de maneira tão irregular que, estando em um, mal se podia divisar o próximo. A cada vinte ou trinta metros, uma curva brusca revelava um novo efeito. No meio de cada parede, à esquerda e à direita, uma janela gótica alta e estreita dava para um corredor fechado que seguia as curvas da suíte. Essas janelas eram compostas por vitrais cujas cores variavam de acordo com o matiz predominante da decoração do aposento para onde se abriam. A da extremidade leste, por exemplo, era azul — e suas janelas exibiam um vívido azul. O segundo aposento possuía ornamentos e tapeçarias roxas, e suas vidraças eram roxas. O terceiro era todo verde, assim como os caixilhos de suas janelas. O quarto era mobiliado e iluminado em tons laranja; o quinto, branco; o sexto, violeta. O sétimo apartamento era envolto em tapeçarias de veludo negro que desciam do teto cobrindo todas as paredes, caindo em pesadas dobras sobre um carpete do mesmo tecido e cor. Este, no entanto, era o único cômodo onde a cor das janelas não acompanhava a decoração. Os vidros eram escarlates — um vermelho intenso como sangue. Em nenhum dos sete aposentos havia qualquer lustre ou candelabro entre a profusão de ornamentos dourados que se espalhavam por sua extensão ou pendiam do teto. Não havia tipo algum de iluminação, oriunda de lâmpadas ou velas, em nenhum cômodo. Porém, nos corredores que interligavam as salas, em disposição oposta à das janelas, erguia-se um pesado tripé com um braseiro de fogo que resguardava seus raios pelos vitrais e iluminava fartamente os cômodos. Surgia, assim, uma miríade de vultos vibrantes e fantásticos. Porém, no aposento negro a oeste, o efeito das chamas banhando os tecidos escuros filtrados pelos vidros vermelhos como sangue era extremamente aterrorizante e produzia, naqueles que o contemplavam, tamanha expressão de pavor que poucos entre os convivas tinham coragem de entrar ali.

Era também neste cômodo que pairava, em oposição à parede oeste, um imenso relógio de ébano. O pêndulo oscilava com um som lento, pesado e monótono; e quando o ponteiro dos minutos completava sua volta, prestes a marcar a hora, os pulmões metálicos do mecanismo produziam um som claro, alto, profundo e de intensa musicalidade, mas de timbre e ênfase tão peculiares que, a cada hora decorrida, os músicos da orquestra sentiam-se compelidos a interromper sua apresentação por um momento para escutá-lo; assim, os valsistas por força estacavam em seus passos, e pairava entre os alegres convivas um breve desconforto; enquanto soavam as badaladas do relógio, podia-se notar que os mais atordoados empalideciam e os mais velhos e pacatos deslizavam as mãos sobre a testa, aparentemente pensativos ou confusos em seus devaneios. Todavia, quando cessavam por completo os ecos, ouvia-se um ligeiro riso entre os convidados; os músicos se entreolhavam sorrindo, como se achando graça de seu tolo nervosismo, prometendo entre eles, em voz baixa, que o próximo badalar do relógio não haveria de lhes causar o mesmo mal-estar; mas, ao fim de sessenta minutos (que abocanhavam três mil e seiscentos segundos do Tempo, sempre voraz), o relógio tornava a soar e repetia-se entre os presentes o mesmo desconforto, levando-os, mais uma vez, ao atordoamento ou à reflexão.

Contudo, apesar disso, tratava-se de um baile alegre e magnífico. Os gostos do duque eram peculiares. Ele possuía um olhar primoroso para cores e efeitos. Desconsiderava modismos em termos de decoração. Suas ideias eram ousadas, intrépidas e, em suas criações, brilhava um fulgor selvagem. Alguns poderiam considerá-lo louco. Seus seguidores sentiam que não era esse o caso. Era preciso ouvi-lo, vê-lo e tocá-lo para ter certeza disso.

Os adornos móveis dos sete cômodos haviam sido, em grande parte, escolhidos por ele especialmente para o grande baile; também fora seu gosto que imprimira personalidade aos mascarados. Eram decerto grotescos. Havia uma profusão de resplendor, euforia e sustos — muito do que se veria depois em Hernani. Figuras arabescas com membros e adereços trocados. Loucuras delirantes somente concebidas por mentes insensatas. Havia muita beleza, folguedo e bizarrice, um toque tenebroso e muito do que poderia provocar repulsa. Deslizava de um lado para o outro, pelos sete aposentos, uma multidão de sonhos. E estes — os sonhos — contorciam-se dentro e fora dos cômodos, matizados por suas cores, parecendo ecoar em seus passos a louca música da orquestra. E, logo, soava o relógio de ébano no salão de veludo. Por um momento, tudo parava, tudo caía em silêncio, salvo o badalar do relógio. Os sonhos paralisavam, pétreos. Entretanto, os ecos morriam — duravam apenas um instante — e um riso leve, abafado, passeava entre eles enquanto se moviam. E a música mais uma vez soava, reavivando os sonhos, que prosseguiam mais alegres do que nunca, matizados pelas janelas multicoloridas que filtravam os raios das chamas nos tripés. Porém, ao aposento mais a oeste dos sete, nenhum dos mascarados agora se aventurava; pois a noite desvanecia; e fluía uma luz rubra pelas vidraças cor de sangue; e a escuridão das tapeçarias sombrias provocava temor; e aquele que colocava os pés no negro carpete ouvia escapar do relógio de ébano um abafado estrondo mais solene e enfático do que os que alcançavam os ouvidos daqueles que gozavam alegrias mais remotas nos outros salões.

Tais cômodos estavam lotados e neles pulsava febrilmente o coração da vida. E o baile seguia vivaz, até que por fim o relógio soou a meia-noite. A música cessou, como já contei, interrompendo também a evolução dos que valsavam; repetiu-se a mesma interrupção incômoda de antes. Agora, porém, eram doze badaladas a soar no relógio e parecia que, em virtude do tempo que transcorria mais demorado, os convivas mais pensativos acrescentaram maior energia às suas meditações. E foi talvez assim, do mesmo modo, antes que silenciassem os ecos das derradeiras badaladas, que muitos participantes na multidão do baile, vendo-se desocupados por um instante, atinaram para a presença de uma figura mascarada que, até então, não tinha chamado a atenção de ninguém. E o rumor provocado por essa nova presença, espalhando-se em sussurros pelo baile, fez surgir entre os convidados um burburinho, um murmúrio de desaprovação, surpresa — e, por fim, terror, horror e repulsa.

Em uma congregação de aparições tal qual a que pintei, poderia-se supor que nenhuma fantasia incomum seria capaz de causar tamanha sensação. De fato, naquela noite, a licença aos mascarados era quase ilimitada; mas a figura em questão havia superado o próprio Herodes e ultrapassado as fronteiras até mesmo do indefinido decoro do príncipe. Há acordes no coração dos mais inconsequentes que não podem ser tocados sem emoção. Inclusive para aqueles que já se entregaram à perdição, para quem vida e morte são tratados com a mesma pilhéria, existem assuntos que não admitem brincadeira. De fato, todos os presentes pareciam sentir que não havia, nem na fantasia, nem no comportamento do estranho, graça ou bom senso. A figura era alta e esquelética, trajando da cabeça aos pés as vestes da morte. A máscara que cobria seu rosto fora criada para imitar com tamanho apuro a feição de um cadáver enrijecido que nem mesmo um exame minucioso a reconheceria como falsa. E, no entanto, tudo isso poderia ter sido suportado, quiçá até admirado, pelos desvairados foliões ao seu redor. Contudo, o mascarado tinha ido longe demais, reproduzindo justamente a figura da Morte Vermelha. Seu traje estava coberto de sangue — e sua testa ampla, bem como todo o rosto, estavam salpicados com o horror escarlate.

Quando o olhar do príncipe Próspero caiu sobre tal imagem espectral (que avançava lenta e solenemente entre os valsistas, como se para desempenhar seu papel com ainda mais propriedade), viram-no se agitar, primeiro com um violento espasmo de terror ou desgosto; depois, com uma ira que lhe tingiu a face.

— Quem se atreve? — perguntou em voz rouca para os cortesãos que o rodeavam. — Quem se atreve a nos insultar com este escárnio blasfemo? Segurem-no e removam sua máscara para sabermos quem será enforcado nas muralhas quando o sol nascer!

O príncipe Próspero se encontrava no cômodo leste, ou azul, quando proferiu tais palavras. Elas soaram pelos sete aposentos em um timbre alto e claro — pois o príncipe era um homem forte e robusto, e a música cessara com um gesto de sua mão.

Era no cômodo azul onde estava o príncipe, com um grupo de pálidos cortesãos ao seu lado. De início, quando sua voz soou, o círculo mais próximo dele ameaçou avançar na direção do estranho que, naquele momento, também estava por perto, mas logo em seguida o misterioso mascarado, com passos firmes e imponentes, aproximou-se do nobre. Porém, em virtude da indizível perplexidade que o mascarado provocara com a ousadia de seu traje nos demais convidados, ninguém fez menção de segurá-lo; de modo que, desimpedido, passou bem perto do príncipe e — uma vez que o numeroso grupo, como se tomado por um impulso único, esgueirou-se do centro dos aposentos para as paredes — prosseguiu sem ser detido, com o mesmo andar solene e seguro com o qual se distinguira dos demais, do salão azul para o roxo, do roxo para o verde, do verde para o laranja, do laranja para o branco e deste para o violeta, antes que houvesse qualquer tentativa de impedi-lo. Foi então, porém, que o príncipe Próspero, ensandecido de ira e vergonha diante de sua momentânea covardia, avançou às pressas pelos seis salões, sem que ninguém o seguisse, pois estavam todos paralisados por um terror mortal.

O príncipe, tendo desembainhado sua adaga, erguera-a em punho e se aproximara, com célere impetuosidade, a poucos passos do mascarado que se afastava, quando este, tendo alcançado a extremidade do salão de veludo, virou-se de repente e confrontou seu perseguidor. Ouviu-se um grito agudo — e a adaga caiu, luzidia, sobre o carpete sombrio onde, no instante seguinte, sucumbia morto o príncipe Próspero. Então, movida pela coragem insana do desespero, uma multidão de foliões invadiu o salão negro e, rendendo o mascarado, que permanecia ereto e imóvel à sombra do relógio de ébano, arquejou em horror inexprimível ao descobrir que a mortalha e a máscara que buscavam arrancar com tamanha violência não abrigava em seu interior nenhuma forma tangível.

E, então, a presença da Morte Vermelha foi reconhecida. Ela penetrara furtiva entre eles como um ladrão no meio da noite. Os foliões tombaram, um por um, nos salões de baile respingados de sangue, caindo na posição em que foram ceifados, crispados de desespero. A vida do relógio de ébano esgotou-se com os últimos convivas. As chamas do tripé extinguiram-se. E a Escuridão, a Decadência e a Morte Vermelha instauravam seu reinado sem limites sobre tudo.

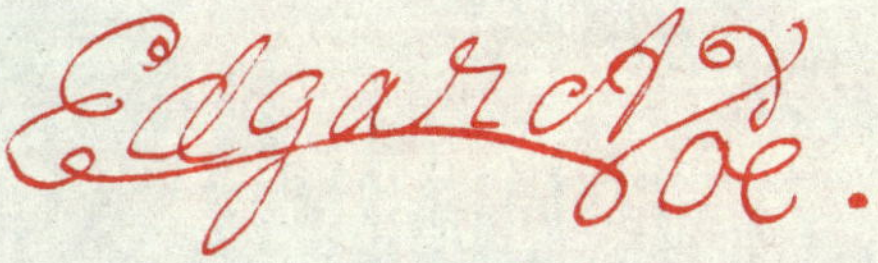

EDGAR ALLAN POE (1809-1849) foi autor, poeta, editor e crítico literário norte-americano. Tudo o que hoje conhecemos como terror começou a ganhar forma na obra de Edgar Allan Poe. Genial e maldito, Poe é considerado o mestre dos mestres da literatura fantástica. Desde o século XIX, o criador de "O Corvo" vem influenciando gerações de escritores consagrados dos mais diversos gêneros, como Henry James, Franz Kafka, Arthur Conan Doyle, Júlio Verne, Vladimir Nabokov, Oscar Wilde e Jorge Luis Borges.

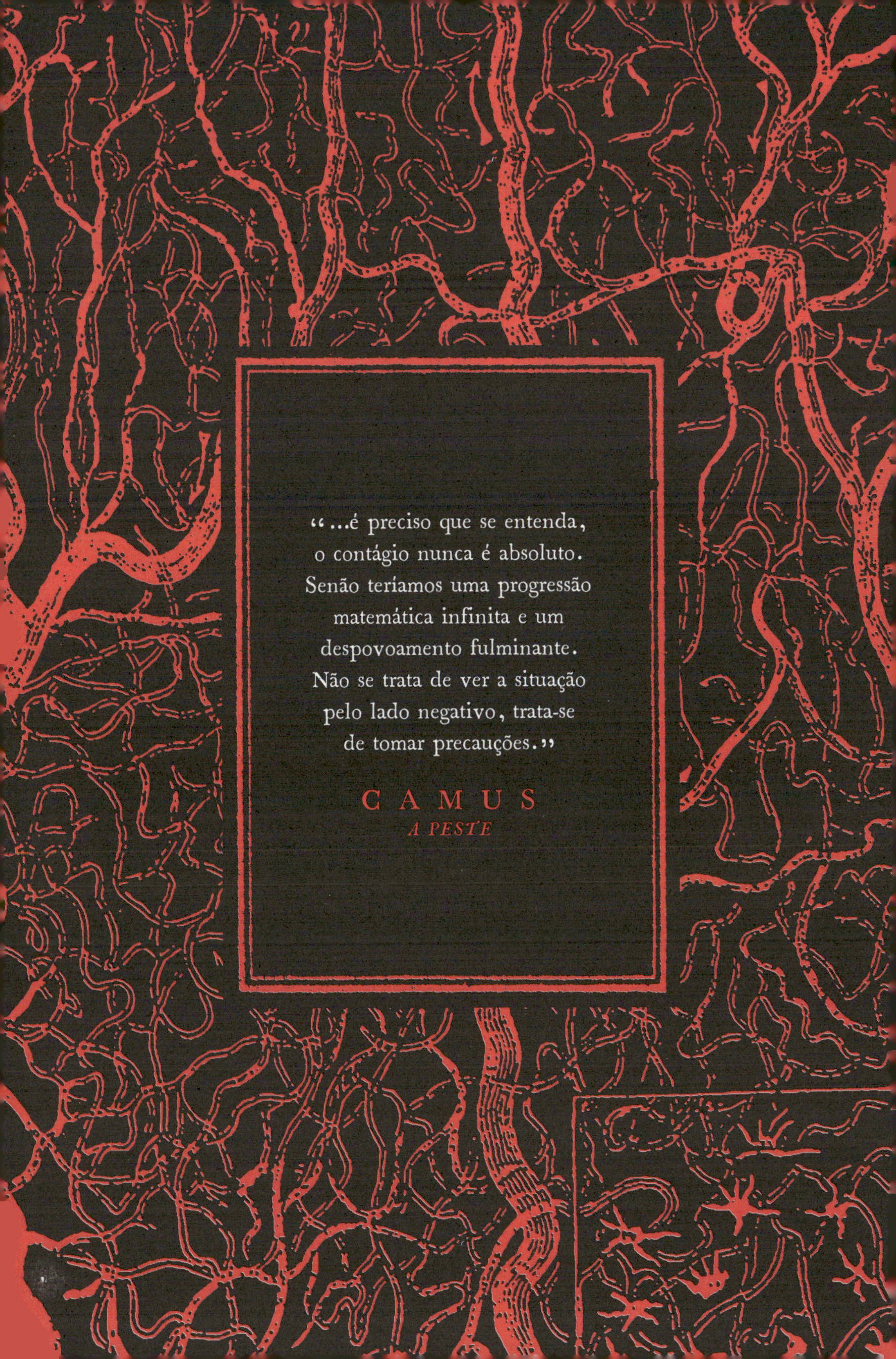

"...é preciso que se entenda,
o contágio nunca é absoluto.
Senão teríamos uma progressão
matemática infinita e um
despovoamento fulminante.
Não se trata de ver a situação
pelo lado negativo, trata-se
de tomar precauções."

CAMUS

A PESTE

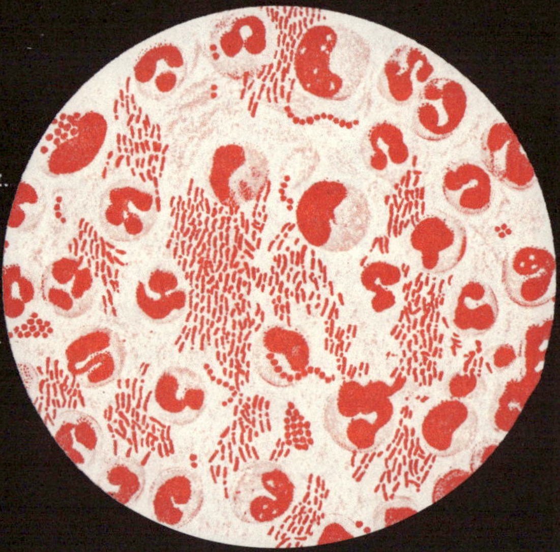

AGRADECIMENTOS Agradecemos muito a Margaret Colvin; Carol Courtney; Ann Halitsky; Bonnie Savitz; Raymond Hernandez, do Centro de Cuidados com a Doença de Lyme; dr. Vincent Fischetti, chefe do Laboratório de Patogênese Bacteriana e Imunologia na Universidade Rockefeller; e ao dr. David M. Klaus, diretor assistente da BioServe Space Technologies, pela orientação e assistência técnica.

BARRY E. ZIMMERMAN é graduado pelo Brooklyn College e tem mestrado em microbiologia pela Universidade de Long Island. Deu aulas de biologia, química, física, astronomia e técnicas médicas no sistema de ensino público da cidade de Nova York durante 36 anos e, atualmente, leciona no distrito de West Windsor-Plainsboro, em New Jersey. Também montou a grade curricular de ciências do ensino médio para o Conselho de Educação da Cidade de Nova York. Ele mora com a família no distrito de Staten Island, Nova York.

DAVID J. ZIMMERMAN é graduado pelo Brooklyn College e tem mestrado em microbiologia pela Universidade Long Island. Deu aulas de biologia, zoologia, física e disciplinas na área de saúde no sistema de ensino público da cidade de Nova York durante 35 anos e agora leciona no sistema de ensino público de Englewood, em New Jersey. Escreveu vários artigos sobre ciência para revistas infantis, incluindo *AHOY*. Gêmeo idêntico de Barry, escreveu com o irmão mais outros três livros, *Why Nothing Can Travel Faster than Light* e *Nature's Curiosity Shop, Exploring Earth and Space.* Ele mora com a família em Monroe, no estado de Nova York.

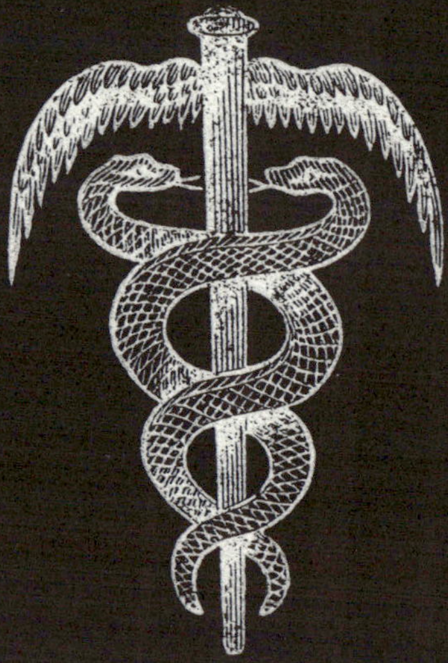

MACABRA™

DARKSIDE

life — death